丝绸之路经济带——新疆与中亚研究丛书

国家出版基金项目
NATIONAL PUBLICATION FOUNDATION

柯尔克孜文献与文化研究

洪勇明　万雪玉　著

商务印书馆国际有限公司
世界图书出版公司

图书在版编目（CIP）数据

柯尔克孜文献与文化研究 / 洪勇明，万雪玉著. --
北京：商务印书馆国际有限公司；西安：世界图书出
版西安有限公司，2021.7
（丝绸之路经济带：新疆与中亚研究丛书）
ISBN 978-7-5176-0749-6

Ⅰ.①柯⋯　Ⅱ.①洪⋯ ②万⋯　Ⅲ.①柯尔克孜族－
民族文化－研究－中国　Ⅳ.①K283.7

中国版本图书馆CIP数据核字（2021）第110959号

KE'ERKEZI WENXIAN YU WENHUA YANJIU
柯尔克孜文献与文化研究

著　者	洪勇明 万雪玉	
出版发行	商务印书馆国际有限公司	
	世界图书出版西安有限公司	
地　址	北京市朝阳区吉庆里14号楼	
	佳汇国际中心A座12层	
邮　编	100020	
电　话	010-65592876（编校部）	
	010-65598498（市场营销部）	
网　址	www.cpi1993.com	
印　刷	北京中科印刷有限公司	
开　本	710mm×1000mm 1/16	
字　数	330千字	
印　张	22	
版　次	2021年7月第1版第1次印刷	
书　号	ISBN 978-7-5176-0749-6	
定　价	85.00元	

柯尔克孜是我国古代民族之一,具有悠久的历史和光辉灿烂的文化。其族名在汉文史籍中曾先后有"坚昆""鬲昆""隔昆""结骨""纥骨""契骨""纥扢斯""黠戛斯""纥里迄斯""吉利吉斯"等不同的译称。及至清代,柯尔克孜又被称为"布鲁特",并一直沿用到民国时期。

唐代柯尔克孜在汉文史料中被译作"结骨""纥扢斯""黠戛斯",他们居住在叶尼塞河流域,主要从事畜牧业生产。由于族源上的某些关联,唐代柯尔克孜与中央政府保持着紧密的联系,承担着对抗后突厥汗国和漠北回鹘汗国的重任。9世纪中叶,唐代柯尔克孜及其联盟击败漠北回鹘汗国,并在后者的领地上建立起一个强大的汗国,即黠戛斯汗国。他们以漠北为中心向西发展,在9世纪后半叶,其势力一度延伸到阿尔泰山和天山地区。

在称雄阿尔泰山的同时,他们也创造了独具魅力、别具一格的阿尔泰文化。苏联考古学家吉谢列夫曾说:"显然,黠戛斯的称雄对邻近各地的文化起了决定性的作用。"9—10世纪阿尔泰文化具有大量的黠戛斯特点是一个新根据,说明阿尔泰不仅在文化上,而且在政治上都属于黠戛斯。可以毫不夸张地说,阿尔泰文化就是黠戛斯文化。

语言是文化的载体,文化是语言的管窥。作为记录唐代柯尔克孜文化的主要手段,古代突厥如尼文发挥着重要的作用。唐代柯尔克孜在其居住的叶尼塞河流域留下了数百块大小不一的石碑,而石碑上的铭文在很大程度上记录了其历史、文化、艺术、宗教、科技、社会制度、官职体系等。这些文献所记录的唐代柯尔克孜文化,是最原始、最自然的,更是其在唐代所创造

的一切的反映。叶尼塞河古突厥文文献、唐代汉文文献以及其他语种的文献,是研究唐代柯尔克孜历史和文化不可或缺的资料。

本书主要以叶尼塞河古突厥文文献为研究对象,参照汉文文献和其他语种的文献的相关记载,运用历史语言学派和民族语文学理论,借鉴文献考据法和文献对勘法,概括和论述唐代柯尔克孜的文化及其特点,旨在丰富学界对柯尔克孜古代历史和文化的认识。由于关于唐代柯尔克孜的文献记载非常少,加之叶尼塞河古突厥文碑铭较为短小、内容零散、语法不规范,且不成体系,因此,本书对唐代柯尔克孜文化的论述和整理可能还存在挂一漏万之处,敬希诸位专家、读者批评指正。

补 记

因专业所囿,本人对于柯尔克孜历史和文化涉足较浅,所言难登大雅之堂。为弥补这一缺憾,本人特邀请新疆大学人文学院万雪玉教授参与本书的写作。万雪玉教授是国内研究柯尔克孜历史和文化的巨擘,曾参与修订《柯尔克孜族简史》、出版《柯尔克孜族:历史与现状》。万雪玉教授慨然允诺,欣然接受写作任务,本书第一章和第二章即为其所作。特此鸣谢。

洪勇明

目录

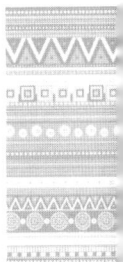

绪论

第一节　文献与文化

一、文　献

（一）文献的定义

关于文献的定义,通常是指有历史意义或研究价值的书籍。但是从文献这一概念的发展来看,其含义也存在不同的争议和界定。

1. 指有关典章制度的文字资料和多闻熟悉掌故的人

《论语·八佾》:"夏礼吾能言之,杞不足征也;殷礼吾能言之,宋不足征也。文献不足故也。"朱熹集注:"文,典籍也;献,贤也。"宋代陆游《谢徐君厚汪叔潜携酒见访》诗云:"衣冠方南奔,文献往往在。"

2. 专指有历史价值或参考价值的图书资料

元代杨维桢《送僧归日本》诗:"我欲东夷访文献,归来中土校全经。"清代袁一相《睢阳袁氏家谱序》:"虽长老无存,文献莫考,而耳闻目见颇未可述,吾之忠贤子弟,其益绍前烈,共思葛蕾之诗。"清代王士禛《香祖笔记》卷九:"余邑先辈,文献无征,每以为恨,故于群书中遇邑人逸事逸文,辄掌录之。"鲁迅《书信集·致曹白》:"不过这原是一点文献,并非入门书。"

3. 泛指一切可供参考的资料

徐迟《哥德巴赫猜想》:"由于这些研究员的坚持,数学研究所继续订购世界各国的文献资料。"在这里,文献不仅指社会科学资料,也指自然科学资料。

根据现代科学技术以及文献学的发展,所谓文献是用文字、图形、符号、声频、视频等技术手段记录人类知识的一种载体,或理解为固化在一定物质载体上的知识。据此也可以将文献理解为古今一切社会史料的总称,是情报资料工作的物质基础。

（二）文献的起源

"文献"一词最早见于《论语·八佾》，南宋朱熹《四书章句集注》认为"文，典籍也；献，贤也"。所以这时候的"文"指典籍文章，"献"指的是古代先贤的见闻、言论以及他们所熟悉的各种礼仪和自己的经历。《虞夏书·益稷》也有相关的引证说明"文献"一词的原意是指典籍与宿贤。

宋代马端临《文献通考》中将文与献作为叙事与论事的依据："文"是经、史历代会要及百家传记之书；"献"是臣僚之奏疏、诸儒之评论、名流之燕谈、稗官之记录。在他的影响之下，关于文献的认识，便只限于一般的文字记载，不能表达为文字记载的东西，则不能称之为"文献"。

（三）文献的演变

今天我们所说的文献，主要指有历史意义的比较主要的书面材料，广义的文献定义就成了记录有知识的一切载体。依据国际定义，文献乃是一切情报的载体。

随着社会的发展，"文献"的概念已发生了巨大变化。除了泛指古籍外，今人把具有历史价值的古迹、古物、模型、碑石、绘画等，统称为"历史文献"。1984年中华人民共和国国家标准《文献著录总则》关于"文献"的定义是："文献：记录有知识的一切载体。"在这一定义中，有两个关键词："知识"是文献的核心内容，"载体"是知识赖以保存的物质外壳，即可供记录知识的某些人工固态附着物。也就是说，除书籍、期刊等出版物外，凡载有文字的甲骨、金石、简帛、拓本、图谱乃至缩微胶片、视盘、声像资料等，皆属文献的范畴。

数千年来，我国先人创造出丰富而灿烂的各类文化硕果，主要是录存于浩如烟海的古代图书典籍之中，这些就是古典文献。而其中与某一学科直接相关的图书资料，就是该学科的文献。古典文献学的基本任务，是继承古代校雠学家的方法、经验和成就，运用历史唯物主义和辩证唯物主义的观点与方法，发掘、搜集、整理、研究这些文献，去伪存真，考镜源流，使之为各个学科、各个层次的专业工作者所了解、掌握和利用，并在此基础上创造新的科学文化,进而为全人类做出贡献。

(四)文献的作用

文献在科学和社会发展中所起的作用表现在六个方面:①是科学研究和技术研究结果的最终表现形式;②是在空间、时间上传播情报的最佳手段;③是确认研究人员对某一发现或发明的优先权的基本手段;④是衡量研究人员创造性劳动效率的重要指标;⑤是研究人员自我表现和确认自己在科学中的地位的手段,因而是促进研究人员进行研究活动的重要激励因素;⑥是人类知识宝库的组成部分,是人类的共同财富。

之所以这样说,主要基于如下几点。

第一,文献是人们获取知识的重要媒介。文献是人类文化发展到一定阶段(具有可记录的内容与记录的工具、手段时)的产物,并随着人类文明的进步而不断发展。人类认识社会与自然界的各种知识的积累、总结、贮存与提高,主要是通过文献的记录、整理、传播与研究而实现的。同时,由于记载工具的特殊性质,文献能使人类的知识突破时空的局限而传之久远。

第二,文献的内容,反映了人们在一定社会历史阶段的知识水平。而文献的存在形式(诸如记录手段、书写材料、构成形态与传播方式等),又受当时社会科技文化发展水平的影响与制约。例如,在纸发明以前,我国的古人只能在甲骨、简牍、缣帛上做记录;在雕版印刷发明以前,古人只能凭手工抄写来记录文献。然而,正是在文献的初级原始阶段经验积累的基础上,才发明了纸与雕版印刷术,使文献的记录方式更为便利,传播的范围更广,速度更快。人们又从文献中汲取、利用知识贡献于社会,从而极大地推动了社会文明的发展。由此可见,社会的发展水平决定了文献的内容与形式,而文献的继承、传播与创造性的运用,又反作用于社会,成为社会向前发展的有力因素。苏联著名作家高尔基的名言"书籍是人类进步的阶梯"就是从这个意义上说的。

第三,文献是科学研究的基础。任何一项科学研究都必须广泛搜集文献资料,在充分占有资料的基础上,分析资料的种种形态,探求其内在的联系,进而做更深入的研究。如英国的李约瑟教授历经数十年时间撰成举世

瞩目的巨著《中国科学技术史》,就是在占有大量中国古代科技文献资料的基础上写成的。纵观中国医学史,凡是在学术上有重大成就的医家,都十分重视对文献的研究。医圣张仲景"勤求古训,博采众方,撰用《素问》《九卷》《八十一难》《阴阳大论》《胎胪药录》并《平脉辨证》,为《伤寒杂病论》合十六"。唐代最著名的医学家孙思邈历数十年,集唐以前医学文献之大成,先后著成《备急千金要方》和《千金翼方》。明代伟大的科学家李时珍"渔猎群书,搜罗百氏,凡子、史、经、传,声韵、农圃,医卜星相,乐府诸家,稍有得处,辄著数言"。他"岁历三十稔,书考八百余家",编纂了不朽的名著《本草纲目》,被称为"博物之通典"。据统计,《本草纲目》直接和间接引用的文献达900余种。他们都是研究和利用古代文献的典范。又如中医基础理论的现代研究,古代病证、治法、方药的现代研究,无一不是在搜集、整理、分析和研究古典医药文献的基础上进行的。

据上所述,文献对人类的文明、社会的进步至关重要,古今中外,凡从事科学研究,都需凭借有关文献。古典文献在许多学科的现代研究中发挥着越来越重要的作用,日益受到人们的关注。我们相信在现代信息社会中,充分运用现代科技手段,古典文献定会发挥出更大的作用。

(五)文献的分类

1. 根据载体的不同分类

根据载体的不同,文献可以分为印刷型、缩微型、计算机阅读型和声像型。

(1)印刷型:文献的最基本方式,包括铅印、油印、胶印、石印等各种资料。优点是可直接、方便地阅读。

(2)缩微型:以感光材料为载体的文献,又可分为缩微胶卷和缩微平片。优点是体积小,便于保存、转移和传递,但阅读时须用阅读器。

(3)计算机阅读型:一种最新形式的载体。它主要通过编码和程序设计,把文献变成符号和机器语言,输入计算机,存储在磁带或磁盘上。阅读时,再由计算机输出,它能存储大量情报,可按任何形式组织这些情报,并能以极快的速度从中取出所需的情报。当代出现的电子图书即属于这种类型。

（4）声像型：又称直感型或视听型，是以声音和图像形式记录在载体上的文献，如唱片、录音带、录像带、科技电影、幻灯片等。

2. 根据出版形式及内容的不同分类

根据出版形式及内容的不同，文献可以分为图书、连续性出版物、特种文献。

（1）图书：凡篇幅达到48页以上并构成一个书目单元的文献称为图书。

（2）连续性出版物：包含期刊（其中含有核心期刊）、报纸、年度出版物。

（3）特种文献：专利文献、标准文献、学位论文、科技报告、会议文献、政府出版物、档案资料、产品资料。

3. 根据文献内容、性质和加工情况分类

根据文献内容、性质和加工情况，文献可以分为零次文献、一次文献、二次文献、三次文献。

（1）零次文献是指未经加工出版的手稿、数据原始记录等文件。

（2）一次文献指以作者本人的研究成果为依据而创作的文献，如期刊论文、研究报告、专利说明书、会议论文等。

一次文献包括图书、剪刊、会议文献、学位论文、专利文献、政府出版物、产品样本、科技报告、标准文献、档案等。

图书的范围很广，它包括名著、一般性专著、教科书、科普通俗读物、资料性工具书等。

名著是指一个时代、一个学科、一个流派最具有影响的权威著作。如法国丹纳的《艺术哲学》、达尔文的《物种起源》等。

专著是就某一学科、某一专门问题系统、全面、深入的论述，内容专深，大多是作者多年研究成果的结晶。如达尔文的《物种起源》。

教科书是专业性书籍，具有严格的科学性、系统性和逻辑性。科普读物是面向广大群众的，以普及科学知识为宗旨的通俗读物，有初、中、高级之分，文字浅显，但最新信息含量较低。

报纸属于连续出版物，它是以刊登新闻和评论为主的定期连续出版物，如《文汇报》《中国教育报》等。

期刊是定期或不定期的连续出版物，有周刊、月刊、双月刊、季刊等。它

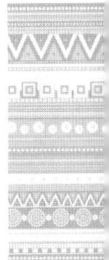

可分为学术理论性期刊、情报性期刊、技术性期刊、事业性期刊和普及性期刊。常见的期刊有三类:一类是杂志,一类是汇报、集刊、丛刊、汇刊及高校的学报,还有一类是文摘及复印资料。资料性工具书有手册、词(辞)典、百科全书、年鉴等。手册往往汇集了经常需要参考的某一专业或某一方面最常用的文献资料,如《药物手册》《摄影手册》。词(辞)典是汇集字词,按一定方式编排,并逐一予以解释的工具书,如《辞海》《哲学大辞典》《化学化工词典》《中国美术辞典》《中国人名大辞典》《中国艺术家辞典》等。

百科全书是论述人类一切门类或某一门类知识的完备的工具书。可分为两大类:一类是综合性百科全书,如《中国大百科全书》《不列颠百科全书》等;另一类是专业性百科全书,如《世界美术百科全书》《教育百科全书》等。年鉴是逐年编辑出版的,概述一年中发生的重要事件、学科进展与各项统计资料的工具书。年鉴的种类很多,有综合性年鉴,也有专业性年鉴,如《中国百科年鉴》属于综合性年鉴,《教育年鉴》和《哲学年鉴》属于专业性年鉴。

(3)二次文献是对一次文献进行加工整理后产生的一类文献,如书目、题录、简介、文摘等检索工具。

书目是统计和反映某一时期内全国出版的图书、期刊及其他文献的目录资料,如《全国总书目》《全国新书目》《中国出版年鉴》等工具书。

索引是将书籍或报刊中的内容或项目摘记下来,编成简括的书目,按一定顺序排列,并注明出处。《全国报刊索引》(月刊)就是一部统计和反映某一时期全国出版的报刊的杂志,该索引可分为自然科学技术版(科技版)和哲学社会科学版(哲社版)。

检索性文摘是把一定范围内的文献进行浓缩,简明扼要地摘述其主要内容,著录文献的标题、著者、出处,并按一定方式编排的检索工具,如《化学文摘》《中国社会科学学术论文、学位论文活页文摘》等。

(4)三次文献是在一、二次文献的基础上,经过综合分析而编写出来的文献,人们常把这类文献称为"情报研究"的成果,如综述、专题述评、学科年度总结、进展报告、数据手册等。与此类似,也有把情报区分成一次情报、二次情报、三次情报的。

二、文　化

(一)文化的定义

天地万物的信息产生融汇渗透,是以精神文明为导向的融汇和渗透。文化,是精神文明的保障和导向。

文化(culture)是一个非常广泛的概念,给它下一个严格和精确的定义是一件非常困难的事情。不少哲学家、社会学家、人类学家、历史学家和语言学家一直在努力,试图从各自学科的角度来界定文化的概念。然而,迄今为止仍没有获得一个公认的、令人满意的定义。笼统地说,文化是一种社会现象,是人们长期创造形成的产物,同时又是一种历史现象,是社会历史的积淀物。确切地说,文化是凝结在物质之中又游离于物质之外的,能够被传承的国家或民族的历史、地理、风土人情、传统习俗、生活方式、文学艺术、行为规范、思维方式、价值观念等,是人与人之间进行交流的普遍认可的一种能够传承的意识形态。

广义文化指人类在社会历史发展过程中所创造的物质财富和精神财富的总和。它包括物质文化、制度文化和精神文化三个方面。物质文化是指人类创造的种种物质文明,包括居所、生产与交通工具、服饰、日常用品等,是一种可见的显性文化;制度文化和精神文化分别指生活制度、家庭制度、社会制度以及思维方式、宗教信仰、审美情趣,它们属于不可见的隐性文化,包括文学、哲学、政治等方面内容。人类所创造的精神财富,包括宗教、信仰、风俗习惯、道德情操、学术思想、文学艺术、科学技术、各种制度等。

广义的文化,着眼于人类与一般动物,人类社会与自然界的本质区别,着眼于人类卓立于自然的独特的生存方式,其涵盖面非常广泛,所以又被称为"大文化"。随着人类科学技术的发展,人类认识世界的方法和观点也发生了根本的改变。因此,我们对文化的界定也越来越趋于开放性和合理性。

李二和在《舟船的起源》提道:文化本不属人类所独有,我们更应该以更

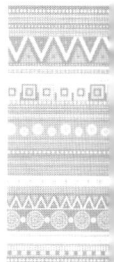

开放和更宽容的态度解读文化。文化是生命衍生的所谓具有人文意味的现象,是与生俱来的。许多生命的言语或行为都有着先天的文化属性,我们也许以示高贵而只愿意称它为本能。

狭义的文化是指人们普遍的社会习惯,如衣食住行、风俗习惯、生活方式、行为规范等。

1871年,英国文化学家泰勒在《原始文化》一书中提出了狭义文化的早期经典学说,即文化是包括知识、信仰、艺术、道德、法律、习俗和任何人作为一名社会成员而获得的能力和习惯在内的复杂整体。

(二)文化的特点

1. 普同性

文化的普同性表现为社会实践活动中普同的文化形式,其特点是各个不同民族的意识和行为具有共同的、同一的样式。世界文化的崇高理想自古以来一直使文化有可能超越族界和国界。文化的诸多领域,如哲学、道德、文学、艺术和教育等不但包含阶级的内容,而且包含全人类的、普同的原则。这些原则促成各国人民的相互接近,各民族文化的相互融合。目前,高新技术迅速普及,经济全球化进程加快,各民族生活方式的差距逐渐缩小,各地域独一无二的文化特征正在慢慢消融,民族特点正在淡化,整个世界文化更加趋向普同。

2. 多样性

不同的自然、历史和社会条件,形成了不同的文化种类和文化模式,使得世界文化从整体上呈现出多样性的特征。各民族文化各具特色,相互之间不可替代,它们都是全人类的共同财富。任何一个民族,即使是人数最少的民族,其文化成果如果遭到破坏都会是整个人类文化的损失。

3. 民族性

文化总是根植于民族之中,与民族的发展相伴相生。一个民族有一个民族的文化,不同民族有不同的民族文化。民族文化是民族的表现形式之一,是各民族在长期历史发展过程中自然创造和发展起来的,具有本民族特色的文化。民族文化就其内涵而言是极其丰富的,就其形式而言是多姿多彩的。常常是民族的社会生产力水平愈高,历史愈长,其文化内涵就愈丰富,文化精神就愈强烈,因而其民族性也就愈突出、愈鲜明。

4. 继承性

人类生息繁衍,向前发展,文化也连绵不断,世代相传。继承性是文化的基础,如果没有继承性,也就没有文化可言。在文化的历史发展进程中,每一个新的阶段在否定前一个阶段的同时,必须吸收它的所有进步内容,以及人类此前所取得的全部优秀成果。

5. 发展性

文化就其本质而言是不断发展变化的。19世纪的进化论人类学者认为,人类文化是由低级向高级、由简单到复杂不断进化的。从早期的茹毛饮血,到今天的时尚生活;从早期的刀耕火种,到今天的自动化、信息化,这些都是文化发展的结果。没有文化的发展,人类至今还是猿猴的堂兄弟,也就没有现代社会和现代文明。以马林诺夫斯基为代表的人类学功能学派认为,文化过程就是文化变迁。文化变迁是现存的社会秩序,包括组织、信仰、知识以及工具和消费者的目的,或多或少地发生改变的过程。总的来说,文化稳定是相对的,变化发展是绝对的。

6. 时代性

在人类发展的历史进程中,每一个时代都有自己典型的文化类型。例如,以生产力和科技水平为标志的石器时代的文化、青铜器时代的文化、铁器时代的文化、蒸汽机时代的文化、电力时代的文化和信息时代的文化。又比如,作为文化的有机组成部分,赋、诗、词、曲分别成为我国汉、唐、宋、元各朝最具代表性的文学样式。时代的更迭必然导致文化类型的变异,新的类型取代旧的类型。但这并不否定文化的继承性,也并不意味着作为完整体系的文化发展的断裂。相反,人类演进的每一个新时代,都必须继承前人优秀的文化成果,将其纳入自己的社会体系,同时又创造出新的文化类型,作为这个时代的标志性特征。

(三)文化的认知

不同的学科对文化有着不同的理解。从哲学角度解释文化,认为文化

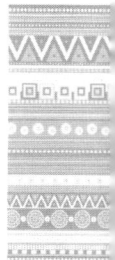

从本质上讲是哲学思想的表现形式。哲学的时代和地域性决定了文化的不同风格。一般来说,哲学思想的变革引起社会制度的变化,与之伴随的有对旧文化的镇压和新文化的兴起。

从存在主义的角度来看,文化是对一个人或一群人的存在方式的描述。人们存在于自然中,同时也存在于历史和时代中;时间是一个人或一群人存在于自然中的重要平台;社会、国家和民族(家族)是一个人或一群人存在于历史和时代中的另一个重要平台;文化是指人们在这种存在过程中的言说或表述方式、交往或行为方式、意识或认知方式。文化不仅用于描述一群人的外在行为,文化特别包括作为个体的人的自我的心灵意识和感知方式。一个人在回到自己内心世界时的一种自我的对话、观察的方式。

从文化研究的角度来看,文化,即使是意识形态,也不是绝对排他的。葛兰西的文化霸权理论并不是一种简单的、赤裸裸的压迫和被压迫关系。"统治集团的支配权并不是通过操纵群众来取得的,……统治阶级必须与对立的社会集团、阶级以及他们的价值观进行谈判,这种谈判的结果是一种真正的调停。……这就使得意识形态中任何简单的对立,都被这一过程消解了。"……它成为一种从不同阶级锚地取来的不同文化和意识形态的动态的联合。[①]

(四)文化的分类

关于文化的分类,斯特恩(H. H. Stern,1992)根据文化的结构和范畴把文化分为广义和狭义两种概念。广义的文化即大写的文化(Culture with a big C),狭义的文化即小写的文化(culture with a small c)。

汉科特·汉默里(Hammerly,1982)把文化分为信息文化、行为文化和成就文化。信息文化指一般受教育本族语者所掌握的关于社会、地理、历史等知识;行为文化指人的生活方式、实际行为、态度、价值等,它是成功交际最

---

①罗钢、刘象愚:《文化研究读本》,北京:中国社会科学出版社,2000 年,第 167 页。

重要的因素;成就文化是指艺术和文学成就,它是传统的文化概念。①

因为文化具有的多样性和复杂性,很难给出一个准确、清晰的分类标准。因此,这些对文化的划分,都是从某一个角度来分析的,只是一种尝试。

(五)文化的层次

对文化的结构解剖,有两分说,即分为物质文化和精神文化;有三层次说,即分为物质、制度、精神三层次;有四层次说,即分为物质、制度、风俗习惯、思想与价值;有六大子系统说,即物质、社会关系、精神、艺术、语言符号、风俗习惯等。

文化有两种,一种是物质文化,一种是精神文化。科技文化是物质文化,生活思想文化是精神文化。任何文化都为生活所用,没有不为生活所用的文化。任何一种文化都包含了一种生活生存的理论和方式,或理念和认识。

有些人类学家将文化分为三个层次:高级文化(high culture),包括哲学、文学、艺术、宗教等;大众文化(popular culture),指习俗、仪式以及衣食住行、人际关系各方面的生活方式;深层文化(deep culture),主要指价值观的美丑定义,时间取向、生活节奏、解决问题的方式以及与性别、阶层、职业、亲属关系相关的个人角色。高级文化和大众文化均植根于深层文化,而深层文化的某一概念又以一种习俗或生活方式反映在大众文化中,以一种艺术形式或文学主题反映在高级文化中。

广义的文化包括四个层次。一是物态文化层,由物化的知识力量构成,是人的物质生产活动及其产品的总和,是可感知的、具有物质实体的文化事物。二是制度文化层,由人类在社会实践中建立的各种社会规范构成。包括社会经济制度、婚姻制度、家族制度、政治法律制度,家族、民族、国家、经

---

①[美]塞缪尔·亨廷顿:《文明的冲突与世界秩序的重建》(修订版),北京:新华出版社,2010年,第68页。

济、政治、宗教社团、教育、科技、艺术组织机制等。三是行为文化层，以民风民俗形态出现，见之于日常起居行为之中，具有鲜明的民族、地域特色。四是心态文化层，由人类社会实践和意识活动中经过长期孕育而形成的价值观念、审美情趣、思维方式等构成，是文化的核心部分。心态文化层又可细分为社会心理和社会意识形态两个层次。

（六）文化的来源

据专家考证，"文化"是中国语言系统中古已有之的词汇。"文"的本义，指各色交错的纹理。《周易·系辞下》载："物相杂，故曰文。"《礼记·乐记》称："五色成文而不乱。"《说文解字》称："文，错画也，象交叉。"均指此义。在此基础上，"文"又有若干引申义。其一，为包括语言文字在内的各种象征符号，进而具体化为文物典籍、礼乐制度。《尚书·序》所载伏羲画八卦，造书契，"由是文籍生焉"，《论语·子罕》所载孔子说"文王既没，文不在兹乎"，是其实例。其二，由伦理之说导出彩画、装饰、人为修养之义，与"质""实"对称，所以《尚书·舜典》疏曰"经纬天地曰文"，《论语·雍也》称"质胜文则野，文胜质则史，文质彬彬，然后君子"。其三，在前两层意义之上，更导出美、善、德行之义，这便是《礼记·乐记》所谓"礼减而进，以进为文"，郑玄注"文犹美也，善也"，《尚书·大禹谟》所谓"文命敷于四海，祗承于帝"。

"化"，本义为改易、生成、造化，如《庄子·逍遥游》："化而为鸟，其名为鹏。"《周易·系辞下》："男女构精，万物化生。"《黄帝内经·素问》："化不可代，时不可违。"《礼记·中庸》："可以赞天地之化育"等。归纳以上诸说，"化"指事物形态或性质的改变，同时"化"又引申为教行迁善之义。

"文"与"化"并联使用，较早见之于战国末年儒生编辑的《周易·贲卦·象传》："刚柔交错，天文也。文明以止，人文也。观乎天文，以察时变；观乎人文，以化成天下。"

这段话里的"文"，即从纹理义演化而来。日月往来交错文饰于天，即"天文"，亦即天道自然规律。同样，"人文"，指人伦社会规律，即社会生活中人与人之间纵横交织的关系,如君臣、父子、夫妇、兄弟、朋友,构成复杂网络,具有纹理表象。这段话说,治国者须观察天文,以明了时序之变化,又须观察人文,使天下之人均能遵从文明礼仪,行为止其所当止。在这里,"人文"与"化成天下"紧密联系,"以文教化"的思想已十分明确。

西汉以后,"文"与"化"方合成一个整词,如"圣人之治天下也,先文德而后武力。凡武之兴,为不服也。文化不改,然后加诛"(《说苑·指武》),"文化内辑,武功外悠"(《文选·补亡诗》)。这里的"文化",或与天造地设的自然对举,或与无教化的"质朴""野蛮"对举。因此,在汉语系统中,"文化"的本义就是"以文教化",它表示对人的性情的陶冶,品德的教养,本属精神领域之范畴。随着时间的流变和空间的差异,"文化"逐渐成为一个内涵丰富、外延宽广的多维概念,成为众多学科探究、阐发、争鸣的对象。

(七)文化的研究

观念形态:包括宗教信仰、价值观念、法律政治等意识形态的东西;精神产品:文学艺术和一切知识成果,代表性的场所为博物馆与图书馆;生活方式:衣食住行、民情风俗、生老病死以及社会生活的一切方面。关于以上三个方面的研究为"文化的研究"(the study of cultural),着重于第三方面内涵的为"文化研究"(cultural studies)。换而言之,前者为大文化研究,后者为小文化研究。

(八)文化的作用

人类由于共同生活的需要才创造出文化,文化在它所涵盖的范围内和不同的层面发挥着主要的功能和作用。

1. 整合

文化的整合功能是指它对于协调群体成员的行动所发挥的作用,就像"蚂蚁过江"。社会群体中不同的成员都是独立的行动者,他们基于自己的需要,根据对情景的判断和理解而采取行动。文化是他们之间沟通的中介,如果他们能够共享文化,那么他们就能够有效地沟通,消除隔阂,促成合作。

2. 导向

文化的导向功能是指文化可以为人们的行动提供方向和可供选择的方式。通过共享文化,行动者可以知道自己的何种行为在对方看来是适宜的,可以引起积极回应的,从而选择有效的行动,这就是文化对行为的导向作用。

3. 维持秩序

文化是人们以往共同生活经验的积累,是人们通过比较和选择认为是合理并被普遍接受的东西。某种文化的形成和确立,就意味着某种价值观和行为规范的被认可和被遵从,这也意味着某种秩序的形成。而且只要这种文化在起作用,那么由这种文化所确立的社会秩序就会被维持下去,这就是文化维持社会秩序的功能。

4. 传续

从世代的角度看,如果文化能向新的世代流传,即下一代也认同、共享上一代的文化,那么文化就有了传续功能。

陈建华在《文化学概论》一书中认为,文化主要包括以下几个功能:

(1)满足需要的功能。满足人类不同层次的各种需求,包括直接或间接的需求。

(2)认知的功能。表现为人类所具有的一种知识能力和创造能力。对于一种事物的了解,是文化认知的结束,同时又是文化新认知的开始。

(3)规范的功能。文化规范是指文化具有对人的约束作用。从本质上说,是对相同文化环境下的人建立起一整套规范行为的标准,每一个身处其中的人都要遵守这种标准。

(4)凝聚的功能。文化有一种认同的特性,对于相同或相似文化的认同,人们往往通过语言、外表、习俗等获得。因此,一个人的体质特征或语言,便成为文化认同的最主要的表征。正是在这种文化认同的基础上,形成了强大的凝聚力。

(5)调控的功能。从本质上说就是为了调控人与自然、人与族群、人与人,以及与其他族群文化之间的关系。因此,文化从诞生之初,其调控功能就已存在。而且,随着社会的发展,人与人之间的关系日益复杂和多样,文化的调控功能也就越来越强大,适应面也越来越宽广。

以上有关文献和文化定义、分类和功能的论述,旨在为界定唐代柯尔克孜文化和文献(或曰黠戛斯文化和文献)的范围和表征提供理论指导,为把握唐代柯尔克孜文化的发展历程和文献的演变过程提供理论借鉴。

第二节　唐代柯尔克孜文献和文化研究概述

黠戛斯是我国汉文史书中对唐代柯尔克孜族族名的称呼。7—9世纪,黠戛斯人居住在叶尼塞河上游一带,先后受突厥、回鹘汗国的管辖和统治。840年,黠戛斯五部联盟推翻了漠北回鹘汗国,建都于牢山以南的赌蒲地区。黠戛斯人使用古突厥语和突厥如尼文,其语言形式较为古老和保守,受其他语言的影响也比较小。他们在叶尼塞河流域留下了大量的、形式迥异的文献,有石碑、崖刻、器皿、钱币、石柱、纺锤、戳子、石板、盖板等。由于汉文史籍中有关黠戛斯的记载语焉不详,加之其周边部族的相关记载亦很罕见,所以黠戛斯人自己写就的古代突厥文文献就成为研究其文化最直接、最原始、最客观的资料,具有不可替代和不容忽视的重要性。

西方对黠戛斯文献(即叶尼塞文献)的发现始于18世纪30年代。1730年,瑞典人斯特拉林别尔格在斯德哥尔摩出版了《欧洲和亚洲的北部和东部》一书,在该书后面附有第一批在叶尼塞河流域发现的古代突厥文碑铭图片。此后西方学术界,特别是突厥语文学界对黠戛斯文献的研究主要经历了三个阶段。

1. 蒙昧和探索时期(19世纪末以前)

这一时期的主要研究目标是探究古代突厥文文字的起源,进而证明东方文化的西来说。特别是北欧的一些学者,更试图从碑铭文字入手,证明西伯利亚和芬兰文化的共同性,从而宣扬泛芬主义。然而,这一理论也遭到俄国学者的有力和科学的反驳。如:泛芬主义之父芬兰人阿斯培林就将叶尼塞的古代突厥文铭文同芬兰–波罗的海地区的青铜文化联系起来,认为其是楚德人的符号。对此,俄国人雅德林采夫表示反对,并在1885年发表了《西伯利亚古代的

碑刻和部落》,推测这些文字的语言是突厥人的。他否认古代突厥文的产生年代是接近基督诞生之前,并否认它们属于古代的芬人部落和流动的哥特人、斯基泰人。雅德林采夫的意见倾向于反对阿斯培林等人的泛欧洲理论,但其理论基础是说他们把欧洲文化的起源中心同亚洲文化的起源中心对立起来。

2. 科学和发展时期(20 世纪上半叶)

1895 年,俄国学者拉德洛夫出版叶尼塞铭文、蒙古的小铭文、所谓的翁金碑,发表了对和硕柴达木碑译文的若干校正,译本附有简明的语法概要和词汇表。这标志着科学研究黠戛斯文献的开始,当然也是蒙古古代突厥文文献研究的有益衍生。这一期间最具代表性的当属土耳其学者奥尔昆的《古代突厥碑文》(1936—1941 年),该书对叶尼塞河流域发现的 70 余块碑铭进行了换写、转写和初步释读,并附有大部分碑铭图录。但是由于西方史籍中有关黠戛斯的记载几乎没有,加之叶尼塞文献内容比较零散,因此,研究成果不是十分显著。当然,不可否认的是,受到鄂尔浑文献研究的启发和感染,有关叶尼塞文献的语言学研究也方兴未艾。有的讨论字母起源问题,有的解释原文的个别部分,甚至是突厥碑文和汉文碑文的个别单字。

3. 深入和全面时期(20 世纪下半叶)

随着黠戛斯文献研究的发展,在释读基础上,对语言、文化、历史、文学、艺术、宗教等进行的综合研究兴起。如:苏联学者马洛夫的《蒙古–柯尔克孜古代突厥文文献》(1959)、瓦西里耶夫的《叶尼塞河流域突厥鲁尼文献全集》(1983)、纳希洛夫的《鄂尔浑–叶尼塞碑铭语言》(1960)、伯恩施达姆的《鄂尔浑叶尼塞突厥社会经济制度》(1946)。尽管西方对黠戛斯文献研究历史悠久,但无论是成果数量还是研究深度,都远逊于鄂尔浑文献,这与黠戛斯文献篇幅短、内容较凌乱、形式简单、时地不明等不无关系。

此外,西方对此还存在若干研究缺陷:语史研究结合得不够紧密;未能重视汉文文献对黠戛斯文献研究的补充作用;相关学科的研究成果未能得到充分利用;胡语文献的解读尚未得到完全借鉴;文献价值尚未深入挖掘。

我国学者对黠戛斯文献的研究,主要是在译介和证补国外研究著述的基础上进行的,真正意义上的研究成果出现在 20 世纪 70 年代。如:我国突厥学研究泰斗耿世民的《古代突厥文献选读》(1978)就收录了黠戛斯文献《苏吉碑》。此后拙著《古突厥文献西域史料辑录》(2014)中集中收录并转写、翻译了30余篇黠戛斯文献。我国台湾、香港地区学者阿不都拉、刘义棠、林恩显等人虽然研究了鄂尔浑古突厥文碑铭,却从未涉足黠戛斯文献。我国学者在这一领域的不足,不仅表现在上述国外研究的缺憾,还表现在研究成果少、研究广度窄、研究起点低、研究人员匮乏等方面。

实际上,仅就汉文文献出发来研究黠戛斯文化的论著也是很少的。主要有万雪玉的《中国柯尔克孜社会经济文化研究》,王洁的《黠戛斯历史研究》,孟楠的《柯尔克孜剺面习俗研究》,胡振华的《黠戛斯文献语言的特点》等。

第三节　唐代柯尔克孜文献和文化研究意义

"古籍文献的内容包罗万象,它是一个民族对特定环境的适应能力及其创造成果的积累,集中反映了一个民族的从表层到深层的文化结构、文化价值观念和学术思想,具有重要的历史意义和文化价值。"①具有历史再现性、知识性、信息性、政治性、文化性、社会性、教育性、价值性等特点的唐代柯尔克孜文献(即黠戛斯文献,仍属于古代突厥文文献),其学术价值不容小觑。唐代柯尔克孜文化是文献语言对当时当地的社会制度、物质生产、风土人情和政治经济活动的真实反映和记录,是柯尔克孜文化历史中的重要阶段。因此,对唐代柯尔克孜文化的研究,其意义与文献研究同等重要,相得益彰。

一、学术价值

(一)语言文学价值

从某种角度来说,黠戛斯文献是黠戛斯和其他使用这一语言的部族语

①张铁山:《突厥语族文献学》,北京:中央民族大学出版社,2005年,第284页。

言思维的真实写照,它反映了古代突厥语的基本结构和社会功能,特别是和周边民族语言的接触和影响。同时,也反映了黠戛斯及其属部艺术创作力和思想想象力。因此,其语言文学价值举足轻重,主要集中在以下方面:

(1)可以构建古代突厥语语法体系,展示语言使用者的语言思维和语言心理;

(2)为总结突厥语的历史发展规律奠定基础,形成系统的语言史;

(3)有助于构拟突厥语族的祖语——阿尔泰共同语,进而构拟复原已经消亡的部族语言;

(4)为研究文字学、语音学、词汇学以及语言接触学提供基本材料;

(5)有利于研究隋唐汉语北方方言,为研究中古汉语提供参照物;

(6)为研究北方民族原始祖语和语言发生关系、谱系关系理论奠定语言事实基础;

(7)有利于形成古代突厥文学史,进而构成完整的柯尔克孜文学史;

(8)为了解柯尔克孜族的创作手法和写作特点提供研究模本;

(9)为建立突厥语族文献文本学和文体学奠定基础,拓宽文献研究的领域。

因此,巴托尔德才说:"碑文和在中亚发现的古代突厥宗教文献的碑文也许可能在科学的基础上来探讨突厥语逐渐发展的问题,以及某一个词是属于什么方言和什么地区的问题。"①鲁保罗亦指出:"它们(指古代突厥文文献)浸透着一种史实般的激情,更喜欢朴素和现实的形象,以表达其幸福和灾难、悲痛和辛劳。"②

(二)文化宗教价值

"语言是文化的符号,文化是语言的管轨。好比镜子或影集,不同民族

---

①[苏]威廉·巴托尔德:《中亚突厥史十二讲》,罗致平译,北京:中国社会科学出版社,1984年,第24页。

②[法]鲁保罗:《西域的历史与文明》,耿昇译,乌鲁木齐:新疆人民出版社,2006年,第159页。

的语言反映和记录了不同民族特定的文化风貌;犹如管道或轨道,不同民族的特定文化,对不同民族的语言的发展,在某种程度、某个侧面、某一层次上起着制约的作用。"①吉谢列夫认为:除了上述有关鄂尔浑突厥社会组织的重要资料之外,鄂尔浑文献还含有不少关于蒙古利亚贵族的世界观和广大群众的宗教信仰的资料。②因此,黠戛斯文献对于研究其饮食服饰、城市建筑、婚丧嫁娶、经济方式、图腾印记、天文历法、宗教信仰等文化内容都是大有裨益的。其突出表现主要在于以下方面:

（1）可以勾勒出黠戛斯部族宗教信仰的变迁,特别是从原始宗教向偶像崇拜的演变;

（2）有助于确定黠戛斯部族经济方式的特点,特别是金属制造业和手工业;

（3）描绘黠戛斯部族的丧葬仪式和祭奠仪式,特别是墓志铭和挽歌的特点;

（4）借助墓碑上的匾额和印记,为探究现代柯尔克孜族的部落发展提供素材;

（5）了解黠戛斯部族对生肖纪年法的接受和传播,通晓西伯利亚地区数词的书写形式;

（6）可以了解黠戛斯部族的马文化以及战争策略和艺术;

（7）可以了解黠戛斯部族的审美情趣和世界观、人生观以及是非善恶标准;

（8）可以追溯北方以及西域、南西伯利亚部分风俗习惯的来源和仪轨。

（三）科学方法价值

任何一门学问、学科,都是研究一种特殊的对象的,因而也都有它自己的特殊研究方法。自然科学是如此,社会科学也是如此。胡梅尔(Siegbert Hummel)说:"蒙古古突厥碑铭的历史意义自拉氏解读以来,几乎不可能有第二种解释,尽管如此,突厥碑铭还是向我们提出了一些与碑铭学相关的,诸如词法、

---

① 邢福义:《文化语言学》(增订本),武汉:湖北教育出版社,2000年,第一版序第1页。
② [苏]吉谢列夫:《南西伯利亚古代史》(下册),莫润先译,乌鲁木齐:新疆社会科学院民族研究所,1985年,第93页。吉谢列夫所谓的"蒙古利亚贵族"是不正确的,应为古代突厥–回鹘、黠戛斯贵族。另外,此处的鄂尔浑文献也包括叶尼塞文献。

考古学、人种学，尤其是宗教史方面的令人感兴趣的问题。"①所以，黠戛斯文献和文化研究作为一门显学，其学科理论的构筑和发展、研究方法的采用和创新都有着独树一帜的优势。特别是其所倡导的科学研究方法，更是为其他形态的文献研究提供绝佳的范本。综合来看，其科学方法价值有以下体现：

（1）促进语言学、历史学、政治学、宗教学、社会学等多学科的融合，特别是文化语言学、民族语言学、社会语言学、民族史、交通史、经济史等二级学科和民族经济学、民族法学等交叉学科的建设和发展；

（2）继承和完善语史结合理论，健全民族史研究框架，丰富文献档案学和文化学的研究理论和研究范例；

（3）发展考据学、校勘学、语音学、词汇学研究方法，建立不同语种文献对勘法、文献释读考据法、历史语音演变和对比法、词义发展和溯源法。

二、学科价值

文献学是研究历史典籍、档案等文字材料的学科，它亦研究记叙历史事件的口传文学。文献学作为历史学的一个分支，具有悠久的历史、广阔的前景。但受专业规划、学科藩篱、必备知识、职业发展、工作就业等因素的影响，文献学，尤其少数民族古典文献学研究在我国高校学科发展中步履维艰。因此，本研究项目对文献学（中国古典文献学下属的二级学科——古代突厥文文献整理研究，下同）发展的意义在于以下几个方面：

（1）在一定程度上继承和发展历史文献学的研究方法。在沿袭乾嘉学派考据学（朴学）和西方语言历史学相结合的研究方法的同时，与民族语言学的研究方法进行有机组合，坚持"语史结合、语史对勘"的思路。

（2）逐步夯实文献学的研究基础。通过对文献的分类和编目、收藏和检索、整理和校勘、鉴别和描述，为语言学、历史学、民族学、文化学以及相关交叉、边缘学科的研究提供相关的、可资借鉴的材料。

---

① [德]S.胡梅尔：《评〈鄂尔浑考察著作集〉——纪念 W. 拉德洛夫逝世七十五周年》，《中亚研究》1994 年第 24 期，第 4 页。

（3）努力缩小文献学与相关学科的鸿沟。突破文献学与语言学、民族学之间的隔阂，促进以文献学为核心的多学科相互交融，以期建立综合、系统的"大文献研究体系"，使有关新疆社会历史（或丝绸之路历史文化）的非汉文文献研究整理成为新疆高校的特色学科。

（4）丰富和充实文献学的学习内容。在文献学的传统领域——目录学、版本学和校勘学之外，引入历史语音学、民族语言学、文化语言学、历史地理学等相关内容，从而提高教学热情和学习兴趣。

（5）实事求是、因地制宜地确定我国文献学的发展方向。在对学科合理定位的同时，确立文献整理和材料提炼、文献释读和史料考证、文献收检和史籍勘误相辅相成、齐头并进的发展思路。

（6）着力加深文献学的研究深度，拓宽文献学的研究广度。在广泛吸收国内外研究成果的基础上，与时俱进，推陈出新，缩小与国外的差距，突出研究特色，尽可能地弥补前人研究的不足。

（7）在一定范围内，突出"提高文献学的学科地位"的办学宗旨。通过收集历史资料、创新研究方法、深化研究理论，逐步提升文献学的关注度和影响度，增强文献学在社会发展中的积极作用。

三、社会价值

任何社会科学研究都要为政治服务，为经济服务，为社会服务。社会科学的一些研究成果往往被束之高阁，其中一个很重要的原因就是不接地气，即与社会发展的现实情况和实际需求相脱节。牛汝极指出："两千年的历史教训使我们深刻体会到，北方少数民族间以及这些民族与内地其他民族间所发生的事件，对我们国家的安危、多民族间的团结具有何等重要的影响。不了解过去，就不能了解今天。"①因此，从黠戛斯文献入手，研究黠戛斯文化，对于我们认清柯尔克孜的历史和现状，预测柯尔克孜的未来和发展都是

---

① 牛汝极：《阿尔泰文明与人文西域》，乌鲁木齐：新疆大学出版社，2003年，第13页。

大有裨益的。特别是对于维护祖国统一,发展地方经济更有着不可替代的作用。具体来说,主要有以下几点:

(1)丰富柯尔克孜的历史和文化,加深其对中华民族的认同,对中华文化的认同,对国家的认同,增强公民意识和各民族之间的凝聚力;

(2)形成正确的历史观,驳斥民族分裂分子的歪理邪说,维护祖国统一和社会稳定;

(3)提供参考资料,合理制定和有效实施民族政策,完善民族理论;

(4)提升柯尔克孜的民族形象,增强自豪感和自信心,培养爱国热情;

(5)保护柯尔克孜非物质文化遗产,繁荣民族文化,提高民族素质。

第四节　本书的基本内容与研究方法

一、研究思路

本书研究的基本思路:首先,搜集整理、转写并释读黠戛斯文献;其次,将释读结果同汉文文献以及其他民族古代文献、外国文献进行对勘,确定文献真伪;再次,从译本中选择同文化相关的材料,并参照其他研究成果,按照语言文字、宗教信仰、文学艺术、科学技术和文化交流几个方面来论述。

二、研究方法

本书的研究方法:①考据法。主要用于对黠戛斯文献的转写、翻译和注释,目的是将"经学"的研究方法引进来。②校勘法。主要用于黠戛斯文献和汉文文献的对勘,也包括黠戛斯文献与后突厥-回鹘汗国文献以及其他少数民族古代文献、外国文献的比对,旨在判断文献记载是否符合史实。③语音法。主要是根据古今汉字语音的对比,构拟演变过程,并同黠戛斯文献中的疑难词语进行对比,进而判断其来源和意义。④训诂法。主要依据词义的发展变化,来探求该词语所对应的社会状况和特点,特别是探讨从原始义到基本义,从基本义到引申义和比喻义的社会途径和语外原因。

三、主要观点

本书的主要观点:①黠戛斯所使用的古代突厥语较为古老,当属古代突厥语的形成初期,文字和语法体系尚不成熟;②黠戛斯人在萨满教之后,还曾信仰过佛教和摩尼教,不同宗教信仰之间的和平相处;③黠戛斯人一直以游牧生活为主,其定居生活特征不明显,更未见到其农耕文化的迹象;④黠戛斯部族的文学形式主要以墓志铭和挽歌为主,艺术形式较为单一;⑤在黠戛斯部族中,黑姓和匐的位置较为突出,前者是统治的基础,后者是实际的统治者;⑥黠戛斯与周边部族以及中原王朝的往来较为密切,主要目的是反对后突厥、回鹘的统治,建立黠戛斯汗国。

四、研究理论

任何一种研究方法都有其理论基础和实践经验,并有其历史渊源。以下着重介绍本书的理论基础。

(一)语言历史学理论

所谓语言历史学,就是以语言文字为重要工具,从语言文字入手,运用语言文字来阐释历史的学科。① 由此,形成了"历史语言学派",其重要创始者兰克(Ranke L.V.,1795—1886),代表作为1824年出版的《拉丁和条顿民族史》一书。维也纳大学史学研究法教授鲍瓦(W. Bauer)在20世纪20年代所写的《历史研究入门》一书中曾对历史语言学派确定了两个标准。第

绪

论

25

---

①语言学的分支中有历史语言学,因此,笔者认为这一学派的观点称为语言历史学理论更为恰当。如若用历史语言学,则容易与语言学中的这一学科相混淆。

一,最上乘,应当多识外国文,……除古代语言(拉丁文、希腊文)外,学历史的(德奥)人,至少应能随时互译现代几种通行世界的语言(如英文、法文、意大利文)和用这些语言写成的历史著作。第二,须通达研究范围内有关系的各种语言,能运用这些语言作史料研究的补助,以便解决与自己研究有关的问题。[①]

近代中国史学名家中,直接受到普鲁士历史语言学派影响的,如陈寅恪、傅斯年、姚从吾、韩儒林等,他们都是留德的,接受了这个学派直接的熏陶、培养,因而他们的治学态度、学风对我国近代史学产生了巨大影响。如:留学欧洲 7 年被誉为"中国的兰克"的史学家傅斯年,将兰克学派的治学方法引入中国,并加以实践,创建了名闻中外的"历史语言研究所",将"语言"和"历史"并列在一起,足见其对语言学的重视。"历史语言研究所"作为近代中国的权威史学研究机构,产生了累累硕果。国学大师王国维、陈寅恪等,融合乾嘉学派的考据学(朴学)和西方的语言历史学方法研究中国历史文化,取得了具有世界水平的学术成果。如《观堂集林》《陈寅恪史学论文选集》等。

要想认真地研究一个民族的历史和文化,首先必须精通其语言。可以说,语言文字是打开民族历史和文化宝库的钥匙,而且伴随着研究工作的深入,对语言文字的研究将发挥其越来越重要的作用。

(二)民族语言学理论

民族语言学是人类语言学的延伸和发展,是语言学与民族学有机结合而产生的语言学分支学科,也叫语言民族学。[②]它既研究民族语言内部结构和演变规律,又通过语言研究民族特征和过程。民族语言学是在 19 世纪欧洲的历史比较语言学基础上产生的,其理论根基即语言是民族的传记。早在 19 世纪初,历史比较语言学奠基人拉斯克和格林就认为语言是了解民族

---

①姚从吾:《姚从吾先生全集(一)——历史方法论》,台北:正中书局,1971 年,第 60 页。
②有关民族语言学的相关知识,见王远新:《中国民族语言学:理论与实践》,北京:民族出版社,2002 年。

起源及其远古历史和亲缘关系最重要的工具。格林宣言"我们的语言就是我们的历史",认为语言比骨骼、武器和墓穴更能证明民族的历史,是民族历史文化的碑铭。①而整个19世纪,占统治地位的历史比较语言学一直把语言当作使用它的民族及其史前史研究取之不尽的文献资料。自觉吸收并充分运用语言学的理论、观点、方法、材料进行民族研究,是现代民族学的重要特征。摩尔根在其划时代的民族学巨著《古代社会》中就运用了大量语言学资源。美国民族学之父博厄斯和他的学生萨丕尔及同时代的马林诺夫斯基,既是著名的人类学家,又是极有造诣的语言学家。萨丕尔曾说:语言的背后是有东西的。并且,语言不能离开文化而存在。所谓文化就是社会遗传下来的习惯和信仰的总和,由它可以决定我们的生活组织。②

我国从21世纪初引进现代民族学开始,就吸收了国外结合语言研究民族的优良传统。程树德的《说文稽古篇》,徐松石的《粤江流域人民史》和《泰族僮族粤族考》,罗常培的《语言和文化》,都论述了语言与民族文化、历史、心理、宗教信仰和婚姻制度的关系,以丰富生动的民族语言材料说明了从语言研究民族的必要性和可行性以及研究的具体途径,在语言学和民族学之间架起了桥梁。

语言具有相对稳定性。社会发展了,过去的历史文化仍能沉积在当前的语言中,因此,语言就成为探索民族历史特别是民族史前史的重要资源。比如,每个词都有它的历史,同时代表着相应的民族史。正如语言学家撒格斯(S. H. Sagce)所说:"词语好比化石。词语中体现了首先创造和使用词语的那个社会的思想和意识。……一块骨头化石能告诉我们一个灭绝了的世界的历史,同样,词语的遗迹也能向我们揭示古代社会的斗争和那些早已消逝了的观念和知识。"

(三)突厥语文学理论

突厥语文学(Philologiae Turcicae)是世界突厥学研究大师冯佳班在二十

---

① J. Grimm, *Kleinere Schriften*, Wisbaden, 1864, p. 290.
② Edward Sapir, *Language: An Introduction to the Study of Speech*, New York, 1916, p. 221.

世纪五六十年代创立的学科,它是语文学的一个分支。关于语文学一直存在三种认识:一是对文字或书面语言的研究,其目的在于文献资料的校订、考证和诠释;二是人文科学有关学科——语言学、文艺学、校勘学、文献学、考古学等学科的统称;三是在英国,语文学或比较语文学是历史语言学的传统名称。①突厥学界所谓"突厥语文学"是指对古代突厥文和回鹘文文献进行换写、转写、翻译和注释。最早实践突厥语文学理论的当属汤姆森和拉德洛夫,前者代表作为《鄂尔浑和叶尼塞碑铭的解读——初步报告》。汤氏的解读过程可以理解为突厥语文学的理论基础,其过程:①确定文字的书写顺序;②归纳字母符号和词语出现、分布的情况以及词中音节的结合、变化等;③从相关其他语种文献中获取信息;④确定字母的数量和元辅音;⑤利用文献对勘,解读专有名词;⑥运用专名解读成果,解决其他字母符号的问题。由此可见,突厥语文学的理论基础实质就是语史对勘,即利用古代民族语言和现代民族语言的渊源联系,来解读古代语言文献;利用其他语种文献,来解读古代语言文献。

我国引入突厥语文学理论的第一人当属冯家昇,其代表性的著作为《回鹘文写本〈菩萨大唐三藏法师传〉》。文中讨论了《玄奘传》回鹘文写本的整理过程、回鹘文写本的译者、翻译时代、回鹘文的起源和译本的译文、回鹘人的纪年系统、该译本中的汉语借词、回鹘文译本残卷与汉文本的对照表。其后,我国运用突厥语文学建树最多的应为耿世民,其大作如《古代突厥语文献选读》《古代突厥文碑铭研究》《古代维吾尔诗歌选》《乌古斯可汗的传说》《维吾尔古代文化和文献概论》等。此外,充分运用突厥语文学的著名学者还有李经纬、胡振华、陈宗正、李国香、斯拉菲尔、卡哈尔·巴拉提、多力坤·阙柏尔、买提热依木、牛汝极、张铁山、杨富学、李树辉、阿布都热西提、阿布里克木·亚森、阿依达尔·米尔卡马力等。近期我国一些高校也出版了一系列突厥语文学著作,如《突厥语文学研究》《突厥与哈萨克语文学研究》等。

事实上,突厥语文学理论自 20 世纪 80 年代以来,已经有了较大的发

---

①戚雨村、董达武、许以理等:《语言学百科词典》,上海:上海辞书出版社,1993 年,第 449 页。

展。较语言历史学理论而言,在突厥语文学理论的应用中,语言学特别是历史语言学、比较语言学、文艺学、校勘学、文献学、考古学的影子会不时出现。可以说,21 世纪的突厥语文学理论更加丰富、更加饱满。以突厥语文学理论为基础,利用多种学科的交叉和融合,这对于正确解读文献,归纳文献的语言素材和历史资料,特别是阐释文献中的疑难词语和复杂句法,判断相关文献的正确性和客观性,都是大有裨益的。近年来,运用突厥语文学理论的佳作有牛汝极的《阿尔泰文明与人文西域》,牛汝极和杨富学合著的《沙州回鹘及其文献》,杨富学的《回鹘文献与回鹘文化》,李树辉的《乌古斯与回鹘研究》等。

第一章

柯尔克孜历史概述

第一节　汉唐时期的柯尔克孜先民

一、秦、汉时期的坚昆人

秦、汉之际(公元前3世纪末),以冒顿为首的匈奴奴隶主贵族在蒙古草原建立了一个强大的游牧奴隶占有制国家,征服了周围的许多民族。分布在匈奴之北的被征服的民族中就有鬲昆(后又作隔昆、通作坚昆),这是柯尔克孜族第一次出现于史籍的记载。

汉族人记载坚昆的地理方位是"东去单于庭七千里,南去车师五千里"①。三国时的说法基本相同,但有增益:"俱去匈奴单于庭安习水七千里,南去车师六国五千里,西南去康居界三千里,西去康居王治八千里。"②这与我们已知的柯尔克孜族最初的发祥地——叶尼塞河上游的地理方位大致吻合,但其西南有可能到达了阿尔泰山区。

坚昆在公元前3世纪末被匈奴单于征服,此后半个多世纪内,匈奴国势强盛,坚昆等民族的活动不见记载。汉匈战争开始后,汉军有时深入匈奴腹地,推动着匈奴人向北及西北方向转移,必然影响到坚昆地区。公元前72年,汉朝与乌孙联军大破匈奴,丁零、乌桓、乌孙趁机也攻打匈奴,匈奴属国纷纷瓦解,坚昆可能也摆脱了匈奴的统治。之后,匈奴内乱迭起。公元前57年,匈奴出现了五单于并立的局面。这五个单于中有三个在失败后都向西北方面逃跑,他们即便没有到达坚昆地区,距离该地也不会太远。次年,又出现了两个单于,其中之一的郅支单于在公元前49年西征,败乌孙,并乌揭、坚昆、丁零三国,并留都于坚昆,坚昆又处于匈奴单于的直接统治之下。几

①《汉书·匈奴传下》卷六四下。
②《三国志》卷三〇注引《魏略·西戎传》。

年后,郅支单于因为和汉朝关系恶化,从坚昆迁到了中亚的康居国境内。东汉初年,匈奴分裂为南、北两部后,坚昆处于北匈奴单于的统治范围以内。公元85年,丁零、南匈奴、鲜卑、西域诸国共同攻打北匈奴,坚昆有可能也参加了这次叛离的行动。

继北匈奴之后统治漠北的是鲜卑人。2世纪中,鲜卑在其首领檀石槐的率领下崛起,尽据匈奴故地。时鲜卑分为东、中、西三部,西部大人之一名叫推演①,这是拓跋部的远祖邻,又号推寅。邻"七分国人,使诸兄弟各摄领之,乃分其氏;其后兼并他国,各有本部,部中别族,为内姓焉";乃以其兄"为纥骨氏,后改为胡氏"②。纥骨与坚昆一样,都是柯尔克孜的音译,说明坚昆在邻的直接统辖之下。这个时期中原汉族人从乌孙长老那里听说,"北丁零有马胫国,其人音声似雁鹜,从膝以上身(至)头,人也,膝以下生毛,马胫马蹄,不骑马而走疾(于)马,其为人勇健敢战也"③。这不是神话传说,而是一种讹传,是对那些乘雪橇而奔驰的人们的歪曲描绘。丁零人有乘雪橇的习惯,作为他们的近邻的坚昆人也有乘雪橇的习惯。关于后者的情况,在唐朝的文献中有明确的记载。

鲜卑衰落、分散之后,柔然和高车雄踞漠北。高车最初出现的六部中有护骨部,说明坚昆这时期成为高车的一个部落。关于护骨部的活动不见于记载,说明他们的驻地距离中原较远,而且在政治舞台上也不太活跃。柔然与高车交错相处,可能和坚昆也有来往。4世纪末,柔然首领社仑曾经深入高车地区,大败之,柔然的势力可能到达了坚昆地区。根据传说,后来的突厥阿史那氏似乎也和坚昆有某种亲属关系,说是在匈奴北边的索国有四个兄弟,老大的后代就是突厥阿史那氏,一个兄弟"国于阿辅水,剑水之间,号为契骨"④。剑水就是叶尼塞河上游,契骨与护骨是同名异译。

---

①《三国志》卷三〇注引王沈《魏书》。
②《魏书·序记》有两个推寅,这是第二个推寅的事迹。此推寅名邻,事迹见同书《官氏志》。
③《三国志》卷三〇注引《魏略·西戎传》。
④《周书·突厥传》,也见《北史·突厥传》。

二、坚昆都督府

6世纪中叶,漠北草原的政治格局与民族分布又一次发生变化,这就是突厥的兴起与扩张。木杆可汗在位时,突厥摧毁了柔然汗国,"又西破嚈哒,东走契丹,北并契骨,威服塞外诸国"。突厥贵族的统治是以往漠北游牧贵族统治的继续和发展。被其征服的草原各游牧部族受到突厥的直接统治和管理。他们一方面作为突厥的军事力量,跟随其军队东征西讨,是其向外扩张领土和势力的一部分,另一方面又受到突厥贵族的残酷统治和剥削。

618年,唐朝取代了隋朝。唐朝的兴起与发展,在漠北及其他边远地区历史上所起的巨大作用,不仅超过了隋朝,而且也超过了汉朝。有唐一代,黠戛斯在漠北历史上所起的作用也是彰彰可考。

贞观(627—649年)初年,铁勒诸部之一的薛延陀部大破东突厥颉利可汗,在东突厥汗国之北建立了薛延陀汗国,黠戛斯是其属部之一,薛延陀派颉利发一人监治其国。632年,唐朝派王义宏出使黠戛斯。[1] 638年,西突厥汗国分成东西两部,东部乙毗咄陆可汗的属部中即包括黠戛斯(写作结骨),说明在东突厥汗国灭亡后,西突厥汗国势力在向东北方向扩展。到40年代初期,西突厥东、西两部征战不休,国内大乱,黠戛斯等被征服的部落纷纷叛离。643年,黠戛斯派使者至唐,"贡貂裘及貂皮"[2],这是见于记载的黠戛斯使者首次到达唐朝。后来东突厥残部推举斛勃为可汗,由于受到薛延陀汗国的威胁,斛勃率众逃到金山(今阿尔泰山)之北,自称乙注车鼻可汗,统属黠戛斯(写作结骨)、葛逻禄诸部。646年,唐朝与铁勒诸部灭掉了薛延陀汗国,漠北诸游牧部落全部隶属于唐朝,唐朝于漠北设置燕然都护府及许多都督府、州以统率之。648年,黠戛斯首领俟利发失钵屈阿栈亲身至唐,唐太宗

---

[1]《太平寰宇记·黠戛斯》《唐会要·结骨》作王义宏,李德裕《李文饶文集·与纥扢斯可汗书》作王义弘。

[2]《太平寰宇记·黠戛斯》。

设宴欢迎,在宴会上对大臣们说:"往渭桥斩三突厥自谓功多,今俟利发在席,更觉过之。"①失钵屈阿栈对唐太宗说:"臣既一心归国,望得国家官职,执笏而已。"②于是唐朝乃以黠戛斯地区为坚昆都督府,隶属于燕然都护府,以失钵屈阿栈为左屯卫大将军,兼坚昆都督,黠戛斯地区从而被正式列入唐朝的版图。唐高宗即位初年,唐军扫除了乙注车鼻可汗的势力,葛逻禄等部归唐,于是阿尔泰山一带都进入唐朝版图。唐高宗时,黠戛斯的使者两次至唐。第一次是在 653 年,使者说,在他们境内,有许多汉人,请派人去领回。唐朝派范强(一作万强)带着"金帛"去赎领。700 年(武则天圣历三年),武则天下诏宣布:"东至高丽国,南至真腊国,西至波斯、吐蕃,及坚昆都督府,北至契丹、突厥、靺鞨,并为入番,以外为绝域。"③

三、黠戛斯汗国

自唐高宗末年起,后突厥汗国崛起,极力四向扩张,对唐朝及黠戛斯等民族、部落形成了严重威胁。后突厥汗国在进攻唐朝(武周)的同时,也征服了西北方向的一些民族或部落。699 年,后突厥默啜可汗立其子俱匐为小可汗,主处木昆等十姓兵马四万余人,说明其势力已经伸展到阿尔泰山以西。景龙年间(707—710 年),后突厥大军对黠戛斯进行了一次大规模的袭击,杀掉了黠戛斯汗,迫使黠戛斯部众降服。④ 在此前后,黠戛斯与唐朝的关系更加密切。708 年,黠戛斯使者至唐,受到唐中宗的款待,他以黠戛斯人中有一部分是汉将李陵后代的传说为依据,对使者说:"尔国与我国同宗,非它蕃

柯尔克孜文献与文化研究

①《新唐书·黠戛斯传》。所谓"渭桥斩三突厥",不知是指何事,可能是三旗突厥的误写。有关三旗突厥,可以参见拙著《漠北回鹘汗国古突厥文碑铭考释》。不过也有学者认为:也许"斩"乃"折"之讹,"折三"乃"三折"之例,指唐太宗初即位时折服颉利可汗事。
②《太平寰宇记·黠戛斯》。
③《唐会要》卷一〇〇。
④突厥如尼文《暾欲谷碑》《阙特勤碑》《毗伽可汗碑》等都说到了后突厥汗国袭击黠戛斯的故事,但到底是一次还是几次,以及发生的时间在哪一年,仍然不是十分清楚和准确,只有大致的时段。

比",使者很感动。①710年,唐中宗在讨伐后突厥的一个诏书中说:"坚昆在右,犄角而东,并累献封章,请屠巢穴。"②看来在此之前,黠戛斯曾屡次要求与唐朝联军以对付后突厥,但是否实现了这一愿望,由于缺乏记载而不可知。同年,有人说道:"今闻黠房擅命,坚昆、娑葛,养精蓄锐,以南侵为多事,而人户全虚,府库半减。"③"黠房"指默啜可汗,他要向唐朝发动进攻,但黠戛斯、突骑施却不赞成,并且"养精蓄锐",另有图谋。718年(开元六年),唐朝派30万大军进讨后突厥,坚昆都督右武卫大将军骨笃禄毗伽可汗及其部众也参加了这次战争,唐玄宗在诏书中夸耀黠戛斯等部的军威说:"弧矢之利,所向无前。"④此前不久,后突厥可汗默啜被杀,新可汗默棘连在暾欲谷、阙特勤的辅佐下,国势仍然很强,但与唐朝的关系却趋于和缓。721年(开元九年),后突厥派遣使者至唐,"且通和好",唐玄宗在答复的诏书中说:"国家旧与突厥和好之时,蕃汉非常快活,甲兵休息,互市交通,国家买突厥马羊,突厥将国家彩帛,彼此丰足,皆有便宜","可汗若实好心,求为和好,计彼此百姓,各得自安,斟酌一生,更亦何虑"⑤。后突厥与唐朝这种和解、友好的气氛对黠戛斯与唐朝友好关系的发展非常有利。722年,坚昆大首领伊悉钵舍友者毕施颉斤与后突厥大首领一起至唐,唐朝分别授以中郎将、将军之号。次年,坚昆大首领俱力贫贺忠颉斤与后突厥汗国大首领一起至唐,唐朝又分别授以郎将、将军之号。次年,坚昆又遣使至唐朝献马。天宝(742—756年)初年,回纥、拔悉密、葛逻禄等部推翻了后突厥汗国,尊拔悉密首领为可汗。744年(天宝三年),回纥与葛逻禄部一起推翻了拔悉密可汗,建立了回纥汗国。在回纥汗国建立初期,黠戛斯与唐朝的关系仍然很密切,仅747年一年就两次派遣使者至唐朝献马:第一次献马98匹,同行的是九姓铁勒;第二次献马60匹,同行的是室韦。758年(乾元元年)或稍前,回纥汗国发动进攻,打败了黠戛斯,黠戛斯与唐朝的联系中断。8世纪末至9世纪初,回鹘(788

①《新唐书·黠戛斯传》。
②《文苑英华》卷四五九苏颋《命吕休璟等北伐制》。
③宁原悌《论时政疏》,见《全唐文》卷二七八。
④《册府元龟》卷九八六。
⑤《册府元龟》卷九八○。

年改称"回鹘")汗国又一次向黠戛斯发动了大规模的进攻,大败黠戛斯,黠戛斯可汗中箭身亡,"牛马谷量,器械山积,国业荡尽,地无居人"①。至9世纪10年代,黠戛斯复兴,首领称可汗,开始了反抗回鹘汗国统治的斗争。9世纪30年代末(唐文宗末年),回鹘汗国发生灾荒,继而又发生内乱。840年(开成五年),回鹘统治集团中一部分人与黠戛斯联兵,一举灭亡了回鹘汗国,于是黠戛斯汗国的统治范围大大扩大。

黠戛斯汗国时期,国王称为"阿热",下辖若干部落,有比较完整的政治制度和相当发达的官制。其官吏等级很显明,分为宰相、都督、长史、将军、达干等,其中有的官职显然是效法唐朝官制。汗国有比较严格的法律,如规定:作战临阵脱逃,出使完不成任务,随便议论国事与偷盗者都要砍头。官制、法制和军队构成了黠戛斯汗国强有力的国家机器,以保护私有财产和统治阶级的利益。

黠戛斯汗国的疆域,根据《新唐书·黠戛斯传》的记载,东邻骨力干(在贝加尔湖附近),南邻吐蕃(今藏族祖先,当时其势力到达天山北麓一带),西南是葛逻禄(原在阿尔泰山西,8世纪中叶迁到塔拉斯河一带)。另据黠戛斯使臣向唐朝的报告,他们在灭亡了回鹘汗国以后,曾尾随西奔的回鹘部落,占领了安西、北庭、达怛等五部②;在东南方向,从黠戛斯至唐朝边境之间已见不到回鹘人,这就是说,他们的疆域已和唐朝本土相连。③

黠戛斯汗国对唐朝始终采取亲近、友好的态度。在占领回鹘牙帐时,黠戛斯军队遇见了唐朝皇帝嫁给回鹘可汗的太和公主,当即派人送她回唐朝;当太和公主及黠戛斯使者在途中被正在南奔的回鹘残部劫走后,黠戛斯可汗复屡派使至唐,表示即使上天入地,也要把公主找回来,并准备发兵驱赶正在骚扰唐朝北边的回鹘残部。唐朝对黠戛斯之重新来朝这件事也很重

---

①《九姓回鹘爱登里罗汨没蜜施合毗伽可汗圣文神武碑》,根据《和林金石录》及日本《新西域记》之录文。
②《李文饶文集》卷八《代刘沔与回鹘宰相书白》。安西为安西都护府,治所在今新疆库车县,北庭为北庭都护府,治所在今新疆吉木萨尔县,达怛即鞑靼,蒙古时期汉译塔塔尔。
③《李文饶文集》卷八《代刘沔与回鹘宰相书白》。

视,特命大臣撰绘一部《黠戛斯朝贡图》(又名《王会图》),其序文由宰相李德裕亲自撰写。①846 年(会昌六年),唐武宗派李人式出使黠戛斯,册封其可汗为"宗英雄武诚明可汗",使命未出,武宗死去,作罢。第二年,唐宣宗又派李业出使黠戛斯,封其可汗为"英武诚明可汗"。此后不久,西迁回鹘在安西、西州一带力量越聚越大,唐朝派使臣立其首领为回鹘可汗。863 年(咸通四年),黠戛斯使臣至唐,一是请求经籍,一是请求每年来请历书,一是要求攻打回鹘,"使安西以来悉归唐",但是唐朝拒绝了。②866 年(咸通七年),黠戛斯又遣使至唐,一是朝贡,一是请允其派"鞍马迎册立使",一是请发给第二年的历书。③890 年(大顺元年),唐朝在与沙陀李克用的斗争中,还得到了黠戛斯的帮助,黠戛斯与吐蕃一起,一次出兵就达到数万至十万之众。④

上述情况表明,从突厥兴起到唐朝灭亡,黠戛斯在历史上是很活跃的,而从 9 世纪 40 年代起,实际上已经成了漠北的雄长。

与汉、魏时期比较,这一时期的黠戛斯要强大得多。《通典》说,黠戛斯"胜兵八万"。后来《新唐书》也沿用了这一说法,但又在这句话前面加了一句话,说"众数十万"。这个数字比起前一时期来,已经增长得很多了,但还可能是指这个时期的初期。后来又有很大的发展。《太平寰宇记》说:"其兵数号三十万,问其实,乃曰每征发则百姓及诸蕃部役属者尽行。"据《九姓回鹘可汗碑》,黠戛斯在 8 世纪末至 9 世纪初,控弦三十余万,或二十余万。又据 9 世纪 40 年代初黠戛斯使臣给唐朝的报告,他们要派四十万兵来寻觅被回鹘抢劫的唐太和公主。⑤这个"四十万"虽然不免含有夸张之意,然而证之以上述回鹘人对他们兵力的估计,说他们有四十万兵力,还是接近于实际的。控弦三十万或四十万不是个小数目,突厥在最强盛时也不过是"控弦百

①《李文饶文集》卷二。
②《资治通鉴》卷二五〇。
③同上。
④《新唐书·沙陀传》作"众十万",《资治通鉴》卷二五八作"众数万"。但《考异》引《太祖纪年录》又作"吐蕃黠戛斯之众十万"。
⑤《李文饶文集》卷八《代刘沔与回鹘宰相书白》。

余万"①。以这个数字来推算黠戛斯汗国的人口数,那么至少也当在百万以上。

第二节　10—16 世纪的乞儿吉思

一、辽宋金时期

（一）中原诸政权对柯尔克孜地区的管辖

10 世纪初,契丹(947 年改称辽)兴起,其周围诸民族或部落逐步被征服,或自动降服,从而取代了黠戛斯在蒙古草原的统治。契丹人称黠戛斯为"辖戛斯"②。931 年(辽太宗天显六年),辖戛斯派使至契丹,从而成了契丹的属国。契丹在各属国设置大王府或王府,委派属国君长及契丹人担任"大王""于越"等官。辖戛斯地区设置了"辖戛斯国王府"。作为属国,辖戛斯要向契丹朝贡,并有出兵为契丹打仗的义务。北宋称黠戛斯为"黠戛司",981—984 年间(宋太宗太平兴国六年至雍熙元年),宋朝使臣王延德出使高昌,曾经提到过黠戛司。③ 不过,黠戛司似乎没有同宋朝发生直接的关系。

1124 年(辽天祚帝保大四年),辽朝在崛起于其东北的另一强族女真人(1115 年称金)胁迫下濒于灭亡,其宗室耶律大石率众西逃。耶律大石在经过柯尔克孜地区时大肆抢劫。柯尔克孜人起而反抗,把他们赶出境外。④ 耶律大石退出柯尔克孜地区后,重新召集了许多契丹和突厥语部落,整军西进,打败了建都于巴拉沙衮和喀什噶尔的喀喇汗王朝,在虎思斡耳朵(巴拉沙衮或其附近)建立了西辽(或称喀喇契丹),并派兵攻打柯尔克孜。对于这

---

① 《旧唐书·突厥传》。
② 《辽史·辖戛斯》。
③ 《宋史·高昌传》引《王延德使高昌记》。
④ [伊朗]志费尼:《世界征服者史》(上册),何高济译,呼和浩特:内蒙古人民出版社,1980 年,第 417～422 页。

次入侵,柯尔克孜如何对付,以及战争的结果如何,史书没有明文记载。

1125 年(辽天祚帝保大五年,金太宗天会三年),金朝灭亡辽朝,取代了辽朝在中国北方的统治。金朝称柯尔克孜为"纥里迄斯"。柯尔克孜与金的关系现在也还不清楚。1220—1221 年间(金宣宗兴定四至五年),金国使臣乌古孙仲端到西域向成吉思汗求和,在途中曾见到或听到了纥里迄斯,与纥里迄斯为邻的还有乃蛮、康里(原作航里)、卡尔鲁克(原作合鲁,即葛逻禄)等部。①

(二)柯尔克孜族的地域分布

从 10 世纪开始的二三百年内,柯尔克孜的分布,汉文史书没有任何明确的记载,阿拉伯文、波斯文的著作谈到过,但也不是很明确。10 世纪初,阿拉伯人米撒尔在从布哈拉到中国的途中,曾到过柯尔克孜地区。他先到脱古思斡古思地区,后到柯尔克孜地区,然后又到卡尔鲁克(葛逻禄)地区。《米撒尔行记》原书早佚,后人著作中转录,"编次已经窜乱,记中所言的种族部落,不免前后倒置者"②。脱古思斡古思就是高昌回鹘,葛逻禄的中心在楚河、塔拉斯河一带,在这二者之间求柯尔克孜的分布地,无论如何也不可能是在叶尼塞河上游,何况卡尔鲁克与脱古思斡古思的方位在这里又还是东西颠倒的。10 世纪下半期波斯文地理著作《世界境域志》说③,柯尔克孜族南边是脱古思斡古思和卡尔鲁克,西边是卡谢木和基玛克,东方是富里和秦国(即中国),北方是没有人烟的地方;基玛克的南方有条阿尔吐什河(据研究,即额尔齐斯河);在富里的上头有座名叫"克木肯特"的城(据研究,城名源于河名克木河,而克木河也就是叶尼塞河之上源)。从这条材料看,柯尔克孜大致还是在叶尼塞河上游。11 世纪下半叶的麻赫默德·喀什噶里的《突厥语大词典》中也提到柯尔克孜。他把当时的突厥人分成南北两群,把柯尔克孜列在北群的自西而东的最后一位,他们的西边是塔塔尔人、牙巴忽

---

①乌古孙仲端:《北使记》,见张星烺编注,朱杰勤校订:《中西交通史料汇编》(第三册),北京:中华书局,2003 年,第 1622 ~ 1628 页。

②冯承钧:《西域南海史地考证论著汇辑》,北京:中华书局,1957 年,第 184 页。

③转引自[俄]别特罗夫:《13 至 15 世纪柯尔克孜迁移天山及他们同卫拉特的关系史》,伏龙芝,1961 年,第 115 页。

人等。近人研究认为,麻赫默德·喀什噶里关于北群突厥人的次序是不符合实际地理位置的,而且关于柯尔克孜的地理方位说得也不清楚,例如他就没有提到叶尼塞河。① 另据《世界境域志》说,在卡尔鲁克地区有个名叫"宾除勒"的地方(在现在我国新疆乌什县的境内),当时由柯尔克孜人统治着;另一处又说,喀什噶尔的北方是柯尔克孜。那么当时天山地区也有一部分柯尔克孜人了,这是很可能的。汉文史书记载说,在隋朝,伊吾以西,焉耆以北,傍白山有柯尔克孜。还记载说,在9世纪,柯尔克孜曾一度占领过北庭、安西。

二、蒙元时期

(一)蒙古人对柯尔克孜地区的统治

12世纪末(金章宗、南宋宁宗时),以成吉思汗(名铁木真,元太祖,1206—1227年在位)为首的蒙古族(1271年建国号大元)迅速强盛起来。不久他们不仅称雄于漠北,而且还称雄于世界。在蒙古称雄时期,汉文史书称柯尔克孜为"乞儿吉思"或"吉利吉思"。关于乞儿吉思的地理方位,《元史·地理志·西北地附录》是这样说的:南距大都(今北京)一万多里,境长一千四百多里,横约长的一半,谦河(今叶尼塞河)流经其境。又西南有阿浦水,东北有玉须水,都汇流于谦河,谦河再向西北流,与昂可剌河(即安加拉河)汇合。蒙古时期波斯历史学家拉施特说:"乞儿吉思和谦谦州为相邻的两个地区,这两个地区构成一个地域。谦谦州是一条大河,这个地区一方面与蒙古斯坦相接,它的一条边界与泰亦赤兀惕诸部所在的薛灵哥河相接;一方面与一条称为昂可剌-沐涟的大河相接,直抵亦必儿-失必尔地区边境。谦谦州的一方面与乃蛮诸部所在的地区和群山相接。"② 就是说,柯尔克孜在这个时期

① [日]内田吟风等:《北方民族史与蒙古史译文集》,余大钧译,昆明:云南人民出版社,2003年,第273～311页。

② [波斯]拉施特:《史集》(第一卷·第一分册),余大钧、周建奇译,北京:商务印书馆,1983年,第245～247页。

的分布大致和以前相同,不过在西南方面,似乎是向前延伸了一些。据《准噶尔概论》一书的记载,1253 年(元宪宗三年),旭烈兀向波斯进军时,曾在东部天山发现有柯尔克孜人,并且说他们游牧于天山和杭爱山之间。但是,同前一时期一样,这个时期在天山地区的柯尔克孜人不会太多,他们的主要部分仍然是在叶尼塞河上游。

在蒙古兴起的初年,乞儿吉思就和蒙古有了直接或间接的接触。1199年(宋宁宗庆元五年,金章宗承安四年),铁木真率兵攻打乞儿吉思的南邻乃蛮,乃蛮太阳罕的弟弟不亦鲁逃入乞儿吉思属地谦谦州。1204 年(宋宁宗嘉泰四年,金章宗泰和四年),铁木真大破乃蛮,太阳罕的儿子屈出律又逃到不亦鲁那里。这时,蔑儿乞部也为铁木真所败,其君长脱脱也逃依不亦鲁。①1206 年(宋宁宗开禧二年,金章宗泰和六年),铁木真称成吉思汗,把被征服的民族和部落分封给自己的亲属和功臣。他把沿额尔齐斯河一带的“林木中百姓”(蒙古人称这一带的居民为林木中百姓,其中也包括乞儿吉思)封给豁儿赤,并下令说,那里的事务由豁儿赤管理,如有违抗,要受到他的处罚。②

成吉思汗又袭击不亦鲁等于小阿尔泰之西支(据说在巴尔喀什湖附近),擒不亦鲁,然后又把他杀掉。屈出律和脱脱逃到额尔齐斯河上。看来,不亦鲁等在这之前就已离开了谦谦州。乞儿吉思虽已划归豁儿赤管辖,但蒙古人还没有直接同他们打交道。所以,1207 年(宋宁宗开禧三年,金章宗泰和七年),成吉思汗派按弹、不兀剌二人出使乞儿吉思。但是,这次出使没有成功,所以同一年又派术赤率兵去征讨,经过战斗,林木中百姓都降服了。乞儿吉思的首领也迪亦纳勒、阿勒迪额儿、斡列别克的斤等带着白海青、白骟马、黑貂鼠等物见术赤,表示臣服③。这次胜利,对于蒙古人彻底扫除乃蛮、蔑儿乞残部及向西北方向发展具有重大意义。第二年,成吉思汗派军征讨脱脱、屈出律,以乞儿吉思邻部斡亦剌部首领忽都花别乞为前锋。蒙古军

---

①［瑞典］多桑:《多桑蒙古史》(上册),冯承钧译,上海:上海书店出版社,2001 年,第33～59 页。

②佚名:《元朝秘史》,山东:齐鲁书社,1999 年,第 75 页。

③《亲征录》《元史·太祖纪》都将乞儿吉思的归降当作按弹等人出使的结果。《元朝秘史》未记按弹出使事,并说乞儿吉思的归属是术赤出征的结果。

在一个名叫崭河的地方获胜。脱脱殁于阵,其弟及诸子逃走。屈出律经过天山逃到西辽,后来还篡夺了西辽的政权。这一次乃蛮、蔑儿乞残部与以前不一样,不是逃向东北的谦谦州,而是逃向了西南。① 不久,畏兀儿、哈剌鲁先后归属于成吉思汗。后来,豁儿赤根据成吉思汗的命令,到秃马惕部去索取美女 30 名,结果被执。忽都别花乞又奉命前往,又被执。② 成吉思汗大为恼怒,于 1217 年(元太祖十二年)发兵征秃马惕,并征兵于乞儿吉思。乞儿吉思非但没有派兵,反而站在自己的邻部秃马惕一边造起反来。成吉思汗又派术赤率兵征讨,术赤乘叶尼塞河结冰之机渡过了河,深入乞儿吉思腹地,再次将乞儿吉思征服。③ 为了加强对这一带的统治,贾塔剌浑率炮军驻谦谦州。④ 1220 年(元太祖十五年),成吉思汗将广大被征服地区分封给自己的儿子,乞儿吉思地区是其幼子拖雷的封地之一,也就是直属于蒙古中央政府(拖雷的封地,也就是成吉思汗所直接管辖的地区,因按蒙古人的传统,幼子有继承父业的权利)。拖雷的一个妻子及第四子阿里不哥夏天驻在阿尔泰,冬天驻在乞儿吉思。1252 年,蒙哥(元宪宗,1251—1258 年在位)派两支军队赴乞儿吉思及谦谦州地区,以加强在那里的统治。⑤ 看来,乞儿吉思地区是包括在蒙古人据以西进的基地之列的。

　　1260 年,忽必烈(元世祖,1260—1294 年在位)即位为汗,其弟阿里不哥不服,也在和林称汗,于是兄弟俩为争夺汗位而激战起来。忽必烈派也孙哥北征,败阿里不哥军,阿里不哥率残众退守于乞儿吉思之地。阿里不哥部将阿兰答儿、浑都海败死于凉州,残部也逃至乞儿吉思,与阿里不哥会合。⑥ 忽

---

①《世界征服者史》说逃到谦谦州,并说逃者即脱脱(原作脱黑脱罕)本人,显然是同以前的事弄混了。《元朝秘史》说逃到垂河。《元史·速不台传》说逃到钦察。《多桑蒙古史》说逃到畏兀儿。

②佚名:《元朝秘史》,山东:齐鲁书社,1999 年,第 112 页。

③[波斯]拉施特:《史集》(第一卷·第一分册),余大钧、周建奇译,北京:商务印书馆,1983 年,第 246~247 页。

④《元史》卷一五一《贾塔剌浑传》。

⑤[波斯]拉施特:《史集》(第二卷·第一分册),余大钧、周建奇译,北京:商务印书馆,1985 年,第 295~306 页;韩儒林:《穹庐集——元史及西北民族史研究》,上海:上海人民出版社,1982 年,第 351~361 页。

⑥《元史·世祖纪》。

必烈亲率大军进向和林,阿里不哥在谦谦州,一方面派阿鲁忽去主持察合台汗国的事务,嘱咐阿鲁忽在那里阻止波斯的旭烈兀、钦察的别儿哥派兵来援助忽必烈,并从那里运粮食、兵械来以应急(因为忽必烈已截断了阿里不哥粮食等物的供应来源);一方面派使者假装向忽必烈求和,以为缓兵之计。忽必烈先是上了当,继而又将已经南下的阿里不哥赶回到北边。另外,阿鲁忽获得察合台汗国以后,因为不愿将粮食财物白白送给他人,背叛了阿里不哥,阿里不哥率军进讨阿鲁忽,占领了阿力麻里。阿里不哥纵兵大掠,大失民心,其部下也纷纷叛离。当时在阿尔泰沙漠中及察八罕河畔有忽必烈之驻军,叛离阿里不哥之人多归之。阿里不哥走投无路后向忽必烈投降。[1] 在这种情况下,忽必烈势力进入到谦谦州等地,他命伯八领诸部军马屯守谦谦州(原作欠欠州)。[2] 但是,反对忽必烈的还有窝阔台系的海都,他同西北其他宗王结成反对忽必烈的同盟。在这场连绵不断的混战过程中,乞儿吉思等地区主要是掌握在元朝政府手中,但叛王们有时也窜扰到这一地区。从13 世纪 60 年代中期到 14 世纪,元朝政府不时对这一带进行赈济,不时将这一带的人民和工匠迁往其他地方。[3] 在 1270—1280 年间(元世祖至元七年至十七年),元朝政府派刘好礼为益兰、乞儿吉思等五部断事官。[4] 刘好礼做了十年断事官,被叛王抓去一次(1272 年),被叛王在谦谦州召见一次(1279年),最后逃回了大都。1277 年(至元十四年),伯颜北征,败叛王诸军,叛王脱铁木尔进袭乞儿吉思之地,但遭到元军的袭击,"尽亡其辎重"[5]。1291 年(至元二十八年),元朝政府在乞儿吉思到外剌(斡亦剌惕)间建立驿站。[6]1293 年(至元三十年),元朝将领土土哈出师欠欠河(今叶尼塞河上游),收

①[瑞典]多桑:《多桑蒙古史》(上册),冯承钧译,上海:上海书店出版社,2001 年,第285 ~ 295 页。

②韩儒林:《穹庐集——元史及西北民族史研究》,上海:上海人民出版社,1982 年,第 335 ~ 372 页。

③同上。

④《元史·刘好礼传》《元史·地理志·西北地附录》。

⑤[瑞典]多桑:《多桑蒙古史》(上册),冯承钧译,上海:上海书店出版社,2001 年,第208 ~ 230 页。

⑥《元史·世祖纪》。

乞儿吉思五部之众。① 土土哈为什么要在 1292 年进军乞儿吉思呢？正是因为这个地方原来是被叛王占领了。值得注意的是，叛王虽然不时窜扰到乞儿吉思等地，但直到元朝末年，这一带仍然在元朝政府手里。杨瑀在其写于 1360 年（元顺帝至正二十年）的《山居新话》后序里提到，曾得到友人所赠谦谦州所出的黑色食盐。②

（二）柯尔克孜地区社会状况

据《元史》记载，在蒙古统治时期，乞儿吉思的经济状况是"庐帐而居，随水草畜牧，颇知田作，遇雪则跨木马逐猎，土产名马、白黑海冬青"。拉施特也说："在这些地区，有很多城市和村落，游牧人也很多。"③《长春真人西游记》记载："俭俭州（即谦谦州，属乞儿吉思）出良铁，多青鼠，亦收禾麦，汉匠千百人居之，织绫罗锦绮。"可见，这个时期乞儿吉思除仍然以畜牧业经济为主外，农业、手工业已具有较高的发展水平，这种发展与蒙古汗国内部各先进民族，特别是汉族的帮助和影响分不开。蒙古汗国幅员辽阔，交通便利，便于各民族经济文化的交流，而中央政府所采取的某些富国强兵的措施，对此也起了推动作用。最初，成吉思汗为了准备进军中亚的粮饷，曾派畏兀儿人镇海到乞儿吉思邻区，帮助当地农民发展农业，修建仓库。④ 成吉思汗初年，从中原迁到谦谦州的汉族工匠，共设数局。⑤ 1269 年（至元六年），"赈欠州（即谦谦州）人匠贫乏者米五千九百九十九石"⑥。1286 年（至元二十三年），"赐欠州诸局工匠纱五万六千一百三十九锭十三两"⑦。可见，长时期

柯尔克孜文献与文化研究

①《元史·土土哈传》。
②韩儒林：《穹庐集——元史西北民族史研究》，上海：上海人民出版社，1982 年，第335～372 页。
③[波斯]拉施特：《史集》（第一卷·第一分册），余大钧、周建奇译，北京：商务印书馆，1983 年，第 246 页。
④《长春真人西游记》，见《元史》卷一二〇《田镇海传》。镇海之名也见于拉施特的《史集》。
⑤《元史·地理志·西北地附录》。
⑥《元史·世祖纪》。
⑦同上。

内，这一带工匠是不少的。这些工匠除"织绫罗锦绮"外，也有从事其他行业的，制造武器和军事装备的就是其中的两种。[1] 这一带产鱼，所以也专门迁来了制造渔具的工匠。[2] 谦谦州"地沃衍宜稼，夏种秋成，不烦耘耔"[3]，元朝政府便在这一带屯田。1949 年出土的犁地拨土板上铸有元世祖至元二十三年的标记，有力地说明它来自中原地区。[4] 屯田分军屯、民屯两种。屯田军人所需的耕牛、工具、衣服等，均由政府供给，民屯可能是主要的，乞儿吉思等族人民除在本地屯田外，有的还要被调到外地去屯田。1293 年（至元三十年），一次就调"乞儿吉思户七百，屯田合思合（喀什噶尔）之地"[5]。同年，又将兀速、憨哈纳思、乞儿吉思三部人迁到东北松花江流域原乃颜的故地，建城曰肇州。[6] 这一带原来可能都是荒野，1295 年（元成宗元贞元年）元朝政府于其地设立屯田万户府，进行屯田。[7] 此外，对于乞儿吉思等地的水利设施、交通道路、驿站传舍、仓廪府库，以至城市的建筑，元朝政府也都做了一些有益的工作。例如元代在昂哥剌河与谦谦河汇流处建立有一城，名称与"黠戛斯"的发音很相近。[8] 对于这些，人民群众是欢迎的。《元史·地理志·西北地附录》说，乞儿吉思等"数部民俗皆以杞柳为杯皿，剜木为槽以济水，不能铸作农器，（刘）好礼闻诸朝，乃遣工匠教为陶冶舟楫，土人便之"。直到近代，乌梁海人还把成吉思汗当作神明来崇拜，他们把"一切好事都归功于这个蒙古伟大首领，他们说，他教他们播种小麦和修建灌溉沟渠"[9]。这里所说的成吉思汗，实际上只不过是个象征，他象征着数百年前由蒙古人组

---

① 《元史·百官志》："欠州（谦谦州）武器局，秩正五品，大使、副使各一员。"《元史·世祖纪》："纵谦州甲匠于松山。"

② 《元史·世祖纪》。

③ 《元史·地理志》。

④ 波塔波夫：《图瓦人》。

⑤ 《元史·世祖纪》。

⑥ 韩儒林先生在《元代吉利吉思及其邻近诸部》一文中对肇州进行了精辟的考证，认为肇州的"乞儿吉思等三部人，和明初在东北设立的乌良合卫应有密切的关系"。

⑦ 《元史》之《刘哈剌八都鲁传》《成宗纪》《地理志二》。

⑧ [波斯]拉施特：《史集》（第一卷·第一分册），余大钧、周建奇译，北京：商务印书馆，1983 年，第 245 页。

⑨ 卢卡瑟斯：《未经勘查的蒙古》，见韩儒林的《元代的吉利吉思及其邻近诸部》。

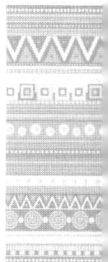

织的由中原迁去的为数众多的包括各行各业的汉族等劳动人民在那里所做的好事。生产的发展也推动了商业的发展。在元世祖时期(1260—1294 年在位),曾有伊斯兰教商人在乞儿吉思等地区和元朝内地之间进行贸易。①当然,在阶级社会里,经济的发展并不意味着全体居民生活水平的普遍提高。当然,主要获利的是统治阶级,人民群众仍然不免于贫困。元朝政府一再下令赈济乞儿吉思贫民就说明了这一点。1282 年(至元十九年),"发米赈乞儿吉思贫民";次年,"敕于秃烈秃等富户内贷牛六百头给乞儿吉思之贫乏者";1289 年(至元二十六年),"乞里吉思户居和林者,验其贫者赈之"②。乞儿吉思首领称"亦纳勒"或"兀鲁思亦纳勒"③。他们是统治阶级的代表人物,蒙古人则称之为万户、千户。此外,统治乞儿吉思人民的还有元朝派去的各种官吏。

三、明朝至清初时期

(一)柯尔克孜各部的分布与活动

元朝灭亡后,和柯尔克孜邻近的瓦剌迅速强盛起来,其势力曾经伸展到蒙古高原、阿尔泰山以南,并曾侵扰到明朝的腹地。在蒙古高原上是元室后裔建立的政权,明朝称之为鞑靼。天山一带是察合台汗室后裔建立的政权,史称东察合台汗国,亦称蒙兀儿斯坦,明朝称之为别失八里(后因迁都伊犁而改作亦力把里)。河中地区则是帖木儿政权。

瓦剌为元朝斡亦剌惕之后裔,是柯尔克孜的近邻,双方关系十分密切。据《明史·瓦剌传》,瓦剌有三部,即马哈木、太平、把秃孛罗。但《蒙古源流》

柯尔克孜文献与文化研究

48

---

①[瑞典]多桑:《多桑蒙古史》(上册),冯承钧译,上海:上海书店出版社,2001 年,第 323 ~ 331 页。

②《元史·世祖纪》。

③[波斯]拉施特:《史集》(第一卷·第一分册),余大钧、周建奇译,北京:商务印书馆,1983 年,第 246 页。《元朝秘史》之"也迪亦纳勒",《亲征录》及《元史·太祖纪》之"野牒亦纳里"亦应是此类衔号。

却说,卫剌特(亦即斡亦剌惕或瓦剌)从一开始就分作四部,即厄鲁特、巴噶图特、和特、奇剌古特。①奇剌古特又作克呼古特,或额尔克彻古特。有人认为,奇剌古特就是柯尔克孜。②奇剌古特部落长乌格齐·哈什哈于1399年(明建文帝元年)杀掉蒙古汗,另扶植汗室其他成员为傀儡。后来又杀掉了卫剌特的另一部落长,自己成了卫剌特和整个蒙古的大部分地方的实际统治者。乌格齐·哈什哈统治了十五六年,至1415年(明永乐十三年)死去,他的儿子额色库继位。额色库没有扶植新的傀儡汗,而是自己称汗。此时东察合台的统治者是歪思汗。歪思汗同额色库进行了长时间的战争,据说,共打了61仗,只胜了1次,2次被俘,后来还被迫将一个妹妹嫁给了对手才算了事。③也就在这个时候,歪思汗将都城从别失八里西迁到亦力把里④,显然也是为了躲避额色库的侵袭。额色库当了10年汗,于1425年(明洪熙元年)死去。1436年(明正统元年),瓦剌的另一部落长脱欢当权。1439年(明正统四年),脱欢死,子也先嗣位。也先疯狂地向柯尔克孜人发动进攻,著名史诗《玛纳斯》中的《伟大的进军》说:"我的孩子玛纳斯——雅库伯对自己的企图轻率的与卡尔木克人争吵的儿子说,——以前,在诺盖的时候,我们是卡尔木克人的主人,但是,诺盖死后,……统治者也先汗召集五万军队来打我们。他打败了柯尔克孜,血洗了我们的土地,驱散了诺盖所有支系的后代。"⑤这次也先的进攻,对柯尔克孜的打击是沉重的,以致此后100多年内,柯尔克孜在叶尼塞河流域基本上处于销声匿迹的状态。其间只是在1462—1466年(明天顺六年至成化二年)有个马古可儿吉思做了鞑靼的小王子⑥。从名字看,这个马古可儿吉思应该是从叶尼塞河来的柯尔克孜人。

①《蒙古源流》卷三。

②[俄]别特罗夫:《15至18世纪柯尔克孜封建关系概要》,伏龙芝,1961年,第178页。另外,该作者还在其《13至15世纪柯尔克孜迁移天山及他们同卫拉特的关系史》一书中引证拉施特在翻译《蒙古源流》时,也认为乌格齐·哈什哈是柯尔克孜人。

③巴托尔德在《七河史概要》中根据米尔咱·马黑麻·海答尔的《中亚蒙兀儿史——拉施德史》说到了这一点,但他错误地将歪思汗的交战对手说成是也先。

④《明史·别失八里传》。

⑤[俄]别特罗夫:《15至18世纪柯尔克孜封建关系概要》,伏龙芝,1961年,第180页。

⑥《明史·鞑靼传》。

16 世纪末,喀尔喀蒙古扎萨克图汗的一个属部硕垒乌巴什洪台吉强大起来,势力达到了叶尼塞河柯尔克孜地区。这个政权在当地被称作阿勒泰汗,后来俄国人也使用这一名称。17 世纪初,俄国人来到了西伯利亚,当时叶尼塞河的柯尔克孜有四个王国,即图瓦王国、叶泽尔王国、阿勒蒂尔王国和阿勒蒂萨尔王国,阿勒蒂尔王是四个王国的总的统治者。[1]俄国侵略者的出现,使这一带的形势迅速发生变化,并更进一步复杂起来。在这种形势下,柯尔克孜人的处境是非常困难的。沙俄侵略者利用各种势力之间的矛盾,今天支持这个去攻打那个,明天又支持那个去攻打这个,各种势力之间虽然没有形成反对沙俄的统一战线,却也不时地联合起来抗击沙俄侵略者。1621 年,俄国得到报告说:"吉尔吉斯、巴加萨尔、基齐尔、库钦古特、布拉特、马特、萨彦、阿林各部落及一些其他地区的人,都与哈喇忽喇台吉及其兄弟所统率的黑喀尔米克人一样,准备要在春季开战,直扑托木斯克城和库兹涅次克堡。"这一次联合反抗沙俄侵略者的斗争后来由于阿勒泰汗打败了哈喇忽喇台吉而中止了。[2]"1622 年,吉尔吉斯人进袭库兹涅次克县";"1624 年,他们又袭击托木斯克县";"1627 年,正当(俄国)兴建克拉斯诺亚尔斯克堡的时候,显然受吉尔吉斯人的唆使,卡钦鞑靼人和阿林人曾企图破坏这项工程或将俄国人统统赶走";"1628 年 7 月 26 日,他们成群结队而来""他们虽然打败了一些贸然出击的俄国人,但最后还是败下阵来,哥萨克追踪而上,击败了他们,并对他们进行了大屠杀,使他们的妻子儿女都成了俘虏"[3]"1630 年或 1631 年,哥萨克在一次战役中获得胜利,掳去(吉尔吉斯的)伊齐乃(一说伊齐讷克)王公的妻子儿女。1632 年,吉尔吉斯人和图瓦人在克拉斯诺亚尔斯克城下杀死若干名当地的鞑靼人。1634 年,有一千名吉尔吉斯人水陆并进,袭击克拉斯诺亚尔斯克。""一个月后,吉尔吉斯人又于 10 月 16 日来到克拉斯诺亚尔斯克,蹂躏了其邻近地区,但并未攻城。与此同时,托

---

[1][苏]瓦·符·巴托尔德:《突厥蒙古诸民族史》,见[日]内田吟风等:《北方民族史与蒙古史译文集》,余大钧译,昆明:云南人民出版社,2003 年,第 294 页。

[2][英]约·弗·巴德利:《俄国·蒙古·中国》(下卷·第一册),吴持哲、吴有刚译,北京:商务印书馆,1981 年,第 1245 页。

[3]同上书,第 1248 页。

木斯克县境也遭到另外几支吉尔吉斯人的袭击,蒙受相当大的损失。1633年9月14日,库兹涅次克城遭到吉尔吉斯部落阿尔蒂萨尔人的突然袭击,马匹全部被劫,堆在地里的庄稼被毁。卡姆河畔的科托伏齐人过去从未流露不满情绪,也杀死了九名派去征税的哥萨克。"[1]

叶尼塞柯尔克孜人不仅反抗俄国的侵略,而且还要同蒙古阿勒泰汗做斗争,所谓"阿巴根题刻"说明了这一问题:阿巴根题刻基本上用的是蒙古文学语言,其中略夹杂一些民间词语和词尾变化。这显然是一个汗向其部队下达的军令,因为他甚至还向喇嘛发号施令(务必将手持武器的男女俘虏杀死,供奉于主宰战争的龙神之前等)。据波波夫指出,这篇题刻制成的年代必定是在蒙古与吉尔吉斯不断相互交战的时期(1642—1676年)。铭文刻在佩列沃兹纳亚(渡口)山的红色砂岩上,字呈黑色。山岩位于叶尼塞河左岸,对面便是阿巴根斯克村。[2]

18世纪30年代以后,准噶尔在同阿勒泰汗的斗争中逐渐取得优势,很多柯尔克孜人归属了他们。1667年,阿勒泰汗重新入侵柯尔克孜,准噶尔台吉僧格率军抗击,打败了阿勒泰汗,并将一支约四五千人的军队留驻在那里。与此同时,僧格又向俄国人索取被他们掳掠过去的柯尔克孜人和图瓦人,并且警告俄国侵略者说:"如果不放吉尔吉斯人和图瓦人回原地,那么,卡尔梅克僧格台吉理所当然要派卡尔梅克人和吉尔吉斯人组成的大军来攻打克拉斯诺亚尔斯克城。"而且就在这一年的5月,僧格的军队包围了克拉斯诺亚尔斯克。[3] 在这个时间,柯尔克孜人也直接与俄国人斗争,巴托尔德说:"17世纪60年代,在吉尔吉斯本民族中,第一次也是最后一次出现了一个坚强的领袖,即阿勒蒂萨尔王族中的伊列纳克。"据俄国史学家、《哈卡斯人》一书的作者科兹明教授说,伊列纳克威胁克拉斯诺亚尔斯克、阿钦斯克、

---

①[英]约·弗·巴德利:《俄国·蒙古·中国》(下卷·第二册),吴持哲、吴有刚译,北京:商务印书馆,1981年,第1248页。

②同上书,第1251页。

③俄国中央国家档案馆,转引自[俄]伊·亚·兹拉特金:《准噶尔汗国史(1635—1758)》,莫斯科:科学出版社,1964年,第351页。

库兹涅次克、托木斯克、坎斯克，以及叶尼塞斯克和乌金斯克（下乌金斯克）达20多年（他死于17世纪80年代中叶或末叶）。他未能独立行动，他起初被认为是罗卜臧的臣属，后来则被认为是卡尔梅克噶尔丹的臣属，他竭力想造成这样的局面，即：既可使克拉斯诺亚尔斯克和秋明的俄国总督不打扰吉尔吉斯人，又使吉尔吉斯人不侵扰俄国的疆土，但没有成功。[1] 18世纪俄国史学家格·弗·米勒说："不管俄国使多大劲，也不能把吉尔吉斯人完全征服。"[2] 1703年，俄国人得到消息说，有"二千五百名卡尔梅克人来到吉尔吉斯人境内，把吉尔吉斯人全部赶到他们那里去了。如今吉尔吉斯境内一个吉尔吉斯人也没有了"[3]。对于这次迁徙，后来的说法不一。有的说当时柯尔克孜人"全部离开了西伯利亚"，有人说被带走的只是一小部分人，而且后来又多回去了，所以在那里消失的只不过是"吉尔吉斯"这一名称而已。但是不管怎样，柯尔克孜人在自己的发祥地所留下的痕迹是永不消逝的。当地人有这样一首诗：在四十处驰名的凹地中，哪一处没有吉尔吉斯的骨头？在四千棵长在山上的白桦树上，哪一棵与吉尔吉斯人的斧头无关？[4]

关于天山地区柯尔克孜人的早期活动情况，或认为，帖木儿及其子嗣们在入侵蒙兀儿斯坦时，在准噶尔盆地遇到的一些蒙古突厥语族部落，其中有许多就是属于柯尔克孜族。[5] 前面提到了《玛纳斯》中关于柯尔克孜遭到瓦剌也先太师洗劫的传说。那个传说中还说，被也先追赶的玛纳斯的军队一出现在乌什、吐鲁番，当地的统治者们就对自己的汗说："害怕什么柯尔克孜人？可耻不可耻？要知道他们从阿尔泰跑到这里来，并不指望好好地生活。"又说："让玛纳斯不要把军队带到这里来。如果他想在我们的土地上平

---

①[苏]瓦·符·巴托尔德：《突厥蒙古诸民族史》，见[日]内田吟风等：《北方民族史与蒙古史译文集》，余大钧译，昆明：云南人民出版社，2003年，第295页。

②同上。

③同上。

④同上书，第296页。

⑤[俄]别特罗夫：《13至15世纪柯尔克孜迁移天山及他们同卫拉特的关系史》，伏龙芝，1961年，第184页。

静地进行游牧,那就让他臣属于我们……如果他离开也先汗逃到这里来,那他就要公开说出自己真正的目的。"① 这就是说,被也先追赶的柯尔克孜人逃到天山地区来了。1503—1504 年间(明弘治十六至十七年),蒙兀儿斯坦的阿合木汗在阿克苏死去,他的一个儿子哈利勒速檀逃到了天山柯尔克孜处。最早记载这一事件的是著名的米尔咱·马黑麻·海答尔的《拉失德史》。据巴托尔德研究,天山柯尔克孜之正式出现于历史舞台,这还是第一次。他又补充说,这些柯尔克孜人当然是在这以前迁到这一带来的。但也不会太早,因为据米尔咱·马黑麻·海答尔的说法,那时蒙兀儿人是穆斯林,而柯尔克孜人还是异教徒,他们如果在 15 世纪初叶就已经到了这一带,当蒙兀儿斯坦马黑麻汗在这一带推行伊斯兰教时,就必定要把他们也包括在内。②

16 世纪初,天山柯尔克孜诸部主要属于察合台后裔所建立的蒙兀儿斯坦管辖。当时,帖木儿帝国已衰亡,在中亚称雄的主要是从钦察汗国分裂出来南下的乌兹别克诸部,他们所建立的汗国称昔班尼汗国。蒙兀儿斯坦与昔班尼汗国相互征战不休,战争主要是在西部天山、费尔干纳和塔什干等地进行。柯尔克孜诸部站在蒙兀儿斯坦一边反对昔班尼汗国。③

蒙兀儿斯坦内部矛盾重重,柯尔克孜诸部常常被卷入诸派势力之间的冲突中。阿合木汗死后,他的几个儿子满速儿、哈利勒、赛义德等为争夺汗位而发生了内讧。满速儿取胜,先是哈利勒西向投奔了柯尔克孜,继而赛义德也逃到了那里,他们兄弟俩在一起度过了四年。满速儿亲率大军去征讨,打败了哈利勒和赛义德。哈利勒逃到了安集延(一说费尔干纳),被当地乌兹别克统治者杀死。赛义德逃到喀布尔,投靠其表兄巴布尔。1511 年(明正德六年),赛义德在其表兄巴布尔的帮助下进攻安集延,于是楚河上游、塔拉斯河、纳林河、伊塞克湖周围和伊犁河上游的柯尔克孜诸部,全都归属于赛

①[俄]别特罗夫:《15 至 18 世纪柯尔克孜封建关系概要》,伏龙芝,1961 年,第 196 页。
②[苏]瓦·符·巴托尔德:《突厥蒙古诸民族史》第四部分。并参照《七河史概要》第七部分,《巴托尔德文集》第 2 卷第 1 分册,莫斯科:科学出版社,1963 年。
③马哈木特·卓罗斯:《拉失德史续编》,察合台文手抄本。

义德。在喀什噶尔的朵格剌惕部首领阿布·别克儿派大军到安集延攻打赛义德，双方军队在安集延附近的图特鲁克地方进行激战，结果阿布·别克儿的军队惨败而归。1514年（明正德九年），赛义德亲率柯尔克孜、蒙古朵黑提维、绰罗斯、九姓巴鲁剌斯等部组成的4 700余人的军队，取道托鲁加尔特山口，进入阿图什，攻打阿布·别克儿。当时，喀什噶尔、英吉沙、叶尔羌等地的维吾尔族雅尔克、伊塔尔齐、昆齐等部举行暴动，与赛义德军队配合，占领了喀什噶尔、叶尔羌、和田等地。阿布·别克儿带着大量金银珍宝逃到西藏，在西藏待不下去，就往回走，想向赛义德自首，但却被赛义德派去寻找他的人杀死了。①赛义德在取得一系列辉煌胜利之后，于伊斯兰教历九二〇年七月三十日（公元1514年8月21日，明正德九年八月初二）建汗国于喀什噶尔。不久，他又在柯尔克孜族的帮助下，镇压了阿布·别克儿的弟弟只罕杰儿·米尔咱的叛乱，迁都到叶尔羌，史称叶尔羌汗国。②

在赛义德汗战胜阿布·别克儿和建立汗国的过程中，马黑麻·柯尔克孜站在赛义德一边，故而得到了赛义德的嘉许，并被指定为柯尔克孜人的领袖。此后，马黑麻·柯尔克孜与乌兹别克统治者的矛盾加深，他带领军队去攻打他们，并俘虏了昔班尼汗的堂兄阿布都勒，但后来又给他赠送礼物，把他释放了。不久，马黑麻·柯尔克孜与赛义德汗产生了矛盾。1517年（明正德十二年），赛义德汗率军从喀什噶尔出发去讨伐马黑麻·柯尔克孜。马黑麻·柯尔克孜被打败，做了俘虏；赛义德的军队掠夺了他们的"马群、羊群和成列的骆驼"③。以后，柯尔克孜人与乌兹别克人的矛盾仍然存在。赛义德又以保护那里的穆斯林为借口派兵去征讨。这一次出兵的时间是1522年

---

①上述材料主要取自毛拉穆沙·沙伊然木的《伊米德史》（察合台文手抄本），唯阿布·别克儿之结局则据米尔咱·马黑麻·海答尔著《中亚蒙兀儿史——拉失德史》第二编第47章。《伊米德史》称阿布·别克儿逃往西藏后"不知所终"。

②马哈木特·卓罗斯：《拉失德史续编》，察合台文手抄本。《中亚蒙兀儿史——拉失德史》所记出入很大。

③米尔咱·马黑麻·海答尔：《中亚蒙兀儿史——拉失德史》第二编，新疆社会科学院民族研究所译，王治来校注，乌鲁木齐：新疆人民出版社，1983年，第285～288页。

（明嘉靖元年），这支军队名义上的统帅是赛义德的儿子拉失德·速檀，马黑麻·柯尔克孜也被释放起用为柯尔克孜人的异密（头领）而随军前往。军队到达之后，柯尔克孜人大部分归属了马黑麻·柯尔克孜，只有少数人逃到了边远地区。①拉失德·速檀留驻在柯尔克孜地方。

　　这个时候，哈萨克的势力已经强大起来。在阿布海尔汗（1428—1468 年在位）统治的后期，原来从金帐汗国分裂出来的乌兹别克汗国的内部发生分裂，以克烈、扎尼别兄弟为首的一些部落逃往蒙兀儿斯坦。蒙兀儿斯坦汗也先不花将楚河、塔拉斯河流域及七河西部地区让给他们放牧，他们在这一带建立了哈萨克汗国。到 16 世纪初，据说他们的人口达到了 100 万，一说他们的军队有 30 万。哈萨克汗国与叶尔羌汗国的关系是和睦的。1524 年（明嘉靖三年），哈萨克汗塔喜儿与叶尔羌汗赛义德会见，并结为姻亲。就在这个时候，赛义德汗又与马黑麻·柯尔克孜反目，把他抓了起来，送到喀什噶尔，原因是他有"图谋反抗的迹象，意欲逃往"乌兹别克。②这就激怒了柯尔克孜人，赛义德留《中亚蒙兀儿史——拉失德史》的作者米尔咱·马黑麻·海答尔协助拉失德·速檀进行安抚。他说"但是尽管我做了很大的努力，却不能平定"柯尔克孜人，他们再一次逃往蒙兀儿斯坦的边疆地区，投奔哈萨克的塔喜儿汗，只有少数人留了下来。③就在这一年或稍后，塔喜儿汗从乌兹别克斯坦退到蒙兀儿斯坦，柯尔克孜人有一半归属了他。拉失德·速檀非常惊慌地逃到了阿忒八失。他的父亲赛义德汗也从喀什噶尔赶到那里，商量对策。次年春天，一部分乌兹别克人进入蒙兀儿斯坦的东部，拉失德·速檀身边的柯尔克孜人希望同原先投奔乌兹别克人的柯尔克孜人汇合。拉失德·速檀又把这些柯尔克孜人带到阿忒八失。赛义德汗派拉失德·速檀及米尔咱·马黑麻·海答尔率军攻打已经他徙的柯尔克孜人，结果发现，在这

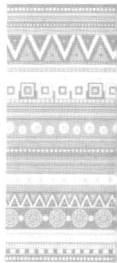

①米尔咱·马黑麻·海答尔：《中亚蒙兀儿史——拉失德史》第二编，新疆社会科学院民族研究所译，王治来校注，乌鲁木齐：新疆人民出版社，1983 年，第 300～302，315～316 页。

②同上书，第 323～325 页。

③同上。

以前,库车军队已同这部分柯尔克孜人交过一次锋,结果失败了;柯尔克孜人把老弱妇孺送到乌兹别克人那里躲避,然后去追赶库车的军队。结果,拉失德·速檀等获得了柯尔克孜人留下的 10 万只左右的绵羊,所以这次战役就被叫作"羊师之役"①。后来柯尔克孜人与塔喜儿汗会合,塔喜儿汗把阿忒八失的柯尔克孜人和蒙兀儿人留在蒙兀儿斯坦的马匹都带走了。

喀什噶尔的统治者赛义德汗等为什么要一而再、再而三地向柯尔克孜人进攻呢? 除上面已经提到的那些借口外,最根本的原因是喀什噶尔的牧场不够用,要去争夺新的牧场。②结果却以失败而告终。

"羊师之役"之后,所谓"七河地区"重新成了哈萨克、柯尔克孜人的天下。哈萨克人与柯尔克孜人的联盟,延续了 30 年之久。③拉失德继任为蒙兀儿斯坦汗以后,利用哈萨克人与乌兹别克人的矛盾,与自己的宿敌乌兹别克人结为同盟,向哈萨克人发动进攻。1537 年或 1538 年(明嘉靖十六或十七年),拉失德重创哈萨克人,塔喜儿汗的一个兄弟图古木和 37 个速檀(苏丹)阵亡。往后,"哈萨克与柯尔克孜之汗"在与蒙兀儿人的作战中互有胜负。④据 1558 年(明嘉靖三十七年)在中亚地区活动的英国人詹金森说,当时哈萨克人重新威胁着塔什干,柯尔克孜人则又威胁着喀什噶尔。⑤大约在 1572 年(明隆庆六年),柯尔克孜人攻进了蒙兀儿斯坦,并且导致了这个政权统治集团的内部分裂。⑥有一本描绘 1582 年(明万历十年)中亚情况的书,作者是沙伊费,其中说道,当时喀耳木人在中亚称雄,其首领叫阿勒泰汗,指的应该就是我们前面提到的那个阿勒泰汗,但那其实并不是喀耳木人,而是喀尔喀

①米尔咱·马黑麻·海答尔:《中亚蒙兀儿史——拉失德史》第二编,新疆社会科学院民族研究所译,王治来校注,乌鲁木齐:新疆人民出版社,1983 年,第 330~333 页。
②同上书,第 300~302,315~316 页。
③[苏]瓦·符·巴托尔德:《突厥蒙古诸民族史》第四部分,见[日]内田吟风等:《北方民族史与蒙古史译文集》,余大钧译,昆明:云南人民出版社,2003 年,第 292~293 页。
④同上书,第 292 页。
⑤[苏]瓦·符·巴托尔德:《七河史概要》,见《巴托尔德文集》第 2 卷第 1 分册,莫斯科:科学出版社,1963 年,第 186 页。
⑥穆罕默德·萨迪克·喀什噶里:《和卓传》,察合台文手抄本。

人。据说,哈萨克汗杰维克里袭击了这些人,结果却遭到了毁灭性的还击。杰维克里约请塔什干的统治者联合反对共同的敌人,那个统治者却说,即使有 10 个像他们那样的王也对付不了喀耳木人(喀尔喀人)。① 这一次同哈萨克人一起遭殃的应当还有柯尔克孜人。

(二)伊斯兰教苏菲派对柯尔克孜族的影响

伊斯兰教苏菲派纳赫什班底教团的一些重要人物进入叶尔羌汗国境内,加剧了汗国统治集团内部的矛盾和斗争,并对柯尔克孜族产生了很大的影响。苏菲派,又称伊(依)禅派,是伊斯兰教中一个宣扬神秘主义和禁欲思想的派别。该教派早在 8—9 世纪就已经流行于阿拉伯哈里发国家的巴格达及巴士拉等地。10 世纪流传至中亚,并于 14 世纪时形成了纳赫什班底教团。随后,这个教团的一些重要人物来到蒙兀儿斯坦境内传教。在叶尔羌汗国第二代汗拉失德汗时期(1533—1570 年在位),中亚纳赫什班底教团首领玛哈图木·阿扎木(和卓阿合玛特·卡山尼)从中亚来到喀什噶尔传教。1542 年(明嘉靖二十一年),玛哈图木返回老家死去,又有一个名叫和卓穆罕默德·谢里甫·皮尔的人来到叶尔羌。他被拉失德汗尊为导师,成为汗国的最高宗教领袖。苏菲派在叶尔羌、和田、阿克苏一带流传开来。1601 年(明万历二十九年),玛哈图木·阿扎木的第七子和卓伊斯哈克·瓦里来到喀什噶尔,然后又到达天山柯尔克孜地区,在这一带传教前后达 12 年之久。② 和卓伊斯哈克·瓦里的传教活动对柯尔克孜族生活产生了深刻影响。以前,柯尔克孜族是反对苏菲派的,所以许多苏菲派著作家把他们称作"异教徒"。这时,和卓伊斯哈克·瓦里却被他们奉为"圣人"。看来,和卓伊斯哈克·瓦里一面传教,一面用草药行医,获得了意想不到的成功。③

---

① [苏]瓦·符·巴托尔德:《七河史概要》,见《巴托尔德文集》第 2 卷第 1 分册,莫斯科:科学出版社,1963 年,第 187 页。

② 佚名:《和卓伊斯哈克传》,察合台文手抄本。

③ 同上。

1615 年(明万历四十三年),和卓伊斯哈克·瓦里的异母兄弟和卓卡兰(和卓穆罕默德·伊敏)来到叶尔羌,得到了阿布杜·拉提甫汗(1614—1624年在位)的支持。对于伊斯哈克·瓦里的信徒,拉提甫汗则采取反对态度,甚至进行镇压。于是叶尔羌汗国的苏菲派就分成对立的两派,并长时间进行激烈的斗争。伊斯哈克·瓦里派信徒在公共场合常戴黑帽,故又称为黑帽派,或黑山派;卡兰派的信徒常戴白帽,故又称为白帽派,或白山派。① 在黑帽派、白帽派相互斗争时,柯尔克孜族大都支持黑帽派,反对白帽派。

从 17 世纪 20 年代起,黑帽、白帽两派的斗争更趋激烈。1624 年(明天启四年),和卓卡兰的长子和卓穆罕默德·优素甫来到喀什噶尔,支持白帽派,反对支持黑帽派的马哈木特汗。同时,他还派遣大批白帽派信徒到喀什噶尔东北、天山西南的柯尔克孜地区,屠杀支持黑帽派的柯尔克孜人。于是马哈木特汗将和卓穆罕默德·优素甫赶出喀什噶尔。② 1638 年(明崇祯十一年),阿布杜拉汗继位,继续支持黑帽派,并且依靠柯尔克孜族镇压白帽派,以巩固自己的地位。他任命柯尔克孜部落头人为各个地方的统治者。如库伊沙里比为喀什噶尔的阿奇木伯克,奥勒加太比为阿克苏的阿奇木伯克,和卓雅尔比为库车的阿奇木伯克,阿勒哈·库尔特喀比为乌什的阿奇木伯克,切里克奇比为轮台的阿奇木伯克,阿拉雅尔·本·撒提木比为和田的阿奇木伯克等。此外,还有一些柯尔克孜部落头人当上了其他高级军政官吏。③

但是,在阿布杜拉汗继位的同时,和卓穆罕默德·优素甫带着 12 岁的儿子和卓伊达耶托拉(后称阿帕克和卓)秘密窜到喀什噶尔,发展白帽派信徒。1667 年(清康熙六年),他们与阿布杜拉汗的儿子优里巴斯汗相勾结,举行暴动,将阿布杜拉汗赶出了叶尔羌。然后,他们又依靠优里巴斯汗的权力,大肆屠杀黑帽派信徒和支持阿布杜拉汗的柯尔克孜人。据说喀什噶尔、乌什一带的柯尔克孜部落大批逃往伊塞克湖、塔拉斯河、楚河一带,生产遭到了

① 佚名:《和卓伊斯哈克传》,察合台文手抄本。
② 穆罕默德·萨迪克·喀什噶里:《和卓传》,察合台文手抄本。
③ 毛拉·穆萨·赛拉米:《伊米德史》,察合台文手抄本。

严重的破坏。1670 年(清康熙九年),叶尔羌的黑帽派信徒举行暴动,杀死优里巴斯汗和和卓穆罕默德·优素甫,拥立阿布杜拉汗之弟伊斯玛依勒汗(伊斯迈尔汗)为汗。和卓伊达耶托拉逃往中亚,据说他在途中遭到了柯尔克孜族的袭击。

1682 年(清康熙二十一年),和卓伊达耶托拉经克什米尔绕道到准噶尔部,请求噶尔丹派兵帮助他恢复在叶尔羌、喀什噶尔的统治。当时准噶尔部正处于强盛时期,并在疯狂地扩张自己的势力,和卓伊达耶托拉的请求对他们来说是求之不得的。于是准噶尔噶尔丹派兵南下,以和卓伊达耶托拉为向导,一举占领了喀什噶尔和叶尔羌。和卓伊达耶托拉成了当地的最高统治者,自称"阿帕克和卓",意为"宇宙之主人"。南疆依附于准噶尔贵族的苏菲白帽派政权就这样建立起来了,柯尔克孜族遭到了准噶尔贵族和阿帕克和卓统治集团的双重压迫与剥削。准噶尔贵族把在他们统治下的民族或部落一律当作自己的"阿拉巴图"(奴仆),对柯尔克孜族也不例外。但是,各族人民反对准噶尔贵族和阿帕克和卓统治集团的斗争不断发生。1695 年(清康熙三十四年),叶尔羌的黑帽派首领胡施夏迪和卓杀死阿帕克和卓[1],当时驻守于喀什噶尔的阿帕克和卓的长子雅赫雅和卓率领白帽派徒众进行反扑。柯尔克孜族游牧于今阿图什北部的库秋部落,游牧于今乌恰、阿克陶一带的岳瓦什、太依提、乃蛮、克普恰克等部落,袭击了喀什噶尔周围的乡村。就在这个时候,驻守在喀什噶尔的准噶尔首领察干塔什杀死了雅赫雅。[2]1697 年(清康熙三十六年),被阿帕克和卓赶到中亚的黑帽派首领达尼雅勒和卓返回喀什噶尔。他在途经纳林河一带时,受到了这一带柯尔克孜牧民的热情接待。然后喀什噶尔西部的克普恰克部落头人阿克巴什汗(汗西尔达克)又把他接到阿克陶,并护送他到叶尔羌。[3]1698 年(清康熙三十七年),阿帕克和卓之孙和卓阿哈玛特依靠喀什噶尔的白帽派和一部分柯尔克

---

①穆罕默德·萨迪克·喀什噶里的《和卓传》说他死于 1693 年。
②穆罕默德·萨迪克·喀什噶里:《和卓传》,察合台文手抄本。
③同上。

孜人与达尼雅勒和卓相对抗,进攻叶尔羌,这样,柯尔克孜族在黑帽派、白帽派的斗争中也分成了两派。1699年(清康熙三十八年),准噶尔策妄阿拉布坦派大军至叶尔羌,支持达尼雅勒和卓,进攻喀什噶尔,将和卓阿哈玛特及其家族带往伊犁囚禁。支持和卓阿哈玛特的柯尔克孜人亦归属于策妄阿拉布坦和达尼雅勒和卓。

　　对于准噶尔贵族的侵扰与统治,柯尔克孜族、哈萨克族、维吾尔族等各族人民进行了英勇的反抗。到了18世纪20年代,这种反抗斗争更加激烈起来。俄国哈萨克军官乔坎·瓦里汗诺夫描绘当年这种情景时说:"就在大雪纷飞、人畜遭灾的那一年,准噶尔浑台吉噶尔丹策零亲率无数大军,突然出现在哈萨克草原,残酷镇压这里进行反抗的哈萨克、布鲁特人。这些事先毫无防备的难民,仓促四散奔逃。被残暴的准噶尔军队跟踪追击的哈萨克、布鲁特人像受了惊的黄羊一样,一路上扔掉自己的财产,甚至不顾老弱病残人员和孩子、家具、瘦弱的牲畜,向南逃亡。中玉兹哈萨克人逃到撒马尔罕附近,小玉兹哈萨克人逃到希瓦和布哈拉之间。布鲁特人则逃到蒲犁地区无人居住的森林和山间,甚至到达那遥远的英吉沙附近。"[1]但是,如此残暴的准噶尔贵族,并没有使柯尔克孜等族屈服。据《和卓传》记载,喀什噶尔、英吉沙、塔什库尔干、乌什、柯克莎尔河(阿克苏河上游)一带的柯尔克孜部落,与当地维吾尔、塔吉克等族人民一起经常袭击准噶尔的军事据点。在伊犁做人质的达尼雅勒和卓的儿子玉素甫和卓联合当地的柯尔克孜-克普恰克部落首领乌玛尔米尔扎举行暴动,反抗准噶尔贵族。所以清朝椿园七十一在论述布鲁特时说:"即准噶尔强盛之时,亦不能使之臣服。"[2]据民间流传,在1740年(清乾隆五年)左右,游牧于今阿合奇县的切里克部落举行起义,夺回了整个柯克莎勒河两岸,焚毁了准噶尔贵族强迫当地柯尔克孜人民修建的乌奇地方的"浑台吉城堡",这个城堡的废墟现在仍可见到。[3]喀什噶尔

---

①[俄]乔坎·瓦里汗诺夫:《瓦里汗诺夫文集》,哈萨克文版,阿拉木图,1946年,第12页。
②[清]椿园:《西域闻见录》卷三。椿园七十一,人名,姓尼玛查,名七十一,号椿园。
③新疆少数民族社会历史调查组调查资料,在中国社会科学院民族研究所。

西北的琼巴噶什部也经常袭击喀什噶尔。①

在反对准噶尔贵族的斗争中,柯尔克孜族、哈萨克族、维吾尔族和清朝军队是互相支援的。从 17 世纪末叶起,清朝军队不断给准噶尔军队以沉重的打击,在客观上使准噶尔加在哈萨克、柯尔克孜等族人民头上的压力减轻。而哈萨克、柯尔克孜等族的英勇斗争,也支援了清朝,使准噶尔对清朝的进攻不敢全力以赴。1735 年(清雍正十三年),雍正皇帝在一篇诏谕里曾说,准噶尔外"有哈萨克、布鲁特与之构难,设不自顾,悉其游牧以全力深入我境,断不能获胜,何以归耶!"②。

(三)柯尔克孜社会经济

关于这时候柯尔克孜的社会经济状况只有一些零星的记载。在叶尼塞河上游,柯尔克孜人在 17 世纪初叶,没有"任何定居文化,甚至没有农业,只靠狩猎和畜牧业来取得生活资料"③,就是说,是比以前倒退了。在天山地区,柯尔克孜人所生活的环境,也失去了过去那种城市与农业的繁荣。阿拉伯史学家乌马里引用一个到过这里的人的话说:"人们只能看到许多废墟。人们从远处看到周围绿葱葱的村庄,但当走近时,则只见一片残垣废墟。居民都是牧民,不事农耕。"④历史遗留给西迁到天山地区的柯尔克孜人的自然环境就是这样。沙伊费写于 1582 年(明万历十年)的突厥文手稿说:柯尔克孜人和"蒙古人同种,没有王,只有被称作哈什哈的伯克。他们既非异教徒,也非穆斯林;住在陡峭的有通道的高山中。如果有某一位王遣军进攻他们的话,他们就把家室迁到深山中,而自己则坚守那些通道,不让任何人通过。他们施展亚当石(求雨石)之奇功,降雪于进攻他们的

---

① 新疆少数民族社会历史调查组调查资料,在中国社会科学院民族研究所。

② 《清实录·高宗朝》卷四。

③ [苏]瓦·符·巴托尔德:《突厥蒙古诸民族史》,见[日]内田吟风等:《北方民族史与蒙古史译文集》,余大钧译,昆明:云南人民出版社,2003 年,第 294 页。

④ [苏]维·维·巴尔托里德:《中亚简史》,耿世民译,乌鲁木齐:新疆人民出版社,1980 年,第 59 页。

军队,制造出使士兵的手足动弹不得的奇寒,紧接着,他们发动进攻,并击退敌人。他们不把死者掩埋入地下,而是把盛着尸体的棺木放在高树上,听其腐烂和消失"①。这里没有说到柯尔克孜人的经济,但他在紧接着说到哈萨克人的地方说道:"他们有许多羊和骆驼。"柯尔克孜人肯定也会是这样。前面提到的赛义德汗、拉失德汗在征讨柯尔克孜人时,曾经掠夺过数以十万计的绵羊及其他牲畜,就充分说明柯尔克孜经营的是游牧的畜牧业经济。

第三节　清朝时期的布鲁特

一、清朝前期的布鲁特

(一)清朝统治下的布鲁特人

清朝称柯尔克孜为"布鲁特",并以天山为界,称天山以北的为"东布鲁特",称天山以南的为"西布鲁特"。在准噶尔称雄时期,哈萨克、布鲁特等被迫离开自己原有的牧地,向西、向南迁徙。清朝平定准噶尔之后,他们又纷纷返回故地。②1758年(清乾隆二十三年),清朝将军兆惠等追捕准噶尔残部,到达布鲁特地区,派人向他们的头人宣布清朝的政策。于是东布鲁特的萨雅克、萨尔巴噶什两部落人众来见,表示愿意归属清朝。他们说,他们很早以前就想归属清朝,只是由于准噶尔的阻碍,不能前往。当时这两个部落的头人是一个90多岁的老人玛木克呼里。这一次同时归属清朝的还有霍索

①[苏]瓦·符·巴托尔德:《七河史概要》,见《巴托尔德文集》第2卷第1分册,莫斯科:科学出版社,1963年,第191页。

②《西域图志》卷四五:布鲁特"旧游牧地在格根噶尔奇拉、特木尔图,为准噶尔所侵,西迁寓居安集延;及准噶尔平,乃得复其故地"。另见[苏]瓦·符·巴托尔德的《突厥蒙古诸民族史》。

楚、启台两部落。同年,参赞大臣富德又派人到东布鲁特宣扬清朝政策,于是萨娄部落阿克拜又率众 5 000 户归属。[1]

与此同时,被清军从准噶尔汗庭解放出来的大、小和卓又以宗教为旗帜,在南疆起兵反清,企图把新疆从祖国大家庭中分裂出去。1758 年秋季,清朝军队进入南疆平乱。小和卓霍集占盘踞叶尔羌,大和卓波罗尼都盘踞喀什噶尔,互相应援。清军围叶尔羌,大和卓欲往救援,布鲁特克普恰克部落在头人阿奇木比的率领下进攻喀什噶尔,使大和卓不敢离开。清军攻克叶尔羌、喀什噶尔后,布鲁特军仍在围攻布刺村,清军把胜利的消息告诉他们,他们才收兵了。1759 年(清乾隆二十四年),大、小和卓败逃到巴达克山,布鲁特为清军做向导,乘胜追击,到这年秋天,就平定了暴乱。这时西布鲁特额德格纳部落头人阿济比代表西布鲁特十五部向清将军兆惠表示归属,他在给兆惠的信中说:"今将军自喀什噶尔传谕我部,颁给印文,谨已奉到,不胜踊跃,适慰心想,当率诸部,自布哈尔以东二十万人众。皆作臣仆。"[2]于是浩罕汗国以东、伊犁西南、喀什噶尔西北、伊塞克湖周围、帕米尔和喀喇昆仑山一带广大柯尔克孜地区,全部归属清朝管辖。

面对归属的布鲁特,清朝政府采取了以下政策:一方面,确定固定的隶属关系,布鲁特的头人"比"(数目很多,不相隶属)及其以下的阿合拉克齐等大小头目仍旧任职不变,但要由清政府加委,由清政府赐以二品至七品顶戴。对于这些头目的任命,按规定由喀什噶尔参赞大臣向朝廷奏报。据统计,在 1807 年(清嘉庆十二年)登记的名册中,二品的 2 人,三品的 3 人,四品的 6 人,五品的 9 人,六品的 24 人,金顶 17 人,蓝翎 2 人,共计 63 人。[3]清政府不时地要在这些头人中挑选一些人到北京去朝觐皇帝。布鲁特每年要向清政府进献一定数量的马匹,清政府则回赐一定数量的绸缎、羊只。靠近伊犁的布鲁特,每隔一年由伊犁将军派领队大臣前往巡查一次;对于整个布

---

[1]霍索楚、启台、萨娄等部落名见《清史稿》卷五二九。

[2]《西域图志》卷四五。

[3]《西陲总统事略》卷一一。

鲁特的常年"稽查约束",则由喀什噶尔参赞大臣专管。① 另一方面,清朝政府允许布鲁特仍旧在原地自由放牧,不征收土地税;不强迫布鲁特改变原有的风俗习惯;布鲁特在疆进行贸易,税率比内地商人减少1/3,以示优待。②

布鲁特作为清朝西北屏藩之一(另一个是哈萨克),既受到清朝的保护,也为清朝出力。而清朝对于布鲁特,则是奖励他们的"驯服",有反叛者即镇压,以维护社会秩序和巩固自己在新疆的统治地位。

1762 年(清乾隆二十七年),浩罕汗国侵占了布鲁特额德格纳阿济比所属的鄂斯等处,清政府令驻守新疆的尚书永贵等派人去劝导浩罕首领额尔德尼"还所侵地"③。

1765 年(清乾隆三十年),乌什人民在赖黑木图拉的领导下发动武装起义,杀死清朝驻军将领及阿奇木伯克,占领了县城,起义完全是清朝官吏及本地统治者逼出来的,是完全正义的。但是,他们的领导人害怕抵挡不住清军的镇压,派一个名叫巴布敦的人和一个安集延的商人带着书信和礼物走小路到浩罕去求援。他们在经过布鲁特地区的时候,制造谎言,说各个维吾尔城市都已背叛清朝,想用这种方法煽动布鲁特人民起来同他们一起造反。正在这个时候,伯克噶岱默特派遣部属到了布鲁特的额尔格纳、萨尔巴噶什部落,向他们宣传说,除乌什以外,其他城市都是平安无事的。这就稳定了布鲁特的人心。于是布鲁特的比齐里克齐就把巴布敦抓起来送到喀什噶尔杀掉。④ 齐里克齐干的这件事与镇压人民起义具有不同的性质,因为它只是阻止了一场外国人的入侵⑤,而不是参加了对起义的镇压。但是,布鲁特的部落头人,也有人在清朝的指挥下直接参与了对乌什起义的镇压,他们因此而得到了清朝的奖励。⑥

---

①《新疆识略》卷一二。
②《西陲要略》卷四。
③《西域图志》卷四五。
④《西陲要略》卷四。
⑤浩罕虽曾称臣于清,但整个来说,仍为外国。
⑥《新疆识略》卷一二。

1769—1770 年(清乾隆三十四年至三十五年)，先是托霍托尼杂尔，后来又有巴克塔拜不服从清朝，胡什奇、奇里克、萨尔巴噶什等部的头人起来维护清朝的统治，把他们抓了起来，受到了清朝的奖励。①

1783 年(清乾隆四十八年)，胡什奇部落的伯尔克脱逃跑，并且煽动其他人跟着他跑，但是多数人不听他的话，有的人自动站出来维护秩序，有的人先是跟着逃跑，后来又率领部众返回故地。清朝对于那些忠于自己的部落头人一个个都加官晋爵。②

第二年，又发生了阿奇木比及雅衣奇的事件。前者带有武装叛乱的性质，所以克普恰克、萨尔特、图尔额依格尔等部落要出兵平乱。后者的乱子闹得更大，琼巴噶什、克普恰克、喀拉提锦、乃曼、提依特、岳瓦什等部落的近20 个头人参加了平乱的斗争。这次乱子延续了三四年时间，到 1787 年(清乾隆五十二年)才告平息。就在这两起乱子发生的当年，又发生了伯呼柯的逃亡事件。在平息这个事件中，琼巴噶什部落的两个头人出了力。在这几次事件中，受到清朝封赐的布鲁特头人共有 20 多人。③

1789 年(清乾隆五十四年)，占坡拉特叛清，琼巴噶什、奇里克、额德格纳、巴斯奇斯、蒙古勒多尔等部落 5 个头人率众把他抓了起来，平息了事件，从而得到了清朝的封爵赏赐。④

1815 年(清嘉庆二十年)，南疆爆发了孜牙敦事件，又把布鲁特卷了进去。孜牙敦是黑山派的一个阿訇。家住在塔什密里克，在喀什噶尔城娶了一个小老婆，系和卓后代，住在和卓墓旁。孜牙敦要把自己的妾接到家里，但喀什噶尔阿奇木伯克玉素甫以和卓后代不能离开和卓墓为理由加以阻拦。孜牙敦有个结拜兄弟图尔第迈莫特，是布鲁特克普恰克部落的比(头人)，孜牙敦同图尔第迈莫特商量，要跟玉素甫闹事，图尔第迈莫特答应带领部众帮助他。后来孜牙敦带领一些布鲁特人闹事，放火烧了清朝的马厂，杀

①《新疆识略》卷一二。
②同上。
③同上。
④同上。

害了一些清朝官兵。清朝驻军将领率兵镇压,抓住了孜牙敦、图尔第迈莫特。这件事本来含有黑山派、白山派派系斗争性质,布鲁特是被卷进去的,但清朝官员不加分析,根据一个挟愤诬供,说是孜牙敦要做八城王子,就肆意屠杀,枉杀无辜,把图尔第迈莫特同孜牙敦一并凌迟处死了。结果,图尔第迈莫特的儿子阿霍宰和卓率其兄弟眷口逃往浩罕。① 对于这件事,后来在南疆做官的那彦成曾有分析,他说:"查布鲁特向为边境藩篱,深资其力。自嘉庆十九年(当作二十年——编者按)办理孜牙敦一案,误将图尔第迈莫特凌迟。该犯之子阿霍宰逃出卡外,群相煽惑,此布鲁特离心之始。"② 当然,"离心"的只是一部分部落头人,多数人并没有离心。在孜牙敦事件中,因为清朝出力而受到封赏的就有琼巴噶什、克普恰克、乃曼、图尔额依格尔等部落的 12 个头人。其中图尔额依格尔部落的伯克莫特在事件爆发时没有受到孜牙敦的引诱,后来又出兵攻打孜牙敦,并且拿获了孜牙敦的儿子阿布顶。③

在大、小和卓之乱被平定之后,大和卓波罗尼都的儿子萨木萨克逃到了浩罕。早在乌什起义时,萨木萨克就想乘机捣乱,结果没有成功。正如前面已经提到的,在这件事情上,布鲁特起了很积极的作用。1797 年(清嘉庆二年),萨木萨克又要利用布鲁特反清,但却遭到了琼巴噶什、克普恰克、提依特、图尔额依格尔等部落近 10 个头人的反对,他又以失败而告终。④ 1820 年(清嘉庆二十五年),萨木萨克的儿子张格尔又从浩罕入侵我南疆。张格尔到了布鲁特萨雅克部落,会同比江噶拉齐、巴依巴哈什、蒙达拉克、他依拉克、岳哈西第、胡则等人,率众入卡。这时候南疆各地由于各级清朝官吏和地方统治者横行不法,人民生活在水深火热之中。打着"圣裔"旗号的张格尔入卡时,布鲁特琼巴噶什部落比苏兰齐向清朝官员报告,但却遭到了斥

---

① 事实经过主要参考了中央民院收藏的抄本《孜牙敦事件奏稿》,见冯家昇、程溯洛、穆广文:《维吾尔族史料简编》(下册),北京:民族出版社,1981 年,第 241 页。
②《那文毅公奏议》卷七三。
③《新疆识略》卷一二。
④ 同上。

柯尔克孜文献与文化研究

66

逐。苏兰齐"愤走出塞",加入了张格尔的队伍,于是张格尔的气焰更加嚣张。1824年(清道光四年),张格尔又一次率领一部分布鲁特侵扰南疆。第二年九月,领队大臣色颜图率兵二百,出卡四百里追击布鲁特,但却没有找到布鲁特的武装力量,竟不分青红皂白,杀了正在游牧的布鲁特妻室儿女一百多人。布鲁特的头人汰列克十分气愤,就率领部属二千人追击清兵,在一个山谷里,把清兵全部歼灭掉。[①] 张格尔之乱前后延续了八年之久,到1827年(清道光七年)底,由于张格尔比清朝官吏及本地统治者还要残暴,大失民心,众叛亲离,最后被清军消灭。在这一事件中,布鲁特的一些头人违背了自己祖先和广大人民群众的意愿,站到祖国的敌人方面去了。清朝对布鲁特的政策也是错误的,它实际上是在拆除自己在西北边疆的屏藩。

张格尔灭亡了,但他的家族仍有人在浩罕,所以两年后又发生了其兄玉素甫入侵南疆的事件。不过由于张格尔在南疆倒行逆施,所谓和卓家族在维吾尔等族人民中已经是越来越得不到支持,这次玉素甫入侵的规模和延续的时间都比张格尔入侵要小得多、短得多。在这一事件中,布鲁特虽然也还有些人追随了玉素甫,但总的情况是好的。清朝官吏到阿克苏调查了解玉素甫入侵情况时,布鲁特比托依莫特胡达伯克、阿里雅尔伯克、胡达密杂尔毛拉及色里木爱孜木沙等向他们如实地反映了情况,说明他们是倾向于清朝的。[②] 在事件发生以前,伊犁将军玉麟分析,可能要发生事情,但"近夷布呼等爱曼(氏族)恭顺,重赏以固其心,则卡外动静俱悉"[③]。事件发生后,一些官员向清政府报告,当时不仅许多维吾尔人持观望态度,而且布鲁特各部也是按兵不动,"率多观望"[④],都没有追随玉素甫作乱。

外逃的所谓和卓家族的巢穴是浩罕,他们用以入侵我国新疆的武装力量主要也是来自浩罕。浩罕原曾臣属于清朝,但在利用所谓和卓家族入侵我国新疆之后,就逐渐地变成为清朝的敌国了。作为清朝的敌国,浩罕不仅

---

①《清史稿》卷五二九。

②《长文襄公自定年谱》卷四。

③《清史稿》卷三六七《玉麟传》。布呼为萨尔巴噶什部落之别名。

④《清宣宗实录》卷一七五。

利用所谓和卓家族入侵我国新疆,而且还对清朝的屏藩进行直接的侵略。在玛达里汗统治时期,浩罕对布鲁特发动进攻,迫使他们做他的臣民。1831年(清道光十一年),玛达里汗对布鲁特发动了一次新的进攻,他的军队打到了纳林高原和伊犁地区,第二年又在纳林和帕米尔南坡建立了要塞。①清臣玉麟在这个时候分析浩罕的处境时也说:"布鲁特、哈萨克向受其欺凌,争求内徙。"②对于来自浩罕的侵略,布鲁特人不只是逃避,而且也进行了武装抵抗。

但是,从这个时候开始,对布鲁特人威胁最大的已不是浩罕,而是沙皇俄国。

(二)社会经济状况

布鲁特的经济以游牧的畜牧业为主。椿园说,布鲁特"毡帐为居,游牧为业,以肉为食,牛马乳为酒"。《西域图志》说,布鲁特"逐水草,事游牧"。他们在清朝统一新疆之后回到了原来被准噶尔侵占的牧场,再加上社会环境比较安定,所以畜牧业生产就有了较快的发展。清朝政府对布鲁特等游牧民族的畜牧业生产也采取鼓励的政策。据记载,1775年(清乾隆四十年)、1780年(清乾隆四十五年)、1783年(清乾隆四十八年)、1785年(清乾隆五十年),布鲁特的琼巴噶什、奇里克、胡什奇等部落的好几个头人,都因为"帮办游牧"而先后受到清朝的封赏。③此外,清朝在新疆也办有官马厂,有时征调本地游牧民族为之照料放牧。1758年(清乾隆二十三年),布鲁特琼巴噶什部落头人因照料官马厂而得到了清朝的封赏。④

在布鲁特地区,农业也有所发展。祁韵士说:"至特穆尔图淖尔(伊塞克

---

① [俄]A. N. 库罗帕特金:《喀什噶利亚》,凌颂纯、王嘉琳译,乌鲁木齐:新疆人民出版社,1980年,第114~115页。按玛达里汗应即《清史稿》卷五二九《属国传》之谟哈马阿里。谟哈马阿里于1842年被布哈尔军队擒杀。
②《清史稿》卷五二九《属国传》。
③《新疆识略》卷一二。
④同上。

湖)两岸间,有布鲁特所种田地。向之巡查官兵,误听向导厄鲁特谎言,每每践踏田禾。此项厄鲁特皆平定准噶尔时窜赴布鲁特,因被凌虐,始行投出。大凡巡查边界之领队大臣,莫不寻觅通晓布鲁特言语之厄鲁特以为通事,并为向导。而厄鲁特借此泄愤,即以布鲁特必须践踏其田禾,使之畏惧为言。是以每逢巡查,竟将践踏田禾禀知将军,相沿已久,遂为成例。后有察合尔部落副总官职衔巴雅斯瑚朗者,具言其状。自是以来,巡查边界之领队大臣,始禁官兵践踏田禾。布鲁特人等,无不顶感皇仁,群相欢跃。""且该游牧人等,借种地而资生计,岂可听从厄鲁特任意践踏?""此事余知之最悉。"到过布鲁特地区的俄国人也说到了他们的农业。安德烈叶夫大尉说,布鲁特人有"令人满意的和丰裕的农业"。吉伯尔什达恩说,在卡拉苏河和朱尔加兰河之间的广大伊塞克湖沿岸,有农业区,在他旅行的路上还没有看见像这里一样长着那么丰盛的谷物的地方,小麦、青稞、燕麦、豌豆等都长得很茂盛。他又说,路向右转到热海,都是沿着平坦的和农产品及其他必需品极为丰富的地方,然后走到流向伊塞克湖的第三条河流卡拉哥尔河。在伊塞克湖的别的地方也有很好的农田和农作物。勒色夫也见到类似的情况,他并且提到,布鲁特人使用磨盘碾谷物①。据徐松的记载,在别的地方,特别是在纳林河的两岸,也有布鲁特的耕地,而且还有少数布鲁特人已经从游牧民变成了农民,如在喀什噶尔附近就有这样的布鲁特农民。但是,必须指出,在布鲁特地区,农业所占比重无论如何比畜牧业要小得多。

与农业区进行贸易是游牧民经济生活中必不可少的方面,布鲁特也是这样。椿园说,布鲁特喜爱内地的"磁、茶、油、布、烟、酒,珍之如宝"。《西陲总统事略》说,布鲁特商人"以牲畜皮张贸易至者,税减内地商民三分之一"。1760 年(清乾隆二十五年),舒赫德在一个奏折中说道:"其布鲁特、霍罕、安集延、玛尔噶郎等贸易之人络绎不绝。臣等照旧例收税数次后,回城伯克等恳告云:旧例收税稍重,祈暂行减收等语。臣等……拟将回人买来牲只,十

---

①安德烈叶夫、吉伯尔什达恩、勒色夫等人的话转引自[俄]别特罗夫:《15 至 18 世纪柯尔克孜封建关系概要》,伏龙芝,1961 年,第 162 页。

分取一,暂改为二十分取一;外来商人牲只,二十分取一,暂改为三十分取一。其余皮张缎布,仍照旧例。"① 喀什噶尔、叶尔羌、阿克苏、乌什等城市,是布鲁特等处商人在南疆进行贸易的主要地方。据记载,在阿古柏入侵时期,喀什噶尔生产的大布除在本地销售外,主要就是运销到布鲁特。布鲁特人所穿的长袍,主要也是来自喀什噶尔等地。据说,这种衣服十分朴素,价格极为低廉。② 在阿古柏入侵以前情况也必定是这样。据《新疆图志》估计,新疆农民和城市居民所需的牲畜,除个别地方自己蓄养以外,很大一部分是依靠布鲁特供应;布鲁特在新疆所出售的牲畜,每年"常数十万计"③。清朝政府驻新疆的军队和官吏所需的军马和食羊,也主要由哈萨克、布鲁特供应。清朝嘉庆年间(1796—1820 年)著名学者洪亮吉曾写过一首诗,以描绘布鲁特在伊犁惠远城进行贸易的盛况,诗的原文是"谁跨明驼天半回?传呼布鲁特人来,牛羊十万鞭驱至,三日城西路不开"。

布鲁特的牲畜及其他财产是私有的,而且贫富差别悬殊。椿园说,哈萨克"牲畜众多,富者马牛以万计,羊无算","生子至十六岁,辄析产,予之牲畜,使自为计"④。布鲁特社会与哈萨克社会一向是很类似的,椿园所说的哈萨克的情况在布鲁特地区会同样存在。畜牧业所必需的土地的占有情况就不一样了,椿园说布鲁特的是"各君其地"。"比"是部落长,是部落的代表,他们代表着部落以占有土地。布鲁特的土地是由部落氏族集体占有的,但这只是一个外壳,其内容由于牲畜私有和贫富悬殊已经起了质的变化。因为富有者对牧场的占有实际上已经远远超过他作为集体的一员应当占有的份额,而没有牲畜或牲畜很少的贫苦牧民对牧场的占有权实际上是不存在的,或者是基本上不存在。

布鲁特统治阶级的代表人物是"比"和"阿合拉克齐"。"比"系部落头

柯尔克孜文献与文化研究

①《平定准噶尔方略》正编卷八四。

②[俄]A. N. 库罗帕特金:《喀什噶利亚》,凌颂纯、王嘉琳译,乌鲁木齐:新疆人民出版社,1980 年,第 37 ~ 67 页。

③《新疆图志》卷二八《实业》。

④[清]椿园:《西域闻见录》卷三。

人,是世袭的,"如其比死,立其比之子若弟,他人不得与也"①。"阿合拉克齐"可能是氏族的头人。此外,还有拥有大量牲畜和其他财产的牧主、商人等。被统治、被剥削阶级是广大牧民、农民等劳动者,当时被统称为"阿拉巴图"。"阿拉巴图"一词当时使用得很广泛。有人把他解释为奴隶,有人把他解释作农奴,看来都不很确切。阿拉巴图是比的属民,对比有一定的人身依附关系,所以椿园说比与其属民的关系是"各子其民"。下面一个例子可以看出阿拉巴图与统治者的关系,同一般老百姓与统治者的关系是有所不同的。"乌什阿奇木阿布都拉,哈密回人也。随后之人,皆哈密回子,具系伊萨克之阿拉巴图,服役奔走,任其意之所为,不敢与较。而回疆各城则不然,其伯克皆系流官,所属回户等诸部民,迥与哈密之主仆名分不同。阿布都拉习见哈密回子为伊萨克驱策之处,视同一例,加以性情暴戾,鞭挞凌虐,日以为常。且勒索多方,贪得无厌。其随从之人,尤为恣横。乌什回子,已不堪终日。"②可见作为阿拉巴图,他的主人是可以任意役使的,是可以任意鞭挞凌虐的,是可以任意勒索的。"服役"与"勒索",就是这种制度的剥削形式。此外,少数在农业区做官的布鲁特比,清朝政府还拨给他们以一定数量的"燕齐(种地奴仆)"户,任其役使。③燕齐制度当时在新疆也是普遍流行的,燕齐与农奴就更加接近了。

布鲁特的社会组织基本形式是氏族部落制度。布鲁特的氏族部落制度比哈萨克还要完整。"氏族制度对于吉尔吉斯人还有比哈萨克人更大的意义,吉尔吉斯人还以没有瓦解的完整的氏族生活着,这种氏族也跟哈萨克人那样地分为各个不大的阿乌勒。军事传统具有重大的意义,每个帐幕面前立着一枝矛。"④椿园说,布鲁特"称其君曰比,或有管领一二十爱曼(氏族聚落)者,或有管领二三十爱曼者。爱曼人户,即其阿拉巴图。虽皆为布鲁特,

①[清]椿园:《西域闻见录》卷三。
②[清]椿园:《西域闻见录》卷二。
③《平定回疆剿擒逆裔方略》卷二。
④[苏]瓦·符·巴托尔德:《突厥蒙古诸民族史》,见[日]内田吟风等:《北方民族史与蒙古史译文集》,余大钧译,昆明:云南人民出版社,2003年,第303页。

而其比不一,各君其地,各子其民";哈萨克"分布散处,亦无爱曼聚落"。说哈萨克"无爱曼",这恐怕不实,但他们的氏族部落制度没有布鲁特的完整则必定是事实。

布鲁特的部落名称与数目,不同记载有不同的说法。《新疆识略》说有十九个部落,即琼巴噶什、克普恰克、萨尔特、乃曼、喀尔提锦、提依特、图尔额依格尔、苏勒图、岳瓦什、额德格纳、察哈尔萨雅克、萨雅克、巴斯奇斯、蒙古勒多尔、色勒库尔、奇里克、胡什奇、萨尔巴噶什、诺依古特。《西域图志》作二十部,但未一一列名。东部只举了萨雅克、萨尔巴噶什两个部落,另外还有一个旧居塔拉斯的头人名叫迈塔克的部落,西部只举了额德格纳、蒙古勒多尔、齐里克、巴斯子四个部落。《西陲总统事略》说有七部(《西陲要略》同),与《新疆识略》比较,除译写名称有些不同外,少列了色勒库尔、诺依古特。《清史稿》一面说布鲁特东部有五部,一面在列举了萨雅克、萨尔巴噶什、塔拉斯三部之后,又列举了霍索楚、启台、萨娄三部。《新疆图志》从《新疆识略》的十九部说,只是将他们分作东四部和西十五部罢了。歧异最大的是《汉西域图考》,它说东部有六部,西部有七部,而且所列东六部的名称与别的记载出入也很大,这里就不一一指出了。乔坎·瓦里汗诺夫说:"柯尔克孜人像蒙古人分为巴仑噶尔和准噶尔一样,也分成右翼和左翼两部。其右翼分作额德格纳、塔阿依两部。其中塔阿依是人数最多的一个部落,下分为萨尔巴噶什、希谷、苏勒图、萨雅克、奇里克、琼巴噶什、巴斯子等七个小部落。他们血缘关系很近,但时常相互敌对,发生冲突……希谷部落分为十一个阿寅勒,他们在伊塞克湖周围种地,到了夏天迁到特克斯河、库克河上游地区游牧。萨尔巴噶什部落有十个阿寅勒,他们游牧于伊塞克湖东部和楚河之间。苏勒图为好战部落,共有十五个阿寅勒,他们游牧于塔拉斯、吹河流域至浩罕汗国皮什柏克堡之间。萨雅克部落一般游牧于纳林河和准噶勒河上游地区。奇里克部落游牧于伊塞克湖南部和天山周围地区。琼巴噶什部落游牧于喀什噶尔西南的山间密林中。奇里克和琼巴噶什是比较穷苦的部落。属塔阿依的其他小部落游牧于纳曼干北部的阿拉安集延山和朱木古勒河上游地区。额德格纳诸部在马尔格兰和奥什城周围的费尔干纳盆地种地,夏天到奥什、浩罕的山区放牧。"[1]

产生歧异的原因,除资料来源不同、作者看法有异等原因外,还有布鲁特部落本身发展变化的原因。如色勒库尔部落,他们的头人巴克提原来是克普恰克人,于1768年(清乾隆三十三年)由清政府赏给四品顶戴花翎,以管理色勒库尔的布鲁特人。1778年(清乾隆四十三年),清政府又赏巴克提之子楚玛克六品顶戴蓝翎,帮同其兄库楚克管理色勒库尔布鲁特人。库楚克病休后,楚玛克继承其位,库楚克之子沙哈色木帮同办理。色勒库尔即塔什库尔干,在这里的布鲁特人想必是从别的地区迁来的,原来没有头人,所以清朝政府从克普恰克调人去管理。这就等于从克普恰克部落中又分出了一个新的部落。又据《新疆识略》《西陲总统事略》记载,萨尔特"系希布察克所属"。据《西陲总统事略》记载,图尔额依格尔也"系西布查克所属",可以看出,这两个部落也是从克普恰克部落中分出来的。又琼巴噶什之与萨尔巴噶什,察哈尔萨雅克之与萨雅克,从名称上也可以看出,它们之间必定是有着共同渊源的。这些发展变化有的发生得早,有的发生得晚;发生得早的,大家都熟悉了;发生得晚的,有人知道,有人不知道。所以出现了记载上的歧异。

其次,布鲁特东、西部之分,上述文献说法也很不一致。东布鲁特就有四部、五部、六部之说。哪些部落算是东布鲁特? 诸书所列举的比较一致的是萨雅克、萨尔巴噶什二部。《西域图志》所说的旧居塔拉斯的头人叫迈塔克的部落毫无疑问也属于东布鲁特,《清史稿》所说的塔拉斯部必定指的就是这一部落。《清史稿》所列东部其他三个部落霍索楚、启台、萨娄,均不见于上述诸书,但绝不会是凭空杜撰出来的,它们应当就是别的作者所不了解的那几个东布鲁特部落。不过所谓萨娄,很可能就是萨尔巴噶什的简称。

---

①[俄]乔坎·瓦里汗诺夫:《瓦里汗诺夫文集》,哈萨克文版,阿拉木图,1946年,第148~149页。

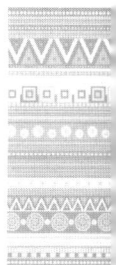

所以，东布鲁特有五部的说法应该是可信的，即萨雅克、萨尔巴噶什、塔拉斯、霍索楚、启台五部。其他部落都应该是属于西布鲁特。那么，为什么有许多作者分不清哪些部落是东布鲁特，哪些部落是西布鲁特呢？这是因为东、西布鲁特的分布是连成一片的，分法的不同，每一部所包含的部落自然也就不同。如按照我们在这里的分法，萨尔巴噶什是东布鲁特，额德格纳是西布鲁特，但是在乌什起义时，伯克噶岱默特为清朝政府到布鲁特去游说，所到的部落就是这两个部落，可见这两个部落毗邻。又查《新疆识略》，萨尔巴噶什在喀什噶尔城东北巴尔昌卡伦至西北喀浪圭卡伦一带游牧，通浩罕；额德格纳在喀什噶尔城西北卡浪圭卡伦一带游牧，通玛尔格兰、浩罕等地方，也可以看出这两个部落是连接在一起的。所以清朝较早的记载，并没有分东布鲁特、西布鲁特，只是笼统地说布鲁特"地界安集延、喀什噶尔之间，地广人众"，"杂处于叶尔羌、喀什噶尔、乌什之深山密林中，安居游牧"①，是很有道理的。

部落之下是氏族，这就是部落头人比所管领的或一二十个，或二三十个的"爱曼"。在别的记载中，有时也称布鲁特的部落为"爱曼"，但在多数情况下，部落则被称作"鄂托克"。据椿园说，南疆的村落也称"爱曼"②。可见，布鲁特社会的基本聚落是爱曼，也就是氏族。氏族之下的阿寅勒那时可能还是个比较松散的组织，所以清政府还不知道有这种组织的存在。据清朝资料，布鲁特的社会细胞是户。《西域图志》说，萨雅克部户一千有奇，萨尔巴噶什部户一千有奇，旧居塔拉斯的部落户四千有奇，额德格纳部与蒙古勒多尔部共户七百有奇，齐里克部户二百有奇，巴斯子部户一千三百有奇。

布鲁特的氏族部落制度与原始社会的氏族部落制度相比，已经有本质的区别。第一，布鲁特的氏族部落内部存在着严重的阶级对立；第二，布鲁特的氏族部落的血缘关系已经被打破，属于这一氏族部落的人，其祖先可

---

①[清]椿园：《西域闻见录》卷七。
②同上。

能属于另一氏族部落,甚至属于另一个民族;第三,布鲁特的氏族部落实际上已经变成了一套行政体系,变成了阶级统治的工具——国家机器。布鲁特的统治阶级运用这架机器统治人民,清朝政府也运用这架机器以统治布鲁特人民。布鲁特的部落之上原来没有统一的组织,但在归属于清朝之后,就统一于清朝政府了。喀什噶尔参赞大臣乃是布鲁特各部统一的统治者。

布鲁特的祖先,16世纪初期还不是穆斯林,到16世纪末叶,既非穆斯林,也非异教徒。到了清朝,据椿园说,布鲁特"忌猪肉""风俗语言,与回疆大同小异"①。就是说,他们对伊斯兰教的信仰比以前大大加深了。

二、清朝后期的布鲁特

(一)布鲁特人民反抗外国入侵者的斗争

鸦片战争(1840—1842年,即清道光二十至二十二年)以后,资本主义列强对我国的侵略日益肆无忌惮。侵入新疆的资本主义国家主要是英、俄两国。他们在这里与各地封建势力相互勾结,侵略我国的领土,残酷地奴役和掠夺各族人民,并屡次阴谋把整个新疆从我们祖国的大家庭里分割出去,变成他们的殖民地。

英国入侵新疆,最初也是利用所谓的和卓家族。张格尔入侵时,他的身边就有英国间谍。以后,英国继续利用所谓和卓家族入侵新疆。1847年(清道光二十七年),张格尔的侄子买买的明(卡塔条勒)、倭里汗等七和卓从浩罕率兵侵入南疆的喀什噶尔,结果被清军打退,这就是所谓"七和卓之乱"。十年之后(1857年,清咸丰七年),倭里汗又从浩罕率兵侵入喀什噶尔,一度占领回城,截断了阿克苏—喀什噶尔—叶尔羌的交通,但不久也被清军打败,这就是所谓的"倭里汗之乱"。位于南疆边缘地带的柯尔

---

① [清]椿园:《西域闻见录》卷三。

克孜地区是侵略军来往必经之地，人民深受其害。根据民间传说，今乌恰县"康朱安"地方的名称就是产生于"七和卓之乱"时期，"康"意为血，"朱安"意为洗，合起来是"血洗过的地方"，就是因为和卓们曾在这里进行过血腥的屠杀①。

英殖民主义者不甘心自己的失败。几年之后，又乘新疆各族人民反清起义的时候，企图通过阿古柏吞并我国新疆。1864年(清同治三年)5月，在太平天国、捻军起义和陕甘回民起义的影响下，新疆各族人民的反清大起义如火如荼地爆发。首先举起义旗的是库车人民，到1865年(清同治四年)春，起义的烽火燃遍了全疆，只镇西(今巴里坤哈萨克自治县)一隅还保留在清朝政府手里。趁机而起的封建主窃取了各地起义军的领导权，实行封建割据，一时天山南北出现了好几个互相对立的封建"王国"。在喀什噶尔地区，首先登上"王"位的是喀什噶尔大卡孜白山派宗教头目托合提·马木提·艾来姆②。不久，柯尔克孜族克普恰克部落的封建主思的克伯克(清文献作思的克)在浩罕汗国支持下纠集了一部分头目，率军从英吉沙的阿克陶村出发，向喀什噶尔进攻，结果推翻了托合提·马木提·艾来姆的政权，自己登上了"王"位。思的克伯克在取得喀什噶尔的统治权以后，为了巩固自己的统治，和回族封建主金相印一起，把在浩罕汗国的张格尔的儿子布素鲁克和阿古柏及由他们率领的一批侵略军引进新疆。阿古柏早就和英国有联系，进入新疆以后，更得到了英国的器重。英国通过印度和土耳其、阿富汗等国，给阿古柏输送了大批军火，帮助阿古柏训练军队，派遣顾问和间谍帮助阿古柏搞阴谋，并在我国领土上进行侦察。

阿古柏进入新疆之后，很快把思的克伯克等地方封建主排挤出喀什噶尔。《伊米德史》记载，伊斯兰教历一二八一年(公元1865年，清同治四年)年底，张格尔之子布素鲁克汗和阿古柏进入喀什噶尔。原来支持张格尔的苏菲派教徒举行暴动，把思的克伯克赶出喀什噶尔。思的克伯克极其后悔，觉得不应该向浩罕汗国求援，于是他就返回家乡帕拉吉地方(今属阿克陶

柯尔克孜文献与文化研究

---

①乌恰县调查材料。
②喀什调查材料。此事此人不见于文献记载，姑存之以待查。

县),在帕拉吉、阿克陶、喀拉库特凯塔什米力克等地聚集7 000多人,进攻喀什噶尔。阿古柏率领数千人的队伍(一说3 000人),迎战思的克伯克。战斗十分激烈,结果思的克伯克失败,逃回家乡帕拉吉死去。关于这一点,英国包罗杰的《阿古柏伯克传》这样写道:"阿古柏伯克指挥他的军队向盘踞在堡垒里的柯尔克孜人进攻""经过这次挫折,柯尔克孜的力量被粉碎,思的克伯克逃亡到塔什干的阿利姆·库里那里,阿古柏伯克对柯尔克孜人的第一个战役就这样胜利结束"。后来又发生了柯尔克孜克普恰克部落反阿古柏的暴动。克普恰克人把布素鲁克带到了喀什噶尔,并宣布推翻阿古柏政权。阿古柏非常恐慌,从前线叶尔羌回到喀什噶尔,他用谎言欺骗克普恰克人,结果克普恰克人就带着布素鲁克撤退。在克普恰克人撤退的时候,阿古柏违背自己的誓言,率兵追击,"抓住和杀死了他的不少敌人"[1]。后来,阿古柏又吞并了"伊犁苏丹汗国"以外的新疆其他几个"王国"。在这个过程中,他在1867年(清同治六年)扔掉傀儡布素鲁克,自称为汗,于是在我国的土地上就出现了一个由外国侵略者进行统治的所谓"哲德沙尔汗国"[2]。

"哲德沙尔汗国"的统治是极端残暴的。在柯尔克孜地区,阿古柏基本依靠本地封建主为社会支柱,委派他们为阿奇木伯克、比、十户长,纵容他们为非作歹。柯尔克孜族青年很多被征调去当兵,自带装备,离乡背井,到前线去用头颅为阿古柏争城掠地。阿古柏为了加强自己的军事统治,防止俄国争夺英国的既得利益和阻止清军的反攻,在柯尔克孜地区大量征调民夫,修筑了许多城堡。城堡都修建在山上,被驱赶去服劳役的民夫们把需要用的石头、土块、泥浆、水往山上背。繁重的劳动,再加上吃不饱、穿不暖,使得许多人死于非命。柯尔克孜地区驻有阿古柏的军队和官吏。他们任意横行,强奸幼女,强娶有夫之妇。

"哲德沙尔汗国"的官吏及军队在柯尔克孜地区横征暴敛,抢劫勒索。有所谓"青税"和"白税",青税在春天征收,说是春天草木发芽了,牲畜下羔

---

①[俄]A. N. 库罗帕特金:《喀什噶利亚》,凌颂纯、王嘉琳译,乌鲁木齐:新疆人民出版社,1980年,第139页。

②意为七城汗国。七城一般指喀什噶尔、叶尔羌、英吉沙、和田、乌什、阿克苏、库车。另有别的说法,此不赘述。

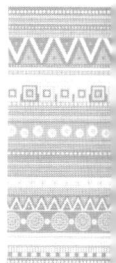

了,应该交税;白税在秋天征收,说是秋天庄稼成熟了,牲畜膘肥了,应该交税。扎卡提税和乌守儿税①往往不是按四十分之一和十分之一交纳,而是有时要交百分之五十。牧民还要为阿古柏军队供应粮食,为此,他们不得不远道去农业区购买粮食。当时,在今阿合奇县托什干河北岸的老百姓,每年总有人在去乌什买粮、运粮时淹死在托什干河里。阿古柏的军队和官吏不只是向牧民收税要粮,而且还要向牧民索取或公开抢劫各种牲畜、皮毛、奶制品、毡房、毡子、毯子、铁锅等。军用牲畜所需的草料也全来自民间,牧民们所种的少量的青稞、大麦等庄稼,常在没有成熟的时候就被阿古柏军队的牲畜吃掉,或被踏毁。一些至今还在柯尔克孜人民中间流传的传说,反映了那时阿古柏对牧民的掠夺是何等的残酷,何等的无耻。例如说秃头要纳税,过胖的人和过瘦的人也要纳税等。牧民群众由于害怕纳税和抢劫,有好马不敢骑,有好衣不敢穿,有好食品不敢吃,而且连死了人也不敢公开举行葬礼。因为阿古柏所豢养的阿訇、毛拉们要是知道了哪一家死了人,就会趁机向他们敲诈勒索,索取高额的"念经费"。阿古柏这样无耻地在我国进行掠夺,和英国的侵略目的是直接联系在一起的。在"哲德沙尔汗国",英殖民主义者是真正的主人,它和阿古柏订立了所谓的《通商条约》,把这里的农、牧产品搜罗起来转运出去赚钱。柯尔克孜人民的血汗,有很多经过阿古柏的手变成了英国资本家的利润。随着时间的推移,阿古柏同沙皇俄国的关系也逐渐趋于密切。

当时,有一首流行的民歌反映了阿古柏的残酷统治和人民的悲愤心情:

> 黑色的猫头鹰在头顶上惨叫,
>
> 罪恶的战火在草原上燃烧,
>
> 柯尔克孜人的家乡流着鲜血,
>
> 大地母亲,为她的儿子在痛哭号啕,
>
> 号啕——痛哭——痛哭——号啕,
>
> 灰色的恶狼在白骨堆上嗥叫,
>
> 阿古柏的马队像黑风在咆哮,

---

①扎卡提税和乌守儿税是伊斯兰教的宗教税,前者向牧民征收,税率按规定为当年收入的四十分之一;后者向农民征收,税率按规定是十分之一。

柯尔克孜人的太阳是谁抢去了，

大地母亲，为她的儿子在痛哭号啕，

号啕——痛哭——痛哭——号啕……

黑暗的岁月一共延续了十多年。但是，英勇的柯尔克孜族人民并没有在淫威面前屈服，他们不断地用各种方式进行反抗斗争，有人离开了原来的牧地，向阿古柏政权以外的地方逃跑，有的逃到了今吉尔吉斯斯坦，有的逃到了北疆，有的逃到了喀喇昆仑山中。有人举行武装起义，奋不顾身地杀向阿古柏政权。在柯尔克孜人民的记忆里，至今仍留有这类反阿古柏斗争的英雄业绩。①

早在阿古柏排挤思的克伯克并同他发生剧烈的武装冲突的时候，一些被阿古柏强征入伍的柯尔克孜人就举行过兵变。后来，在今阿合奇县和阿图什县哈拉俊地方，爆发了武装起义。起义首先发生在哈拉奇（今阿合奇县），逐步发展到阿合奇、克孜勒宫拜孜、卡拉布拉克（皆属今阿合奇县）以至哈拉俊一带。阿古柏赶忙从乌什调来大军，进行镇压。起义军在散的克（今属阿合奇县）和阿古柏军队相遇，进行了激烈的战斗，结果因寡不敌众而失败。哈拉俊的起义军有的逃到了俄国，有的逃到了伊犁。阿古柏在镇压了起义以后，为了不让起义的火焰重新燃烧起来，把哈拉俊一些起义首领的家属强迁到了今阿克陶。

英殖民主义者的侵略活动和阿古柏的反动统治，不仅引起了新疆各族人民的反抗，而且也激怒了全国各族人民。在全国各族人民的压力下，清朝政府内以左宗棠为首的塞防与海防并重派战胜了以李鸿章为首的海防派。1875 年（清光绪元年），左宗棠被委派为钦差大臣，率领大军西进，收复新疆失地。清军之进入新疆及其对阿古柏侵略军所取得的节节胜利，大大地鼓舞了新疆各族人民的反阿古柏斗争。当清军攻克阿克苏之后，今阿合奇县及哈拉俊一带的柯尔克孜人民的武装起义又重新爆发。在大乌鲁和小乌鲁一带（散的克附近），起义军打败了阿古柏的军队。一部分被打败的阿古柏军队企图经哈拉俊逃往喀什噶尔，又遭到了当地起义军的阻击，伤亡很大。

①以下反抗阿古柏的材料都是在阿图什、乌恰、阿合奇等县调查的。

在取得这些胜利之后,起义军来到阿克苏和清军汇合,继续追击侵略军的残部。

清军收复了南疆各大城市以后,以阿里达什为首的阿古柏残部纠集一部分宗教头目和部落头人继续侵扰喀什噶尔的边境。在今乌恰县的柯尔克孜族牧民见到这种情况,来到喀什噶尔,会见了清军的将领,报告了残匪的动态,并带领清军歼灭了这股残匪。关于柯尔克孜族人民协助清军歼灭阿古柏侵略军的事迹,也偶见于清朝文书的记载。刘锦棠在一封公文里曾这样说过,"喀什噶尔缠回(维吾尔)暨布鲁特各头人随同官军搜剿窜贼……实属奋勉可嘉"。在这次战争中,凡是出过力的头人,都得到了清朝政府的嘉奖,如哈拉俊的海的克原为六品官,因"剿贼尤为出力",于1878年(清光绪四年)被刘锦棠保荐晋级为五品官。①

清军在新疆各族人民的支持和帮助下,于1878年初彻底消灭了阿古柏反动政权,新疆各族人民重新回到了祖国的怀抱。英殖民主义者并吞我国领土新疆的阴谋又一次遭到失败。

沙皇俄国不仅在叶尼塞河上游侵略柯尔克孜族,而且也在中亚侵略柯尔克孜族。大约在19世纪初叶,沙俄的魔爪就伸进了中亚柯尔克孜族地区。在1824—1825年(清道光四至五年),俄国人企图通过谈判将他们在1822年(清道光二年)颁布的统治哈萨克草原的"条例"推行到柯尔克孜地区。1847—1854年(清道光二十七至咸丰四年),沙俄相继建立了"科帕尔""列普辛斯克""阿里玛图"等侵略据点。1856年(清咸丰六年),沙俄派上校军官哈明托夫率领侵略军入侵伊塞克湖地区,遭到了当地柯尔克孜族萨尔巴噶什和布库等部落②的顽强抵抗,被迫撤退。在入侵过程中,殖民军对柯尔克孜部众进行残酷迫害,惨杀其领袖人物和牧民四十多人,并将不少牧民抓到维尔内侵略据点囚禁起来。③布库和萨尔巴噶什等部的反抗,使沙俄十分惊

---

①克孜勒苏柯尔克孜自治州档案馆保存的档案。

②据清朝前期的记载,萨尔巴噶什又名布库,是一个部落。看来,到这个时候正式分成了两个部落。

③[苏]瓦·符·巴托尔德:《巴托尔德文集》第2卷第2分册,莫斯科:科学出版社,1963年,第213页。

恐,多次潜入柯尔克孜地区进行间谍活动的扩张主义分子谢苗诺夫曾向沙俄献策,他说:"必须立即臣服布库人,然后再征服跟布库人同处于锤砧之间危机状态的萨尔巴噶什人""这样一来,由于占有了整个伊塞克湖地区,俄国国界就会一直延伸到天山雪峰"。[1] 1860 年(清咸丰十年),沙俄派大量侵略军进犯楚河上游,并占领了托克玛克、皮什别克等柯尔克孜地区。

沙俄为使其侵占我国东北和西北大片领土的侵略行为披上合法的外衣,并进一步实现其侵占我国整个边疆的野心,与英、法等殖民主义者相勾结,极力煽动他们进攻中国,对清朝政府施加压力,进行讹诈。1860 年(清咸丰十年)11 月,沙俄强迫清政府签订了《中俄北京条约》。沙俄在签约过程中,玩弄花招,无理诡辩,坚持以清朝在西部所设常驻卡伦为中俄国界。清朝政府虽然也据理力争,不肯接受,但最后还是屈服了。结果,关于中国西部国界问题,条约的第二条做了如下的规定:"西疆尚在未定之交界,此后应顺山岭、大河之流及现在中国常驻卡伦等处,及一千七百二十八年,即雍正六年,所立沙(宾)达巴哈之界牌末处起,往西直至斋桑淖尔湖,自此经西南,顺天山之特穆尔淖尔,南至浩罕边界为界。"[2]这样,清朝政府就被迫承认了巴尔喀什湖以东以南广大哈萨克、柯尔克孜地区为沙俄所有。

《中俄北京条约》签订后,沙俄一方面在其占领区内,镇压哈萨克、柯尔克孜等族人民的反抗,逼迫他们接受其统治;另一方面又违反条约规定,重施故伎,较前更大规模地出兵占领清朝常驻卡伦的辖地,以便造成事实,扩大侵略范围。他们把侵略军推进到伊犁西北卡伦附近,修建侵略工事,阻塞清军通道和巡查道路,围攻卡伦,抢夺牲畜、什物,气焰十分嚣张。1862 年(清同治元年),"俄国匪苏勒官杂哈牢,于呢玛图一带,设立卡伦,阻我赴勒布什之路,复于沙拉托克海地方,率兵拦阻,声称:哈萨克、布鲁特为该国地方,并于鄂尔果勒卡伦抢夺牲畜、什物"[3]。同年,在伊犁西北清朝博罗胡吉

---

① [俄]彼·彼·谢苗诺夫:《天山游记》(第 2 版),李步月译,乌鲁木齐:新疆人民出版社,2001 年,第 254 页。

② 王铁崖:《中外旧约章汇编》(第一册),北京:生活·读书·新知三联书店,1957 年,第 847 页。

③ 《清穆宗实录》卷三三。

尔卡伦附近,有"俄国兵队三四万人,执持器械炮车以伐木挖土"①,修建侵略工事营盘。当时在卡伦附近的"布鲁特头人,被俄国勒逼,携属内附""誓志不肯背顺"②,清政府令领队将军等"善为扶绥,加以激励"③。1863年(清同治二年),俄军又在伊犁西南集有五六百人,施放火箭火炮,闯卡扑压清军,防堵营盘,清军索伦总管率领当地军民和柯尔克孜人进行伏击,"暗用抬炮将其挡回,退到科斯莫銮""俄军后复纠集党羽扑营,均被当地军用枪炮击退",清军"杀贼将及百名"④。1864年(清同治三年),俄国"兵队五百余名,强占西北之夏博罗胡吉尔卡伦,六月间又添兵六百名,直入冬博罗胡吉尔卡伦,声言欲占图尔根地方"⑤。驻卡官兵及柯尔克孜等族人民对入侵者进行了抵抗,受到了清朝政府的多次嘉奖。清同治皇帝在一道敕谕中说道:"至良善内附之哈萨克、布鲁特等,自不能听任俄人强行索去,致令回部人众解体。其出力报效,并打仗出力之官弁兵勇,并着常清汇案奏奖,以资鼓舞。"⑥同治皇帝在另一次诏敕里又说:"所有屡次获胜之将士,并哈萨克、布鲁特等,均着常清存记,汇案奏奖。"⑦1863年(清同治二年),纳林河流域的柯尔克孜族在鄂斯满等的领导下,组织了12 000多人在松库勒(今桑乔耳湖)参加抗击沙俄侵略军的战斗,"将俄人击败"⑧,有力地打击了侵略者。

正当各族人民在前线与侵略军奋战的时候,腐败无能的清朝政府又在外国侵略者面前卑躬屈节,步步退让。1864年(清同治三年),沙俄又强迫清朝政府签订了《中俄勘分西北界约记》,条约除重申了《中俄北京条约》有关中国西部边界走向外,还规定:地面分在何国,其人丁即随地归为何国管辖。① 这样,伊塞克湖、楚河、塔拉斯河和纳林河流域的广大哈萨克、柯尔克孜群众,就都成了沙皇的臣民了。

沙皇俄国在中亚由北向南推进,很快与另一个殖民主义者英国相遇。以英国为靠山的阿古柏在我国南疆建立的侵略政权也引起了俄国的注意。俄国一再派使团到南疆与阿古柏进行谈判和订立商约。1871年(清同治十年),沙俄出兵侵占我国伊犁。1876年(清光绪二年),俄国灭掉了浩罕汗国,并在那里设立了费尔干纳省。但是,正如1876年率领沙俄使团到"哲德沙尔汗国"的沙俄鹰犬库罗帕特金所供认的,"征服在费尔干纳河谷周围巍峨的天山山脉里的游牧人,就多少棘手一些了"。"长期以来已经几乎不受后期的衰败无能的可汗们控制的喀拉吉尔吉斯人和一部分克普恰克人,最初并不愿意接受俄国人的统治。""被派到山里去的一些俄国分遣队,打败了那些企图用武力来阻止我们接近他们要塞的吉尔吉斯人的部队后,迫使游牧居民服从和效忠于俄国。然而,这些行动却立即引起了另一种情况:不仅个别的吉尔吉斯人,而且整个的吉尔吉斯部落都轻而易举地越过天山,进入喀什噶利亚的阿古柏占领区,以躲避俄国人的追逐。"② 就在1876年,以斯科别列夫为首的沙俄侵略军进入与浩罕相毗连的喀什噶尔西境的阿赖谷地。这里是西布鲁特的克普恰克、额德格纳等部落的分布地。沙俄的入侵及其残酷统治,激起了当地人民的愤怒,抗俄斗争的熊熊烈火迅速燃烧起来。他们在阿布都拉伯克的领导下,步步为营,进行伏击,以猛烈的炮火射击侵略者。他们采取边打边退、诱敌深入的办法,在喀拉湖边消灭了敌人的有生力量。但终因侵略军大量增兵,并进行血腥的屠杀,抗战的人民最后还是失败了。③ 沙俄占领了阿赖地区之后,就向帕米尔推进,派遣间谍到这一带搜集情报。

①王铁崖:《中外旧约章汇编》(第一册),北京:生活·读书·新知三联书店,1957年,第842页。
②[俄]A.N.库罗帕特金:《喀什噶利亚》,凌颂纯、王嘉琳译,乌鲁木齐:新疆人民出版社,1980年,第4~5页。
③[俄]鲍里斯·塔格耶夫:《在耸入云霄的地方》,薛蕾译,北京:商务印书馆,1975年,第46页。

正在这个时候,已经进入新疆的清朝军队势如破竹,打得阿古柏军队抱头鼠窜。到1877年(清光绪三年),清军收复喀什噶尔,西布鲁特的琼巴噶什、克普恰克、提衣特、图尔额依格尔、岳瓦什(又作交务西)、额德格纳、萨尔特、色勒库尔、奇里克、胡什奇(又作库秋)、诺衣古特、乃曼(又作乃蛮)、喀尔提锦、蒙古勒多尔等十四部重申归属清朝。①清朝政府加强了对帕米尔地区的管理。就在这一年,清朝政府委派了两个千户长和六个百户长,分别管理喀拉湖、阿尔楚尔、切西都完、阿克苏、六尔阿乌、郎库里等地区,并委派五品官管辖色勒库尔及其附近山区的柯尔克孜族和塔吉克族。在军事上,清朝在帕米尔地区增设了许多卡伦,即塔克敦巴什卡、阿克素睦尔瓦卡、雅尔特拱拜卡、图斯库尔卡、巴什拱拜孜卡、六尔阿乌卡、黑孜吉牙克卡、苏满卡。根据清朝政府的命令,游牧于这一带的柯尔克孜族承担了"沿边卡伦稽查、侦探、修路各差"②。他们机智、勇敢和勤劳,日夜看守着祖国的大门,和帝国主义分子进行着长期的斗争。

1881年(清光绪七年),中俄签订《中俄伊犁条约》,中国收回了伊犁,但又失去了伊犁以西的大片土地,其中也包括一部分柯尔克孜地区。以后,清朝又加强了对帕米尔地区的防务,加派了两个百户长管理波孜纳和巴什拱拜孜地区,增设了苏洪卡和伊斯里克卡。这些地区大多是柯尔克孜族的分布地,由清军和柯尔克孜卡兵共同驻守。清政府的地方官吏一直在帕米尔地区向各族人民和来往商旅征收赋税,修建驿道和驿站,兴修水利,开垦荒地,等等,充分行使着中国的主权。

(二)新疆建省和英、俄私分帕米尔

英、俄等资本帝国主义国家的不断入侵,引起了清朝政府对新疆的重视。粉碎阿古柏反动政府之后,左宗棠即向清政府提出把新疆改为行省的建议。经过一段时间的酝酿,清朝政府于1882年(清光绪八年)正式批准设立新疆行省,于1884年(清光绪十年)正式任命刘锦棠为新疆巡抚。从此,

①《新疆图志》卷一六。
②克孜勒苏柯尔克孜自治州档案馆保存的档案。

新疆就用道、府、厅、州、县制度代替了过去的军府制度与伯克制度。这是新疆地方政治制度的一次重大改革，也是新疆各族人民与内地各族人民联系进一步加强的一个重大步骤。

建省后，新（疆）、伊（犁）实行分治。北疆的柯尔克孜族属伊犁将军管辖，南疆的柯尔克孜族属新疆巡抚管辖。今克孜勒苏柯尔克孜自治州的东部属阿克苏道的乌什直隶厅，西部属喀什噶尔的疏勒直隶州疏附县、英吉沙直隶厅和莎车直隶州。1902年（清光绪二十八年），疏勒和莎车都升为府，并在莎车府西部增设蒲犁分防厅，今阿克陶县的一部分受它管辖。

厅、州、县以下的组织基本上是以氏族部落为基础划分的。在北疆，一般和哈萨克族一样，实行千、百户长制，如1883年（清光绪九年）从俄国迁到伊犁来的八十余户柯尔克孜族，就设置了一个百户长。此外，额敏一带的柯尔克孜族，还有袭用蒙古官制的情况。有"藏根"之类的职官。在南疆，一般是和维吾尔族一样，实行乡约制度，如英吉沙直隶厅西山中的六百多户柯尔克孜族，就设有四个乡约；乌什西部（包括今阿合奇县）的柯尔克孜族也设有四个乡约，并在四个乡约之上设有一个总乡约。乡约之下，一般都是十户长。但是，有些地方，原来的比、阿合拉克齐等名目实际上还保存着。千百户长、乡约、比等职官都由部落头人担任，但都要由官府明令委派。由于清朝政府在建省后加强了对新疆的控制，部落头人的封建特权在一定程度上受到了限制。

1911年，辛亥革命爆发。1912年，新疆宣布共和，封建军阀杨增新开始统治新疆。不久，新（疆）、伊（犁）统一。杨增新本是清朝官吏，一向反对辛亥革命。他完全承袭了清朝政府的老一套统治政策，竭力维护封建秩序，实行封建割据，要把新疆变成自己的"小王朝"。处于新疆边远地带的柯尔克孜地区，更是一切照旧，不但社会经济制度没有发生任何变化，就是政治制度也都没有什么更改，乡约、比、千百户长等职官原封未动，而且大多还由过去的那些人担任。可见，辛亥革命对柯尔克孜地区的影响微乎其微。

从新疆建省到杨增新统治新疆的三四十年时间内，柯尔克孜地区的状况同全疆一样，是比较安定的。连年不断的战乱基本上停止了。过去的战争及侵略者的蹂躏所引起的社会经济破坏和人口减退的现象开始消失。在

消灭了阿古柏侵略军之后，战争停止，社会秩序安定，不仅过去逃出去的人多陆续返回了家乡，而且一些划归俄国的柯尔克孜族也成批地迁入我国。1883年(清光绪九年)，有属于布胡尔特部落的八十多户柯尔克孜人从俄国返回新疆，他们先是在乌什县山区游牧，于1888年(清光绪十四年)迁到伊犁地区。① 1916年，俄属哈萨克人、柯尔克孜人因反抗征兵而爆发了大规模的武装暴动，大批哈萨克人、柯尔克孜人为逃避沙皇的镇压而纷纷向东逃至新疆。根据当时人的估计，逃来的人共有20万。哈萨克人多逃至北疆，柯尔克孜人多逃至南疆的乌什(包括今阿合奇县)、阿克苏、伽师一带。②

　　建省之初，清朝政府为了笼络人心，对柯尔克孜族的统治政策还是比较温和的。如只要柯尔克孜族人民担任沿边卡伦稽查、侦探、修路各差，其他各项赋税一概豁免。但到后来，实际情况就完全不是那么回事了。那些"不肖官吏""奉行不善""巧立名目，假公济私，欺其愚蒙，恣意鱼肉"，私征草税、水税、柴税、狐皮税、烟土税、户口税及未经指明之各项陋规。喀什通商局卡官员勒索柯尔克孜族人民，后来被人告发。1905年(清光绪三十一年)，乌什的柯尔克孜族人民向清朝政府请求，按照伊犁哈萨克的定章，按年缴纳马租，于是清政府规定乌什、柯坪两县的柯尔克孜族牧民，每年共纳马租银2 000两，每户纳银一两，按季交纳，其他"旧有陋规，一概革除"。但在照章交纳马租之后，"陋规"并未革除，而且在收马租时，那些头人又"借端浮勒，奚啻加倍"。因此，在清朝末年，柯尔克孜人民的负担越来越重。1907年(清光绪三十三年)，清朝政府虽明令取消马租，但柯尔克孜族人民实际上一直没有停止交纳。③

　　新疆建省，巩固了新疆在祖国大家庭里的地位，使帝国主义鲸吞我新疆的阴谋没有得逞，但是也没阻止帝国主义对我新疆西部边缘地区的蚕食。英、俄背着我国私分帕米尔就是发生在这个时间之内。在这次帝国主义的入侵中，一如既往，首先遭殃受害的是地处新疆西部边陲的柯尔克孜族。

①《新疆图志》卷一六。
②杨增新：《补过斋文牍》。
③克孜勒苏柯尔克孜自治州档案馆保存的档案。

柯尔克孜文献与文化研究

1883 年(清光绪九年),沙俄侵略军非法占领我国伊尔克什坦西北的铁列克大阪和屯木伦等地。但是,柯尔克孜族岳瓦什部群众不顾侵略军的拦阻,仍旧到那些原属于他们的牧场去放牧,并拒绝向侵略军交纳牲畜税。

1884 年(清光绪十年),沙俄强迫清政府签订了《中俄续勘喀什噶尔界约》。根据这个"界约",沙俄对阿赖地区及和什库珠克帕米尔柯尔克孜地区的占领合法化了。根据"界约"第三条的规定,自乌孜别里山口以下,"俄国界线转向西南,中国界线一直往南",帕米尔柯尔克孜地区又有许多被沙俄占领去了。我国的柯尔克孜族在帕米尔就只剩下郎库里帕米尔、小帕米尔、塔克敦巴什帕米尔了。对于沙俄的这种侵略行径,柯尔克孜族人民恨之入骨。1889 年(清光绪十五年),沙俄军事间谍格罗姆勃切夫斯基到我国布仑口进行侵略活动,那里的柯尔克孜族把他赶了回去。

沙俄的侵略野心是没有止境的。1891 年(清光绪十七年),沙俄上尉军官杨诺夫率领数百名哥萨克轻骑兵潜入我国帕米尔。"六月二十二日,俄兵分三次越界,一赴塔敦巴什与阿克睦尔瓦,一赴雪底拉,一驻伯什拱拜孜,其步队驻苏满。又于阿克塔什、塔敦巴什交界之毕依比达坂,竖杆粘帖,安抚布回(即柯尔克孜),声称今已属俄国百姓"[1],并与当时入侵我帕米尔的英国及阿富汗军队互相火拼。对于沙俄的这种侵略活动,清政府和新疆巡抚魏光焘都提出了强烈抗议,并且指出,上述卡伦,皆系我设,俄军是赤裸裸的侵略活动。沙俄自知无理,只好撤军,表示道歉,保证以后不再侵入中国地界。这次所立木杆,听凭中国拆毁。但是,第二年,沙俄陆军中尉勃尔热齐茨基和杨诺夫又带着大炮辎重和 1 000 多名侵略军窜入帕米尔,在穆尔加布建立一个军事要塞,并占据了苏满、六尔阿乌、郎库尔、阿克塔什等柯尔克孜地区及清政府所立之卡伦。他们"拆毁卡房,拘留马勇"[2],胁迫我柯尔克孜族人民为他们服役,并不断增兵于已占领的地区,"于让库尔、六尔阿乌增兵二千多人,欲夺色勒库尔等处""情形叵测"[3]。清政府和新疆地方当局一再向沙

---

① 《新疆图志·国界志四》。
② 同上。
③ 《清德宗实录》卷三二〇。

俄交涉,俄军不但不撤,反而有增无减,并悍然占领了我萨雷阔勒岭一带。

在 1892 年(清光绪十八年),沙俄又向清朝提出划分帕米尔界线的"建议"。在这个"建议"中,沙俄赤裸裸地指出:从乌孜别里山口起,先向东,再向南,直至萨雷阔勒岭为中俄双方的边界线[①],妄图进一步侵占乌孜别里山口以南的中国领土——郎库里和阿克塔什等柯尔克孜地区。惯于丧权辱国的清朝政府,这时在全国人民舆论的压力下,对于沙俄的无理要求,也不敢贸然屈服。在给驻俄国公使许景澄的电报中指示:"自郎库里至阿克塔什一带,为边防扼要之地,务当切实辩论,俾就范围妥筹拟结。"[②]新疆地方当局就此事向清朝政府报告说:"查俄兵据帕米尔,往来无定,自以严密防范,以免疏渎。色勒库尔即塔什库尔干,距喀什噶尔九百里,塔哈尔满在色勒库尔北八十里,布仑口距喀什噶尔五百里,三处均布回部落,上半年各驻军队一旗。冬闲,臣核咨提臣董福祥加派骑兵前往助防。现派署英吉沙参将一名总兵杨德俊率步队一营驻守色勒库尔,兼统沿边诸营旗。"[③]在这些驻卡官兵中,有不少是当地的柯尔克孜族。在外交上,清政府始终拒绝以萨雷阔勒岭为中俄两国分界线的要求。面对清朝的强硬态度,沙俄也感到心虚,渐渐地不敢坚持以萨雷阔勒岭为界的主张;但又玩弄新的花招,提出在此岭的双方对峙的军队,暂扎原地,互不进犯,这实际上是要维持沙俄军事占领线。之后,沙俄既不提出复议,又拒不撤兵,使中俄西段待定地区的边界问题,长期成为悬案。直到 20 世纪末中亚五国独立之后,我国才通过与吉尔吉斯斯坦等国的协商和谈判,逐步地解决了西段地区的划界问题。

沙俄在侵占帕米尔东部地区后,又妄图把军事占领扩大到南部帕米尔,以达到其吞噬我整个帕米尔的既定目的。帕米尔南邻印度和阿富汗等国,它们当时都是英帝国主义的势力范围。沙俄势力南侵,妄图独占整个帕米尔,这对英国在印度、阿富汗的利益是个直接的威胁,是英帝国主义所不能接受的。早在 1872 至 1873 年(清同治十一至十二年),英、俄两国就背着中

---

①《许文肃公遗稿》卷七。
②《清德宗实录》卷三三五。
③《新疆图志·奏议十四》。

国达成了所谓《格伦威尔－戈尔恰科夫协定》,私分了原来属于中国的帕米尔。至1895年(清光绪二十一年),英、俄两国又在前一协定的基础上,达成协议,实际瓜分了我国的帕米尔。根据这个"协定",以萨雷库里湖东岸为起点,向东直到萨雷阔勒山脊为一线,线以南属英,线以北属俄。这样,中国帕米尔柯尔克孜地区,除塔克敦巴什帕米尔全部和郎库里帕米尔一部分外,就都被英、俄瓜分,而绝大部分则为沙俄所分得。对于英、俄两个帝国主义狼狈为奸,私分我国的领土的行径,清政府曾多次提出抗议。早在1894年(清光绪二十年),庆常与格尔斯商谈帕米尔问题时,发现俄、英争夺小帕米尔,当即严正声明:"小帕米尔应归中国。"①在英、俄两国达成私分帕米尔协议后,清朝驻俄公使许景澄和驻英使臣薛福成分别奉命向英、俄两国政府"执约力辨"②"其中俄界址兹暂停议,此后日必重申前说"③,说明英、俄私分帕米尔始终没有得到中国政府的承认。人民群众对于侵略者的反抗就更加坚决了。就在这一年,沙俄残酷迫害曾经领导柯尔克孜人民进行抗俄斗争的阿布都拉伯克的家属和部众,再度激起了柯尔克孜族人民反抗沙俄的武装斗争。④不少在敌占区的柯尔克孜族人民,为反抗沙俄的统治,成批地迁入清军管辖范围之内。仅1892年下半年至1895年,就有二百数十户牧民离开俄国占领区,迁入清军管辖的塔克敦巴什和塔合尔满。⑤"1896年(清光绪二十二年),在色勒库尔的柯尔克孜和塔吉克族人民,联合组成'绥远回队'"⑥,由驻防当地的马旗官兼任管带,阿奇木伯克兼任总哨,负责保卫边疆,领导当地人民开展对外来侵略者的斗争。

---

①《许文肃公遗稿》卷八。

②《新疆图志·国界志五》。

③《清季外交史料》光绪朝卷一一三。

④《沙俄侵略中国西北边疆史》编写组:《沙俄侵略中国西北边疆史》,北京:人民出版社,1979年,第345页。

⑤中国科学院民族研究所新疆少数民族社会历史调查组:《塔吉克族简史简志合编》,北京:中国科学院民族研究所,1963年,第57页。

⑥《柯尔克孜族简史》编写组:《柯尔克孜族简史》,乌鲁木齐:新疆人民出版社,1986年,第113页。

（三）柯尔克孜社会经济

新疆建省以后，柯尔克孜族的社会经济发展水平仍然相当低下，游牧的畜牧业是经济的主要部门，农业居于次要地位，手工业和商业尤其不发达。封建的生产关系占统治地位。

畜牧业生产几乎完全依赖自然的"恩赐"。一年四季，逐水草迁徙。没有棚圈，不储备冬草，没有医疗设备，一遇狂风暴雪，或久旱不雨，或疫疠蔓延，牲畜就成群地死去。从而瞬息之间，许多牧民，特别是贫苦牧民，就陷入饥不得食、寒不得衣的悲惨境地。

牲畜以羊和马为最多，牛和骆驼较少。帕米尔一带高山地区还有牦牛。牲畜都是私有的，每户所占有的牲畜多寡悬殊。放牧牲畜的牧草场名义上都是部落公有，但实际上却为封建主所霸占，因为在牲畜占有悬殊的情况下，只有少量或根本没有牲畜的贫苦牧民实际上是没有使用公有牧场权利的。而且最好的牧草场，更为封建主所强占，牧民不得随意放牧。牧民所挖的水渠，也多随着时间的推移，逐步变成了封建主的财产。畜牧封建主对贫苦牧民进行着残酷的剥削。每五至十户贫富不等的人家结成一个"阿寅勒"，富有人家从中以"氏族互助"为名剥削贫苦人家的剩余劳动。如放牧牲畜、接羔、剪毛、割草、搬家、擀毡、挤奶等劳动都是全"阿寅勒"的人合在一起干的，劳动力多而牲畜少的贫苦牧民所创造的价值大部分为劳动力少而牲畜多的富有人家所占有，而所得报酬只是少量的羊毛、奶子，或者只借用一两头牲畜。一些没有牲畜的牧民，就为牧主当长工，所得工资也极其低微。牧民们的劳动是繁重的，男的成年累月地在山上放牧牲畜，女的在家看管奶畜、幼畜、挤奶，制作奶制品、毛制品和操持其他家务劳动，但结果却往往是衣不蔽体、食不果腹。

由于侵略者的入侵和不时发生的大雪灾（称作"朱特"），广大柯尔克孜牧民日益贫困破产，许多丧失牲畜的贫困牧民开始垦荒种地，逐步改营农业。牧区的牧民，特别是贫困牧民，有的也在农业区的影响下兼营少量的农业，借以解决一部分生活上的困难；有的也在农田附近种植饲草，以解决饲

柯尔克孜文献与文化研究

料的不足。但总的说来,这个时期柯尔克孜族经营农业的人还是不多的。

耕地是私有的。向地主、牧主租种土地的农、牧民要忍受地租和无偿劳役的剥削。由于耕作技术粗放,不深耕,不施肥,不打埂,不除草,收成率很低。

有的封建主还占有少量的奴隶。奴隶是封建主的财产,可以买卖、陪嫁,或赏赐给赛马的优胜者。

手工业总的说仍是家庭副业形式。铁匠主要制作马掌、马镫、坎土曼、刀、镰刀、斧头、猎枪及其他铁制工具。铁匠兼做银器,如妇女、小姑娘头上、身上戴的各种首饰,马具、毡子上装饰用的各种小银块等。木匠制作帐篷架、马鞍、农具、门、窗、摇篮、箱匣、桌子、乐器等物。皮匠主要做皮靴。所有铁、银、木、皮等手工业,大部分是牧民或农民兼营,少数是专业工匠。技术的传授主要是父子相传,带徒弟的较少。原料的来源,铁、熟皮购自城市;银子一部分利用钱币,一部分购自市场;银器里包的铅多半是自己挖炼的;木料是自己砍伐的树木。产品多在本地销售,如牧民普遍喜爱穿的皮靴,绝大部分是本地制造的。妇女家庭手工业最为普遍,这也是柯尔克孜族手工业的最主要方面。妇女手工业主要是进行畜产品加工,如用羊毛纺织粗呢料,织毯子,擀毡子,织口袋,打拴帐篷的带子;用牛毛和山羊毛打绳子,用驼绒纺线,织头巾,织呢料;用毛皮做皮衣、皮裤、皮帽;用毡子做毡帽,缝衣服,做马衣,编芨芨草,做花;等等。妇女手工业产品除自用外,很多是拿到市场上去换取粮食及其他工、农业产品,如花毡子、毯子、口袋、毡帽等物都经常出现于附近城市的集市上。手工业者和妇女也经常受到封建主的剥削,剥削的形式主要是无偿劳役。

狩猎是牧民的一项重要副业。狩猎工具有火枪、捕兽枪、网罟、猛禽、猎犬等。猎取的野兽有野羊、麋、熊、狼、狐、豹等。有时也猎得大角鹿,它的角是很珍贵的药材。牧民们所猎得的珍贵禽兽,必须送一部分给封建主,否则,以后的狩猎就要受到种种限制。

新疆柯尔克孜族早就有到喀什噶尔、英吉沙、乌什、阿克苏、伊犁等城市,用牲畜和畜产品换取茶、烟、布匹、绸缎、衣服、花帽、头巾等物的传统。

19世纪中叶以后,由于帝国主义的入侵,新疆商品经济的发展又增加了一个新的刺激因素。柯尔克孜族经济也随着这种商品生产有了一定的增长,行商比以前多了。行商从喀什噶尔、英吉沙、阿克苏、乌什等城市驮运茶、烟、百货等到柯尔克孜等牧区销售,并收购畜牧产品。他们对牧民的剥削很重,一般货物的售价往往比城市高出1～3倍。他们还用赊销的形式,变相地放高利贷。牧民欠债到期不还,不但要利上加利,有时还要受封建头人和政府的勒索和无端迫害。商品经济的发展,又为柯尔克孜等族人民带来了新的灾难。

这个时期柯尔克孜族部落组织已逐渐趋于解体,部落的分布比以前更加分散,分布在南北疆的柯尔克孜部落很多,最著名的有克普恰克、诺衣大特、库秋、奇里克、琼巴噶什、布库、萨雅克、杜洛斯(塔拉斯)、岳瓦什(交务西)、乃曼、提依特、开赛克等。有些大部落下又分为若干小部落,如克普恰克下就分布卡拉克普恰克、萨尔克普恰克、克孜尔克普恰克、塔孜克普恰克、萨尔特克普恰克等;库秋下分布艾塔蔓、卡扎斯、哈拉哈什卡等。同一部落并不一定在同一个地方游牧,而多是分散在好几个地方,所谓大部落更是如此。造成分散的原因主要有:第一,由于人口增多,原有牧地不够使用,或遇风雪灾害,需要另谋生路,于是就有一部分部落成员离开本部落去另辟新牧场;第二,部落内部发生纠纷,或发生了战争,造成了分裂和一部分成员迁徙他处;第三,部分牧民脱离游牧生活,搬到农业区去经营农业。

另一个现象是,部落组织已经不是完全以血缘为基础,而是逐渐地缘化了。"阿寅勒"是部落的基层组织,每个阿寅勒大约有5～10户人家,他们一般是同一部落的人,有较近的血缘关系。但也有的阿寅勒成员,并不是本部落的人。随着经济发展的需要,阿寅勒实际上越来越成了单纯的生产组织。许多阿寅勒是不固定的,有时是这些人组成的,有时是另外一些人组成的;许多人有时在这里和这些人组成一个阿寅勒,有时又到另外一个地方同另外一些人组成一个阿寅勒。阿寅勒的这种变化,明显地反映在它的名称上,有的阿寅勒以阿寅勒长的名字命名,有的阿寅勒以部落名命名,有的阿寅勒以地名命名。

尽管部落组织已不那么严密,但部落观念和部落头人在柯尔克孜族社会政治生活中仍有相当大的影响。两个素不相识的人碰在一起,谈起话来,总是首先互相询问各属哪个部落。要是同属于一个部落,就亲热起来,要是又属于同一个小部落,亲热的程度就更加浓厚。这种部落观念被封建统治阶级用来模糊劳动人民的阶级意识。封建主常常以"氏族互助"为名对劳动牧民进行剥削。此外,当时流行于柯尔克孜地区的习惯法,也是封建统治阶级对部落观念的一种利用,它以本部落传统习惯为幌子,在贫富之间偏袒富人,在男女之间偏袒男子。

第四节　新民主主义革命时期的柯尔克孜族

一、柯尔克孜居住区社会变革

(一)南疆动乱及其对柯尔克孜族的影响

1919 年"五四运动"爆发,以及紧接着出现的中国共产党领导下的人民革命斗争浪潮的高涨,引起了新疆军阀杨增新的恐惧。他加紧执行愚民政策,切断新疆与外界的联系,限制新疆青年到内地或国外去求学,不让新疆各族人民兴办学校。寄到新疆的信件、书籍要经过两次以上的严格检查。津、沪发行的报纸,新疆人民不能订阅。但是,他这样做的结果是非但没有阻止人民的觉醒,而且大大地激怒了人民。在他统治的末期,人民的不满情绪日益高涨,统治集团内部的矛盾日益尖锐。

1928 年 7 月,杨增新被部下枪杀,新疆政权落到另一军阀金树仁的手里。金树仁一上台,就组织了个"羊羔皮公司",用不到市价(每张 3 元)1/10(每张 2～3 角)的"官价",强迫收购牧民的羔皮。民间的羔羊皮只能由这个"公司"收购,不准私买私卖;私藏不售,查出没收。他滥发纸币,吸收现银,

引起了通货膨胀、币值下跌、物价飞涨。1928年,省票2两5钱,可兑换内地银圆1元;不到一年之后,省票15两,才能兑换银圆1元。

金树仁的苛捐杂税和敲诈勒索更是层出不穷。牧民们除按牲畜头数交纳4%的草场税外,还有皮张、毡子、屠宰、牲畜买卖等税的负担。牧民的口粮无论是自己生产的,还是从农业区买来的,都要交粮食税。所有的税都以羊只折算,然后再折征现金。除纳税以外,还要经常支应名目繁多的军差。经办税收和军差的封建头目,还要乘机浮收强索。柯尔克孜牧民有的因忍受不了这种勒索而纷纷逃亡。

金树仁的反动统治使新疆各族人民积累已久的愤懑更加激化。1931年4月间哈密农民举行暴动,并且迅速蔓延到新疆其他一些地方。但是,继之而起的是封建军阀和窃取了各地暴动领导权的地方封建主之间的互相倾轧,他们把这次反暴政的斗争变成一场头绪纷繁、反复无常的混战。柯尔克孜族的封建主也是这场混战中的重要角色。在混战期间,柯尔克孜族人民一方面蒙受了战争的灾难,一方面也为平息战乱做出了贡献。

哈密暴动后,甘肃军阀马仲英乘势引兵进入新疆。不久,和田封建主穆罕默德·伊敏在英帝国主义的指使下,在和田竖起了"和田王"的旗帜,并且企图把自己的势力扩张到整个南疆。金树仁政府的喀什行政长马绍武为了保全自己,乃大肆征兵,今乌恰、阿克陶、阿图什一带的柯尔克孜牧民被大量征调入伍,各地的总乡约、乡约等封建主成了这支新军的头目。当马仲英部属和在库车起事的铁木耳等进入阿克苏的时候,乌什县(包括今阿合奇全县)的柯尔克孜封建主库勒伯克、阿洪巴依等人和以前从苏联逃来的土匪阿不都拉、库勒群等勾结在一起,举兵相应。被马绍武派来抵御铁木耳等人的军队在哈拉俊地方发生了兵变,这支军队的士兵主要来自柯尔克孜族。柯尔克孜族的乌思满·阿里在杀掉了原来的军官之后,自封为这支军队的首领,并和铁木耳等人取得了联系。没有多久,他们先后率兵攻入喀什,马绍武降服。在他们向喀什进攻的时候,早先从苏联逃来的潜伏在乌恰、喀什一带的白匪沙特瓦里江、玉素甫江等人乘机而起,在喀什组成了武装部队。乌思满·阿里在喀什自称"帕夏",得到了英帝国主义的赏识。英帝国主义用重金收买他,派特务在他的军队里进行活动。但是,这些集中在喀什的妖魔鬼怪,或因有不同的靠山,或因争权夺利,矛盾日益尖锐,以致互相厮杀起来。结果,铁木耳被马仲英部所杀,乌思满·阿里也率部开入山区。在阿克苏等地,马仲英部和哈密暴动首领和加尼牙孜部也打了起来,原来附属于和加尼牙孜的库勒伯克等人又掉转枪口和马仲英站在一边,在阿克苏、乌什、阿图什一带,跟和加尼牙孜部来往厮杀。

1933 年夏,英帝国主义又把喀什地区封建主沙比提大毛拉扶植起来,在喀什成立了所谓的"东突厥斯坦伊斯兰共和国"。和加尼牙孜被"推举"为"主席",这是为了利用他在暴动群众中的影响。沙比提大毛拉自任为"总理",从苏联逃来的白匪、长期潜伏在乌恰的英帝国主义特务、柯尔克孜人奇巴克哈孜被任命为"副总理"。其他参加暴动的头目和从苏联逃来的白匪们也都一个个粉墨登场。

与此同时,以伊斯哈克拜克为首的一部分柯尔克孜族人民在乌恰山区组成了武装,以消灭在帝国主义支持下的军阀、封建"王国"和平息战乱为己任。伊斯哈克拜克出身于乌恰的一个中等牧民家庭,他常去苏联,并在那里受到了进步的影响。当那些军阀混战之际,他为了保卫祖国领土的完整和人民生命财产的安全,奋起号召和组织人民举兵反抗。喀什的"东突厥斯坦伊斯兰共和国"成立之后不久,就被马仲英的大军摧毁了。沙比提大毛拉、奇巴克哈孜为首的反动分子四处逃散。逃入乌恰一带的奇巴克哈孜等残部被伊斯哈克拜克部队歼灭。

乌思满·阿里离开喀什后,来到了山区,在哈拉俊及今阿合奇县一带,和库勒伯克、阿洪巴依等人联合在一起,大肆招兵买马,掠夺人民的牲畜与其他财产,准备东山再起。伊斯哈克拜克部队在消灭了奇巴克哈孜及其他残匪之后,声势更加壮大,得到了山区人民的热烈拥护,部队扩大成为一个骑兵旅,伊斯哈克拜克自任旅长。骑兵旅向乌思满·阿里匪徒的驻地发动进攻,在哈拉俊把乌思满·阿里打得大败。乌思满·阿里逃到喀什,被这时驻守在喀什的和加尼牙孜的属部麻木提捕送到乌鲁木齐,以后他死在监牢里。

正当各种军阀势力相互征战不休之际,1933 年 4 月 12 日,金树仁政府内部反战势力发动政变,推翻了金树仁的反动统治,盛世才被新疆上层各派

全力拥护上台。盛世才为了能够取得对全疆的统治,并巩固这种统治,提出了"反帝,亲苏"的口号,得到了苏联的支持。以伊斯哈克拜克为首的、在战争中成长起来的柯尔克孜武装,为了新疆的和平与统一,承认了盛世才政府。当年年底,新疆的局势基本稳定下来以后,盛世才省政府解散了这支柯尔克孜族武装,将伊斯哈克拜克升任乌恰设治局局长,部队的另外一些领导人有的被调到乌恰公安局任职,有的被调到喀什公安局任职。

麻木提在喀什期间,只是在表面上服从当时新疆的合法政府——盛世才政府,暗地里却和英、日等帝国主义勾结在一起,阴谋在南疆组织一个类似沙比提大毛拉式的"政府",但由于维吾尔、柯尔克孜等族进步势力的反对,阴谋没有得逞,不得已于1937年4月间逃往外国。麻木提逃走后,英帝国主义立即指使在和田地区的麻木提属部和马虎山等人向喀什发动进攻。停息两三年的战火重新燃起。盛世才再次借用苏联红军,从柯尔克孜居住区进入南疆进行镇压,并调动一批用现代化武器武装起来的省军到南疆。在南疆的伊斯哈克拜克等军事指挥员重新被起用。参加这次战斗的还有开入新疆的东北义勇军的一部分兵力。暴乱很快被平息。伊斯哈克拜克进入喀什,把自己所指挥的部队整编为一个旅,把他们分派到从喀喇昆仑山到帕米尔高原一带的边卡,担任着守卫祖国边疆的任务。但是,英帝国主义并不就此罢休,又于1938年在伊斯哈克拜克部队内部发动叛乱,杀害了一部分进步军官,不过结果还是以失败告终。

(二)共产党人的活动与柯尔克孜社会的进步

新疆的战乱平息以后,开始了经济文化建设时期。盛世才省政府在苏联共产党和新疆进步人士的帮助下,制定了施政纲领"六大政策":反帝、亲苏、和平、民平(民族平等)、清廉、建设。六大政策的执行,对于新疆的经济建设和各民族的文化发展起到了积极的作用。由于亲苏,盛世才治下的新疆省政府同中国共产党保持了一段时间的友好关系。新疆政府在1942年以前曾邀请大批苏联专家、行政干部,以及中国共产党人来疆参加各个领域的发展与建设工作,使得新疆取得了前所未有的建设成就,对中国抗日战争的胜利也做出了很大的贡献。

1937年"七七事变"后,新疆在抗日战争中的地位日益显得重要,苏联支援我国抗日战争的物资全部由新疆进入内地。中国共产党为了加强在新疆的工作,把中央政治局委员邓发派来,并在乌鲁木齐成立了"八路军驻新疆办事处",从而来新疆的共产党员日益增多。1938年和1939年,中共中央委员陈潭秋和毛泽民、林基路等同志先后被派到新疆。陈潭秋同志担任了党中央驻新疆的代表,接替邓发同志的工作,许多优秀的共产党员担任了基层行政机关的领导工作。在柯尔克孜地区担任领导工作的共产党员和进步人士,给柯尔克孜族人民留下了深刻的、良好的印象。他们没有过去行政官吏的恶习,而是处处为老百姓打算,勤勤恳恳,尽可能多地为老百姓办好事。当时做过乌什县(今阿合奇县当时受其管辖)县长的林基路同志就是其中一位。

在中国共产党及其在新疆工作的中共党员的号召与领导下,柯尔克孜族人民积极地参加了反对帝国主义,特别是反对日本帝国主义的斗争。由共产党人掌握实际领导权的"新疆民众反帝联合会"(简称"反帝会")是当时新疆各族人民抗日斗争的群众性组织,一些进步的柯尔克孜族知识青年参加了这一组织,并积极开展了活动。在"反帝会"及其他群众团体的宣传鼓动下,柯尔克孜族人民也像新疆各族人民一样,对抗战的意义及在中国共产党领导下的八路军、新四军等抗日军队在前线所取得的胜利的认识越来越深刻,受到了鼓舞,坚定了抗战必胜的信心,他们为抗日前线捐献了许多牛、羊、马匹及其他物品。苏德战争爆发以后,牧民们还捐献了一些物资去慰问苏联红军。① 在抗日战争和第二次世界大战期间,牧民们的爱国主义和国际主义觉悟有了显著的提高。

通过共产党人所主办的报纸、刊物和他们所做的讲演、讲学等,一些柯尔克孜族青年初步接触了马克思主义和毛泽东思想。有的人还能经常看到毛泽东同志的著作,如《新民主主义论》《论持久战》等,提高了认识。

在发展经济方面,共产党人的活动在柯尔克孜地区所取得的成效是明显的。为了鼓励牧民发展畜牧业生产,毛泽民同志在其担任新疆财政厅长

---

① 阿图什及阿合奇的调查材料。

期间,曾规定种畜免税,搭盖棚圈和储备冬草的牲畜免税一年。今阿合奇一带不仅宣传了这一政策,而且部分地执行了这一政策。从苏联请来的兽医专家也深入到柯尔克孜地区,为牲畜治病,指导牧民防治兽疫。共产党人通过盛世才政府大力号召牧民发展农业,和以前相比,柯尔克孜农业这时有了比较显著的发展。乌什县牙满苏、乌恰县及今阿克陶县的一些贫困牧民领到了一部分荒地进行开垦;当时的政府还拨款帮助他们解决一部分耕畜、农具、种子等困难。如乌恰县政府附近的居民在1938年还都以游牧为主,但到1942年已有不少人由游牧生活改变为耕种田地的定居生活。水利事业也有了一定的发展,不少地方开了新渠道。为了加强对外贸易,修通了从喀什经乌恰到苏联的公路;从阿克苏经乌什、阿合奇到苏联的公路虽然没有修通,但也做出了很大的成绩。① 对苏贸易的开展,使柯尔克孜地区的物资交流有所活跃,牲畜和畜产品有了较好的销路,牧民们也能较容易地得到日用工业产品,价格也比较公平合理。乌恰等地的商店在马虎山等匪徒作乱时期,曾遭到破坏,但战乱平定以后也逐步得到恢复。②

文教事业在这个时期也有了很大的发展。在新疆省政府的领导下,在共产党人的努力和倡导下,新疆各民族都成立了自己的文化促进会,以推进本民族文教事业的发展。柯尔克孜族和哈萨克族一起成立了"哈柯文化促进会","哈柯协会"在柯尔克孜地区设有许多分支机构,喀什、乌什(后迁到阿合奇)、乌恰、英吉沙、疏附、伽师等地都设有"柯文会"。"柯文会"的工作人员大多来自本民族,起初多系部落头人和宗教上层。自1938年以后,由于共产党人活动的加强,进步知识青年在"柯文会"里的比重日益加大。"柯文会"的工作主要是办学校、扫盲、搞群众文化娱乐活动和宣传鼓动工作。此外,由于党在群众中的影响较大,当地行政机关的一些工作有时也通过它来推动。

以前,柯尔克孜地区没有学校,只有少数比较富裕的牧民和牧主的子弟才有条件到附近较大城市(如喀什、阿克苏)去上学。新疆财政厅在毛泽民

①喀什专署、阿克苏专署和乌什县人民政府保存的档案。
②喀什专署保存的档案。

同志担任厅长时曾拨了一批专款在柯尔克孜地区创办学校。与此同时，"柯文会"也创办了一些学校。当时创办学校的有乌什县的牙满苏（今仍属乌什）、虎狼山、莎帕尔瓦伊、苏木塔什、乌曲、哈拉布拉克（今皆属阿合奇县）等地，有乌恰县的黑孜苇、伊阿什阿提、托云、哈孜勒库尔干、铁列支、哈及勒阿伦、波斯坦列克、奇木干、博日托亥、毛支等地，有伽师哈拉俊（今属阿图什市）的加依德伯、苏红木、铁格尔麦提、库尔答等地，有英吉沙县的卡拉库拉克、胡尼莎克、巴莎尔阿瓦提、卡尔仑、合孜勒托等地（今属阿克陶县），有疏附县的朱洛克巴西等地（今属阿克陶县）。此外，喀什市还办有柯尔克孜小学，喀什市师范学校设有柯尔克孜班。小学分中心小学和分校两种，有的是男女合校，有的是男女分校。[1] 入学儿童人数是相当多的，根据乌什县1939年统计，全县仅"柯文会"办的初小就有21处，共有学生982名，女校11处，共有学生344名。[2] "柯文会"所办学校的经费和学生用的书籍都由"柯文会"支给和供应，入学的贫苦学生还可以得到一定的补助。为了使孤儿能够入学，"柯文会"还办了一些孤儿学校，学生的衣食都由"柯文会"供给。柯尔克孜族的子弟到喀什、阿克苏、乌鲁木齐等地入中学的人数也日渐增加，并且还有少数人到苏联去留学。

除办学校外，"柯文会"在成年人教育方面也做了不少工作。当时，各地都进行扫盲，有的地方还办了"民众学校"。1939年乌什县"柯文会"在县内共办有民众学校21处，入学学生共有1 080名。[3]

"柯文会"还经常指导与组织群众搞一些文化娱乐活动，如演剧、唱歌等。各地"柯文会"组织的业余文工团经常下牧区为牧民演出。演出节目的内容主要是揭露封建主义对妇女的压迫和奸商们的投机倒把行为，宣传抗日战争。经常在演出结束时，演员为观众演唱或与观众一齐演唱抗日歌曲。

1944年，国民党政府接管新疆，"柯文会"解散，柯尔克孜族地区的学校由政府管理。文献记载，国民党政府接管乌恰县后，成立了社会教育推行委

---

①乌什县人民政府保存的档案。
②乌什县和喀什专署保存的档案。
③乌什县人民政府保存的档案。

员会,几次召开教育会议,研究柯尔克孜族儿童失学现象、民众教育问题以及开办柯尔克孜族女子班等问题。

随着近代民族教育的启蒙,汉语文教学和新文化思想开始在柯尔克孜等民族中传播。1909 年,英吉沙直隶厅同知刘兆桐在辖区内办起 13 所汉语学堂,其中 3 所在今克州阿克陶县境内。1922 年,英吉沙县政府在阿克陶境内创办新文化运动讲习班,有 40 余名学员参加,有 3 名教师讲授,其中有 1 名是汉族教师。

(三)柯尔克孜地区行政建制的变化

清朝前期,清政府对边界地区的柯尔克孜牧民实行间接的羁縻管理。柯尔克孜族游牧地区人口附各"卡伦"而居,没有正式行政建制,一切行政事务均由游牧部落佩顶戴的头人和各"卡伦"兼管。在建制上依然保持部落制度,由部落头人(比)管理部落事务。清朝统一全疆后,在各民族中实行"因俗而治"的多元统治制度。对边境地区各民族的管理加强,柯尔克孜族居住区逐渐纳入了行政管理的轨道,柯尔克孜族首领被纳入政府官员序列,羁縻色彩逐渐减弱并最终消失,中央政府的统治进一步加强。由于其重要的地理位置,人口的增加以及管理制度的发展,柯尔克孜族居住区逐渐从维吾尔族地区划分出来,形成了独立的行政建制。1759 年(清乾隆二十四年)设置乌什办事大臣,管辖哈克夏勒(今阿合奇县)布鲁特游牧区及其临近的乌什地区。1882 年(清光绪八年)起,清政府在新疆南部各地陆续设置道、府、厅、州、县。同年 8 月将乌什办事大臣改为乌什直隶厅,归属阿克苏道。乌什境内的乌恰地区先归伊犁将军府属下喀什噶尔办事大臣管辖,后隶属喀什噶尔道。1883 年(清光绪九年),疏附建县,乌恰属疏附管辖。1903 年(清光绪二十九年),清政府在帕米尔设置蒲犁厅,管辖色勒库尔及塔克敦巴什和郎库里帕米尔地区的柯尔克孜族、塔吉克族。

民国时期,柯尔克孜族地区行政建制得到进一步发展。1913 年改乌什直隶厅为乌什县,隶属阿克苏道。同年,由疏附县析置乌鲁克恰提分县。1921 年当地政府在乌什境内哈克夏勒柯尔克孜族地区(相当于今克州阿合奇县东北部地区）建立乡一级行政区,在原四大部落基础上建立了四个乡,每个乡设立一个乡约。1929 年在四个乡之上又设立一名总乡约,直接隶属于乌什直隶厅。游牧于英吉沙直隶厅境内（相当于今克州阿克陶县东部）的柯尔克孜也设置了四个乡约,分理其事。1930 年 10 月 27 日,乌鲁克恰提分县升格为设治局。1938 年正式建县（三等县）,改名为乌恰县,属喀什行政区管辖。同年,新疆政府批准设立阿图什设治局,从伽师县划出大阿图什庄（今松他克、阿扎克、阿湖三个乡和城区）,疏附县划出小阿图什庄（今上阿图什乡,区域面积包括现乌恰县的托云、巴音库鲁提等地）为设治局的辖区。1940 年 8 月,将柯尔克孜族游牧区从乌什县析出,建立阿合奇设治局。1943 年,喀什行政区改名喀什专区,乌恰县仍归其管辖。同一年,新疆省政府正式设置阿图什县（三级县）,行政区域不变,隶属新疆第三行政区督察专员公署。1944 年 1 月,阿合奇设治局升格为阿合奇县,属阿克苏行政长公署管辖。1942 年国民党政府正式接管新疆前后,开始在全疆基层,特别是南疆地区推广与内地相同的保甲制度,柯尔克孜族基层组织从此和全疆,乃至于全国划一。

二、中华人民共和国成立前夕的柯尔克孜族

（一）国民党政府直接统治新疆时期

1942 年以后,盛世才改变了以亲苏、反帝为核心的"六大政策",投靠了国民党政府。在新疆帮助省政府进行经济文化建设的大批中国共产党党员被抓进监狱,甚至被杀。与此同时,盛世才还多次在新疆制造所谓的"阴谋暴动案",关押和屠杀无辜,使得不少柯尔克孜等民族的进步人士遭到迫害。1944 年 9 月,盛世才结束了在新疆 11 年零 5 个月的独裁统治,由国民党政府接替。

国民党政府直接统治新疆期间,在县级以上地区设立党部,在各民族中发展国民党党员。乌恰、阿合奇等柯尔克孜族聚居地区都在这个时期成立

了国民党县党部。同时，"中统"和"军统"等特务机关也在这些地区建立了自己的组织，发展成员。盛世才时期开始建立的"保甲制度"在这个时候进一步加强，部落头人、宗教上层人物被委派为保甲长和特务机关的情报员。在特务、警察的严密控制下，人民群众动辄被扣上"反对国民党""私通苏联的赤色分子"等帽子，被抓进监狱。三区革命爆发以后，这种特务统治和屠杀在南疆地区更是变本加厉。

以吴忠信为首的新疆国民党人加强了对新疆各族人民的统治。在扑灭乌斯满·阿里、马虎山等匪乱时，许多柯尔克孜牧民参加了以伊斯哈克拜克为首的骑兵旅。这个旅在匪乱平定之后很快就被盛世才解散了。国民党新疆省政府又于1944年把在骑兵旅当过排长以上的干部250多人，递解到焉耆服劳役，并杀害了其中的70多人。过去，盛世才省政府曾逼迫一部分靠近国境线游牧的牧民内迁。国民党政府时期继续以"边境安全"为借口封闭大量边境地区的草场，迫使牧民到别处游牧。①

国民党省政府统治时期，牧民要承担很多的苛捐杂税和差役。光是和牲畜有直接关系的税就有牲畜税、牧税、屠宰税、草场租金等多种，牧民的牧草场也要交纳粮食税。新疆省政府曾明令规定："每冬窝草场一个，应比照土地一百亩按年定纳额粮。"②1945年11月新疆省参议会的一个提案说明了国民党政府对柯尔克孜族人民的横征暴敛。提案要求国民党政府设法"解救"乌恰、蒲犁（今塔什库尔干）、英吉沙和伽师等县的过度贫困的"游牧民众"，其办法主要是乞求停止收税，如停止征收牧税、地价税、土地税、草场税等。③看来，参议员们也不得不承认国民党政府的掠夺是"游牧民众"生活日益贫困的原因之一了。国民党党政机关、警察、驻军经常向牧民"收购"食羊，代他们向牧民"收购"食羊的保甲长经常在羊群中任意选取壮羊，甚至就地宰杀羊羔，掠夺羊皮，阿合奇警察局一次就抢了牧民750只羊。有时，牧民们实在忍耐不下去了，就"结伴成群，持刀斧，拿大头

---

①喀什专署保存的档案。
②阿克苏专署保存的档案。
③喀什专署保存的档案。

棒"，把下乡"买"羊的人"威胁回归"①，贫困牧民经常因为交不起苛捐杂税而被吊打和受到迫害。

国民党政府认为，"头目绅耆……一言一行均可转移当地民众之视听"，必须和他们勾结得紧紧的，利用他们以"辅助警政工作之推行"。为此，新疆省警务处在1945年2月给阿合奇县警察局的一个命令中要求他们："1.不时依各宗教季节之需要，相机公宴（头目绅耆）；2.对该头目之合法请求，尽量接收（受），迅速解决，而建立双方感情。"②

封建主凭借经济上和政治上的优势，加紧剥削广大劳动牧民，受剥削最惨重的是牧工。牧工的劳动很繁重，但工资很少，还经常被克扣。有人连续当了几年牧工，不但得不到工资，反而欠下牧主许多债，还得用家里的器物来抵偿。

柯尔克孜牧民有很多人为农业区的地主、富农代牧牲畜，代牧户代牧的牲畜头数一般要超过自己牲畜的一半以上。代牧没有工资，只剪点羊毛，喝点奶子。牲畜如有死亡，要有皮耳作证，否则就得赔偿。牧主也常包揽农业区的牲畜交给牧工放牧，所得羊毛和奶子全部归己，不给牧工。

封建主常利用牧民生产或生活困难的机会，用牲畜、粮食、饲草或现金放高利贷，利息往往高达本金的一倍。如借小羊还大羊，借一只羊还两只羊，还不起债的牧民就得常年为债主服劳役。来牧区的商贩常以不等价交换获得暴利，如赊出一秤子（二十斤）粮或两三挡子布，要索取一只羊。

分布在农业区的柯尔克孜农民所受的封建剥削也很重。在农业区，宗教的剥削特别重，寺院霸占的大量"瓦合甫"（寺院"教产"）土地，都要靠农民的无偿劳役来耕种收获。各种宗教税要占农民每年收入的五分之一。

这种沉重的压迫与剥削，使柯尔克孜人民也像其他各族人民一样，变得比以前更加贫困。为了谋求新的生活出路，不断有人逃往他乡，或流向城市。如乌恰县吉根地方，1942年有二百多户牧民，由于不断逃亡，到1944年

---

①阿合奇县公安局保存的档案。
②同上。

12月就只剩下二十多户。①更多的人则走上了武装反抗的道路,以推翻国民党政府的统治。

(二)三区革命和蒲犁革命

1944年9月,北疆尼勒克人民起义,揭开了旨在反对国民党统治与美国侵略阴谋的伊(犁)、塔(城)、阿(勒泰)三区革命的序幕。以前因盛世才的迫害而外逃避难的伊斯哈克拜克立即回到三区,投入了这场斗争。北疆的柯尔克孜族人民也同维吾尔、哈萨克等族人民一样,迅速地组成了武装部队,开展武装斗争。起义军占领了伊宁,并在那里成立了革命政府。国民党省政府调集大军奔向伊犁,试图扑灭这场起义。伊斯哈克拜克率领的一个旅和兄弟部队一起粉碎了国民党政府军的进攻,并乘胜攻克了伊宁以东的许多城市。1945年4月8日,三区政府任命伊斯哈克拜克为民族军总司令,并授予他中将军衔。

北疆人民武装起义胜利以后,南疆国民党政府、警察、驻军等急忙请求其上级增兵设防,以阻止北疆民族军队的南下和镇压本地人民的起义。1945年1月,阿合奇设治局局长、警察局局长在一封请求增兵的公文中说,阿合奇一带毗连伊犁地区,一旦春暖雪消,北疆起义军很容易进入。这一带的柯尔克孜族和北疆的哈萨克族关系密切,而且都是素不"安分守己"。北疆革命一到,本地势必要发生革命。这一带地大山多,一旦发生革命,他们依靠现有的力量将有防不胜防之患。②但是,他们认为,为了防止革命的爆发,单靠武力是不够的,必须辅助以政治,这就是要加强警察特务统治。以乌恰县为例,这个县的地方政府为了防止革命的爆发而采取了以下几种措施:由县政府、县党部、警察局及各乡镇头目、阿訇等组成宣传队、"探访民隐队",分头下乡做宣传,收集情报;设置守望哨与盘查哨,严密保甲组织,以监视人民的言行和盘查过路行人;清查户口,以"检举非法不良分子";普遍实行"连保连坐法",迫使人民向警察机关具结;"组织横行的秘密互监组,由县

柯尔克孜文献与文化研究

104

---

①阿合奇县人民政府保存的档案。
②阿合奇县公安局保存的档案。

政府、保安大队、县警察局及各地警察所、各保安分队及各乡镇保甲长并地方忠正人士头目等会组而成"，其活动方式是秘密的，通过个别谈话以考察人民的言论和行动。此外，还有所谓巡剿队，分区巡逻，一方面为自己壮胆，一方面对老百姓进行恫吓。①

但是，人民革命的潮流不可阻挡。在尼勒克起义的同时，英吉沙县游牧区（柯尔克孜地区）群众就举行过小规模的暴动。②在今天阿克陶苏巴什一带的柯尔克孜、塔吉克等族人民组织了武装起义，并与国民党边卡部队发生了小规模的战斗。此后，今塔什库尔干自治县和克孜勒苏自治州一带的密谋一直在酝酿着。1945年8月15日，筹划已久的蒲犁（今塔什库尔干塔吉克自治县及今阿克陶县的一部分）革命爆发。起义军按预定计划分头向国民党驻军阵地进攻，迅速占领了塔什库尔干县城及塔合尔满、布伦口、苏巴什等地区，国民党军队有的被歼灭，有的狼狈逃窜。接着，起义群众在塔什库尔干组成了革命政权——专员公署，并动员群众参军支前。当地的塔吉克、柯尔克孜等族青壮年踊跃参军，形势发展具有燎原之势。

在蒲犁革命爆发的同时，三区革命军的一支越过天山，攻入南疆，并迅速占领了拜城、温宿等县城，围困了阿克苏，南疆的国民党集团更加惊慌失措，乌什、柯坪一带的国民党机关纷纷撤迁，而南疆各族人民的革命情绪则更加高涨。在三区革命军占领温宿一带时，该县柯尔克孜族聚居区博孜墩的青壮年纷纷投入战斗行列。1945年9月间，乌恰县属乌鲁克恰提镇（即老乌恰）的沙哈、伊提等地的群众暴动，愤怒的群众砸毁了保安队、警察所的门窗。27日晨，乌鲁克恰提镇的群众一举攻下了保安队、警察所的驻地，国民党军队仓皇逃窜。起义群众抢夺了他们的粮食及其他物资，以支援蒲犁起义军和解决自己没有粮食吃的困难。类似的群众斗争也同时发生于斯木哈纳、玉其塔什等地。根据事后国民党机关的统计，上述三地群众一共夺得面粉9 000斤，大米2 000斤，玉米约6 800斤，草料20多万斤。10月间，国民党政府派军队去镇压，把当地牧民的牲畜掳掠一空。据统计，仅乌鲁克恰提镇一地，遭掳掠的牧

---

①喀什专署保存的档案。
②同上。

民即达52户,被抢走的牲畜共2 000多头。第三区专员公署还下令要群众给他们"赔偿损失",但因粮食等物一部分已被起义群众运走,其余的已被吃用罄尽,如再逼迫,又怕群众再起来进行反抗,所以也就不了了之。①

蒲犁起义军在各地人民的支持与声援下,经过扩充与整编,乘胜向英吉沙、喀什等地挺进,在英吉沙的阿克塔拉、依格孜牙等地和国民党军队展开激战,沉重地打击了敌人,并一度占领了英吉沙和疏附郊外的部分地区。这一年的冬天,起义军集中主要兵力向莎车、泽普、叶城等地进攻,以扩大自己的地盘,切断喀什与和田之间的联系,切断国民党中央通过印度给南疆国民党军队补给的运输线。经过多次激烈战斗,起义军于1946年1月占领了叶城,在叶城稍事整补后,又乘胜占领了泽普。在叶城和泽普,起义军得到了当地人民群众的热烈拥护和支援,国民党政府自己也承认,"民众方面多已倾向匪方,自动应征供给人马给养"。为了摧毁旧政权,建立新政权,起义军领导当地群众,毁掉了县政府机关的招牌,成立新的县政府与公安局,委派新的县长与公安局长。在去和田的道路上,起义军派兵把守,并曾截获国民党派赴印度接运物资的马队。②蒲犁革命的浪潮至此达到了高峰。

国民党政府为了夺回叶城、泽普,调集大军从阿克苏、英吉沙、和田三方面来包围起义军。在敌众我寡的情况下,起义军为了保存实力,准备更好地打击敌人,于是主动撤退到莎车以西和喀什以南的山区,进行休整。1946年3月,三区革命政府派伊斯哈克拜克将军到南疆兼任蒲犁起义军总指挥。伊斯哈克拜克组成了新的作战指挥部,把起义部队改编为三个旅,积极准备反攻。但到6月,三区革命政府与国民党政府签订的"十一项和平条款"开始生效,蒲犁革命军按照"和平条款"的规定解散复员。

蒲犁革命具有广泛的群众性。塔什库尔干县,今阿克陶县及乌恰、英吉沙、疏附、泽普等县的塔吉克、柯尔克孜、维吾尔等族人民是革命的基本力量。据估计,先后参加起义军的各族青壮年大约有7 000多人,个别地方连妇女也武装起来,在后方和潜伏的敌人做斗争。在人多武器少的情况下,起

①喀什专署保存的档案。
②同上。

义群众就用刀斧、棍棒、坎土曼等和用美式武器装备的国民党军队搏斗。没有参军的群众在后方努力生产,供给部队和革命政府粮食、衣服、马匹等生活和作战必需品,帮助部队运送物资。他们为了彻底推翻国民党的统治,不惜付出任何代价。

蒲犁革命是三区革命的一部分,具有民主革命性质。它的历史意义在于:使蒲犁一带各族人民在一段时间内摆脱了国民党的统治;牵制了国民党的一部分军力,直接支援了北疆的人民革命;教育了广大群众,使他们懂得只有通过革命斗争,才能求得解放;锻炼了一批干部,其中许多人在新疆和平解放后担任着各种重要的职务。

新疆实现"和平"以后,喀什专区和塔什库尔干县都成立了地方联合政府,按照"十一项和平条款"的规定,三区方面派人担任了副专员、副县长。但群众的革命情绪仍然很饱满,对国民党抱不信任态度。

"和平"后的几个月内,被三区革命弄得疲惫不堪的国民党政府,不敢也没有力量进行公开的报复。但到1947年,它就公开背信弃义,撕毁了和平条款,大肆捕杀受过革命洗礼地区的各族人民,特别是那些曾经直接参加过革命活动的人。与此同时,贪官污吏对人民的敲诈勒索也变得肆无忌惮起来,公开抢劫的风气又开始盛行。1947年8月,阿合奇县的队长、乡长等人率领武装多人,在哈日特克地方(当时乌恰、阿合奇两县互相争夺这个地方),先后抢走大羊60多只,白银五六十两,伪币30多万元。1948年5月,阿合奇县县长被其统治下的人民联名控告,其罪行是:以"贷款""购买"为名掠夺牧民的羊只和现金;强制索取猎户的狼皮、狐皮、熊皮等物,与副专员相勾结,以送专员婚礼为名,一次在全县4个乡摊收乘马62匹,二人瓜分;在处理司法案件时,袒护其亲友及富户,"对于贫苦户民,过分敲诈";任用私人,克扣教职员薪金等。[①]人民群众又无法忍受了,他们纷纷逃亡,有人甚至逃到了国外。但是此时此刻,已是黎明前的黑暗。在中国共产党和毛泽东主席的英明领导下,全国范围内的解放战争捷报频传,国民党政府的统治已经飘摇在

①阿合奇县公安局保存的档案。

革命的暴风骤雨之中,新疆人民的解放已经指日可待了。①

第五节　唐代柯尔克孜专论

一、唐代柯尔克孜历史概述

(一)唐初的柯尔克孜概况

坚昆自汉代见诸史籍,就以其被匈奴征服而受到关注。及至隋唐时期,又再沦入突厥各部及薛延陀等部的统治,始终处于被他族征服的状态,直到唐介入漠北的统治,才逐渐摆脱被欺凌的处境。公元6世纪,漠北蒙古高原活跃着突厥、薛延陀等部。坚昆(黠戛斯)因为势力较弱,曾几度被突厥、薛延陀所征服。②

6世纪中叶,突厥土门可汗推翻柔然统治,建立了突厥汗国。木杆承继汗位时,史载突厥已经"控弦数十万";木杆可汗继续扩张"西破嚈哒,东走契丹,北并契骨,威服塞外诸国",契骨(黠戛斯)始被突厥征服。此后,随着突厥势力的不断分裂、消长,黠戛斯又几度受到突厥的瓜分。但他们并没有屈从强族的征服,始终都在伺机摆脱突厥的统治,史载"突厥之北,契骨之徒,切齿磨牙,常伺其后"③,这种反抗征服的斗争直到8世纪中叶突厥势力被彻底消灭才结束。

583年(隋开皇三年),突厥联盟分为东、西两部,黠戛斯被东突厥汗国纳

---

①以上是有关柯尔克孜在1949年新中国成立以前的历史。有关柯尔克孜1949年之后的历史和社会生活,由于距今时间较短,加之前人论著较多,在此就不再赘述。

②柯尔克孜族名在汉文史籍中曾先后有"坚昆""鬲昆""隔昆""结骨""纥骨""契骨""纥扢斯""黠戛斯""纥里迄斯""吉利吉斯"等不同的译称,唐代以黠戛斯一名为主。下文唐代柯尔克孜均用黠戛斯来代替。本节内容主要依据王洁:《黠戛斯历史研究》,博士学位论文,内蒙古大学蒙古学学院,2009年。

③《北史·突厥传》卷九九。

入自己的统治范围。公元 7 世纪初,铁勒部逐渐强大。630 年(唐贞观四年),唐朝联合漠北铁勒诸部歼灭了东突厥汗国,东突厥汗国余众或走西域或投薛延陀,还有近 10 万人则归附唐朝。东突厥残部又推举乙注车鼻为可汗在金山(今阿尔泰山)之北驻帐。乙注车鼻可汗率部继续扩张势力范围,令漠北各部屈从其统治,"西有歌罗禄,北有结骨,皆附隶之"。结骨(黠戛斯)此时又隶属为东突厥汗国的余部。

638 年(唐贞观十二年),西突厥汗国又分为东、西两部,西突厥汗国君主乙毗咄陆可汗向东北方扩张,建汗庭于北庭。"自厥越失、拔悉弥、驳马、结骨、火烨、触木昆诸国皆臣之"[1],结骨(黠戛斯)为了摆脱东突厥的统治,又被迫向乙毗咄陆可汗称臣。随着西突厥东、西两部不断的争战,彼此的力量也逐渐被削弱,结骨等部落也伺机脱离了西突厥乙毗咄陆可汗的统治。649 年(唐贞观二十三年),高宗彻底剪灭东突厥余部乙注车鼻可汗,黠戛斯才彻底摆脱了对突厥的附属地位。

东突厥汗国灭亡后,630 年,日渐强大的铁勒薛延陀部建立了汗国。薛延汗国的疆域东至室韦、西到阿尔泰、南至突厥、北至瀚海,黠戛斯成为它的方部之一。黠戛斯当时已有三个部落,君主各自行使内部的统治权。"其酋长三人,曰讫悉辈,曰居沙波辈,曰阿米辈,共治其国,未始与中国通。"坚昆虽然"始隶薛延陀,延陀以颉利发一人监国"[2]。薛延陀派到黠戛斯的官员领颉利发官号,但在突厥职官中,居于屈律啜、阿波等官之后,职责又仅仅是在黠戛斯监治类国。从这一点来看,黠戛斯对薛延陀的隶属关系,其实质很可能只是松散的联盟关系。

646 年(唐贞观二十年),薛延陀入侵唐边。太宗命李勣(徐懋功)"率九姓铁勒二万骑至于天山"[3],薛延陀惧,因而请降。唐朝与铁勒诸部联合灭掉了薛延陀汗国,漠北地区全部纳入唐朝统治范围,黠戛斯也重新获得自由。

①《旧唐书·突厥传下》卷一九四下。
②《新唐书·回鹘传下》卷二一七下。
③《旧唐书·北狄传》卷一九九下。

(二)坚昆都督府的设立

唐朝建立以后,统治者非常重视与北方地区各族的关系。629—650 年(唐贞观三年至永徽元年),唐王朝相继击败北部边疆的东突厥汗国、薛延陀汗国、车鼻汗国,于其故地分别设置羁縻府州,任用各部落首领为诸羁縻府州的都督、刺史。太宗贞观初年,就曾向边疆地区派遣使者"宣慰"北方各族,其中应该包括黠戛斯。据《太平寰宇记·黠戛斯》记载,632 年(唐贞观六年),堰师尉王义宏受命出使黠戛斯,这应是对唐与黠戛斯建立关系的最早记载。

643 年(唐贞观十七年),黠戛斯脱离东突厥的羁绊之后,派使者入唐"贡貂裘和貂皮",这是黠戛斯和唐朝发生联系的开端。647 年(唐贞观二十一年),将漠北铁勒诸部改为燕然都护府,下属六个都督、七个州。随着东突厥势力的逐渐削弱,唐朝在北方地区影响的扩大和深入,漠北诸部相继南下与唐建立隶属关系。北方各族的归附不仅扩大了唐朝的统治范围,也使唐朝的影响远扬漠北。

648 年(唐贞观二十二年),黠戛斯首领俟利发失钵屈阿栈也来到长安,朝觐唐朝皇帝。唐太宗对黠戛斯首领的到来十分重视,亲召群臣设御宴款待。在宴会上,唐太宗对黠戛斯的归附甚感欣喜,对群臣说:"往渭桥斩三突厥,自谓功多,今俟利发在席,更觉过之。"失钵屈阿栈深领太宗意,马上表示说"愿得执纷",表达了黠戛斯向唐称臣的意愿。于是,"帝以其地为坚昆府,拜俟利发左屯卫大将军,即为都督,隶燕然都护"①,坚昆都督府正式设立,并与唐保持了长达 100 余年的联系。

据《新唐书》的《羁縻州》条记载:"唐兴,初未暇于四夷,自太宗平突厥,西北诸蕃及蛮夷稍稍内属,即其部落列置州县。其大者为都督府,以其首领为都督、刺史,皆得世袭。"唐朝的羁縻府州共有四级,即都护府、都督府、州、县四级,共约 800 多个。由中央任命各族首领为都护、都督、刺史、县令,世袭,受都护府、边州都督府或节镇统辖。

①《新唐书·回鹘传下》卷二一七下。

按照唐朝设立羁縻的规制,"其大者为都督府",《新唐书》记载"坚昆本强国也,地与突厥等";黠戛斯"众数十万,胜兵八万"。《通典·结骨》记其"胜兵八万"。《太平寰宇记·黠戛斯》载黠戛斯"百姓及诸蕃役属者"其兵数可达"三十万"。坚昆君主以俟利发官号入朝,当时冠以俟利发官号的君主,必是漠北势力较强的民族首领。由此看来,当时的黠戛斯在漠北也是颇具实力的民族。正是基于坚昆在漠北的实力及影响,唐太宗才在坚昆设立坚昆都督府,以维护边疆统治。

羁縻府州的都督府官员是"以其首领为都督、刺史,皆得世袭"①。所以,唐朝封坚昆君主为坚昆都督府的都督,又加以唐左屯卫大将军,属唐朝高级武官中十六卫之一,正三品。虽然唐朝对坚昆假以唐朝官职名号,只是个象征性的官衔,但无疑与黠戛斯君主的地位对应。不仅其职位可以世袭,而且仍继续以其旧俗治理并统治黠戛斯部众,其民不编户,即使有贡赋,也不入户部。至此,坚昆也就成为正式隶属于唐朝的坚昆都督府。

(三)坚昆都督府受唐制约

文献记载表明,坚昆都督府服从唐朝的统辖,并非形同虚设。坚昆先后大约有三位君主受封坚昆都督府都督兼大将军。首次入唐的俟利发失钵屈阿栈,被太宗授封为左屯卫大将军、世袭坚昆都督。718年(唐开元六年),黠戛斯骨笃禄毗伽可汗领有右武卫大将军兼坚昆都督之职,并领军参与唐朝对后突厥的围攻。这位骨笃禄毗伽可汗的坚昆都督之职,显然是玄宗所封。很可能黠戛斯已经建立了汗国,但身为坚昆都督府的都督就必须听从唐朝调遣。

依唐朝惯例,羁縻府州的酋长,一般官员都被拜为将军、中郎将等官。黠戛斯也有两个首领,先后被唐玄宗封为郎将。据载"开元十年(722年),九月己巳,坚昆大首领伊悉钵舍友者毕施颉斤来朝,授中郎将,放还蕃"。723年(唐开元十一年),坚昆大首领俱力贫贺忠颉斤至唐,唐又授以郎将之

---

①《新唐书·职官二》卷四三下。

号。汉文文献中,唐朝不仅指定了坚昆都督府的都督,还对其他入朝的首领也予以封授,也说明了两者名副其实的隶属关系。

按照唐朝对羁縻府州的规定,坚昆都督府与其他属国一样"各有土境",被唐朝"分为四蕃",而"其朝贡之仪,享燕之数,高下之等,往来之命,皆载于鸿胪之职焉"①。坚昆作为唐朝羁縻府州,"虽贡赋版籍,多不上户部"。也就是说,羁縻府州是直隶于边州都督、都护,间接隶于诸道节度使。坚昆都督府隶关内道,关内道的边州都督、都护"控北蕃、突厥之朝贡"。坚昆事务均由边州都护、都督,以及后来的边镇节度使直接掌管。

坚昆既是唐朝的藩属,贡赋虽不入户部但却不能完全免却。坚昆以畜牧为主业,所以贡赋也以牲畜居多。汉文文献中,坚昆不乏向唐朝献马的记载,交付马匹的地点多数在西受降城(今内蒙古乌拉特中后旗西南乌加河北)。史载"上元二年(675年)二月,坚昆献名马""上元三年(676年),二月,乙亥,坚昆献名马"。天宝六载(747年)"四月,突厥九姓献马一百五十匹,坚昆献马九十八匹""十二月,九姓坚昆及室韦献马六十四,令于西受降城纳之"。以上文献记载的坚昆平时的主动贡献,都直接充入边镇军队。

除了坚昆的主动奉献,在特殊时期,唐朝边镇将领还直接从坚昆都督府征用军马。适逢安史之乱之际,大唐军备损伤严重,唐右武卫郎将杨预就从坚昆都督府征用过大量马匹补充军用,因其"北税坚昆之马"支援中原平叛有功,受到唐肃宗的嘉奖。

坚昆都督府作为唐朝的羁縻府州,不仅对唐朝有实物的贡献,坚昆还曾在唐朝非常时期,应其征召两次出兵助唐破敌。718年(唐开元六年),黠戛斯助唐征讨后突厥。唐派30万大军进讨后突厥,坚昆都督右武卫大将军骨笃禄毗伽可汗率众参加了这次征讨。坚昆兵众因英勇善战,还受到唐玄宗的夸奖,盛赞其军队"弧矢之利,所向无前"。此次出兵配合唐朝打击后突厥汗国,坚昆军队的战斗力得到了证实。

890年(唐大顺元年),黠戛斯又出兵助剿平定沙陀李克用之乱。在云州(今山西大同)防御使赫连铎率领下,与唐军、吐蕃联合击杀李克用军使刘胡

柯尔克孜文献与文化研究

---

①《唐三典·尚书礼部》卷四。

子,体现了"黠戛斯举勤王之众,推效命之诚"。在唐朝几近危机之时,黠戛斯义无反顾地派兵救助,足见其履行了唐朝羁縻府州应尽的义务,黠戛斯与唐朝存在着隶属关系,确实不是徒有虚名。

(四)黠戛斯汗国的建立

自648年(唐贞观二十二年),黠戛斯首次入朝,君主名号还是俟利发。到8世纪初左右,与唐朝频繁来往。此时,汉文史料对黠戛斯的记载,也多少反映出黠戛斯正在发展的趋势。"高宗世,再来朝。景龙中,献方物。"此后"玄宗世,四朝献"①。尤其在玄宗朝,黠戛斯能四次朝见,说明黠戛斯正处于最强盛的阶段。黠戛斯以"其人悍勇"而著称,特别是在黠戛斯处于强势之时,"吐蕃、回鹘常赂遗之",并且"假以官号",足见其影响的广泛。

8世纪左右,著名的后突厥汗国三大碑铭《暾欲谷碑》《阙特勤碑》《毗伽可汗碑》,均记载黠戛斯的君主是可汗(qaɣan)。《暾欲谷碑》东面第3行,记载:"强大的黠戛斯可汗与我们为敌。"《阙特勤碑》东面34~35行,记载:"当阙特勤二十六岁时,我们出征黠戛斯。我们与其可汗战于suŋa山。"《毗伽可汗碑》东面26~27行,记载:"当我二十七岁时,我出兵征黠戛斯人。我与其可汗战于soŋa山。我杀其可汗,在那里取得其国家。"

考后突厥毗伽可汗,生于684年(唐嗣圣元年),当他27岁时,应该是711年。此时,黠戛斯的君主就号称可汗。由于缺乏其他记载,我们还不能确定黠戛斯建立汗国的具体时间。但依据碑铭的记载,我们推测至少在8世纪初左右,黠戛斯汗国就已经形成。

《暾欲谷碑》首次出现的黠戛斯可汗,并没有指出名号。《阙特勤碑》东面第20行记载:Bars bäg ärti, qaɣan at bunta biz birtimiz. siŋilim quncuyur birtimiz. 他原为虎官(Bars bäg),我们在这里给予了可汗称号,并把我妹公主嫁给了他。这位名为拔塞甸(Bars bäg 虎汗)的可汗,是后突厥给予的汗号,所以很可能只是一位小可汗或者是后突厥所立的傀儡,还不是真正的黠戛斯汗国

---

①《新唐书·回鹘传下》卷二一七下。

的可汗。拔塞匐带领属部反抗突厥汗国的统治,708 年,在后突厥的袭击中被杀,列为默啜可汗墓前的首位杀人石。711 年,黠戛斯再次遭到后突厥征讨,可汗也被击杀,很可能是继拔塞匐之后而立的又一位黠戛斯可汗。

至 718 年(唐开元六年),唐朝召集漠北诸部联合围攻后突厥,坚昆骨笃禄毗伽可汗也率黠戛斯军队参战。骨笃禄毗伽可汗是黠戛斯的又一位国君,然而这位坚昆可汗有别于前任可汗,他以可汗身份率军参与唐朝对突厥的征战,很可能在后突厥袭击后恢复并重建了国家,并借机称汗建立了汗国。时间上自 711—718 年,将近 10 年时间足以让黠戛斯恢复国力,骨笃禄毗伽可汗或许就是黠戛斯汗国的第一位可汗。结合突厥碑文记载,至少在 744 年以前,黠戛斯的国君就以可汗(qaγan)相称,葛逻禄及回纥的君主则是俟利发(Eltabar)。

再次说明黠戛斯汗国的形成要早于回纥汗国。

后突厥灭亡后,漠北回纥才建立汗国(745—840 年)。回纥第二代可汗磨延啜(749—759 年)时,黠戛斯与其属部鞠部(Čik)人又结成了反抗回纥的联盟。758 年(唐乾元元年),为了解除北方黠戛斯的威胁,磨延啜曾“破坚昆五万人”。回鹘碑文虽然并未提及与之交战的黠戛斯可汗,但从时间上推测,很可能被回纥击败的就是黠戛斯骨笃禄毗伽可汗。

相当于唐乾元以后,回鹘碑铭中又出现了一个黠戛斯可汗。据《九姓回鹘可汗碑》粟特文第 18 行记载,回鹘怀信可汗(795—808 年)在位时,“他战胜了黠戛斯可汗二十万大军并取得其国家”。该碑的汉文部分也记载,由于回鹘可汗的攻击,致使“坚昆可汗,应弦殂落”。从时间上推定,被回鹘击败的这位无名可汗,当是黠戛斯第二位可汗。但据《新唐书·黠戛斯传》记载,乾元以后继位的是阿热,他曾被回鹘授为“毗伽顿颉斤”称号。后值“回鹘稍衰,阿热即自称可汗”。此后,黠戛斯与回鹘历经“挈斗二十年不解”①。阿热 840 年最终击败了回鹘。由此推测,《黠戛斯传》记载阿热自称可汗的时间是 820 年左右。但显然阿热继任的时间是记载有误,因为从前述回鹘碑文可知乾元后继位的另有其人,他亡于回鹘可汗之手。如此看来,阿热只能是

①《新唐书·回鹘传下》卷二一七下。

继他之后的第三位黠戛斯可汗,而他却并非黠戛斯汗国的创立者。

据此,我们初步推测8世纪初到9世纪40年代,黠戛斯历史上大约共有五位可汗。阿热可汗实际是黠戛斯第五位可汗。如碑文所载,黠戛斯第一位可汗、第二位可汗均为后突厥所封,因而不能认定黠戛斯建立了汗国;但从718年骨笃禄毗伽可汗开始,黠戛斯显然已经脱离了后突厥的控制,当认定已建立了独立的汗国。这样一来,黠戛斯汗国就可能有三位可汗,骨笃禄毗伽可汗、乾元以后被回鹘击败的无名可汗、击溃回鹘的阿热可汗。

总结以上,黠戛斯汗国建立的时间之所以出现误差,原因在于对黠戛斯首位可汗的认定。汉文文献作者对史料疏于不察,居然忽略了718年的坚昆(黠戛斯)可汗,而将第三位可汗阿热误作开国之君,因而将其建立汗国的时间推后百余年。黠戛斯建立汗国的确切时间应该是8世纪初,而不是9世纪20年代。

对于黠戛斯建立汗国的时间,多数人依然以《新唐书·黠戛斯传》的记载为依据。或以820年为准,或者倾向于840年,即黠戛斯击溃漠北回鹘汗国的时间为准。通过上述研究可知,都值得商榷。

二、唐代柯尔克孜与其他民族的关系

(一)与黠戛斯交往过的其他民族

6—10世纪,与黠戛斯关系密切的民族,东南方向有拔悉蜜部,此外,其西南方向的葛逻禄与突骑施,还与黠戛斯有姻亲关系。

葛逻禄,鄂尔浑古突厥碑文音译为(qarluq)。葛逻禄原居北庭都护府(今新疆吉木萨尔北破城子)西北,金山(今阿尔泰山)之西,与黠戛斯相邻。从回纥汗国建立,黠戛斯就与葛逻禄结盟共同对抗回纥。黠戛斯君长阿热的可敦就是"妻葛逻禄叶护女"。789年(唐贞元五年),黠戛斯曾与三姓葛逻禄、吐蕃联盟抗击回鹘,回鹘向西扩张并占据北庭,葛逻禄被迫西移中亚楚河流域。

8世纪,突骑施(Tukhs)崛起于碎叶川及伊犁河地区,后迁至楚河。《世界境域志》记载其"西面是一帮黠戛斯人",可能黠戛斯南下西征回纥时曾与

之为邻,两族的联系非常密切。后突厥汗国时期,黠戛斯还与突骑施、唐结成联盟,试图共同打击后突厥。此外,文献记载,阿热"其母,突骑施女也"①。742 年,突骑施出现了黑姓可汗即伊里底蜜施骨咄禄毗伽可汗(EI-Etmiš Kutlug Bilg),建立了汗国。由于突骑施与黠戛斯关系密切,曾多次联合对抗后突厥、回纥,为此,双方互有使者往来,直至 756 年间。叶尼塞乌巴特第 1 碑就是一位黠戛斯人的衣冠冢,从碑文内容推断他作为被遣往黑汗处的使者(yalaba či),却没有返回黠戛斯。相应的在该地区发现的图瓦第 3 碑也记载,黑汗的突骑施人使者,也曾出使并客死于黠戛斯之地。由于黠戛斯与突骑施的特殊关系,唐朝还曾将两部作为唐在北方的重点防范对象,如前述唐在设立北庭都护时,主要功能就是防制突骑施、坚昆。

征服过黠戛斯的北方强族,先后有薛延陀汗国、后突厥汗国与漠北回纥汗国,均在黠戛斯敌对之国行列。此外黠戛斯北方的驳马国,与黠戛斯关系较疏远,曾经与之数度交战。史载驳马"与结骨数相侵伐,貌类结骨而言语不相通"②。《唐会要》记载"其北有骠(驳)马国,貌类结骨,而不敦邻好,交相侵伐"。《新唐书》也称驳马"好与结骨战,人貌多似结骨,而言语不相通"。从上述史料可知,虽然黠戛斯人与驳马人外貌上很相似,但使用的语言却不同,并且关系不睦。

室韦诸部虽然与黠戛斯不是邻族,但也是一个与黠戛斯直接接触的北方民族。840 年,击溃回鹘后,黠戛斯始与室韦接触。黠戛斯焚毁回鹘牙帐,回鹘乌介自立可汗南下逃亡,率残众依附室韦。《旧唐书》记载"回鹘相美权者逸隐啜逼诸回鹘杀乌介于金山,以其弟特勤遏捻为可汗""食用粮羊皆取给于奚王硕舍朗"。847 年(唐大中元年)春,张仲武大破奚众,回鹘无所取给而日有耗散。大中"二年春(848 年),唯存名王贵臣五百人已下,依室韦"。唐边将张仲武至室韦"却令还蕃",致使回鹘遏捻可汗恐惧连夜逃亡。于是"室韦分回鹘余众为七分,七姓室韦各占一分"③。但"经三宿,黠戛斯

---

①《新唐书·回鹘传下》卷二一七下。
②《通典·驳马》卷二〇〇。
③《旧唐书·回纥传》卷一九五。

相阿播领诸蕃兵称七万,从西南天德北界来取遏捻及诸回鹘,大败室韦。回鹘在室韦者,阿播皆收归碛北"①。可见,黠戛斯国相统军远征室韦,大败室韦并将躲避在室韦的回鹘人,全部带回了黠戛斯。但有苏联学者撰文提出,黠戛斯人把室韦人也带走了。然而,汉文史料却并没有相关记载相佐。

因为黠戛斯具备与回鹘抗衡的实力,黠戛斯汗国就聚集了漠北诸多民族。他们要依靠黠戛斯汗国来摆脱并消灭回鹘,当 840 年黠戛斯击溃回鹘后,部分民族也就脱离了对黠戛斯汗国隶属。我们推测黠戛斯很可能也由此实力大减,在西征回鹘残部无果的情况下,只好放弃扩张而选择回归叶尼塞,漠北就出现了暂时的真空局面。

(二)黠戛斯与漠北回纥的关系

744 年(唐天宝三载),回纥骨力裴罗杀拔悉密颉跌伊施可汗,建牙帐于乌德鞬山(今鄂尔浑河上游杭爱山之北山),自称骨咄禄毗伽阙可汗,唐朝封他为奉义王。至此时,雄强一时的漠北回纥汗国正式建立。北方的黠戛斯也正处于发展壮大阶段,因而被回纥当成强大的对手。双方经过数十年的较量,840 年(唐开成五年),黠戛斯击溃回鹘牙帐,其在漠北的统治就此结束。回鹘残部大部分西迁,少部南下唐边。

1. 黠戛斯与漠北回纥的交往

继后突厥汗国后,回纥称雄漠北。此时,其北方的黠戛斯是唯一能与之争雄的强敌。汉文史料述及黠戛斯与回纥关系的记载并不多见,鄂尔浑河流域发现的回纥汗国古突厥文《鄂尔浑碑》《磨延啜碑》《九姓回鹘可汗碑》《台斯碑》等碑铭中,记述回纥汗国部分史实的同时,反映出漠北回纥与黠戛斯的关系。此外,黠戛斯属部勒立的《苏吉碑》也记述了此间的史实。这些碑铭史料弥补了汉文史料的不足,是研究黠戛斯与回纥关系的重要依据。

鄂尔浑碑铭记载,黠戛斯与回纥发生冲突,始于回纥汗国第二代可汗磨延啜时期(747—759 年)。属于他的两通碑铭有《磨延啜碑》及《鄂

第一章 柯尔克孜历史概述

117

尔浑碑》。

《磨延啜碑》东面第 19 行记载,最初,回纥磨延啜可汗并没有直接进攻黠戛斯。除了碑铭的记载外,近年考古学者在蒙古高原还发现了磨延啜时期的城堡和城墙。回纥人用长方形砖坯,从萨彦山岭南麓向叶尼塞和赫姆奇科河流域,一个城堡接着一个城堡,连成一条长达 230 千米的黏土墙,城墙相当于回纥汗国的北部边界线。表明这些工事的主要功能,是为了防御北方黠戛斯的进攻。

755 年(唐天宝十四载)冬十月,安史之乱爆发,长安、洛阳两京陷落,唐朝岌岌可危,不得不向回纥借兵。磨延啜可汗亲自统兵援唐,致使后方空虚,黠戛斯乘势向回纥发动进攻。758 年(唐乾元元年),磨延啜可汗回兵,与黠戛斯大战于剑水(叶尼塞河)流域,回纥击破黠戛斯军 5 万人。损失惨重渐趋弱势的黠戛斯,"自是不能通中国"①。差不多一个世纪的时间,黠戛斯再没有与唐朝发生往来。

至 8 世纪末,黠戛斯似乎又逐步恢复了与回鹘抗衡的能力。然而,作为漠北回鹘的北方劲敌,漠北回鹘不会漠视其发展壮大,所以也不会轻易放过黠戛斯人。《九姓回鹘可汗碑》汉文部分的第 13 ~ 14 行,就有如下记载:

> 初,北方坚昆之国,控弦卅余万。[彼可汗]□□□□□自幼英雄智勇,神武威力,一发便中。坚昆可汗,应弦殂落,牛马谷量、[杖]械山积,国业荡尽,地无居人。

按照《九姓回鹘可汗碑》的说法,黠戛斯可汗所辖 40 万大军均被回鹘消灭。《新唐书》记载,此役之后黠戛斯君长阿热的可汗称号,被回鹘授予的"毗伽顿颉斤"所替代。

此次黠戛斯战败的后果,使黠戛斯遭到几近灭国之灾,不仅黠戛斯可汗身亡,还导致更多的黠戛斯民众沦为回鹘的奴婢。敦煌发现的汉文文献 S.6551《佛说阿弥陀经讲经文》,列举与回鹘同时代的北方民族时,讲到"黠戛私(斯)则本来奴婢"。据考证这部讲经文的内容就是漠北回鹘怀信可汗

①《新唐书·黠戛斯传》卷二一七。

时的史事。联系前述回鹘打击黠戛斯之事,黠戛斯人被回鹘奴役,很可能就发生在这一时期。

2. 黠戛斯击溃漠北回鹘汗国

回鹘保义可汗(808—821 年)时,在西面与吐蕃交战,北方又和黠戛斯为敌,并通过武力从吐蕃手中夺回北庭(今新疆吉木萨尔县北),势力及于中亚地区。嗣位的回鹘崇德可汗(821—825 年),继续向西用兵,以对付吐蕃和葛逻禄。此间,无暇顾及黠戛斯,黠戛斯得到喘息之机,国力也很快恢复。漠北回鹘自 9 世纪 20 年代开始,由于天灾人祸而渐显衰势。相反在与漠北回鹘的长期较量中,黠戛斯的优势却日益显露。

漠北回鹘汗国后期,已经无力继续战胜日益强大的黠戛斯人。回鹘曾遣宰相率军讨伐过黠戛斯,结果却被黠戛斯阿热可汗击溃。阿热甚至对回鹘可汗说:"尔运尽矣! 我将收尔金帐,于尔帐前驰我马,植我旗,尔能抗,亟来,即不能,当疾去。"[1]黠戛斯在与回鹘的争斗中开始处于上风,并展开了对漠北回鹘的反攻;回鹘势力日衰,不仅屡遭败绩,甚至渐渐失去了组织反击的能力。840 年(唐开成五年),黠戛斯与回鹘句录莫贺联手以骑兵十万攻回鹘,回鹘汗国灭亡。回鹘诸特勒也不敌黠戛斯的强大攻势,纷纷溃败。阿热命部下焚毁回鹘可汗常坐的牙帐,结束了回鹘汗国在漠北的统治。

(三)黠戛斯的西征和南下

840 年,黠戛斯进军鄂尔浑漠北回鹘牙帐,击溃了回鹘汗国。回鹘残众多部仓促溃逃,西奔吐蕃、葛逻禄,南下唐朝边界。随之,黠戛斯为追剿回鹘残众,也挥师西征天山南北,并南下大漠。势力曾一度波及西域天山,汗国历史因此达到鼎盛。

在军事方面,由于回鹘残众分两支奔逃,一支南下逃往漠南,另一支西奔吐蕃、葛逻禄。黠戛斯采取了先乘胜追击向西逃奔的回鹘残众,再回击漠

---

① 《新唐书·黠戛斯传》卷二一七下。

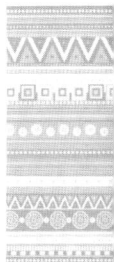

南乌介可汗残众的战略。黠戛斯军队的足迹遍及天山地区,最西曾至阿姆河流域,最南曾经到达天山南麓的阿克苏。由于西州、高昌回鹘的迅速崛起,黠戛斯最终也没能将漠北回鹘汗国的残众彻底剿灭。848 年(唐大中二年),南下回鹘除部分残众西奔,黠戛斯将被室韦瓜分的乌介余部,悉数带回漠北。

1.黠戛斯的西征

840 年(唐开成五年),黠戛斯击溃漠北回鹘汗国后,一方面派出使者向唐朝报告击溃回鹘之事,积极与唐恢复联系。同时,在军事上采取集中兵力追击西奔回鹘残众的策略,并曾一度占据金山地区,南下兼并了安西、北庭。过去,史学界曾否认黠戛斯占领过安西、北庭。但我国也有许多学者,通过对汉文文献和其他史料相关记载的研究,认为黠戛斯曾确实占领过安西、北庭。我们通过比较分析,也认为黠戛斯的确曾经短暂南下、西征,并到达过这些地区。

2.黠戛斯的南下

黠戛斯南下问题的汉文史料,主要是《新唐书》关于黠戛斯君主阿热牙帐迁徙的记载。840 年以前,黠戛斯从"阿热牙至回鹘牙所,橐它四十日行"。黠戛斯破回鹘之初,"遂徙牙牢山之南。牢山亦曰赌满,距回鹘旧牙度马行十五日"①。黠戛斯到回鹘的行程,虽然交通工具不同了,但从较以前所需时间缩短了 25 日分析,前后距离还是有所区别。

《新唐书》关于黠戛斯四至及毗邻的描述,记载"坚昆本强国也,地与突厥等,突厥以女妻其酋豪,东至骨利干,南吐蕃,西南葛逻禄"。考黠戛斯与吐蕃各居南北,只能是吐蕃北上天山,而黠戛斯南下至天山的情况下,才会出现两者地域相邻的现象。但 840 年以前吐蕃的确曾经深入天山东部,并在789—792 年期间,与漠北回鹘展开对北庭的争夺,吐蕃还小胜回鹘并一度占据了北庭。然而,依据汉文史料、突厥碑铭史料,乾元年间(758—760 年)的黠戛斯曾遭到回纥的致命打击,根本不可能有南下天山的实力与机会。所

①《新唐书·回鹘传下》卷二一七下。

柯尔克孜文献与文化研究

120

以,黠戛斯"南吐蕃"的记载,无疑是黠戛斯击溃回鹘并向西进军时的历史情形。

葛逻禄原居北庭西北、金山以西,后南下西天山、亦思宽湖(今伊塞克湖)一带,并迁居住在塔里木盆地西北部。所以,黠戛斯与葛逻禄接邻,只能是葛逻禄在西天山、伊塞克湖附近及费尔干纳地区。考此时的葛逻禄可能已分为两部,一部在七河与九姓乌古斯人(西迁至七河流域的漠北回鹘)的领地接壤,一部在塔里木盆地西北部与漠北回鹘(西迁至库车一带的漠北回鹘)为邻。黠戛斯人只有南下至塔里木盆地西北部,或西征至七河之地才能与葛逻禄相邻。

因此,可以肯定《新唐书·黠戛斯传》"南吐蕃、西南葛逻禄"的记载,实际上说的是黠戛斯南下西天山附近地区的情况。时间大约在9世纪40年代。至于他们退出该地区的时间也不会晚于10世纪早期。所以,黠戛斯"南吐蕃,西南葛逻禄",可谓黠戛斯南下例证之一。

842年(唐会昌二年)冬十月,黠戛斯遣将军踏布合祖入唐,告破回鹘、迎唐太和公主之事又言:"将徙就合罗川,居回鹘故国,兼已得安西、北庭达靼等五部落。"①

相似史料记载还见于《旧唐书》:"(会昌)三年(843年),二月,赵蕃奏黠戛斯攻安西、北庭都护府,宜出师应援。德裕奏曰:'据地志,安西去京师七千一百里,北庭去京师五千二百里,……自艰难已后,河、陇尽陷吐蕃,若通安西、北庭,须取回鹘路去。今回鹘破灭,又不知的属黠戛斯否?纵令救得,便须却置都护,须以汉兵镇守,每处不下万人,万人从何征发?馈运取何道路?今天德、振武去京至近,兵力常苦不足,无事时贮粮不支得三年,朝廷力犹不及,况保七千里安西哉!臣所以谓纵令得之,实无用也。……况隔越万里,安能救之哉!臣恐蕃戎多计,知国力不及,伪且许之,邀求中国金帛,……恐计非便。'"

上述两条史料,时间是会昌二年,使者就已经向唐朝告知,黠戛斯已经

①《资治通鉴》卷二四六。

占据了安西、北庭。但第二年的史料又好似在攻打安西、北庭。明显存在前后抵牾。实际上,会昌三年的史料中,已经明确赵蕃提出"宜出师应援"安西、北庭的守军。安西、北庭原本唐朝属地,安史之乱后,先后被吐蕃、回鹘占据。吐蕃与唐素有恩怨,虽然在与回鹘的北庭争夺中曾经一度得手,但旋即被回鹘夺回。所以,此处所要救的对象绝非是吐蕃。那么,840年以前,占据此处的只能是漠北回鹘。据《资治通鉴》记载,821年(唐穆宗长庆元年),太和公主出降回鹘时,为了防止吐蕃劫掠公主,回鹘曾经部署"以万骑出北庭,万骑出安西,拒吐蕃以迎公主"。回鹘要从安西、北庭发兵阻止吐蕃,说明此时他们已经占有了此地。所以,唐朝要救援的对象是回鹘。然而,此事又有相悖的史料冲突,唐朝在会昌三年正月,曾派出军队打败回鹘乌介可汗,不可能二月份又改变对回鹘的态度,转而远赴千里再去救援回鹘余众。这样接连出现的矛盾,只能说明史料记载有误,如果将后一条史料的时间前推一年,更正为会昌二年,则所有冲突都化解了。也就是说,此时黠戛斯已经占据了安西、北庭。

863年(唐咸通四年),黠戛斯遣使者合伊难支表示:"又欲讨回鹘,使安西以来悉归唐。"仅使上述黠戛斯曾经占据安西、北庭的史料得到再次证实,还表明黠戛斯此时已经离开此地。

黠戛斯击溃回鹘并控制安西、北庭是在同一年,即840年。因为在840年之前此地属回鹘占有,黠戛斯不可能来到此地。所以,黠戛斯在840年以后,相继攻占北庭和吐鲁番,迫使回鹘庞特勤退至焉耆。

(四)黠戛斯在唐后期的表现

1. 协助唐铲除回鹘残余势力

黠戛斯军事部署中的一个重要策略,是希望与唐合力剿灭南下漠南的回鹘乌介残众。黠戛斯全部兵力集中在天山地区,所以与南下的回鹘军队并没有发生正面的冲突。派往唐朝的使者,也只是与唐朝协调共同打击回鹘的事宜。如确定核准双方发兵的日期、地点等问题。使者从唐朝带回的国书中,一方面是唐敦促黠戛斯趁机歼灭回鹘残众的信息,另一方面是关于黠戛斯可汗的封号问题。双方对出兵问题始终停留在商榷中,并没有双方共同出击回鹘的任何史料记载。

842年(唐会昌二年),黠戛斯第一次派使者踏布合祖入唐。唐时任宰相李德裕不仅将黠戛斯来使一事,通报回鹘宰相,还把黠戛斯给唐朝的国书也誊写一份附上,一并送与回鹘。这说明当时唐朝对黠戛斯还缺乏了解,不相信仅凭黠戛斯一己之力就能荡平漠北回鹘;对回鹘乌介可汗复国还心存侥幸,甚至有些担心漠北回鹘的报复。探报告知"昨者二千骑送踏布合祖至碛北,令累路逢着回鹘即杀。踏布自本国至天德西城,更不逢着回鹘一人,无可杀戮"。确信黠戛斯所述的情况属实后,唐朝方面的态度才发生了改变。除了令黠戛斯乘机歼灭回鹘残众,同时对回鹘乌介余部也开始有所防备。由于语言不通,双方交流要通过翻译传译。回鹘人石佛庆是中书译语人(翻译),以往都是请他做翻译。但此次与黠戛斯使者的谈话,李德裕担心有些言语"不便于回鹘者",他也许不会翻译出来,或是将机密泄露给在京的回鹘人,于是建议从驻边的军队中借调译语人来京。以此表明,唐朝前述扶持回鹘复国的策略,已经变为敦促黠戛斯尽快消灭回鹘残众。

此时,回鹘南逃的乌介可汗在唐边境已借住多年,其间唐朝几乎对其是有求必应。在确定黠戛斯确实打败了回鹘,而回鹘又复兴无望时,唐才下决心进攻乌介可汗并迎回太和公主。逃走的乌介可汗余众依托黑车子,武宗也诏令"黠戛斯出兵攻之"。对此,黠戛斯表示"阿热愿乘秋马肥击取之,表天子请师"。从840年攻破漠北回鹘汗庭到唐朝与阿热约定出兵日期,时间已经是844年(唐会昌四年),李德裕也提道:"黠戛斯使云,今冬必欲就黑车子收回鹘可汗余烬,切望国家兵马接应。黠戛斯使回日,已赐敕书,许令幽州、太原、天德、振武各于路邀截出兵。"[①]看来黠戛斯与唐朝已经约好,844年冬天合兵打击回鹘。

---

① 《全唐文》卷七〇二。

为此唐朝还做了周密的部署,不仅点检退浑、沙陀兵马,还"各令于把头峰内要害城镇屯集,待知回鹘指的消息,即于山外邀截。其天德自西受降城至振武穿阴山贼路,如有要路削及添木石填塞处,早令下手修缮,仍于要路深掘壕堑,多置陷马坑,须防黠戛斯向北蹙逐,回鹘入塞唐突"①。由此,双方只待冬日就出击乌介。唐武宗还命"给事中刘濛为巡边使",又因为"河、陇四镇十八州久沦戎狄,幸回鹘破弱,吐蕃乱,相残啮"②,认为可以借机一举败之。

从汉文史料看,黠戛斯的主要兵力用于西征,所以并没有如约出兵。唐朝单方面出击,就将乌介击败并逃往金山,宰相逸隐啜逼诸回鹘将领杀害乌介,并拥其弟遏捻为汗。遏捻仍然滞留漠南,全部食用都仰仗奚及室韦供给。847年(唐大中元年)春,唐将张仲武大破奚部。大中二年春,张仲武又携令遏捻降于幽州的唐军。至此,南下回鹘残众的军事力量基本被唐军摧毁。

当唐朝将士们救回太和公主,并基本剿灭回鹘军事力量的时候,黠戛斯还一直将兵力集中在天山一带,得知漠南回鹘残众被室韦七部瓜分时,《新唐书》记载"黠戛斯相阿播领诸蕃兵称七万",直取收留回鹘的室韦各部,并将回鹘人全部带回漠北。这也是黠戛斯直接针对南下的回鹘残众的行动。

2. 840 年后与唐朝的交往

继 840 年黠戛斯击溃回鹘相继向唐派出使者,并最终得到唐朝的册封之后,双方的联系仍未间断。此后,黠戛斯又曾多次派出使者,但史册疏于记载且非常简略。856 年(唐大中十年)2 月,黠戛斯使者来唐"又有回鹘随黠戛斯李兼至"。此次的使者或许并不是黠戛斯可汗派出的,而可能是散居在天山东部的黠戛斯部众之一,具体是黠戛斯的何部派出的使者,因史册缺载,故无从考证。但从回鹘随黠戛斯遣使至,显然此地的回鹘是隶

---

①《全唐文》卷七〇二。
②《新唐书·回鹘传下》卷二一七下。

属于黠戛斯的。据此可以推测,这些黠戛斯部众可能是西征至塔里木盆地西北部的那支。

《新唐书》记载,咸通年间黠戛斯有三次使者来朝。实际上,此后真正从黠戛斯本部派出的使者只有两次。863 年(唐咸通四年),黠戛斯可汗又派使臣合伊难支入唐,向唐提出三个要求:一是请求经籍;二是请求每年遣使来走马并获取历书;三是要求攻打回鹘,"使安西以来悉归唐"。但是,不知何故,此次黠戛斯的这些请求并没有得到唐朝的支持(极有可能是此时的唐朝国力已经开始衰微)。于是,866 年(唐咸通七年)冬十二月,黠戛斯又遣将军乙支连几入贡,一请唐准许其派"鞍马迎册立使";二是请发第二年的历书。

直到 890 年(唐大顺元年),黠戛斯又再次派兵帮助唐朝平定沙陀李克用之乱,这是黠戛斯与唐联系的最后记载。正如史册所载"后之朝聘册命,史臣失传"。

但从 9 世纪后期高昌回鹘汗国和七河流域喀喇汗王朝的建立和发展来看,至迟 9 世纪后半叶,黠戛斯大部已经退出塔里木盆地,回到叶尼塞河流域。根据汉文史籍记载,有一支回鹘(高昌回鹘所派)曾经再次挥师蒙古高原的北部地区(即和洛川)。对此,贾丛江认为:作为世仇的回鹘人重新回到鄂尔浑河上游地区,标志着黠戛斯短暂的兴盛期的结束,漠北高原的黠戛斯人开始向北撤退,重新回到叶尼塞河流域。当然,北庭回鹘(高昌回鹘)并没有把政治重心重新迁回漠北,他们对漠北的控制也没有持久。在操蒙古语诸部族的大规模西迁浪潮中,漠北地区的部族结构很快发生了剧变。[①] 但是不论如何,黠戛斯人还是携着汗国昙花一现的光芒,在叶尼塞河流域创造了辉煌和灿烂的阿尔泰文化。

---

① 贾丛江:《黠戛斯南下和北归考辨》,《西域研究》2000 年第 4 期,第 38 页。

第二章

柯尔克孜文化

第一节　民间文学

在柯尔克孜族的文学遗产中,民间文学占据首要地位。其形式包括神话、传说、故事、史诗、叙事诗、寓言、民歌、谚语、谜语、绕口令等。这些民间创作,规模宏伟,内容丰富,题材多样,流传甚广。带有诗歌押韵的形式,是柯尔克孜族民间文学的主要特点。很多柯尔克孜人具有即兴创作诗歌的才能,儿童从 7 岁左右起就能背诵长诗和族源谱系。

一、神话传说

柯尔克孜族的神话传说,主要内容包括:宇宙和人类的起源,民族和部落的起源,民族的迁徙,人们与天神、鬼怪做斗争,自然现象,阶级斗争,生产活动等,有的带有宗教色彩。

柯尔克孜族有关宇宙、人类、民族起源的传说有六七种之多。其中除伊斯兰教的内容,如真主创造宇宙和人类,人类最早的祖先亚当(阿丹)、夏娃(阿瓦)、努亚(努赫)等传说外,还保留有渊源于原始宗教萨满教的有关腾格里(天神)创造宇宙和人类的神话。据说,宇宙的绝对主宰腾格里,首先创造了太阳,然后相继创造了月亮、行星、大地、水、山、森林等,最后创造了人类。腾格里创造了大地之后,有一天从天泉降下大雨,大地出现了特大洪水。洪水把大地的土块带到西伯利亚一个喀拉塔什山的山洞。这个山洞的形状很像人,不久,堆在山洞里的土块变得像一个怀孕的妇女。9 个月以后,这个像孕妇的土块生出了人类最早的祖先"阿依阿塔"。然后上述情景再次出现,生出人类最早的母姓"阿依娃"。根据这个传说,全人类都是西伯利亚喀拉塔什山生出的阿依阿塔和阿依娃的后代。

关于族源传说,柯尔克孜族中流传着关于阿达姆(阿丹)之子努赫、努赫之子贾帕斯、贾帕斯之子吐尔克(突厥)、吐尔克之子柯尔克孜巴依的传说。据说,贾帕斯是努赫的第三子,其子为秦人(汉人)、吐尔克、蒙古勒(蒙古)等数人。秦为老大,在大地的东方修建了一座名叫北京的城市,以种桑养蚕为

业。吐尔克和蒙古勒迁到大地的北方,以狩猎放牧为生。吐尔克有几个儿子,柯尔克孜巴依是其中的一个。他长大成人以后子孙很少,牧地很大,所以蒙古勒、塔塔尔的后裔陆续迁来,与他的子孙通婚,使他的人口增多。蒙古勒后裔成格斯汗(成吉思汗)来到柯尔克孜巴依的牧地时,这里的统治者是柯尔克孜巴依的后裔伊纳勒汗,他向成格斯汗赠送了红眼红嘴鹰,以示臣服。这个传说的一些情节在拉施特《史集》中也可以找到其变体。乔坎·瓦里汗诺夫的《准噶尔游记》也记载了这个传说。

二、史诗和叙事诗

柯尔克孜族的史诗和叙事诗篇幅繁多。史诗有《玛纳斯》。叙事诗有 20 多部,主要有《库尔曼别克》《艾尔托什吐克》《艾尔塔毕勒迪》《艾尔塔尔兰》《艾尔托里托依》《考卓加什》《阿勒帕米什》《吐坦》《玛玛凯楚巴克》《卡尔特考捷克》《赛依提别克》《加尼什和巴依什》《加额勒米尔扎》《奥勒卓巴依和克什木江》《库勒米尔扎》《凯代汗》《萨仁吉包凯依》等。

《玛纳斯》是一部规模宏伟、色彩瑰丽的英雄史诗。《玛纳斯》是这部英雄史诗的总名,又是这部史诗第一部的名称。在柯尔克孜族民间,很多传唱《玛纳斯》的歌手"玛纳斯奇",现在最有名的是阿合奇县的居素甫·玛玛依。他用 20 多种曲调演唱的《玛纳斯》共有 8 部,20 余万行。第一部《玛纳斯》,第二部《赛麦台依》,第三部《赛依台克》,第四部《凯耐尼木》,第五部《赛依特》,第六部《阿斯勒巴恰和别克巴恰》,第七部《索木碧勒克》,第八部《奇格台依》。内容主要是玛纳斯家族八代人的故事。

《玛纳斯》是一部传记性的英雄史诗,它通过动人的情节和优美的语言,生动地描绘了玛纳斯家族几代英雄的生活和业绩,主要反映了历史上柯尔克孜族人民统一柯尔克孜族各部,联合和团结兄弟民族反抗卡勒玛克、克塔依人奴役的斗争,表现了古代柯尔克孜族人民争取自由、渴望幸福的理想和愿望。

史诗从头至尾贯穿着年轻的玛纳斯反抗异族侵犯、保卫家乡和柯尔克孜族人民安宁生活的主题思想。

史诗塑造了上百个具有不同性格特征的人物。在史诗中,玛纳斯不仅是力大无比的勇士,而且是一位襟怀开阔、不谋私利、眼光远大、足智多谋、知人善任的领袖。他非常尊重智慧老人巴卡依,采用他的计谋,接受他的批评。他对从克塔依部落过来的阿勒玛木别提非常信任,把他视为自己最亲近的战友。他对自己队伍中思想狭隘、行动鲁莽的楚瓦克、包尔阿克等人耐心教育,帮助他们克服缺点。同时,史诗也描绘了玛纳斯在节节胜利面前,理智控制不住感情,听不进别人的忠告,飞扬跋扈,结果在远征中受伤致死。

史诗所塑造的妇女形象也很叫人喜爱。如玛纳斯的母亲奇依尔迪、玛纳斯的爱妻卡尼凯依、玛纳斯之子赛麦台依的妻子阿依曲勒克等都是反抗外敌入侵的女英雄。她们平时是抚儿育女的慈母,是家务劳动的组织者,是自己丈夫的助手。在战争时期,她们和丈夫与本族人民一道驰骋疆场,冲锋陷阵;或者是在后方组织生产,支援前线。她们热爱自己的家乡,热爱自己的人民。她们同自己丈夫之间的爱情是纯洁的、真挚的,是同自己丈夫所代表的本族人民正义事业紧密地联系在一起的。史诗用这种方法来描绘男女之间的爱情,使这种爱情具有史加深刻的思想性,这也反映了柯尔克孜族人民丰富的精神世界和崇高的道德情操。

《玛纳斯》在语言艺术方面具有强烈的民族特色。史诗常用高高的山峰,深邃而又宽广的湖泊,滚滚急流的大河,以及狂风、雄鹰、猛虎、狮子、豹子等来比喻和描绘英雄人物。例如在史诗第一部里,英雄玛纳斯常常被称作"阿依库勒"(阿依,柯尔克孜语意为月亮;库勒意为湖,意思是说坶纳斯的智慧像月亮那样明,像湖泊那样深)、"狮子""豹子"等:

> 英雄阿依库勒玛纳斯,
> 前面看去像一只白虎,
> 后面看去像一条巨龙,
> 顶上看去像一只苍鹰,
> 他若发怒哼一声,
> 赛过四十只狮子的吼鸣。

《玛纳斯》不仅具有文学价值,而且也具有科学价值。它是一部有关柯尔克孜族语言、历史、民俗、哲学、天文、地理、动物、植物等方面的百科全书。

以历史为例,史诗谈到了突厥、回鹘、汉族、契丹、女真,谈到了喀喇汗朝、西辽,谈到了蒙古及成吉思汗、察合台、忽必烈、旭烈兀,谈到了哈萨克、乌兹别克、塔塔尔、斡亦剌惕。至于准噶尔,史诗谈的地方就更多、更详细了。当然,史诗所说的情节并非信史,而且多富于神话色彩,然而不可否认的是,遗留在人们记忆里的历史事实也有一些以扭曲的形式被一代一代流传下来了。

　　史诗《玛纳斯》是柯尔克孜族人民智慧的结晶,在长期的历史发展过程中,它不只是简单的流传,而是在流传的同时,不断得到充实、丰富与发展。著名的玛纳斯奇居素甫·玛玛依演唱的《玛纳斯》有一段是这样唱的:

> 这是从古以来就听说的话,
>
> 这是一代传给一代的话,
>
> 这是老人们留下来的话,
>
> 这是人群中传颂着的话。
>
> 说上多少次啊,也说不完它,
>
> 这真是一遍又一遍也说不完的话。
>
> ……
>
> 奔流的河水,
>
> 有多少已经枯干;
>
> 绿色的河滩,
>
> 有多少已成为戈壁滩;
>
> 多少人迹罕至的荒野,
>
> 又变成了湖泊水滩;
>
> 平坦的大地冲成了深涧,
>
> 高耸的山崖变低塌陷。
>
> 从那时候起啊!
>
> 大地经历了多少变迁:
>
> 戈壁上留下了石头,
>
> 石滩又成了林海,
>
> 绿色的原野变成河滩,
>
> 山涧的岩石已经移迁。

> 一切都发生了巨大的变化啊！
>
> 可是祖先留下的史诗，
>
> 仍在一代代地流传。

史诗不仅流传于我国新疆柯尔克孜族地区,而且在吉尔吉斯斯坦和阿富汗的柯尔克孜族地区也有流传。苏联时期曾出版了《玛纳斯》前三部。

柯尔克孜族叙事诗以《库尔曼别克》为最长,流传得也最广。这部叙事诗有两种不同的本子:一种本子的库尔曼别克是在以反对卡勒玛克贵族的战斗中负伤而死为结尾;一种本子的库尔曼别克是以其负伤后经爱妻卡尼什阿依治疗而痊愈,最终打败卡勒玛克贵族为结尾。故事的梗概是这样的,说是古代柯尔克孜族克普恰克部落有一个名叫台依提别克的国王,他的辖地是以喀什噶尔以西的乌帕尔地方为中心的整个帕米尔地带。台依提别克的部民不时遭到来自喀拉沙尔(焉耆)一带的卡勒玛克贵族的侵扰。国王原来有7个老婆,都未生子。40岁时,他又娶了一个名叫苏莱卡的女人,生一子取名为库尔曼别克。库尔曼别克从小就机智、勇敢。他12岁时,克普恰克部又遭到卡勒玛克贵族的侵扰,台依提别克带着他的部分群众、牲畜迁到安集延一代。库尔曼别克长大后身边带有40个勇士,一次,他从安集延出发,一直打到喀什噶尔、阿克苏一带,在乌什修建了一座城堡,但在与卡勒玛克人朵仑交锋时,受伤而死。这时候,库尔曼别克住在喀什噶尔的一个维吾尔族朋友阿克汗赶到救了他的儿子赛依提。赛依提在阿克汗的抚养下长大成人,打败了朵仑汗,为父亲报了仇。

柯尔克孜族民间叙事诗有不少是以反对封建压迫和剥削制度,反对封建买卖婚姻,争取恋爱自由为题材的。《库勒米尔扎》就是一部以悲剧结尾的爱情叙事诗。相传,以前柯尔克孜族有一个巴依(富人)名叫考卓木加尔。他有一个女儿名叫阿克萨特肯,爱上了穷苦的牧羊人库瓦特的儿子库勒米尔扎。库勒米尔扎很穷,考卓木加尔要把自己的女儿嫁给另一个财主。库勒米尔扎和阿克萨特肯冲破种种阻拦,历尽千辛万苦得以在阿克萨特肯的毡房里相会,但却被阿克萨特肯的叔叔发现了,库勒米尔扎就被他杀死了。面对这种悲惨的情景,阿克萨特肯唱道:

皮鞭抽在你身上呀,我那命根子,

刀子刺进你胸膛呀,我那命根子。

我掀起毡房围帘叫你跑,我那命根子,

你却不走,被敌人刺死了,我那命根子。

如今谁为黄莺的脚系绳呀,我那命根子,

谁来照料孤独的萨特肯呀,我那命根子。

如今谁为夜莺的脚系绳呀,我那命根子,

谁来照料痛苦的萨特肯呀,我那命根子。

柯尔克孜族的叙事诗有些是描绘人们同大自然以及妖魔鬼怪做斗争的,《艾尔托什吐克》就属于这一类叙事诗。相传,古代柯尔克孜族克普恰克部落有一个名叫艾列曼的财主,共有九个儿子,在外出放牧时,都一个个地失踪了。后来,他的小老婆又生了一个儿子,名叫托什吐克,生下三四个月就会说话,会走路,很快成长为一个大力士,故被称为"艾尔托什吐克",意即"托什吐克勇士"。艾尔托什吐克长到九岁时,骑着神马恰勒库依鲁克去寻找他丢失的九个哥哥。一路上,他多次与身如高山、面孔蓝色的妖婆做斗争,终于找回了九个哥哥。妖婆强迫艾列曼杀死自己的儿子艾尔托什吐克。艾尔托什吐克觉察到了,就带着自己的救命磨石逃跑,妖婆施展魔术,使大地裂开一条缝,将艾尔托什吐克陷入地下。最后,艾尔托什吐克在四个人和老虎、神鹰、狗熊等朋友的帮助下杀死妖婆,返回地面,娶了美丽而又聪明的坎杰凯依为妻,和乡亲们一起过着幸福的生活。

三、民　歌

很多柯尔克孜人民具有即兴创作诗歌的才能,民歌的创作与演唱在他们的日常生活中占有重要的地位。民歌根据其内容和演唱形式可以分为劳动歌、习俗歌、情歌、哭歌、怨歌、反抗歌,以及歌颂共产党、歌颂社会主义的新民歌等。民歌一般由七音节至八音节组成。押韵形式有多种,一般押脚韵,也有押头韵或腰韵的。各种民歌还都伴有固定的曲调。

劳动歌描述劳动人民从事农业、牧业、手工业和狩猎生产的情况。劳动歌不仅表现出各种不同的生产劳动特点，而且有的还有季节上的差别，即在不同的季节演唱不同的劳动歌。

在柯尔克孜族劳动歌中，以反映畜牧业生产的劳动歌占据首位。《守圈歌》、《牧马歌》(舍日勒当)、《放羊歌》、《放骆驼歌》等歌曲几乎流传于所有的柯尔克孜部落。

柯尔克孜族人民在生产与生活中是离不开马、羊、牛、骆驼等牲畜的。他们非常喜爱这些牲畜，故而常常赞扬它们，歌颂它们。有时在歌词里把它们人格化、神圣化。一首《马赞歌》这样唱道：

> 马是一种畜中圣，它出生在旋风中。
>
> 勇士手拿剑和盾，跨上骏马向敌冲。
>
> 在远方的旅途中，把它当作双脚用。
>
> 在朦胧的夜色里，它是朋友，又是护兵。
>
> 它的肉是迎客饭，皮子用来做鞋穿。
>
> 马奶是种珍贵药，鬃毛用来做绳线。

在柯尔克孜族中，习俗歌几乎是家喻户晓的，主要有迎客歌、赞颂歌、贬抑歌、劝嫁歌、结婚歌、游戏歌、节日歌(拉玛赞歌、诺鲁孜歌)等。凡是来客，不论是远客近客，也不论是来自什么部落或民族，主人除宰羊设宴、盛情款待而外，还要留客人住宿，并唱歌欢迎。《迎客歌》的歌词是这样的：

> 远方来的客人啊！
>
> 我把被褥叠得高高的，
>
> 因为你来到我们这里，
>
> 我要唱几句歌来欢迎你。
>
> 远方来的客人啊！
>
> 我把被褥叠得整整齐齐的，
>
> 因为你来到我们这里，
>
> 我要说几句话赞美你。

柯尔克孜族情歌内容丰富,形式多样,格调清新,特点突出。情歌歌唱了男女青年对爱情的向往和赞美,歌唱了恋人内心世界的美和外貌装饰的美,歌唱了男女青年对美好、幸福、自由生活的向往与追求,以及他们对封建买卖婚姻的控诉与反抗。

在亲人死亡、情人离别或遭遇其他不幸时,柯尔克孜族还唱哭歌。哭歌也有多种,如凯莱孜歌(遗嘱歌)、死讯歌、怀念歌、离别歌等。有首名为《喀拉古力》的哭歌流传最广。说是在古代,有一位名叫阿希尔的猎人,时常在坎库尔、塔尔库尔山上的坎什维尔、塔尔什维尔等地打猎。有一天,一个身穿黄羊皮的孩子在山上玩,猎人把他当黄羊打死了。当他发现孩子是自己的独生子喀拉古力后,伤心欲绝。悲剧发生后,猎人悲伤地唱道:

坎库尔山头是坎什维尔,勃托木①,

在那里死去了喀拉古力,勃托木。

塔尔库尔山头是塔尔什维尔,勃托木,

在那里挣扎着喀拉古力,勃托木。

他原在那里玩着镀金的羊踝骨②,勃托木,

正是在那里死去了喀拉古力,勃托木。

他原在那里玩着镀金的羊蹄骨,勃托木,

还未尝到甜头就死去了喀拉古力,勃托木!

我好像那死去马驹的母马,勃托木,

和你永别了喀拉古力,勃托木!

我像死去小骆驼的母骆驼,勃托木,

为你悲伤,喀拉古力,勃托木。

啊,我的喀拉古力,哎依,勃托木,勃托木!

哭歌还有《农夫妻子的哭歌》《牧工妻子的哭歌》《工匠妻子的哭歌》等。

怨歌主要有《牧工的怨歌》《羊倌的怨歌》《穷人的怨歌》《孤儿的怨歌》

柯尔克孜文献与文化研究

136

①勃托木原意为小骆驼,此处用以称呼爱子。
②用羊踝骨做游戏。

《姑娘的怨歌》《单身汉的怨歌》《寡妇的怨歌》《小老婆的怨歌》《年轻妻子的怨歌》等。

　　柯尔克孜族的反抗歌主要用来揭露剥削阶级、外来侵略者的罪恶和歌颂人民群众的反抗斗争。到了近代，柯尔克孜人民遭到英、俄侵略者的侵略，所以在这一时期出现了许多反映柯尔克孜族人民反抗侵略者的反抗歌。流传于喀喇昆仑山一带的歌颂女英雄阿依库孜汗的民歌，就是这种反抗歌的代表作。歌中唱道：

> 我们的家乡有座叫喀喇昆仑的山，
> 在它的周围有我们的白毡房，
> 我有位名叫阿依库孜汗的情人，
> 她整天在喀喇昆仑山里打黄羊。
>
> ……
>
> 我的牧群从草场上跑回来了，
> 是遇到了豺狼，还是怎的？
> 啊，阿依库孜汗那，我们该怎么办？
> 是敌人来侵占了我们的土地。
>
> 喀喇昆仑山母亲痛哭了，
> 用乌云做的衣袖遮住了她的脸，
> 大河里翻滚着鲜红的血水，
> 阿依库孜汗啊，我们应该怎么办？
>
> ……
>
> 阿依库孜汗走上了山腰，
> 不断回头向家乡张望，
> 我看到她的眼里含着泪水，
> 恨不得把敌人杀光。
>
> 我们在山谷里打击敌人，

山腰里响起了阿依库孜汗的枪声，

为保卫我们美丽的故乡，

阿依库孜汗献出了年轻的生命。

……

我离开她是那样的悲痛，

但泪水却没有蒙蔽了我的眼睛，

当我想起那些幸福的日子，

我就恨死了侵犯我们的仇敌。

第二节　音乐舞蹈

柯尔克孜族能歌善舞。额尔奇(歌手)、玛纳斯奇(传唱《玛纳斯》的歌手)、奥翁奇(作曲家)、库姆孜奇(演奏库姆孜的琴手)等艺人，是柯尔克孜族音乐的创造者、加工者和传播者。音乐分为两类：一是有歌词的配曲，一是没有歌词的演奏曲。史诗、叙事诗、民歌等一般都有配曲。配曲是表现歌词内容的，内容变化，配曲也随着变化。如《玛纳斯》的配曲，演唱到英雄玛纳斯出生时，配曲曲调则类似摇篮曲；演唱到玛纳斯出征打仗时，配曲曲调则奔放、豪迈；演唱到玛纳斯负伤死亡时，配曲曲调则十分悲伤。其他民歌的配曲也根据歌词的不同而各有其特色。一般说来，除了哭歌、怨歌、死讯歌和送葬歌的配曲，其他配曲都是明朗的、爽快的、优美的、细腻的。

柯尔克孜族无歌词的演奏乐有大曲、小曲之分。大曲有《康巴尔汗》《喀热孜曲》《胜格热玛》《勃托依》《凯尔别孜》《猎人曲》《喀帕尔图》《加孜加依克》《狮子和布谷鸟》《卓鲁阿依热克》《黑骏马》《哲提库尔》(七个奴仆)等。小曲则有《阔兀孜巴什》《绰克奥依》《赛凯特巴依》《考姆祖木》《勒托木》《黑眼珠》《凯尔麦套》《喀奇肯》等。《康巴尔汗》由几十个乐章组成，规模很是宏伟。大曲、小曲所描绘的有农民、牧民、手工工人的劳动生产，有本民族的历史和风土民情，有英雄人物的英雄业绩，有家乡的山峦、河流、草原，有民族间的友爱，也有人民群众反抗本族巴依、比等剥削阶级及外来侵略者的斗争。

柯尔克孜族的音乐,尤其是那些没有歌词的演奏曲,一般在节奏上都比较自由,具有开阔悠长的特点。柯尔克孜族的音乐还广泛地使用了声乐。声乐多由一个纯五度和四度构成,同时也采用了三和音。这种现象在演奏民歌方面尤为突出。有时在装饰乐句中也可以看到主调音轻快的纯四度或六度音程的和音。不过,柯尔克孜族的全部音乐结构还是以七级全音节的和声为基础的。柯尔克孜族的这些音乐特点,突出地表现了它的草原特色及其民族风格。

柯尔克孜族音乐多用民间乐器演奏。民间乐器有库姆孜(木制羊肠三弦弹拨乐器)、帕米尔库姆孜(木制铁三弦弹拨乐器)、奥兀孜库姆孜(铁制指拨口琴)、克雅克(二弦拉琴)、却奥尔(牧笛)、吐图克(鸟翅箫)、结孜吐图克(铜箫)、苏乃(唢呐)、曾格拉玛(笙)、巴斯(鼓)等。史诗《玛纳斯》还提到多兀勒巴斯(战鼓)、多兀勒(手鼓)、班达鲁(腰鼓)等。

库姆孜是柯尔克孜族最古老的乐器,使用最为广泛。据传,库姆孜是柯尔克孜语"库吾孜"的音变,"库吾孜"的含义则为美丽的乐器。最早的库吾孜是用红松树做成的,它的形状与现在的库姆孜大体相同,即头部椭圆形,根部细长。它既被用来演奏民间音乐,也被用来与多兀勒巴斯鼓一起演奏战争进行曲,以鼓舞士气。后来出现的库吾孜是木制的,上安四根铁弦。库姆孜在柯尔克孜族人民中间深受喜爱。

柯尔克孜族称舞蹈为"比依"。舞蹈内容多反映他们的牧业、农业、手工业、狩猎等生产和生活情况。其中,反映牧业生产和生活的舞蹈较为普遍。舞蹈的特点是节奏快,尤其是舞蹈进入高潮时,呈现出热烈狂欢的气氛。伴奏的音乐也自始至终以欢快跳跃的旋律作为基调。一般来说,舞蹈节奏达到极点时,音乐突然中止;而当舞蹈快要结束时,伴奏的乐器突然一齐轰鸣,舞蹈在悠扬的音乐声中结束,令人陶醉、欢快、激奋。

舞蹈的舞步比较复杂,而且变化多样。有碎步、移步、蹉步、跺步、跳跃、腾空、转身、拉手、翻滚、下蹲、屈膝、两臂上举、手掌内外和上下快速抖动等。但基本步伐以跳跃为主。柯尔克孜族舞蹈有单人舞、双人舞、集体舞、男女

对舞或合舞等。

柯尔克孜族舞蹈种类很多,有反映勇士生活的《剑器舞》,根据故事《父亲寻子》改编的《勃托木舞》,赞颂骑士生活的《喀拉卓尔部》(黑骏马)舞,反映长途迁徙生活的《冲阔奇》(大迁移)舞,《恩干吐耶》(双峰雄骆驼)舞,《喀冷喀尔》(稀有的雪灾)舞,等等。这些都是柯尔克孜族的传统舞蹈。

另外,还有取材于现实生产和生活的《劳动舞》《擀毡舞》《挤奶舞》《纺线舞》,反映习俗仪式的《加尔阔鲁秀》(会面舞)、《加尔·加尔》(劝嫁舞)等。柯尔克孜族的习俗舞蹈大多配有诗歌。总之,柯尔克孜族的舞蹈艺术种类繁多,舞姿优美,是话白、舞蹈、音乐和诗歌融为一体的综合艺术。

新中国成立以后,柯尔克孜族的舞蹈艺术有了很大程度的提高,出现了像克孜勒苏柯尔克孜自治州文工团这样的在我国少数民族文艺界中享有一定声誉的专业文艺团体,对柯尔克孜民族传统文艺题材的继承和发扬做了很多有益的工作。

第三节 历法、体育、工艺美术

一、历 法

柯尔克孜族的游牧生产和生活,如四季搬家、放牧、接羔、剪毛、加工畜产品、准备饲料等都与自然界的变化有密切的关系。他们在长期的生产和生活中积累了许多天文知识,发现了自然现象反复循环的一些规律。例如,他们在白天根据太阳的运行来确定东西南北的方向。把白天分为日出更(昆吐地)、午时更(昆吐什)、日落更(昆奥地)三更。夜里则根据金橛子星,即北极星(阿勒腾喀孜克)的位置来分辨方向。"七个强盗星"(北斗七星)是柯尔克孜人的天然钟表。根据它的运行,柯尔克孜人把晚上分为星现更(吉利迪孜吐地)、午夜更(屯鄂尔托)、黎明更(堂艾尔坦)三更。昼夜六更

柯尔克孜文献与文化研究

还分为晨时(堂阿塔尔)、拴驹时(别巴依拉木)、午时(吐什)、日斜时(别什木)、生炉时(鄂特加格木)、食肉时(艾提阿斯木)、前夜时(亦额尔或克孜勒苏额尔)、中夜时(屯鄂尔托)、入晨时(堂玛阿勒)、煮奶时(苏提皮什勒木)、煮茶时(茶依喀依那特木)、开圈时(阔依加依特)12个时辰。每个时辰大约2个小时,一共24个小时。

柯尔克孜人根据白羊座、巨蟹座、天秤座、山羊座或摩羯座等行星的运行,来确定春(加孜)、夏(加依)、秋(库孜)、冬(克什)四季。

柯尔克孜族根据行星和自然界的其他变化预报天气。例如,在冬天太阳周围出现大圈(大晕),第二、第三天下大雪,如果出现小圈(小晕),第二天天气变冷,下小雪。如果日出后出现小圈,第二天天气明显变冷。日落时出现小圈,第二天的气温上升。如果夜间星星密布,亮度暗淡,第二天则天气晴朗,温度上升。如果星星稀布、明亮,第二天天气变冷。冬季黄昏时,如果东南方向出现金星,则第二年的一、二、三月气温较高,反之气温较低。秋季如果西南方向出现金星,则冬季多雪,天气寒冷。总之,柯尔克孜族通过对日月星辰运行的观察,掌握了许多天文知识,制定了自己的历法。

柯尔克孜族早在唐朝以前就已经使用较完整的历法。据记载,当时他们用十二生肖纪年。如岁在子则谓之鼠年,在戌则谓之狗年。柯尔克孜族从1912年开始使用公历。同时,他们至今还并用着鼠(奇齐坎尼)、牛(吾依)、虎(巴尔司)、兔(阔云尼)、龙(唔鲁)、蛇(吉拉尼)、马(阿特)、羊(阔依)、猴(玛依蒙或麦钦)、鸡(托吾克)、狗(伊特)、猪(佟吾孜)传统的十二生肖纪年法,即"穆确力历"(生肖历)。

关于穆确力历的来历,在柯尔克孜族中流传着这样一种说法。据传,古代有位柯尔克孜族汗王,率领大军东征西讨,打了几十年仗,有时打了胜仗,有时打了败仗,有许多经验教训要传给后代。由于没有纪年法,无法记录这些战争情况。于是,汗王召集文武百官和四方部落头人,商讨了40天,想创造一种纪年法,但谁也想不出什么办法。最后,一位白发苍苍的百岁老人来

到汗王牙帐,提议用动物名称来纪年,并告诉他具体办法。汗王和文武百官十分高兴,一致决定用此办法纪年。

在一个阳光明媚的日子里,汗王号令所有属民把各种动物都赶到距离牙帐不远处一条大河边,让这些动物同时游到对岸。人们前边牵、后边赶,费了很大功夫将动物赶入水中。结果小巧灵活的老鼠第一个上了对岸。然后是牛、虎、兔、龙、蛇、马、羊、猴、鸡、狗等一个个上岸,笨拙的猪游得最慢,最后上岸。故汗王命令就用游到对岸动物的顺序来纪年。这就是"穆确力"历法的来历。

穆确力历以 12 年为周期,60 年为一个纪元。它对于柯尔克孜族的生产和生活具有重大意义。首先,柯尔克孜族不仅用它来记事,而且根据有关每个年份的传说,安排自己的生产和生活。传说,鼠年干旱,牛年寒冷,虎年丰收等。柯尔克孜人认为虎年是一个最吉利的年份,虎年出生的孩子都被认为会长命百岁。他们还认为虎年多出生男孩,兔年、龙年则多出生女孩。

柯尔克孜族信奉伊斯兰教后,开始使用艾吉来历。艾吉来历意为"出奔年",即以伊斯兰教的创立者穆罕默德于公元 622 年从麦加出奔麦地那的一年为纪元元年。所以,艾吉来历又称伊斯兰历、回历等,一般多用于宗教活动。艾吉来历为阴历,以月亮圆缺 12 次为 12 个月,即穆哈尔热木(一月)、撒帕尔(二月)、热比尤勒阿瓦勒(三月)、热比勒阿黑尔(四月)、贾玛迪力阿瓦勒(五月)、贾玛迪勒阿黑尔(六月)、热杰甫(七月)、莎伊班(八月)、热玛赞(九月)、莎瓦勒(十月)、祖勒喀达(十一月)、祖勒哈吉(十二月)。

艾吉来历一、三、五、七、九、十一单数月份为大月(大尽),二、四、六、八、十、十二双数月份为小月(小尽)。大月 30 日,小月 29 日,共 354 日。与柯尔克孜族阳历相比差 11 天,即每 32 年就多出 1 年。所以,每隔两三年就必须要置一个闰月,把它加在第十二月之末。艾吉来历以 30 年为一周,每周第 2、5、7、10、13、16、18、21、24、26、29 年为闰年,其他 19 年为平年。

二、体 育

柯尔克孜族每逢过节和其他吉庆日子,除举行唱歌、跳舞等娱乐活动外,还要举行叼羊、摔跤、赛马、马上角力、马上抢布、跑马拾银圆、跑马射元宝、跑马打靶、跨驼比武、拔河、打秋千、月下对唱、月下寻物、月下赛跑、打羊踝、捉迷藏、剪绳子、抢朋友、藏戒指、"抢皇宫"、"寻伴儿"、"狼来了"等各种文体活动。

赛马是柯尔克孜族最常见的一种体育活动,也是最精彩的游戏活动。赛马一般分为跑马赛、走马赛和跃马赛等。参加跑马和走马比赛的骑手,一般都是十一二岁的男孩。参加跃马赛的骑手年龄不限。参加比赛的马匹在赛前几个月就要开始训练。

举行比赛时,马鬃和马尾用各种颜色的丝绸和布条打扮装饰。参加赛马的骑手穿上鲜艳的民族服装,头上缠有红头巾,远看好像一只只翩翩起舞的蝴蝶。赛程一般长达20～30千米。过去由各部落、氏族和阿寅勒选出几位裁判主持整个比赛活动。由一位裁判先把骑手们从终点带到起点,然后一声令下,骑手们一齐往终点飞驰。途中,骑手们一边催马飞快奔跑,一边擦拭赛马眼帘周围的汗水,因为汗水流入马眼,就会减缓赛马速度。当骑手们到达终点时,众人高声欢呼,给自己的骑手助威,整个赛场一片欢乐和沸腾。裁判们按照骑手们到达终点的顺序,把事先准备好的号码交给本人。

根据过去的习惯,赛马第一名可得9个银元宝(值银15两)、9峰驼羔、9匹马驹、9只羊羔等。牧民们认为在赛马中得到奖励,不仅是得奖者的光荣,也是整个阿寅勒、氏族和部落的光荣。所以,部落、氏族和阿寅勒的头面人物、亲戚、朋友等,轮流宰羊招待得奖者、马的主人和驯马者。得奖者也把一部分奖品分给众人,尤其是驯马者要得到不少奖品。

叼羊在柯尔克孜语中称"吾拉克"(争小山羊),或"科克别律"(抢灰狼)。柯尔克孜族骑马争夺羊是一种对抗性很强的游戏。在赛场上,骑手表现其灵巧的骑马技术、勇敢和智慧,同时,也表现他们所驯养马匹的素质。

总之,这种比赛充分表现了柯尔克孜骑马民族的性格。

叼羊开始时,众推的裁判把参加比赛的骑手分成两队。每队少则六七人,多则二三十人。然后,把割了头的羊放在赛场草坪正中央。口令一响,参赛者便像一群老鹰猛扑一只小鸡一样,扑向羊只,其中有一位彪悍体壮的骑手率先从马上俯首拾起羊只。其他骑手们有的倒挂马背,有的镫里藏身,藏在马肚子下,有的忽而倒在马背右边,忽而倒在马背左边,竞相争夺羊只。在激烈角逐中,谁的马上功夫好,谁就能把羊只抢过来,放在马鞍前,双镫一夹,飞奔而走,时而向南,时而向北,忽东忽西,在规定的草场范围内驰骋,想方设法甩掉"敌人"的争抢。"敌方"则飞马穷追。围观的群众摇旗呐喊,给自己一方的骑手助威,场面热闹而壮观。最后,抢到羊只的骑手稳稳地抓住不放,机智地冲破重围,来到规定的场地或某家门口扔下羊只,则大获全胜。胜者得奖,负者要宰羊请客。

叼羊是柯尔克孜青壮年男子特别喜爱的一种竞技活动,它既是力的较量,又是智慧的竞争;既比勇敢,又赛骑术。此活动来源于古代的练兵活动,其主要目的是为了提高马技和战斗水平。

马上角力为柯尔克孜族的一种群众性活动。参加此种比赛者不受年龄和性别限制。马上角力要求人力和马力的有机配合,其方式一般为两人对抗。比赛开始时,两位选手在裁判的引导下进入赛场,围观者呐喊助威,选手们在马上相互俯首鞠躬问候。如果选手都是妇女,双方还要马上拥抱接吻,以示友好。口令一响,双方纵马驰向不同的方向,然后又勒转马头,像两头拼死的猛虎,嘴叼着马鞭,飞速向对方冲来,用一只手紧紧抓住对方的手腕,猛拉向自己一边。当角力进入高潮时,双方的头甚至偏到马镫两侧,选手和马匹都气喘吁吁、汗流满面。最后,在这场角力中谁能把对方拉下马并落倒在地,就算胜利。角力时,不能抓对方的头、脖子、腰腿等,也不能抓住对方的马勒和其他部位,更不能在角力中甩手逃跑或者用其他形式侮辱对方,如果有污辱或谩骂对方的行为,将永远取消参加角力赛的资格。角力结束后,胜负双方下马相互鞠躬或拥抱接吻,以示亲热。角力赛中的优胜者,可以得到多至 1 峰骆驼、1 匹马、9 只羊羔的奖品。

柯尔克孜族马上杂技活动别具一格,百看不厌。其形式多种多样,骑手在草原上驰骋,忽儿双脚站立在马背上,忽儿横卧在马鞍上。有时卧在马的右边,有时卧在左边,有时像展翅雄鹰,从正在飞速奔驰的骏马右边飞到左边。有时放走飞马,然后又追赶跃上马鞍。有时以高超的技术,在单马上或双马上跳单人舞、双人舞和集体舞。有时是双马跳杠、马上叠罗汉。尤其是骑手突然令飞奔的马卧倒,在卧马上进行打靶表演,这种高超技术令人叹为观止,真是人谙马意,马遂人愿。总之,柯尔克孜族的许多游戏都离不开马。柯尔克孜族有句谚语:"英雄靠骏马,飞鸟凭翅膀。"为了使自己的儿女拥有高超的马技和勇敢的精神,在孩子很小的时候就开始训练,并同时训练马。

柯尔克孜族摔跤运动由来已久。很早以前,摔跤不仅是一种娱乐活动,而且是选拔部落、氏族首领,决定战争胜负,甚至争夺汗位的主要条件之一。

柯尔克孜族摔跤活动很有特色,主要形式为抓腰、抓缠腿带摔跤。在摔跤时,一定要把对方的头部和背部翻倒在地,才算胜利。如果只是下半身倒在地上,而上身不落地,还不能决定胜负。柯尔克孜族摔跤活动,绝不允许抱腿、抓腿。另外,还有一种盘腿摔跤法。这种摔跤主要是摔跤双方盘腿坐在草坪或屋内,用一条腿钩住对方大腿的腘部,然后用腿把对方翻倒。进行这种比赛时,严禁用手和身体其他部位。

每逢节庆集会和婚嫁喜事,柯尔克孜族牧民都要举行"追姑娘"的活动。参加比赛的选手,无论男女都各自代表自己的部落和村落。此活动首先在草原上选定起点和终点。青年男女选好对手后,成双成对从终点向起点并辔慢行。一路上,小伙子可以任意向姑娘逗趣,说俏皮话,或者表白爱慕之情,甚至可以求婚,姑娘则多不表态。到达起点后,姑娘骑马在前面疾驰,小伙子在后面紧追不舍。如果小伙子追上并超过姑娘,首先到达终点,就算小伙子获胜。倘若小伙子未追上,姑娘首先到达终点,小伙子就知趣地远远走开,以避众人取笑。有的小伙子追上姑娘后,并马而行,倾吐真情。若姑娘有意,小伙子便请媒人向姑娘父母提亲。

三、工艺美术

柯尔克孜族具有悠久的手工艺术传统。据考古资料,早在几千年以前,居住在叶尼塞河流域、阿尔泰山一带的柯尔克孜人(坚昆人)已经有了比较发达的雕刻艺术和刺绣艺术。他们在岩石、木头、骨骼、金属、陶制品、皮毡等用品上,雕刻或刺绣各种动物、人物、花木、日月星辰的形象。

柯尔克孜族艺术品的题材,主要是丛草花卉、树木、山峰、水流、风云变幻、日月星辰、飞禽走兽、兽角、兽肩胛、兵器、几何图形等。颜色主要是黑色、白色、红色、蓝色和绿色,褐色和棕色极为少见。图案的各种颜色表示一定的寓意,例如,黑色表示顽强、勤劳、朴素和大地,白色表示真诚、纯洁、真理和皑皑冰雪的冬季,红色表示快乐、幸福和山花烂漫的盛夏,黄色表示智慧、成熟、贤德和物类橙黄的金秋,蓝色和绿色则表示青春朝气和绿草如茵的春天。

柯尔克孜族非常喜爱首饰。他们用黄金、白银、红铜等镶嵌制造的耳环、手镯、项链、戒指等,具有特殊的民族风格和艺术特征。例如,金银耳环多为环形、半月形、三叶形、花冠形、葡萄形等。花冠形耳环正中还镶一颗红色、绿色或银白色的玛瑙、宝石、珍珠。葡萄形耳环是用数十颗微小椭圆形黄金或白银镶嵌,呈葡萄串状的一种首饰。三叶形耳环像一片树叶,其上面刻有花卉或其他图案。另外,还有用白银制作形似羊耳的羊耳环,上面镶有几颗明珠,并在耳环边刻有几何图案。按照柯尔克孜族的习惯,耳环是他们认亲和订婚必不可少的礼物。柯尔克孜族妇女用的金银和珠宝项链,种类很多,主要有串链形项链、玛瑙眼项链、花柱形项链、花蕾形项链、珍珠项链等。其中,花蕾形项链多为姑娘戴用。另外,柯尔克孜族当男女婴儿满40日后,在项链上还要系上图玛尔(护符),这是写有经文的三角形饰物。富裕家庭把护符放在专做的三角形金银小盒子里,挂在项链下部。柯尔克孜族还会在手镯和戒指上镶嵌宝石和其他珍贵物品。

柯尔克孜族以其独特的工艺,用铁、铜等制造各种别致的餐具、工具和其他生活用具。尤其是铁制和铜制茶壶,其工艺精致,轻便、实用。其中较为流行的有羊嘴壶、鱼嘴壶、龙头壶、卧羊壶、卧驼壶、卧马壶、马蹄壶等。壶面刻有流水漩涡和几何图案。

柯尔克孜人民还用金属制造刀、剑、盒、纽扣、铃铛等用品。在刀剑上刻有兽头、花卉、漩涡和几何图案。刀形多为直式、箭式、鸽嘴式。刀把和剑把多用兽角、木料和金属,其形状似野羊角,并在其上镶金、银、铁、铜块或有色玛瑙、宝石等。铜制的针盒、烟盒、火药盒和纽扣盒等多为牛角形,长约10厘米。盒面刻有几何图案、花卉、箭戟或巨龙。纽扣多为圆形、方形(姑娘使用),并铸有鹰头、星辰、花冠等图案。铃铛多用红铜、白铁制作,其形状像喇叭花,常作为小孩摇篮、马和骆驼笼头的饰物。

柯尔克孜族妇女用的发辫链子(绰鲁甫),一般用白银制作,三角形状。其面上刻有巨龙、花卉和几何图案。绰鲁甫上下两端系有银圆、宝石、玛瑙、珍珠等。

柯尔克孜族毡制用品,以手工精巧、经久耐用、图案绚丽著称。尤其是拼制的补花毡毯(希尔达克或鄂勃朵)、擀制的压花毡毯(阿拉克依孜)是柯尔克孜族造型艺术的珍品。

"希尔达克"和"阿拉克依孜"以羊毛绒为原料,一般面积为6.25或8.75平方米。希尔达克一般由外毯边、毯边、内毯边、毯面四个部分组成。毯边一般用黑色细绒布条或黑毡条制作,毯边和毯面中间是绵延起伏的群山和在空中盘旋的雄鹰图案。毯面一般都是大块三角形和正方形图案,图案中有雄鹰、双头月牙形戟刃,以及山峰、树木等图案,颜色多为黑白、红绿相间,造型美观,有的构成一幅完整的狩猎和战争图。

"阿拉克依孜"的图案和样式一般与"希尔达克"相似,压有水流漩涡、风卷流云图案。这种毡毯不是补花,而是完全用黑白和红绿,间或用黄色羊毛绒擀制压花而成。总之,希尔达克和阿拉克依孜不仅是一种装饰品,而且结实耐用,可长达几十年不坏。

柯尔克孜族的围毡、篷毡、围毡带、篷毡带等毡房用品,鞍鞴、毡靴、毡袜

和其他毡制品中,都有各种美丽的图案,其中毡房用品的图案多为群山、环山和战戟形状。马鞍垫、靴袜一般为流水、丛草、花木图案,都是用多种颜色的羊毛绒或毡条制作。

柯尔克孜族革制工艺品,主要是指镶嵌金银、珠宝和雕刻各种图案的靴鞋、腰带、钱包、刀鞘、鹰帽、乐器套和马具等。

柯尔克孜族非常重视和喜爱装饰马具,他们在用粗细皮革制作的鞍面、马鞍带、马鞍绳、马尾带、马胸带、马镫带、马羁、缰绳、马鞭以及套车用品上镶嵌、铸造和雕刻各种形象和图案。尤其是在鞍面上用铁钉铁扣和铜扣铜钉制作飞禽走兽、流云卷风、流水漩涡、丛草花木等,或用细皮条制作方形、三角形、圆形、月牙形的图案。马胸带、马尾带、马镫带和马羁上用白银或黄金镶嵌雄鹰、戟箭、星辰、树叶、花冠等形状,并系有环状、三叶状、花冠状的银制或铁制穗条。富裕者还在鞍头、马羁鼻梁带、马鞍带上镶一颗红宝石。

在名目繁多的刺绣工艺品中,壁毯(吐什杜克)是具有独特民族形式、颇有名气的一种壁挂用品,纹样复杂,色彩鲜艳,主要有丝绒壁毯、绸缎壁毯、天鹅绒壁毯等。一般面积约4.5平方米。壁毯左右两边镶一道宽20~30厘米的绣有卷风形状的花边。壁毡上部宽25~35厘米的边额,绣有卷云、漩涡、战戟、松树叶、群山、花冠、鸟翼、月牙等图案。上接顶边的毯面上有两个等腰三角形几何图案。图案表面绣有光芒四射的圆日形状,在圆日左右两边还绣有松树图案。顶边为三角图案,壁毯下部系有丝制红穗。毯面一般都是条纹紫红绒布或丝绸。总之,柯尔克孜族壁毯瑰丽多姿、色彩鲜艳。

柯尔克孜族在土房和木房壁上,挂有宽约1.5米的长条花纹扎迪瓦勒(壁帘)。牧区和半农半牧区多流行贴花布帘、绣花壁帘,农业地区则流行印花壁帘。贴花壁帘由花的多色布丁贴扎而成,壁帘上绣有花卉、群山、树木(多为松树、桦树)图案,然后四周镶一道黑绒布边。印花壁帘是在帘上用木制(多用松树、桦树和核桃树根)模戳,印出小鸟、山鸡、雄鹰、羊羔、小骆驼、小山羊等彩色图案。另外,新疆喀什、英吉沙、莎车、和田一带的柯尔克孜人

柯尔克孜文献与文化研究

还使用类似维吾尔族的印有水壶、碗、盆和其他图案的宽式壁帘。柯尔克孜族的壁帘不仅是实用品,而且还是充满艺术情趣的室内装饰品。

柯尔克孜族还用五色毛线和草编织厨房用品,如芨芨草帘、芨芨草门帘、提筐等。其中厨房草帘和门帘的每根草,先用单色(多用白色或蓝色)毛线包扎,然后把松散的芨芨草结扎编制成行,最后在帘子上用多色毛线制作双头戟、弓箭形、圆形、方形、三角形、菱形、直曲形、锯齿形图案。这种帘子在柯尔克孜语中称为"库热玛奇格旦"(几何图形帘子)。另外,还有一种鸟翼帘子,其面上多做小鸟、山鸡、布谷鸟、雄鹰等禽类形象。一些帘子上除禽类形象外,还有日月星辰、花木丛草图案。

柯尔克孜族的日常生活中,木制用品具有重大意义。

毡房的栅栏、支架、天窗架,土屋木房的脊檩、椽子、房檐、门板、门窗、窗架、柱子上刻有方格形、锯齿形、三角形和方形图案,并画有星辰、飞禽走兽形象。柯尔克孜族家具用品中,用硬木制作的大、小木箱很有特点,箱面上刻有彩色的日月星辰、骆驼、山羊、山丘、马莲草、河流等图案。还有一种铁皮木箱,箱上镶嵌方格形的红铜片和白铁皮。

柯尔克孜族木制餐具种类很多。如木把碗、黑碗、漆皮木制碗、随身小碗或木杯、雕刻盆、圆形大盆、椭圆形大盆、彩盆、彩勺、雕刻白木勺和多种颜色的小木勺、蜂蜜勺、捣茶勺、锅勺及捣马奶杆等。其中,漆皮木碗、彩盆、彩勺是先涂上一层漆,然后在上面画各种几何图案。彩盆上多画禽类、鱼类和草丛花木。漆皮木碗和彩勺具有质地薄、精美、轻便等特点。

第四节 民 俗

一、服 饰

柯尔克孜族男女的衣帽在样式和颜色方面具有严格区别。男子头戴的帽子(吐麻克)种类很多:卡勒帕克帽,是他们常用的一种帽子,又分为黑毡

帽、白毡帽、扎花布帽三种。扎花布帽主要用驼绒毛布制作,样式完全与白毡帽相同。黑毡帽是全用黑羊毛绒擀制的一种帽子。制作这种帽子只用木制模子,而不用针线,其样式像礼帽,一般在雨雪天戴或者为羊倌、马倌专用。一些部落在帽顶和帽檐之间镶一道宽约 5 厘米的黑、灰色绒布条,作为装饰,并把帽檐后沿卷起。白毡帽的样式多为四棱平顶。新疆北部原布库部落的毡帽,帽檐较宽,帽顶较高。帕米尔高原以东地区克普恰克部落的毡帽,帽檐较窄,帽顶较尖,呈弧形。白毡帽主要用擀制的白羊绒毛毡(多为羊羔绒毡)制作,其里子多用带色棉布,帽檐上镶一道宽约 8 厘米的丝绒布条。青年人的多为绿色,壮年人和老人的多为黑色。帽檐左右两边开一道口并往上卷。青年男子的帽顶上挂有一条丝绒红穗,有的人还在红穗上配有金扣,红、蓝宝石,珠子等,作为装饰。

柯尔克孜族将白毡帽等奉为"圣帽"。平日不用时,把它挂在高处或放在被褥、枕头等物上面。不能随便抛扔或用脚踩踏,不能用毡帽来开玩笑,他们认为这样做是不吉利的。

毡帽是柯尔克孜族世代沿用的一种帽子。据《太平寰宇记·黠戛斯》记载,居住在叶尼塞河流域的古柯尔克孜人,其王"冬以貂鼠为帽,夏以金装,帽锐顶而卷其末,此回鹘所以至今犹冠之。其下则以白毡为帽"。至于这种帽子的来历,至今在柯尔克孜族中流传着令人回味的故事。

据传在古代,柯尔克孜族有一位英俊、勇敢、机智的国王,名叫喀拉汗(意为强有力的汗王)。他经常东征西战,开拓了广阔的疆域,征服了许多部落和氏族。但是,他经常感到出战时其军民衣帽不一、战马多色,影响军威和战争的胜利。在他年逾 40 时,他亲率大军远征,要消灭最后一个敌国,以便独霸天下。临出征前,他召集 40 位谋臣,下令挑选黑、白、青和紫红四种颜色的战马,并要他们用 40 天的时间给军民准备好颜色鲜艳、能壮军威的统一的帽子。他命令说,这种帽子在颜色和样式方面,既要像一颗光芒四射的星星,又要像一朵色彩烂漫的花朵;既要像一座白雪皑皑的冰峰,又要像一个绿草如茵的山环;既能躲避天上落下的雨雪,又能避免呼啸风沙的袭击。此后,每位谋臣几乎每天拿一种帽子来让汗王过目,但都没有被他看中。因为有的像一座冰峰,但不像一个山环;有的像一朵红花,但不像一颗亮星;有的是白色,有的是黑色;有的能避风沙而不能御雨雪。总之,这些帽子怎么也不如汗王所要求的那样十全十美。38 天过去了,那些谋臣都一一被杀。在第 39 天的夜晚,第 40 位谋臣坐卧不安,眼泪不止,告别家里老小,准备带着脑袋去见汗王。这时,他爱之如命、面貌超众、手艺精巧、聪明能干的女儿知道父亲的难处后,便说道:"尊贵的爸爸,苦泪是不会使您摆脱死罪的,我一定想办法去挽救您那宝贵的生命。"于是她整夜未合眼,用毡子做了一顶帽子并把它用绿色丝绒、红穗等装饰,让父亲带去给汗王过目。汗王看了以后,极为震惊,问道:"这是谁做的?"谋臣答道:"这是我女儿做的。"汗王立即派卫士去领那位姑娘来。汗王看了姑娘美丽的容貌和手艺后,心慌意乱,便问道:"你这顶帽子是怎么做出来的,它又表明什么意思?"这位姑娘向汗王鞠躬,说:"陛下,这是根据您的谕旨去做的。在帽穗上挂了一块宝石,像一颗光芒四射的亮星。帽穗是用红色的丝绒做的,像色彩鲜艳的花朵。帽顶是用洁白羊毛绒做的,像一座白皑皑的冰峰。在帽檐上加一条绿色布条,像冰峰下绿草如茵的山环。帽檐向上卷,可以避雨躲雪。在帽檐左右两边开了一道口,把它分成两半,需要遮光时,可把前檐垂下,需要防止风沙时,把前后两檐都垂下。请陛下饶恕我的父亲。"汗王非常佩服这位姑娘的才智、技艺,便命令所属军民都戴这种帽子。同时,将谋臣免于死罪,并称这种帽子为"卡勒甫阿克"(意为留下人的白帽。在柯尔克孜语中,"卡勒甫"为"留下","阿克"为白。后来,由于音变,称其为"卡勒帕克")。国王还赠给谋臣40 把宝剑、40 位勇士、40 峰骆驼和 40 只绵羊等礼物。那位姑娘也做了汗王的妻子,同他一起去参加远征,其父则替汗王管理本部。据说,今日柯尔克孜族的白毡帽卡勒帕克就是从那个时候传袭下来的。

托甫是柯尔克孜族男子和未出嫁的姑娘常戴的一种小花帽,一般多在夏天戴,冬天衬在皮帽里面。这种帽子为圆形平顶,一般用灯芯绒、丝绒制作,年轻男子多戴绿、蓝、紫、黑色。姑娘则为红色或棕色,并在帽外佩有红、

绿珍珠和宝石,称"绰克"。富者还佩金银链子,帽顶上插一撮羽毛。老年妇女戴一种相似小花帽的扎织、平顶布帽。这种帽子多为红、绿、黑三色,并佩以饰品。

柯尔克孜族妇女出嫁以后都戴红、蓝、黄色头巾(卓吾鲁克),主要有红头巾、媳妇头巾、方形头巾、纱头巾、驼绒头巾、丝绒头巾和长穗头巾等。夏天主要戴红头巾、纱巾、丝绒巾或长穗头巾。冬天则多戴驼绒巾。丝绒巾或驼绒巾大而宽,一般能遮住头、肩及腰部。有的老年妇女的头巾除了眼睛、鼻子以外,能遮盖住全部上身,长垂直达臀部以下。居住在克孜勒苏柯尔克孜自治州阿克陶县和英吉沙、莎车、和田一带的柯尔克孜族妇女,在高顶无舌"台别太"上还披戴纱巾。

柯尔克孜族老年妇女(有的地区包括结了婚的姑娘),头戴白色丝绸或纱布做的缠布(艾勒切克)。这种头巾分为小艾勒切克、鹅头式艾勒切克、扎花艾勒切克、冠形艾勒切克等。式样一般都是圆形、平顶,但鹅头式艾勒切克和冠形艾勒切克的前沿多为鹅头和鸡冠形。克依木艾勒切克则是一种白色丝绸或棉布制作的用品,戴上以后除了面颊、眼睛、鼻子、嘴巴以外,还盖住上肩和整个头部,这种艾勒切克多流行于新疆北部。冠形艾勒切克则流行于克普恰克等部落。

柯尔克孜族服装的种类很多。如内衣(奎奈克)、外衣(袷袢)、白皮大衣(吞尼)、布皮大衣(伊奇克)、毛织长衣(帕力托)等。男女服装在颜色、式样等方面具有严格区别。男子多为黑、白二色,年轻男子间有蓝、棕二色。老年妇女多为黑、白、蓝色,年轻妇女和姑娘多为红色和绿、黄、棕色。不同年龄的男女衣服,在式样上也有一定特点。衣料多以羊毛和驼绒织布为主,还有棉、丝绒织品。柯尔克孜族一般爱穿灯芯绒外衣。

柯尔克孜族男女在衬衫和裙子外面穿坎肩(杰勒提凯)。男人多为黑、灰、蓝三色,妇女多为红色(姑娘和年轻妇女)、绿色(中年妇女)等。坎肩多为三个兜、四个纽扣。妇女坎肩的前襟两边扎有四到八块银圆。坎肩外套有竖领、长袖、三兜和四至五个纽扣的短上衣(克木再勒)或袷袢。妇女多为二兜、翻领。目前,柯尔克孜族穿西装的人不断增加。

柯尔克孜族男女夏天多穿大衣。男子多穿翻领大衣,如自织驼绒大衣、毛织单层大衣、粗织羊毛大衣等。其中,粗织羊毛大衣为无领,衣袖较宽,下摆较肥,无纽扣。妇女多穿丝绒大衣,姑娘多为红色,老年妇女则为黑色。有的老年妇女还穿翻领、短袖、下摆长至踝骨而肥大的毛织大衣。冬天则穿伊奇克(又称"吞",即皮大衣)。皮大衣一般用羊、狐狸、狼和其他珍贵兽皮制作,分为铁日吞尼(圆领白皮大衣)、喀拉吞尼(翻领布罩皮大衣)、啜罗克吞尼(翻领短皮布衣)、苦兀尔吞尼(无领翻皮短衣)等。另外,老年人平常还穿像坎肩的布其喀克吞尼(无领无袖布罩皮衣)。

柯尔克孜族非常忌讳赤脚行走。他们脚上穿的是袜子(巴依帕克)、长筒靴(鄂吐克)、皮套鞋(凯皮奇)、无跟靴(麻司)、胶鞋(可罗奇)和皮便鞋(巧考依)等。巴依帕克种类有缝制毡袜、毛织袜、缝制布袜、绣花袜、擀制毡袜和驼绒线袜等。妇女的毛织袜和丝袜长及上股,甚至臀部。男子袜子一般长及踝骨以上膝盖以下,除了驼绒线袜和绣花袜子外,其他都是白色或黑色。

柯尔克孜族由于游牧和骑马的需要,都喜爱穿长筒靴,式样多为尖头且光滑。男子多为平跟,妇女多为高跟。种类有粗革皮靴、光滑细革皮靴等。此外,姑娘和年轻妇女还穿宫女皮靴、皇宫乐园靴等。其中,宫女皮靴多为半高腰、高跟、尖头,靴面绣红、黑、绿、黄色图案或花束,并在尖头、靴口和左右两边以及靴跟上沿镶有玛瑙、珍珠或挂有铃铛等。皇宫乐园靴除具有上述特点外,主要是平跟,长及膝盖以上。这种皮靴都是用软质光滑皮革制作,目前这种皮靴已很少见。

二、饮 食

柯尔克孜族的饮食与他们的游牧和半游牧生活紧密联系在一起。日常生活中,主要食用羊肉、牛肉、马肉、骆驼肉、野羊肉、鱼肉。信奉伊斯兰教的柯尔克孜人忌食猪、狗、猫、鼠、驴、骡和猛禽肉。

柯尔克孜族在宰牲、煮、烹和用食方面具有独特之处。

手抓羊肉和纳仁是味道鲜美、诱人食欲的具有民族特色的肉食品,做手抓羊肉先要宰羊。宰羊时先举起双手念经,然后用刀割去羊头。他们一般不吃病死、猛兽捕死和未经念经宰杀的畜肉。煮肉时,先剥去羊皮,将肉同五脏分开,用火燎去羊头毛,顺着羊体部位把羊肉切成块状,洗净,同羊头一起下锅用清水煮。待水快沸腾时,用勺除去血沫,放入适量食盐,煮熟为止。进餐前,要把双手洗净,摆好餐布、木盘、木碗、小刀、木勺等用具,捞起羊肉盛在木盘上,放在家人或客人面前。根据柯尔克孜族习惯,要把羊尾放在家庭长者或主客前面。一些柯尔克孜族部落把羊头或髋骨肉放在首位,然后是羊胸、股骨肉、肱骨肉、肩胛肉和其他部位的肉。吃肉时,只吃盘中自己跟前的肉,切忌乱抓或乱挑。

纳仁是一种肉丝面条。羊、牛、马肉等都可以做纳仁。做纳仁时,先把熟肉用小刀切成丝,然后根据肉的肥瘦,倒入适量的白皮面条搅拌,再放入适量的洋葱、胡椒粉、酸奶、奶酪水和其他调味品,即可食用。根据柯尔克孜族习惯,男子年满七周岁后,必须要学会切肉、做纳仁。一般长者或妇女不能直接动手切肉丝。另外,吃纳仁时,最后必须要留盘底,即留下小肉丝,送给幼者或儿媳。总之,纳仁是招待客人最上等的食品。

在严寒的冬季或青黄不接、马瘦羊弱的春季,纳仁的主要用料是熏肉(索古姆)。熏肉主要是用马肉、羊肉、雪鸡、鹅、鸭和其他狩猎物制作。每年夏季繁忙的农牧业生产活动基本完成和人畜过冬准备工作大体就绪的晚秋季节,柯尔克孜族家家户户挑选专门用于制作索古姆的牲畜,以阿寅勒(牧村)为单位进行宰杀。同时,相互设宴招待参加宰杀牲畜的近邻或远方的亲戚、客人等,这种仪式称为尝食熏肉宴。仪式过后,将肥肉和其他碎肉塞进洗净的肠子和肚子,做成香肠(喀孜)、马肠(喀尔塔)等。在做香肠和马肠时,还放入胡椒粉等调味佐料。然后,将牲畜的各个大块部位,连同骨头一起晒干并在木炭上烘烤。晒干时,必须放在阴凉处,烘烤时不能烧焦,平常保存在面粉中最好。至翌年夏天,仍保持新鲜、脆软、不腐烂和醇香适口等特点。

柯尔克孜族多食用土豆、洋葱、胡萝卜等蔬菜。他们经常食用炒土豆肉片、炒胡萝卜肉片、炒土豆加洋葱片、炒胡萝卜加洋葱片、炒鸡蛋加洋葱片、炒肉块洋葱片、炒肚片、炒肝片、炒肚加肠片等因地制宜的多种炒菜。

奶油米饭(撒尔阔勒)是柯尔克孜族招待贵客的一种佳品,主要原料为大米、奶子、奶油、羊肉、牛肉、马肉和鸡鸭等禽类肉,再加胡萝卜、洋葱、食盐等。农业地区还加入葡萄干、苹果、比叶(榲桲果)等。奶油米饭的做法:先把大米洗净,与奶子(多为羊奶和牛奶)一起放入锅内,再加适量的食盐和洋葱焖制。盛在盘上做成圆锥形,然后开几条窝道,其上放入奶油、熟肉等,用木勺食用。奶油米饭中放入洋葱片、胡萝卜丝,或葡萄干,或熟肉片,或香肠后,分别称作菜奶油米饭、葡萄干奶油米饭、肉片奶油米饭、香肠奶油米饭。奶油米饭是味道可口、营养丰富、香气扑鼻的一种食品。

圆饼(托阔奇或馕)是柯尔克孜族常用的主食之一,也是历史悠久的一种食品。据《新唐书》记载,居住在叶尼塞河流域的柯尔克孜先民,早在唐朝以前就已使用类似今天的托阔奇的一种"饼饵"。目前,其种类有锅贴、夹羊肉饼、加糖圆饼、羊耳形烤饼、油烤圆饼、坑制圆饼、烤肉饼等。托阔奇或馕的主要原料除大小麦、玉米面以外,还有牛羊肉、黄油、清油、洋葱、鲜奶、食盐、鸡蛋等。

奶制品(虽提杰麦克)是柯尔克孜族日常生活中不可或缺的食品,奶制品的种类很多。牧民们以灵巧的双手,用绵羊奶、山羊奶、牛奶、马奶、骆驼奶等制作奶茶、奶皮、酸奶、奶豆腐、奶酪、奶糕、奶渣、酸奶奶皮、奶疙瘩(库鲁特)、奶油煮奶酪粉、奶酪水、奶油(撒尔玛依)等食品。

柯尔克孜族从事畜牧业生产,往往早出晚归,晚饭较迟,吃肉食较多,不易消化。而且野外放牧,冬天寒冷,夏季干热。所以他们每顿饭前后,都饮用奶茶,有时一次要喝好几碗,以助消化、驱寒、祛暑或解渴。奶茶的用料除奶子外,主要是茯砖、奶皮、奶油等。做奶茶时,先把茯砖掰碎,放入水壶中煮烧,然后在茶汤中加入鲜奶、食盐,待茶乳充分交融即成。饮用奶茶时,加入奶油、奶皮,并与馕或油炸疙瘩等主食一起食用。有时,煮好的浓茶中掺进开水、鲜奶、

奶皮和奶油,倒入碗里搅拌食用,这种奶茶称为"奇依克茶依"(生奶茶)。

柯尔克孜族在冬春季节多食用奶疙瘩和奶油以及其他奶制品,代替盛夏季节的鲜奶。奶疙瘩主要用奶酪和奶糕晒制而成。食用时把它溶解后可以放入纳仁和凯斯麦等肉食、面食品,也可以干吃或者做细质饮料。同时,可以作为药品治疗胃病和消化系统的其他疾病。奶油是从绵羊奶、山羊奶和牛奶中提炼出来的,食用更广。

盛夏季节,柯尔克孜族家家户户都饮用马奶、骆驼奶发酵酿制而成的饮料,称"克米孜"。根据时节变化或牲畜所用草种不同,克米孜有好几种,克米孜的奶质、颜色和营养成分都有所不同。

克米孜的含酒精量为 1.5~3 度。先将马奶或骆驼奶倒入熏制的山羊皮桶、马皮桶或牛皮桶内,放进陈奶酒曲,使之发酵,并且不时用木杆搅动。过夜后,就发酵成为咸酸可口的清凉饮料。克米孜虽然含有少量酒精成分,但不易醉,也不伤身体,具有一定的治疗价值。清代肖雄曾说:"其性温补,久饮不间,能返少颜。"柯尔克孜人还以克米孜治疗肺结核、胃病、支气管炎和哮喘病等症。目前也开始用于治疗胃癌、肺癌等症。

三、居　住

柯尔克孜族的住所一般与他们的游牧和半游牧生活相适应。他们根据季节变化和农牧业生产的需要,分别居住在毡房(勃孜围)、土房(塔木图)和木房(吉戛其围)。

勃孜围,又称"克依孜围"(毡房)、"阿克围"(白毡房)、"朱尔特"(房舍)、"柯尔克孜围"(柯尔克孜族毡房)。从形状看,它比哈萨克族和蒙古族的毡房(哈萨克包和蒙古包)略高而顶尖。这种房子主要有冬暖夏凉、不存水、不积雪、拆卸搬运方便等特点。勃孜围由毡子、木料和编织的花纹芨芨草搭建而成。其下半部为圆形,上半部为塔形。在柯尔克孜人的意识中,毡房的这种形状象征着他们的摇篮——绵延起伏、蔚为壮观的山峰。柯尔克孜人非常忌讳用黑色或灰色毡子做毡房,认为这是不吉利的。他们认为,毡房的白色象征着山顶上的皑皑白雪和纯洁的心灵。

柯尔克孜族毡房的结构，一般是由用柳树、桦树、楸树等制作的栅栏、支架、天窗架、门框等组成。栅栏一般由宽4~5厘米的若干支扁形木条组成，是毡房的下部顶架，为整个毡房的基本构件。一顶毡房栅栏一般是4~5节，富裕家庭也有8~10节的特制毡房。特大毡房多用于举行婚丧喜庆仪式或氏族、部落集会等活动。毡房的支架由40~100根下端弯曲、上端笔直的撑条组成，下端与栅栏节绑扎固定，上端则插入天窗架边框眼内。天窗架为直径150厘米的圆形架子，中间为用相互穿插的4条硬质木料制作的弓形窗顶。毡房的门框为长方形，高180厘米，宽80厘米。门多向东或东南开。春秋风雨季节，在毡房的中央还立一根硬质松木制作的撑竿。柯尔克孜族还将毡房的这些内部构件染成红色，并刻上月牙、花朵、鸟类、羊牛角等各种图案。

毡房的木料构架，用宽15~18厘米的毛织栅栏带、支架带等绑扎固定，栅栏外面围以2~4块编织花纹的芨芨草帘。芨芨草帘和支架外面围以白色围毡、篷毡等。围毡和篷毡分为后围毡和正面围毡、前围毡或门方围毡、后篷毡或正上篷毡、前篷毡或正下篷毡等部分。围毡和篷毡用有花纹的毛织带绑扎固定。另外，围毡和篷毡向外的结扎处挂一条宽约50厘米的补花长毡条，称"阿克艾太克"。在阿克艾太克下沿，还系有称为"铁铁果"或"克力杜若兀其铁铁果"的类似鸡冠花的数十个红樱，装饰整个毡房。天窗顶部有一块活动的2~4米的方形补花顶毡，称为"吐努克"（天窗盖毡），夜晚或风雨天气时，把它盖在天窗上。在门框外挂有补花的毡毯和编织成花纹的芨芨草帘。

柯尔克孜人十分讲究毡房内部的摆设，布置很有规律。地面多铺普通毡毯、擀制压花的多色毡毯、补花或贴花的毡毯、多色花纹的毛织毯等。冬天，在毡毯和毛毯上面还铺牛、羊、马和熊皮制作的"阔力多兰"（特制的方形皮毯）和"塔力帕克"（普通皮毯）。皮毯上面再铺褥子，作为座位。柯尔克孜人一般不用桌椅，富裕家庭在地上还铺一种编织的花纹毛毯，多来自维吾尔族地区或从国外进口。毡房进门右侧为储藏室，一般内置餐具和食品，外

围一块带有多色花纹和图案的芨芨草帘。进门右后角的开列盖上面,挂一块直径1~1.2米编织的花纹毛袋,内藏各种首饰和妇女用品。毛袋前为年幼子女的铺位,上挂一块绣花的丝毯或天鹅绒毯,外围绣花的丝织围帘。进门正对面放置木箱和其他笨重物品,上面摆有被褥、枕头等。木箱和被褥前面是客人的座位和睡铺。进门左后角为老人的铺位,背后栅栏上面挂有帽子和衣裳等。左下角放置马具、打猎用品和其他日用工具等。在左前角的栅栏上挂有马鞭等用品。毡房正中央,对准天窗放有三角铁架、铁锅、铁壶、火钳等,便于取暖、做饭。总之,柯尔克孜族的毡房是他们放牧时常用的一种拆卸方便、易于搬迁驮运的住房。

柯尔克孜人居住的木房,一般多设在冬窝子和秋窝子。木房用大块圆形松木垒叠而成。形状多为长方形或正方形,人字顶,间有平顶。四墙用泥土抹刷平。房门是花纹的双扇板门,外挂补花的毡帘。木房阳面打开直径1米的一两个小圆窗口,窗口外有单扇(富裕家庭有大口双扇)木盖。靠近城镇地区的柯尔克孜人的房屋多采用玻璃窗,房屋内墙用白灰粉刷,地板和房椽都用木板,屋内布置与毡房几乎一样。正中央安置烟筒伸出房顶的铁皮炉子,有的木房在室内右角,用土坯砌起壁炉。柯尔克孜族的木房多建筑在一两米高的台基上面,以防室内潮湿或雨水渗透。有时候,地板和地面之间的空穴储藏各种生产工具和其他用品。木房的右侧用松木盖起马圈(阿提哈纳)。马圈是平顶方形建筑物,屋顶有草堆,把冬春备用的饲草堆在这里,呈人字形或弓形。木房的左边搭盖羊圈,一般用柏树枝或松树干垒叠而成。有的羊圈用柏树枝做栅栏圈,羊圈门边盖有狗棚。柯尔克孜族十分重视喂养狼狗,用以保护家庭财产和牲畜。木房庭院内还有长约1米、宽约0.8米的几口小窖,用于储藏粮食。

富裕家庭的木房很华丽,四墙、地板、顶板都染成红色,门框、门板、窗沿、窗盖上刻有各种图案。木房除卧室外,还有客房、储藏室、厨房等。木房附近还有水池、粮仓。畜圈分羊圈、牛棚、马圈等。春季还另盖暖和的接羔圈。

土房(塔木围)多在农业和半农牧地区。在牧区的冬窝子也有类似的房

屋。柯尔克孜族的土房,在构造上多分为用土坯或生砖垒砌的"克尔皮其塔木",用夯土筑造的"索克莫塔木",用草皮垒砌的"奇木喀纳"等。土房一般为长方形,间有方形,平顶,有一扇或两扇门板。门板外挂着一层芨芨草帘。房顶中央有一个小小的天窗,刮风下雨或夜晚,上面盖有活动的花毡盖或木板的窗木盖"喀普喀克"。土房的墙壁厚而坚固。室内右侧有壁炉和暗筒。壁炉上部为向前突出的人字形炉头。壁炉和暗筒两沿刻有各种花纹和图案。室内正对面墙上有长约 2 米、宽约 1.5 米的窗台式壁龛,多放置被褥、枕头等,上面盖有绣花的丝毯。富裕者在壁龛四周刻有各种美丽的图案。室内左墙有 3~5 层的储藏台,放餐具和食品,上盖绣花白布帘。房门左右墙上修有小壁龛,放置马鞍和杂品。室内左侧另搭炉灶,供寒冬腊月土炕烧火取暖之用,土炕高 50~80 厘米,面积与室内地铺相当。土炕上除铺毡、毛毯以外,还铺竹席、草席和芨芨草席。富裕家庭的土房比较讲究,一般比平民的高,都是生砖或红砖砌筑的。除卧室外,还有客房、厨房、储藏室、庭院、花园、果园等。墙壁用石灰粉刷和装饰。房屋椽子都是细小圆滑的短木,窗棂、门楣上有经文和对联。墙壁和木框、木柱上刻有各种漂亮的花纹及图案。庭院大门多为双扇门板。门楣多为弓形。有的在平形门楣上还修有专用于祈祷或做礼拜的一间小阁。

柯尔克孜族牧民逐水草而居,四季搬迁,转移牧场,故其住所也是随季节而异。

第五节　人生礼仪

一、生　育

柯尔克孜族称生子为"托热提"。在日常生活中,生子育女是一件大喜事。根据习惯,孕期满三个月以前,不能把孕情告诉婆家娘家的长辈,满六个月以后,孕妇不能从男女长辈面前走过。怀孕七个月以后,孕妇不能进入

婆家长辈卧室,不能与丈夫同床。在孩子出生以前,任何人都不能议论是男还是女。生育时,包括丈夫在内的任何男人不得进入产房,也不能让外人知道生产日期。

产妇生孩子,一般都在毡房右角的围帘内。婴儿出生后,助产的妇女(一般是年老妇女)剪断脐带,把产儿洗净后用红布包好,通知等候在门外的男人。婴儿的祖父骑上快马向左邻右舍和亲朋好友报喜。接到报喜的近邻和亲友中的妇女(主要是老年妇女)带着衣帽、首饰和肉、奶制品等食物以及肥皂、香皂前来祝贺,产妇家宰羊招待,举行分娩仪式。来宾们挑选一位年纪最大的或德高望重的妇女做代表,从奶碗中舀一勺牛奶(冬季可用奶疙瘩水)倒入另一个碗里,祝福婴儿健康成长、长命百岁、名声远扬、终生清白、纯洁、真诚。席间,还举行各种娱乐活动。这种分娩仪式一般连续进行三个夜晚。

根据习惯,生孩子以后,要在门上挂一块红布条,一直挂到满月为止。这段时间,外人(尤其是男人)不得进入产妇的卧室。根据柯尔克孜族的古俗,如果生的是男孩子,在门外挂一只弓箭或飞龙图像,意为孩子长大后要成为一个勇敢的武士。如果生的是女孩子,挂一块用红布条制作的飞鸟图像,其上插一支羽毛,意为女孩子长大后要飞往自己向往的地方。柯尔克孜人一般重男轻女,现在这种观念已逐渐改变。

孩子出生第三天举行命名仪式。仪式上主人宰杀牲畜,请客吃饭。全牧村的人都来庆贺,在宾客满堂的盛会上,牧村年纪最大的、有知识的老人应邀为孩子起名。柯尔克孜族给孩子命名有多种方式,名字的意思也很多。一般预先挑选许多名字,在命名仪式上边用火镰打火石,边一个个喊出预先挑好的名字,如果喊到一个名字,正好打着了火,就给孩子确定此名。在挑选名字时,一般挑选有作为的祖先或历史上民族英雄的名字;也有起当场在座的德高望重者或百岁老人的名字;还有人以出生地为名。信奉伊斯兰教的柯尔克孜族,大多起经名或圣人、贤人的名字。信奉藏传佛教和萨满教的柯尔克孜族还起蒙古族、达斡尔族和汉族名字。由于游牧生活,柯尔克孜人也多以山林、猛兽、花草、河流或自然现象命名,如布兰巴依(强风)、阿依古丽(月亮花)、安瓦尔(曙光)、阿尔斯兰(雄狮)、苏奇巴依(河流)、阿坦巴依(雄骆驼)、阿斯卡尔(山顶)、卡尔勒巴依(白雪)、奥尔满(森林)等。柯尔克孜族忌讳用宗教禁食的动物和禽类名为人起名。

满月礼在婴儿出生40天举行。这一天,婴儿要脱掉出生时穿的衣服,换上用40块花布缀成的衣服,主人必须请本氏族部落妇女和其他女性亲属参加仪式。这一仪式的最大特点是无论什么都要凑足"40"这个数。参加仪式的妇女不得少于40人,仪式开始时,祖母或近亲一位老年妇女,把一个金镯或金戒指放进盛有温水的木盆里。然后把孩子放入盆中,让40个来客轮流用木勺舀盆里的温水慢慢地淋在婴儿身上,先从德高望重的年老妇女开始,一人倒一勺,必须倒足40勺。淋浴完毕,在房子正中餐布上,点燃40支用生羊油制成的蜡烛,将孩子在烛光上摇晃40下。来客拿40块奶疙瘩,盛于一个新碗内,放在孩子面前。最后,第一个淋温水的妇女把孩子出生时挂在门上的红布和羽毛取下。这种习俗是古代遗传下来的,据说40勺水、40下摇晃、40块奶疙瘩加起来共是120,它标志着婴儿可以活到120岁。

孩子长到一周岁,要举行周岁仪式(加什托依)。周岁仪式上,以招待小客人为主,让他们在餐桌主席座位就座。主人要宰羊或杀马驹招待。仪式开始时,招待贵宾的食物摆在桌面上,客人们坐好,在餐布中央点一支蜡烛,让过周岁的孩子吹蜡烛,接着给孩子喂12勺牛奶,表示孩子已过了12个月。进餐时,12位小客人每人拿一块奶疙瘩和自己带的礼物一起送给过周岁的孩子。参加仪式的年长者从盘中的肉上割下12块给过周岁的孩子。在割肉时也有讲究,一般在耳朵上割2块,眼睛上割2块,4条腿上各割2块。在客人分食尾油、头和其他部位的肉时,每处都要剩一点给过周岁的孩子吃,以此祝福孩子健康成长、百病不生。饭后要举行适合小孩的各种游戏活动。有些富裕家庭则举行赛马、叼羊、摔跤、马上角力、拔河等多种游戏。有些地方的周岁仪式上要举行剪绳子仪式,先让孩子站着,用一根红毛线拴在孩子的双腿上,让一群三四岁左右的男孩从100米外的地方跑到孩子跟前,解开

红毛线绳,并奖励解下绳子的男孩。

柯尔克孜族以"骑马民族"著称,他们在生产和生活中离不开马,孩子从5岁起开始学习骑马。当一个孩子初次骑马时,要举行隆重的骑马仪式。在仪式上,给孩子准备全新的马具、马鞭和一匹2～3岁的公马。主人在马耳、马脖和马尾上系扎红绸布绢花和其他装饰品,把马打扮得非常漂亮。首先,父亲帮助孩子登上马鞍,牵马一圈,然后孩子自己掌握马缰,徐徐走动,绕场7圈,来宾在掌声中狂呼,鼓励孩子要勇敢、沉着,成为一个好骑手。孩子则频频弯腰向来宾鞠躬,逐步加快速度。这时,7位7岁以上的孩子也骑着装饰华丽的7匹马,陪着他快步行走,绕场40次,到来宾面前下马鞠躬,表示感谢。孩子父亲将这匹马连同马具送给孩子,向7位伴童赠送礼物,来宾也向孩子赠送各种礼物。仪式完毕,孩子在小伙伴的陪同下骑马拜访亲友、邻居。大家都祝贺他学会骑马,并以最好的食品招待小骑手,赠送马鞍、马蹬、马鞭和其他礼物。

孩子5～7岁时进行割礼(柯尔克孜语称"逊奈特")。"割礼"是信奉伊斯兰教的柯尔克孜人举行的一种宗教礼仪。所有信奉伊斯兰教的男子都必须履行这种仪式。割礼仪式是仅次于婚礼的大事,要举行隆重的仪式接待前来祝贺的客人。割礼由阿訇主持,专职的割礼师动手术。是日,男孩要沐浴更衣,穿上盛装,与几位小伙伴一起坐在房子正中上座,其他来客不论年龄大小,都坐在他们左右两边,主人必须宰牲款待来客。席间,割礼师给孩子送"吉力克"(一对羊腿骨肉),讲述关于割礼的传说故事。男孩的亲友们给孩子说些轻松愉快的话,缓解孩子的紧张情绪。动手术时,阿訇念经祈祷,割礼师唱着"割礼歌",分散男孩的注意力,同时以最快的速度、最熟练的方法完成割礼。之后,来客们给孩子送礼,大多是零花钱,也有的送衣帽及入学时需要的东西。富有的家庭还举行赛马、叼羊等娱乐活动。

根据习惯,进行割礼是柯尔克孜族男孩成人的标志。割礼仪式后,孩子不能穿开裆裤,不能与父母和姐妹同床共被,更不能在长辈和妇女面前失礼。

女孩5~7岁时要举行"扎耳仪式",来宾一般都是妇女和小女孩。仪式上,由一位年纪最长的妇女给女孩梳40条辫子,并唱"扎耳歌"和说些祝福的话,然后由民间专门从事扎耳眼的妇女扎耳眼。扎好后,女孩的母亲赠送给女儿一对耳环。来宾们也分别赠送耳环、手镯、衣服、帽子、小镜、梳子及其他饰物。赠送礼品时,大都唱着即兴的扎耳歌以示欢庆。在民间,举行扎耳仪式后的女孩不能同男孩一起玩耍,不能与兄弟们睡同一张床,要遵守男女有别的种种讲究和妇女传统规矩。扎耳仪式也就是成年礼,表明女孩正在走向成年。

二、婚 姻

柯尔克孜族称婚姻习俗为"库达撒勒特"。柯尔克孜族的婚姻实行一夫一妻制。过去正室无子女者和一些富裕家庭根据伊斯兰教的习惯也有一夫多妻的现象。另外,由于兄终弟及的习惯,也会发生一夫多妻的现象。这种现象与封建买卖婚姻制度有关,但不普遍。

柯尔克孜族实行族外婚制。习惯上一般直系七代和旁系五代亲属之间不能通婚,与其他氏族、部落或其他民族的孩子同吃母奶长大的男女也不能通婚。所以,柯尔克孜族订婚时要非常细致地了解对方的血统和吃奶情况。以前,不允许柯尔克孜族女性和信仰不同宗教的男性结婚。丈夫死后,寡妇不能带走子女,也不能随意改变子女的氏族、部落和民族成分。

1949年以前,柯尔克孜族多实行封建买卖婚姻制度,其聘礼数额惊人。从订婚到结婚,男方要陆续给女方许多牲畜和其他财产。聘礼的标准一般是"托库孜喀拉"(9头一群的9种牲畜)或"托库孜塔尔图"(9件一封的9种财产)。一般情况下,一个"喀拉"包括1峰骆驼、4匹马和4头牛。9个"喀拉"就是9峰骆驼、36匹马、36头牛,或相当于这个价值的羊群。如果没有牲畜做聘礼,就以"托库孜塔尔图"来代替。"托库孜塔尔图"包括9件一封的金银首饰为主的81件衣裳、布匹、钱币和其他财产。近百年以前,柯尔克孜族巴依(财主)、玛纳普和比(地方世俗长官)等封建贵族,为了表示自己

阔气,讲排场,花费很多财产把"托库孜喀拉"和"托库孜塔尔图"增加到"柯尔克喀拉"或"柯尔克塔尔图"(40头一群的40种牲畜或40件一封的40种财产),或相当于这个价值的羊群、钱财。中华人民共和国成立后,封建买卖婚姻的"喀拉"或"塔尔图"制度被废除。

柯尔克孜族男女青年订婚,过去一般由父母、氏族或部落头人包办,存在着浓厚的封建等级和门第观念,尤其是掌握世俗政权或玛纳普、比出身的大部落的女子,不能嫁给贫困牧民或小部落的男子。

过去,柯尔克孜族的定亲方式有指腹婚(白勒库达)、摇篮婚(白希克库达)、成年婚(巴拉库达)和换婚(卡依奇库达)四种。根据柯尔克孜族习惯,以上四种订婚之约,除了死亡等特殊情况外,不能随意解除。订婚仪式很隆重,多在女方家举行。男方父母在亲戚朋友陪同下,带着一整只煮熟的羊和几头牲畜以及其他食品、礼物等,到女方家正式提出订婚。同时,女方邀请自己的亲戚朋友和本氏族、本部落、本阿寅勒和本地宗教人士,宰杀牲畜,隆重招待来宾,席间举行各种游戏活动。相亲的婆婆或姑姑、姨姨上前吻姑娘的前额,并庄重地给她戴上耳环,这意味着姑娘已是自己家里的人了。同时还要给姑娘梳"定亲头",并把带去的金银首饰、衣服和鞋帽统统给姑娘穿戴上,打扮时还唱"定亲歌"。在订婚宴上,"相亲团"把所带的礼品也按亲疏和辈分送给姑娘家的亲戚,双方即协商迎娶日期及其他有关事宜。举行订婚仪式时,双方之父站立着把双手放在胸口,当众宣誓遵守婚约,并要求来宾作证和进行监督,有的还要手捧《古兰经》宣布双方绝不违背婚约。订婚仪式结束时,女方向男方父母和其他来宾还礼。订婚后的男女不能在对方父母和其他长辈(尤其是男性长者)面前露面和谈笑,以免失礼。如果发生这种情况,会遭到双方父母的斥责和社会舆论的谴责。按照柯尔克孜族的习俗,女青年在举行订婚仪式之后,即算"待嫁闺中",再也不能从事放牧、挤奶、守圈等抛头露面的劳动,只能在母亲的指导下一心一意地赶绣嫁妆。

柯尔克孜族的婚礼非常隆重,一般情况下要举行三天。婚礼日期一般定在羊肥马壮和农业丰收的秋季。根据习惯,星期五不举行婚礼,这与伊斯

柯尔克孜文献与文化研究

兰教不能违背星期五禁礼日的规定有关。

柯尔克孜族在儿子成婚之后要按照辈分分家,分家时也要举行隆重的仪式。父母给要分家的儿子准备一套家具齐全的毡房和其他礼物。过去举行仪式时,阿寅勒、氏族和部落头人、阿訇和当地官吏要去作证,由部落头人主持仪式。父亲送儿子一条鞭子,意思是他可以独立门户,料理家务,还要赠送毡房、家具、生活用品和牲畜财产的四分之一。习惯上,这些物品必须经过阿寅勒、氏族、部落头人和阿訇转交给儿子。父亲和来宾都预祝他家庭幸福,能继承其父业,艰苦创业。儿子率妻子、儿女向父母和来宾弯腰鞠躬三次,表示感谢。分家仪式一般要举行 2~3 天。第一天的分家仪式在父母家举行,第二天和第三天的仪式主要在新家举行。第二天一般邀请近亲和老人传授创业经验,称"阿克勒托依"(取经仪式)。第三天的来宾主要是朋友和年轻男女。来宾多赠送鞭子、家具、餐具、被褥、生产工具和其他用具,主人也以各种礼物还礼。分家以后,父母一般不再负担其子的经济生活,也不干涉其家务。只有当儿子倾家荡产或遭受其他意外时,父母才给予帮助。如果儿子死去,父母也有义务抚养其家属。分家以后,儿子要赡养父母,生产繁忙季节要帮助父母收割、接羔、剪毛和分担其他重体力劳动。总之,柯尔克孜人分家以后与父母仍然发生伦理和经济上的密切联系。

夫妻离婚要受到社会舆论的谴责,故柯尔克孜族离婚现象很罕见。过去如果非离婚不可,要经过双方阿寅勒、氏族和部落头人以及宗教上层的裁决。丈夫主动提出离婚,女方可以带走出嫁时带来的全部财产。如果女方提出离婚,只能独自离开家门,不能带走任何财产。不论哪种离婚形式,其子女全都归男方。如果离婚后丈夫死去,女方不能提出继承遗产。根据柯尔克孜族的习惯,年轻寡妇如果要求改嫁,要嫁给亡夫的弟弟,但不能嫁给亡夫的哥哥。如果亡夫没有弟弟,可以嫁给近亲或本氏族、本部落的人。总之,寡妇不能离开本家族的范围,也不能以任何借口反抗或违背这种婚姻习惯。如果弟弟或本氏族、本部落的人不愿和她结婚,她才可以自由选择对象,但不能带走出嫁时带来的任何财产,而且后夫还要给亡夫家一定数量的

抚养费。寡妇再嫁的婚礼仪式不像初婚那样隆重和烦琐。新婚丈夫宰一只羊，请本地长老和阿訇吃饭，举行"尼卡"仪式和食用食盐即可。新中国成立后，随着新婚姻法的实施，这种习俗已逐渐改变。

三、丧　葬

柯尔克孜族的丧葬（艾侣姆）大多按照伊斯兰教的习惯举行葬礼。人死后另立毡房，把尸体安放其内，用布巾兜住下巴颏，用洗净的白布遮盖脸面，头朝北，面朝西。家里人都穿黑衣服，妇女戴黑纱，面向西坐，放声号哭，唱"离别歌"，赞颂死者生前的业绩，表示对他的缅怀和哀悼。还要在毡房左角挂死者的帽子、衣服、鞭子，在门外竖一黑色丧旗。家里的男人和小孩在门外手拿木棍，唱"离别歌"。男人或亲属骑马快跑，唱"死讯歌"，向亲友、阿寅勒和部落报丧。同时，请阿訇昼夜在死者旁边念经祈祷，家人轮流守着尸体。参加丧礼的人要边骑马奔跑边哭，在离死者毡房大约半公里处下马，唱着"离别歌"，步行前来与死者家人一起哀悼。

丧礼前，阿訇在死者嘴里滴清水，然后将尸体"净身"（男的由男人洗，女的由女人洗，12 岁以下的由长辈洗），用"凯平"（缠尸白布）缠身，男性包三层，女性包五层，安放在灵柩内，再将颜色鲜艳的丝绒毯或红布盖在死者身上。举行丧礼时，把灵柩抬到清真寺或平地上，参加哀悼的人进行"古苏力"（大净），在阿訇或伊玛木（教长）主持下，大家举行"乃玛孜"（诵经祈祷），然后将尸体抬到墓地进行土葬。埋葬前，要念经祈祷，给死者赎罪，祝他进入天堂。举行这些仪式时，不能说死者的坏话，不能在背后议论，更不能要债。死者墓穴一般挖两米多深，洞壁右面开穴，将灵柩放入其内，头朝北，脚朝南，面朝西，即朝向天方（克尔白）。填土时，先由掘墓人向灵柩上填一把土，然后由死者的儿子和亲属填土，接着送葬人各抓一把土撒到灵柩上面，再填墓穴。墓前用木头做记号或用木、石头立墓碑。墓碑上刻有死者姓名、生死年代和身份。根据柯尔克孜族习惯，不给异教徒死者念经送葬，对在战争中遇难或旅途中死去的异教徒可以例外，但不举行专门的送葬仪式。

为了表示对死者的哀悼,家属在 40 天内不能梳头、理发和刮脸。一周年之内不能穿新衣服或者花色衣服,不能举行或参加娱乐活动,不能下丧旗,不能举行婚礼。如果一年内需要搬迁,死者幼子和妻女要扛着丧旗和死者衣帽(女性死者的头巾和衣裙)走在队伍的前面,每走过一户人家或阿寅勒时,死者妻女要牵着死者生前用过的马匹走在丧旗后面唱"哀悼歌"。在一年内,不能使用死者的马匹和马具。到周年祭奠仪式时,家属可以拿去丧旗,脱掉丧服,结束哀悼期。

　　信奉萨满教和藏传佛教的柯尔克孜人,对死者进行与上述不同的丧礼仪式。黑龙江省富裕县的柯尔克孜人有同姓墓。葬法有土葬、火葬两种。用哪种葬法,要由萨满或喇嘛来定。根据其习惯,男性死者嘴里放进一块银币或铜币,妇女口中则放进一块珊瑚或珠子,然后请老人给死者换衣、剃头、刮脸、净身,装殓入枢。死者的女儿、亲友用烧酒、点心、公鸡、奶油、奶干等上供。晚间在灵前点灯、磕头和守灵。一般在第二天或第三天送葬。新坟三年不填土,过后每年填土一次。火葬时,把骨灰放入罐子,埋于地下。不曾生育的女性和孕妇死后则进行火葬。

第六节　节礼习俗

一、节　日

　　柯尔克孜族节日较多,有诺鲁孜节、克尔孜木润杜克节、阿克托依节、喀尔夏托依节、肉孜节、古尔邦节等。

　　诺鲁孜,意为新年,这是柯尔克孜族最古老的传统节日。节日仪式一般在每年春分时节,第一个新月出现时,即阔祖吉利迪孜(白羊星)第一次在天空正东方出现的第二天举行,这一天是柯尔克孜族传统的"巴什阿依历"元月初一,相当于公历 3 月 22 日。根据柯尔克孜族古代民间天文观念,白羊星是造福于人类的"腾格利"(神)之一,而双鱼座则是人畜疾病和其他自然灾

害的根源,所以柯尔克孜人往往挑选正好双鱼座降落,白羊星升起的时间过诺鲁孜节,"驱赶妖鬼和病源""迎接平安和丰收"。

柯尔克孜族的诺鲁孜节仪式在诺鲁孜日的黎明更开始举行。这一天,男女老少都穿上节日的民族服装,举行各种活动。当天,每家的家长首先起来,在房屋正中燃烧圆柏树枝,唱着"阿拉斯歌",将冒烟的树枝(阿拉斯)在家人头上转圈,预祝家人在新年中平安快乐。然后,把阿拉斯带到畜圈门口,让牲畜从烟下通过,祈求新的一年牲畜膘肥体壮,迅速繁殖。吃过早饭后,家家在门前用芨芨草生一堆火,让全家男女老少和牲畜从火上跳过,也要求拜年者跳火进门,以示"去邪"。据传,在一二百年前,柯尔克孜人每逢诺鲁孜节还用猎枪射日,意为驱赶立宫于太阳的鬼怪,让太阳发出更加灿烂的光芒。

节日当天的日出更后,柯尔克孜族家家户户都做"诺鲁孜饭",即"阔缺饭"(大小麦粥)。富裕家庭还用大锅做"琼阔缺"(大锅粥)。"阔缺饭"一般用去皮炒过的大麦或小麦、黄豆、牛羊肉块、奶油、胡萝卜丝、洋葱片、食盐七种食物和胡椒粉等各种野生调味佐料做成。

关于"阔缺饭"的来历,柯尔克孜族中流传着这样的传说:在遥远的古代,连续七年发生特大罕见的自然灾害,每年冬天河流封冻,天气寒冷,人畜无法找到食料。每年夏季天气炎热,草木枯黄,人畜死亡很多。从汗王到百姓都为此苦恼,他们到怪树怪崖处祈祷天神挽救。第七年,每家仅剩下最后一点点的麦面和干羊肉块以及其他食物,所以在一个双鱼星季节,家家都把家里剩下的食物倒进锅里做成稠粥,一边吃饭,一边祈祷天神消灾克难。白羊星季节来到后,天气突然晴朗,阳光明媚,草木萌发,羊羔跳跃。人们认为这是吉祥的预兆。到了夏季,草木并茂,牛羊膘肥体壮,五谷丰登,人们欢笑。牧民们认为这是他们吃"阔缺饭"向天祈祷的结果。所以汗王命令在每年第一次见到白羊星时,都要过节吃"阔缺饭",以预祝人畜兴旺,平安无事。从此,过诺鲁孜节和节日吃"阔缺饭"就成为柯尔克孜族的习惯。

目前,诺鲁孜节在仪式和内容上都有很大变化。过节时,不光是吃用七种食物做成的简单"阔缺饭",向天神祈祷了。原来过节时不能宰杀牲畜,如今宰羊杀牛,节日变得更加欢乐。过了午时更,柯尔克孜人成群结队骑着马相互拜年,在草滩平地举行多种游戏以庆祝新年。日落更以后,男女老少分别举行文艺晚会,夜幕笼罩下的茫茫草原变成了欢乐世界。柯尔克孜族的诺鲁孜节往往举行3～15天,前一个星期是男人拜年、妇女看家,后一个星期是妇女拜年、男人看家。然后,他们便进入紧张的生产活动。

"克米孜木润杜克节",意为"马奶节"。这个节日在每年入夏季节"盖再克星"(双子星)在天空正西方第一次出现的第二天举行。这一天是柯尔克孜族传统的巴什阿依历三月初一,即相当于汉族农历小满节气和公历5月22日。由于柯尔克孜族每年从这一天开始生产和食用马奶,所以他们要举行庆祝活动。节日前,柯尔克孜人准备足够的马奶子、其他奶制品和肉类食物。在柯尔克孜族的巴什阿依历三月初一的日出更时,家里男女老少都穿上节日服装来到拴马处,由家长抓住马鬃祈祷,家里年老妇女挤马奶,把一小木碗初奶喂马驹,又将一勺初奶喂给家里年龄最小者喝,以祝马驹苗壮成长,子女洁白幸福。然后,宰羊煮肉接待拜节者。午时更前,柯尔克孜人成群结队相互拜节,祝贺人畜兴旺,生产丰收。主人以马奶、肉食、油炸疙瘩、油饼等招待客人。克米孜木润杜克节一般举行三天左右,此后便进入牧业产品加工和农业生产的紧张劳动。

阿克托依是秋收节日。"阿克托依",意为"白月庆"。这个节日在"孙布勒克星"(室女星或小女星)在天空正南方出现的第二天举行,即柯尔克孜族传统的巴什阿依历六月初一,相当于汉族农历处暑节气和公历8月22日。此时节夏牧场天气开始变冷,草木变黄,草滩露出白色地皮,故称这个节日为阿克托依节。

阿克托依节的仪式比较隆重。从黎明更以后,家家户户开始紧张的节日活动。首先,全家在家长带领下念经祈祷,摆席喝奶油茶,祝全年生活安宁,丰衣足食。然后,点牲畜头数,在幼畜耳朵上打记号("塔木戛"),分"安奇"(分给子女一定数量的牲畜)、"天课"(牧业税)等。日出更以后,宰羊杀马,以备招待拜节者。午时更,人们相互拜节和举行其他娱乐活动。阿克托依节一般持续到柯尔克孜族传统的巴什阿依历六月十五日(即公历9月8

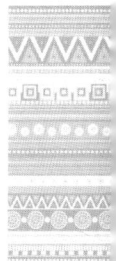

日)左右。然后,牧民们开始从夏牧场转移到秋牧场,并储存饲料和做过冬的准备工作。婚礼喜事从这个时期开始。

柯尔克孜族还过喀尔戛托依节。"喀尔戛托依"在柯尔克孜语意为"乌鸦宴"。这是柯尔克孜族妇女在巴什阿依历五月初一(公历 7 月 22 日)举行的一种节日仪式。仪式举行一天,男性(包括 7 岁以上的男孩儿)不能参加。过去仪式以氏族为单位举行,由氏族中一位德高望重的女人主持。仪式上严禁饮用酒类和其他麻醉品。节日非常隆重,妇女们为此准备数十日,除了准备各种食物外,仪式上都要穿新衣裳。仪式开始后,主持人首先让每一位妇女喝一碗奶子,以示妇女要忠诚、清白、勤劳。然后举行唱歌、跳舞、讲故事等多种娱乐活动。这一天,男人要给妇女们宰羊和准备其他食物,但不能进屋。

喀尔戛托依节是柯尔克孜族妇女的传统节日。据说,古时候的某年,柯尔克孜族遭到外族侵略,有位百岁老妇为了摆脱敌人的残害,提议全体男人(包括男孩)赶着牲畜到深山密林中去,妇女留在家里跳舞、唱歌,以便牵制敌人,随后男人们赶来消灭侵略者。大家都依此去办。当敌军来到牧村时,只见一群狂欢的妇女,她们优美的舞蹈和歌声使敌军完全陶醉,忘乎所以。这时,男人们突然赶来袭击敌人,敌人全部被消灭。据传,喀尔戛托依节从此以后便成为柯尔克孜妇女的一个隆重节日。

信奉伊斯兰教的柯尔克孜人要过肉孜节,"肉孜"一词系波斯语,意为"封斋"。每年在"热玛赞月"(柯尔克孜语伊斯兰教历九月)封斋 30 天,在"沙瓦勒月"(柯尔克孜语伊斯兰教历十月)初开斋,举行隆重的节日活动。据传,这个月是真主赐给伊斯兰教的倡导者穆罕默德《古兰经》的月份,所以认为这个月是最吉祥、最崇高的月份。

节日那天牧民在黎明更起床,全家男女进行大净(沐浴、净衣、洁处),然后到礼拜寺或草坪进行"那玛孜"(聚礼),女人不能与男人一起到礼拜寺和其他场所举行"那玛孜"。"那玛孜"结束后到坟地去念经祈祷,然后返回家里宰羊(农业地区不要求宰杀牲畜)和准备丰盛的食品,相互拜节。节日仪式一般举行 3～10 天,还要举行各种娱乐活动。

古尔邦节是信奉伊斯兰教的柯尔克孜人的节日之一,它比肉孜节还要隆重。"古尔邦"为阿拉伯语"宰牲"之意,即宰牲以谢真主。在这个节日必须宰杀一只本年度出生的黑色公羊。一般于柯尔克孜历"祖勒哈吉月"(十二月)十日过节,这一天也是伊斯兰教五功之一朝觐活动的最后一日。节日一般要过 3～15 天,仪式内容比肉孜节丰富。柯尔克孜族伊斯兰教徒每年从接羔开始就准备这个节日,选定宰畜。这种宰畜不能打骂,不能出售,不能随意屠宰,如果这种宰畜死去,可以另外选定一个。富裕家庭可以选定几个宰畜。

20 世纪 50 年代后,柯尔克孜族除了过本民族节日外,还与全国各兄弟民族一起庆祝五一劳动节、十一国庆节等。

二、礼 俗

柯尔克孜族是热情好客、重礼节的民族,他们有句俗语,"祖先留下的遗产中,一部分便是留给客人的"。所以,他们在任何条件下都要留最好的食物招待客人。他们只要听到外面来客的声音,不论相识与否,都要出来迎接,相互握手,鞠躬问安,并宰羊招待客人。把客人放走,尤其是太阳落山后放走客人,在柯尔克孜族的习惯上是一种失礼行为,会受到舆论谴责。挽留客人时,还要照顾好他们的坐骑和带来的牲畜。

柯尔克孜族接待客人的礼节很多,有问安请安、握手拥抱、俯首鞠躬、贴面接吻等。

接待客人时,主人从家里出来,快步走到客人面前,拉缰扶客人下马。男的接待男的,女的接待女的,然后握手或拥抱,向前俯首问安。来客亲吻幼者的面额(男性不能亲吻 12 岁以上的女性),并抚摸其头顶。如果是女客,年幼者先向年长者俯首鞠躬,然后拥抱贴面、接吻问安。如果来客是青年人,要老远下马,右手抚胸,左手牵马,步行至门前主动问安。如果是新婚妇女或未出嫁的姑娘,男人(尤其是长者)不能出门迎接。根据习惯,主人不

出门迎接客人，就说明他的辈分比客人大。客人进门后，主人帮他脱帽、脱衣，把其鞭子挂在毡房正面的左侧（女的挂右侧），然后请客人洗手，铺上餐布，用馕、油炸疙瘩、奶油、奶皮、奶酪、马奶和奶茶招待客人。然后，主人牵一只羊到门内，站立并举起双手说"请尊贵的客人接受我的心意"，意即请求开始"巴塔"（请求真主的祷词或赞同）仪式。客人也站立并高高举起双手答道："求真主保佑全家平安，人畜兴旺，万事如意，未来幸福。""巴塔"仪式种类很多，不同的地区宰杀不同的牲畜，有不同的"巴塔"内容。"巴塔"仪式上的祷词或赞词都用诗歌表达。在有些仪式上，来宾在宰牲前还举行"巴塔"诗歌比赛。

柯尔克孜族有互相合作的良好习惯，这虽然与过去以血缘为纽带的阿寅勒、氏族和部落关系内部的互助习惯有关，但是在今天，它已经大大超出这个范围，成为良好的社会风尚。柯尔克孜族互助合作关系，其内容主要表现在生产劳动、经济生活和伦理道德等方面，如剪毛、接羔、打毡、打绳、做毡房、盖屋、打草、播种、收割、打场和搬迁等各种活动中。这种义务不能推卸或拒绝，也不能要任何报酬（但主人要宰牲做饭招待来者）。否则，就要受到社会舆论谴责，并得不到其他人的帮助，以致远走他乡。在农业地区还出现一种以工换工的互助形式。

柯尔克孜族地区如果有人因故破产，人人都有都有义务帮助其克服困难：有的送衣服，有的送粮食，有的送牲畜、毡房部件、工具和用具等。这种救济完全是无偿的。如果有人无力偿还欠债，诸亲朋好友有替他还债的义务。在操办婚嫁、丧葬等红白大事时，亲戚朋友们要赠送钱财、牲畜、布匹和其他礼物，柯尔克孜语称"阔秀木恰"。尤其是孤寡老人、孤儿和寡妇在经济上更受到照顾和优待。柯尔克孜族非常忌讳本家贫困者流落他乡，如果发生这种情况，他们所在的整个阿寅勒、氏族和部落都会受到社会舆论的谴责。

三、禁　忌

柯尔克孜族在生活中有很多禁忌。社会交往中，待人接物忌无礼貌。尤其是对长者要十分尊重，走路要让长者先行，交谈要让长者先说，而且不能中间打断。与老人交谈时，年轻人的声音要比长者低，妇女的声音要比男人低。说话时，不能直眼看长者，或者坐着向站着的长者说话。如果坐下，要让长者先坐并坐在上座。坐下时，要求盘腿，忌将双腿伸直或脚底朝人。睡觉时，严禁头东脚西或脚朝人头。年轻人不能从长者前面走过，妇女不能从男人（亲生儿子和婚嫁后出生的男子除外）面前走过。年轻人不能直呼长辈的名字，尤其是妇女婚嫁后不能直呼丈夫、长辈和婚嫁前出生子女的名字。接待客人时，要跑步去扶他上下马，年轻人要先行为客人打开门帘。不能在客人面前与家人长谈家事，不能把客人单独留在一间房内使之寂寞。饭前饭后或在进门时要主动给客人倒水洗手。睡觉时，给客人铺床、收床，不能让客人自己动手。招待客人时，不能要他帮助干活。接受礼物要低头双手接物，不得顺手甩扔。在屋内外交谈时，禁止吐痰、擦鼻涕、打哈欠等。

柯尔克孜人禁跨花绳。因古代柯尔克孜人视狼为图腾，而狼是不跨越花绳的，这一禁忌保留至今，成为一种习俗。忌坐毛绳由柯尔克孜人的动物崇拜衍化而来，他们认为毛绳由牲畜的绒毛搓成，因而应予尊崇，坐毛绳是对牲畜的亵渎。在一些地区甚至会认为毛绳导致司毛绳神发怒，招致被毛绳捆绑或其他灾祸。[①]

饮食方面，柯尔克孜族有很多禁忌。禁食猪、狗、猫、蛇、青蛙、猛兽、猛禽肉，这与他们很多人信仰伊斯兰教有关。不吃自死或不经念经祈祷宰杀的可食动物肉。不能甩扔、踩踏食物，不能踩踏食盐，不能在倒食物的垃圾堆上大小便，不能用禁食动物比喻人和物，不能在吃饭时谈论禁食动物，不

———————

①《中国各民族宗教与神话大词典》编审委员会：《中国各民族宗教与神话大词典》，北京：学苑出版社，1990年，第369页。

能在河道、水井、水塘内大小便、洗衣服或倒入脏物，不能用棍打水，不能坐在装有食物的箱子、麻袋和做饭用具上，不能踩踏和跳过餐布、做饭用具，不能甩扔做饭用具或把食物、餐具放在人行过道，不能在炉灶、野外生活的地方或炉灰上吐痰和大小便。

饭前必须洗手。洗手时不能甩手上的水，要用手巾擦干。进餐时不能用手乱摸和用鼻子嗅餐布上的食品。吃馕时不能拿着一个整馕咬，要掰成小块往嘴里放。吃饭时要细嚼慢咽，不能狼吞虎咽、大咬大嚼，更不能发出大的声响。进食时不能大声喧哗，更不能张口大笑。禁忌抛洒食品，掉下的食品碎屑要放在餐布上。几个人在一起吃饭时，不能动别人的碗勺，几人同吃一盘抓饭、手抓肉时，只能抓自己面前的。

柯尔克孜族忌讳在主人面前点牲畜头数。接羔时忌说不吉利的话。放牧时，不能打骂牲畜，更不能用禁食动物的名字骂可食动物。不能乘骑绵羊、山羊等小牲畜，不能把禁食动物与可食动物拴在一起或在一个圈内喂养，不能在畜圈内大小便，不能踩踏或跳过用于牲畜的绳子，不能骑马闯入羊群。每年接羔前期或发生风雪灾害时，要进行"净畜"，即让牲畜穿过火堆或一一通过点燃的几支蜡烛。因为在柯尔克孜族看来，火光便是祛除邪恶的象征，这与他们最早信仰的原始萨满教有关。

柯尔克孜族极其忌讳自杀，认为这有损于本族的尊严和荣誉。对自杀者不能举行哀悼、丧礼和祭奠仪式。自杀者的子女在社会上也得不到应有的地位。

中华人民共和国成立后，柯尔克孜族的政治、经济地位发生了变化，他们的科学文化水平和觉悟不断提高，许多繁杂仪式和旧习惯在不断改变，尤其是在婚礼和丧礼方面已经改变了许多，逐步树立起新的风气。

第三章

唐代柯尔克孜文献解读

第一节　唐代柯尔克孜文献概述

从文字上来看,唐代柯尔克孜文献仍属于古代突厥文文献。因此,国外学者通常将古代突厥文文献称作鄂尔浑-叶尼塞文献。前者主要是蒙古高原的突厥、回鹘人留下的古代突厥文文献,后者主要是叶尼塞河流域的黠戛斯及其属部留下的古代突厥文文献。有关古代突厥文文献的分类,目前尚无统一的、整体的分类。一般来说可以依据文献载体、出土地点、写作时代、体裁内容、作者族属等对古代突厥文文献进行分类。①

一、古代突厥文文献分类

(一)按文献载体分类

文献是由形式和内容两个方面构成的,其形式就是载体,是附载文献内容的物质材料和方式。根据文献载体形式,可将古代突厥文文献分为四种:碑铭、写本、崖/岩/壁刻、铭文。

(二)按出土地点分类

由于突厥、回鹘部族的对外征战以及内属部落的迁徙,加之一些邻近部族亦采用相同文字,古代突厥文文献的分布范围非常辽阔,从鄂尔浑河到多瑙河,从雅库特到沙漠。但是成群出现的却只是在突厥、回鹘、黠戛斯或其他使用古代突厥文的部族的文化政治中心。通常可以划分出 7 个中心区来代表不同区域的古代突厥文文献:北蒙古文献、叶尼塞河文献、勒拿-贝加尔

①关于古代突厥文碑铭的分类,见[苏]С. Г. 克利亚什托尔内:《古代突厥鲁尼文碑铭——中亚细亚史原始文献》,李佩娟译,哈尔滨:黑龙江教育出版社,1991 年,第47～53页。简要介绍见牛汝极:《维吾尔古文字与古文献导论》,乌鲁木齐:新疆人民出版社,1997 年,第 59～64 页。

文献、阿勒泰文献、新疆-敦煌文献、中亚文献、东欧文献。

（三）按写作时代分类

古代突厥如尼文的最早出现时间大约为公元 6 世纪左右。《周书·突厥传》载："其书字类胡，而不知年历，唯以草青为记。"《北齐书·斛律羡举传》载："代人刘世清……通四夷语，为当时第一。后主命世清作突厥语翻《涅槃经》以遗突厥可汗。"此事发生在公元 574—576 年间突厥陀钵可汗在位时。但在陀钵可汗时代的布古特碑上，只有粟特文和婆罗密（即佛教圣语）文。[①]因此，古代突厥文的最早出现时间应当为 6 世纪末期至 7 世纪初。根据属于 10 世纪佩奇尼格人或 13 世纪库蛮人的如尼文来看，古代突厥文的最后消失时间应为 13 世纪。以我国分布的文献来看，其消失的时间应当在敦煌藏经洞封闭之前（11 世纪前）。一般来说，根据写作时代，可以将古代突厥文文献分为四个历史时期：公元 681 年以前文献，公元 681—744 年文献，公元 744—840 年文献，公元 840 年至 13 世纪文献。

（四）按体裁内容分类

文献的历史价值主要由文献的内容和体裁所体现，特别是史书、公文、敕令等。集传记性、历史性和文学性于一体的古代突厥文文献，其内容多为记功或纪念，体裁形式一直争议较大，其中尤以碑铭为甚。如李国香、朗樱等，直接将鄂尔浑碑铭视作碑铭文学。毕桪则认为：虽然鄂尔浑叶尼塞碑铭文本身并非是民间文学的创作，但它向我们提供了诸如古代神话的线索和佐证材料，它吸收了诸如民间谚语的材料，一些碑铭文直接采用了民间歌谣的形式或者渊源于英雄史诗的形式。[②]因此，耿世民认为：关于古代突厥文

---

①路易·巴赞认为：我们似乎可以从这些非常简单的资料中得出结论，在 6 世纪下半叶，蒙古地区的东突厥人尚未拥有自己的文字，但他们中有少数使用粟特文的文人。我们尚有待于考证他们的书面语言是否是粟特文（如同在现知的出自突厥人中的最古老文献布古特碑中的一样），或者是他们从这一时代起就开始使用粟特文字母记载突厥语。[法]路易·巴赞：《蒙古布古特碑中的突厥和粟特人》，耿昇译，《世界民族》1987 年第 5 期，第 48~52 页。

②毕桪：《哈萨克民间文学概论》，北京：中央民族学院出版社，1992 年，第 63 页。

碑铭的性质目前尚没有定论,但散文中插有韵文或对仗这点是可信的,也不时有格言谚语的引用。① 结合上述研究,可以依据体裁内容将古代突厥文文献分为六类:历史传记、墓志铭诗、纪念题词、宗教典籍、敕令文书、标记说明。

(五)按作者族属分类

古代突厥文不仅为第二突厥汗国所使用,也为其统治区域内的附属部族或邻近部族所使用,更为其后继者漠北回鹘汗国所使用。此间也包括流散到中亚的回鹘属部,聚居在敦煌附近的甘州回鹘等。这些古代突厥文文献的作者通常都是可汗或可汗至亲、王公贵族、权臣武将等,他们分属不同的部族。但是铭文的记录者一般为工匠或制作者,也有可能为器物的主人。此外,一些岩刻或崖刻的作者,则极有可能是普通人。关于东欧地区古代突厥如尼文的使用者,目前知之甚少。克利亚什托尔内认为,如尼文的特殊异体在东欧操突厥系语言诸部中残存到 10—11 世纪,因而它可能成为古匈牙利文的模式(即所谓的"古匈牙利刻文"),其碑铭最早是在君士坦丁堡发现的。② 是否能将东欧地区的古代突厥文文献的作者都归为匈牙利人,尚需深入研究。依据比较明确的作者族属,可以将古代突厥文文献分为六类:突厥文献、回鹘文献、黠戛斯文献、骨力干文献、佩奇尼格文献、西突厥文献。

二、唐代柯尔克孜文献类型

(一)类型概述

现存的唐代柯尔克孜文献有百余件,按照文献载体来看,主要是碑铭和

---

① 耿世民、魏萃一:《古代突厥语语法》,北京:中央民族大学出版社,2010 年,第 20 页。

② [苏]С. Г. 克利亚什托尔内:《古代突厥鲁尼文碑铭——中亚细亚史原始文献》,李佩娟译,哈尔滨:黑龙江教育出版社,1991 年,第 53 页。实际上,这里又存在一个问题:古匈牙利人使用的文字是否就是东周时期可能存在的某种文字。公元 375 年后出现在欧洲版图上的匈人,有可能使用这种文字。但是这一文字应是古代突厥文的一个源头,并非是其继承者。

崖刻,只有少量铭文;从出土地点来看,主要集中在叶尼塞河流域阿巴坎–米努辛斯克和图瓦两地(北纬51°～55°和东经90°～95°之间);从写作时代来看,主要创作于744—840年,当然也可能有些是在黠戛斯汗国时期创作的,时间可以延续至9世纪后期;从体裁内容来看,主要有墓志铭诗、历史传记和纪念题词;从作者族属来看,主要是黠戛斯汗国的重臣和贵族。因此,唐代柯尔克孜文献既可以称作叶尼塞文献,又可以称作黠戛斯文献。但是必须要认识到这种称呼的不科学性,因为即便是叶尼塞出土的古代突厥文文献,其作者也未必就是黠戛斯人;而黠戛斯人创作的古代突厥文文献,也未必都是在叶尼塞河流域出土的。本文只是出于行文和研究方便,采用黠戛斯文献来概括。

根据瓦西里耶夫的整理与刊布,现存的叶尼塞文献共有145件,主要以碑铭为主。叶尼塞碑铭可以分为两组:一组位于西萨彦山之北,即位于哈卡斯自治州和叶尼塞右支流邻近地区(克拉斯诺亚尔斯克边疆区的南部);另一组在图瓦自治州内,在西萨彦山之南及东南,接近于叶尼塞河源,即阿巴坎–米努辛斯克区和图瓦区。后一组包括70多块石碑、一些崖刻、金银器皿和钱币铭文。其中,属于阿巴坎–米努辛斯克石碑的有哈喇–裕西石碑、阿西–裕西石碑、塔西–鄂博石碑、叶尼塞–特兹石碑、图巴石碑、金湖石碑等;属于图瓦石碑的有乌裕克–塔尔拉格石碑、乌裕克–图兰石碑、乌裕克–阿尔孚石碑、新湖石碑、火石石碑、大剑河石碑、黑水谷石碑等。上述文献中,具有重要价值的有乌巴特碑(Ⅰ—Ⅴ)、土巴碑(Ⅰ—Ⅱ)、阿勒腾湖碑、阿巴坎碑、叶尼塞 tez 碑、叶尼塞 oya 碑、乌尤克-tarlag、turan、arxan 碑、大剑河 köl-kem、ottuk-dash、qara-sug 碑、图瓦(Ⅰ—Ⅲ)碑等。这些碑铭的作者大多为黠戛斯人或叶尼塞河流域的其他部族,都是用古代突厥文写就。

由于叶尼塞碑铭是普通官吏和平民的墓碑,因此不一定由书法家来刻写,只要能够书写就可以应付。克劳森对此指出:若把纪念碑与文件的字母表看作是几代职业书写人精雕细琢的结果,那么哈卡斯和图瓦的铭文则是从未受过专门书法训练,但偶然知道了这种写法的人的作品。有的字母被写倒了,还有的在词中只能与后元音相接的字母却接了前元音,或由于空间不够而导致句子没有结束。他进一步指出:这些碑文的绝大多数是葬在突厥语世界遥远角落的次要统治者的墓志铭。纪念碑似乎是死者的亲属所立,他们把一块刻字的石头看作是权贵家族的象征,但他们既不会读,也不会写。我们只推测这些铭文的撰刻者是谁。或许是流浪石刻艺人所为,他们以制作石墓板为生;或许是来自文化较发达地区的半文盲的俘虏所为。[1]因为叶尼塞碑铭在语言使用上的不成熟表现,所以其语言有可能早于鄂尔浑碑铭语言,但也有可能晚于鄂尔浑碑铭(一些在鄂尔浑碑铭中不常用的附加成分在叶尼塞碑铭中继续使用)。[2]

叶尼塞碑铭主要是墓志铭,其内容通常分为两部分:一是列举死者所离开的尘世的一切;二是列举死者失去的一切。虽然其中有关民族交往的论述不多,但却是最能反映额尔齐斯河流域各部族社会政治、经济文化和日常生活的原始文献。它在很大程度上弥补了汉文史籍中有关黠戛斯及其邻近部族的记载,对于还原西域北部的历史文化面貌具有重要的意义。

(二)现状概述

从 1721 年旦泽人梅色尔施密特发现乌衣巴特第三碑(Uybat Ⅲ)以来,古代突厥文的发现和收集就成为突厥学研究的一个主要内容。早期由于古代突厥文文献的发现地政府并不重视其价值,因此对其进行临摹、拍照和初步研究的任务主要由西方学者来完成。比如,碑铭最早的照片复制品为以阿斯培林、海开勒为首的芬兰考察队于 1888 年、1890 年两次所摄,见于《芬兰考古学会搜集刊布的叶尼塞碑铭》《芬兰考察队和芬兰-乌古利安学会搜集刊布的鄂尔浑碑铭》。

随着突厥学的发展,文献发现地的政府愈发重视文献的保护和收藏。除了已经流散的文献和确实无法移动的文献以外,大部分的文献均得到较

---

①Clauson, *The Origin of the Turkish "runic" Alphabet*, AOH, t. Ⅻ, 1970, pp. 51 ~ 76.

②关于叶尼塞碑铭的创作时间,拉德洛夫认为叶尼塞碑铭属于 7 世纪末到 8 世纪初,米寥兰斯基认为是 6—7 世纪,马洛夫认为是 5—6 世纪。按照巴特曼诺夫和阿曼诺夫的意见,证明"叶尼塞及塔拉斯突厥鲁尼文字比鄂尔浑突厥鲁尼文字较晚"尚缺乏足够的证据。但是吉谢列夫认为:这些"文字以前的"记号(如上述塔施提克骰子上的刻线)同鄂尔浑-叶尼塞字母的相似是如此之大,以致无疑可把它们连成某种继承的序列。

好的保护和收藏。以下将按照文献的载体形式,对主要的黠戛斯文献的名称、创作时间、内容、作者、外观、发现经过、保存地进行简要的介绍。

1. 乌尤克-塔尔拉克碑(Уюк-Тарлак)

因发现地拟题。8—9世纪佚名撰文。佚名刻。石碑1通。墓碑呈不规则方形,下方上尖,似经打磨,略显粗糙。两面刻文,释读为两行。碑石保存良好,内容为墓主以第一人称叙事,学界有不同释读。该碑1888年发现于俄罗斯联邦哈卡斯共和国乌尤克河谷的塔尔拉克,今藏俄罗斯联邦哈卡斯共和国米努辛斯克博物馆,编号MM инв. № 20。本文图版依据H. N. Orkun, ESKİ TÜRK YAZITLARI (Ankara,1994年)所刊图片扫描。

2. 乌尤克-阿尔罕碑(Уюк-Аржан/Уюк-Архан)

因发现地拟题。8—9世纪佚名撰文。佚名刻。石碑1通。墓碑呈不规则方形,下方上尖,似经打磨,略显粗糙。一面动物图案下方刻字,释读为5行。碑文漫漶。内容为墓主以第一人称叙事,文内有不甚确定的人名 yašaq baš(雅厦克·巴玺)等词。该碑1888年发现于俄罗斯联邦哈卡斯共和国乌尤克河谷的塔尔拉克,今藏俄罗斯联邦哈卡斯共和国米努辛斯克博物馆,编号MM инв. № 21。本文图版依据H. N. Orkun, ESKİ TÜRK YAZITLARI (Ankara,1994年)所刊图片扫描。

3. 乌尤克-吐兰碑(Уюк-Туран)

因发现地拟题。8—9世纪佚名撰文。佚名刻。石碑1通。墓碑呈不规则方形,下方上尖,似经打磨,略显粗糙。三面刻有动物图案,其中相背的两面有字各3行,一面动物图案下方刻字及族徽。碑面保存良好,内容为墓主以第一人称叙事,学界有不同释读。该碑1888年发现于俄罗斯联邦哈卡斯共和国的乌尤克-吐兰,今藏俄罗斯联邦哈卡斯共和国。本文图版依据H. N. Orkun, ESKİ TÜRK YAZITLARI(Ankara,1994年)所刊图片扫描。

4. 阿勒屯湖碑 I(Altïn-köl I)

因发现地拟题。8—9世纪佚名撰文。佚名刻。石碑1通。墓碑呈方形,碑顶呈弧形。三面刻字凡6行。碑石保存良好。碑铭内容以第一人称讲述个人往事,学界有不同释读。该碑1878年发现于俄罗斯联邦哈卡斯共和国阿勒屯湖附近的阿巴坎河,今藏俄罗斯联邦哈卡斯共和国米努辛斯克博物馆,编号 MM инв. № 27。本文图版依据 H. N. Orkun,ESKİ TÜRK YAZIT-LARI(Ankara,1994 年)所刊图片扫描。

5. 阿勒屯湖碑 II(Altïn-köl II)

因发现地拟题。8—9 世纪佚名撰文。佚名刻。石碑 1 通。墓碑呈方形,碑顶呈弧形。三面刻字凡 8 行。碑石保存良好。碑铭内容为墓主以第一人称讲述个人往事,学界有不同释读。该碑 1878 年发现于俄罗斯联邦哈卡斯共和国阿勒屯湖附近的阿巴坎河,今藏俄罗斯联邦哈卡斯共和国米努辛斯克博物馆,编号 MM инв. № 28。本文图版依据 H. N. Orkun,ESKİ TÜRK YAZITLARI(Ankara,1994 年)所刊图片扫描。

6. 墓志铭石刻

叶尼塞石刻数量较多,内容也较为一致,体裁形式多是墓志铭,佚名撰写,佚名刻写。学界通常认为,叶尼塞墓志铭石刻大多属于 9—10 世纪,如叶尼塞-24(哈雅-乌珠岩刻)、叶尼塞-86(奥楚里大卵石岩画)等。叶尼塞石刻文句一般很短,多为"呜呼,吾今离开了吾之部落、妻子、儿女、民众……吾于……岁时离开了汝等"。叶尼塞石刻的最早发现者是斯特拉林别尔格,他于 1717—1730 年间在西伯利亚描摹了这些石刻。墓志铭石刻主要存在于阿巴坎-米努辛斯克地区、图瓦地区。本文图版依据瓦西里耶夫《叶尼塞河流域突厥鲁尼文献全集》(科学出版社,1983)所刊图片扫描。

7. 铭文

由于镌刻铭文的器物一般都比较小,内容多为器物用途的介绍,作者多为器物的制作工匠或主人,时间跨度较大,因此无法一一细说。以米努辛斯克地方志博物馆为例,该馆收藏了一批铭文器物。其中有两枚中国方孔圆钱,一面上铸有汉字"顺天元宝",另一面刻有古代突厥文。此外,编号 5194、5195 的铜镜一面刻有汉文铭文,另一面则刻有古代突厥文。又如现存莫斯科国立历史博物馆收藏的一个细颈金罐,金罐底部刻有古代突厥文铭文。关于铭文的研究,最早开始于 1931 年,由多内尔和来赛宁刊布。本文图版系多方扫描。

三、本书文献分类标准

本书对黠戛斯文献采用的分类标准是按照内容分类,即宗教文献、文学作品、社会文书和其他文献。其中,宗教文献不是科学意义上叙述宗教教义的文献,而是包含宗教线索或提示的文献;文学作品主要指挽歌和墓志铭以及其他创作形式的作品,如个人经历、部族历史、战斗场面等;社会文书主要是指书信、题记、遗嘱等;其他文献主要是指金属器皿或陶器上的签名或内容简短、信息不详的文献。当然,不排除以上内容交叉出现的情形。事实上,极少有在某一文献中呈现单一内容的情况出现。因此,上面所提到的分类也是一种混合型、模糊型的分类。换而言之,这些分类不是科学意义上的分类,只是就内容和信息而言的简单归类。

第二节　唐代柯尔克孜文献语言综述

唐代柯尔克孜文献是用古代突厥如尼文写就的,尽管其在文字的书写和语法上与蒙古高原的古代突厥如尼文存在一定的差别,但是从语法结构上看基本是一致的。简而言之,这些区别是由于文献出现时代的不同而引起的。

一、古代突厥如尼文

文字是记录语言的符号体系,它是有声言语的补充性交际手段,这种手段在语言的基础上产生,主要是用来把言语传到远处,长久保持,并且借助图形符号或形象表达某种言语要素——一个个最简单的信息、单词、词素、音节或音素。① 古代突厥文文献因使用类似北欧如尼文的字体,故称作突厥如尼文。

---

① [俄]B.A.伊斯特林:《文字的产生和发展》,左少兴译,北京:北京大学出版社,2002年,第9页。

关于突厥如尼文的来源,学者们众说纷纭。奥托(Otto Donner)认为突厥如尼文由古代小亚细亚的 Lycian 字母和 Carian 字母所衍生;汤姆森(Thomsen)、克利亚什托尔内(Kljaštornyj)坚持突厥如尼文起源于阿拉美字母或初期的粟特字母;阿里斯托(N. N. Aristov)、马力提斯基(N. G. Mallitskiy)认为突厥如尼文主要由突厥印记发展;波利瓦诺夫(E. D. Polivanov)则补充说,其还受到阿拉美-粟特字母和 Pehlevi 字母的影响;阿美瑞(A. C. Amre)断定突厥如尼文是表意符号,与苏美尔线形文字同源;铁肯(T. Tekin)推测,突厥如尼文有其独自的来源,而且由表意符号发展而来;巴托尔德(Barthold)认为鲁纳文字的一部分是有其自己的来源和表现出一种象形的性质[1];吉谢列夫附和巴托尔德,并说:"鄂尔浑文字的外形不仅源于西方的同类文字,而且也源于本地的前身——烙印和符号,鄂尔浑文字既是借用的文字,又是本地的发明。"[2]奥托(Otto Donner)、阿美瑞(A. C. Amre)之说基本没有理论基础,故无人步其后尘。我国学者牛汝极从字母偶合、音组形式、符号表现等方面,彻底否定了突厥如尼文的阿拉美-粟特起源说。他根据突厥如尼文的音、形、义,认为:突厥文属象形文字,有其独自的来源,同时也可能受到中国文明的影响。[3]此后,他发展自己的观点认为:突厥人为写突厥语而使用的最早文字大约是于 6 世纪产生的,后为几乎所有识字的突厥人使用到 10—11 世纪的突厥如尼字母。为此,他们自己专门发明了大约三分之二的象形字母和三分之一的刻契符号。[4]我国学者阿力肯也质疑粟特起源说(粟特字母是由地区性的草体阿拉美字母演变而来),并认为:"从突厥如尼文的整个特征来看,与旧粟特文的对应还只是个别字符或同音值字符中部分形体之间存在的某种共性,两种文字形体的基本线条事实上是

①[俄]勒尼·格鲁塞:《草原帝国》,魏英邦译,西宁:青海人民出版社,1999 年,第 133 页。

②[苏]吉谢列夫:《南西伯利亚古代史》(下册),莫润先译,乌鲁木齐:新疆社会科学院民族研究所,1985 年,第 93 页。

③牛汝极:《维吾尔古文字与古文献导论》,乌鲁木齐:新疆人民出版社,1997 年,第 297~312 页。笔者注:冯佳班、铁肯也认为部分突厥文符号起源于象形符号。

④牛汝极:《阿尔泰文明与人文西域》,乌鲁木齐:新疆大学出版社,2003 年,第 25 页。

有差别的,它们不是整体的、系统的、派生方式的对应。可以出现的相近或对应形体还不能构成整个突厥如尼文字的核心。旧粟特文和克劳森列举的巴列维文、巴克特里亚——希腊文等一样,与突厥如尼文字只存在一定的共性,它们之间只在类型上有着数量上的、程度上的、范围上的相关关系,而不存在绝对借制关系。"① 从而,他提出:"这一文字的创制并不像今天人们推知的那样,是用某种符合新创文字规律(如以音素为单位)的科学方法来制订的,而是以音节或词或其他不定的语言片断为直觉感知单位或使用(书写等)单位在非自觉使用文字过程中定形定音逐渐完善起来的,因此,带有明显的历史积淀。"② 业师耿世民在有保留地赞成阿拉美-粟特起源说时,也明确指出:古代突厥文中的一些字母来自表意符号,这一点是可信的。③ 根据乌兰察布突厥岩画中的符号与古突厥字母形的相同或相似,我国学者盖山林坚定地认为:古突厥字母和突厥岩画之间存在着源流关系,即古代突厥文字是由岩画符号发展而来的,至少大部分古突厥文的字母来自岩画中的符号。④

笔者认为解决突厥如尼文来源的关键⑤:一是确定突厥如尼文的文字体系(表音还是表意);二是搞清突厥如尼文的发展过程(渐进发展还是突变跳跃);三是区别借鉴和借用、偶合和仿制、发明和改进、历史和历时等概念。世界文字分为两类:表意和表音文字。前者中基本书写单位(字)表示词或语素等语言意义单位;后者中基本书写单位(字母)表示词语读音。⑥ 按照这一分类特点,突厥如尼文更应当属表音文字。文字的发展可以从两个不同的角度加以考察:一是文字记录语言的完备程度,一是造字的方法。前者的发展经历了不全面—全面记录语言;后者则经历了表意—表意兼表音—表

柯尔克孜文献与文化研究

186

①阿力肯·阿吾哈里:《古代突厥如尼文字源自旧粟特文说质疑》,《中央民族大学学报》(哲学社会科学版)2003年第2期,第143页。

②阿力肯·阿吾哈力:《突厥如尼文字溯源》,《西域研究》2004年第2期,第113页。

③耿世民:《古代突厥文碑铭研究》,北京:中央民族大学出版社,2005年,第62页。

④盖山林:《丝绸之路草原民族文化》,乌鲁木齐:新疆人民出版社,1996年,第239页。

⑤实际上,自古突厥文碑铭发现以来,关于突厥如尼文的起源问题就成为研究的热点。之所以这样,主要是从文字起源上可以部分地观察到文化和部族的源头。

⑥戚雨村、董达武、许以理等:《语言学百科词典》,上海:上海辞书出版社,1993年,第321页。

音三个阶段。①从突厥如尼文能够充分表词达意来看,它属于一种完善的表音文字。由于突厥如尼文中既有音素(音位)文字,又有音节(音段)文字,因此属于音素-音节文字。俄罗斯学者伊斯特林曾经说过,具有词汇意义的音节文字又叫表词文字,而古老的表词文字是在图画文字的基础上形成的,因此最古老的、基本上属音节文字体系的是在表词文字基础上产生的文字体系。②是故,突厥如尼文中的音节文字,如 oq(箭)、ay(月)、äb(毡房)理当源自象形符号。

在诺音乌拉与蒙古及外贝加尔湖地区的匈奴人墓葬的发掘物中,见到过 20 多个雕刻的文字。这些字大部分类似于中世纪早期突厥人的鄂尔浑-叶尼塞字体。这些字体被有些专家认为:匈奴有一种类似古代欧亚"如尼文"的字体,这些字母后来即成了古代突厥文字的基础。③诺音乌拉(诺颜)山匈奴墓葬的时间为公元前 3 世纪至公元前 1 世纪④,亦即突厥如尼文的出现时间不晚于公元前 1 世纪。我国学者周有光认为:突厥文大致传承于一种巴拉昧字母或初期的粟特字母,而巴拉昧字母是公元前 3 世纪末由波斯人创造的,用以书写 Parthian(安息)语言。假定突厥如尼文真是借自巴拉昧字母,那其传入匈奴的时间不会早于米特达悌二世在位时期(公元前 123 至公元前 87 年),因为在他的统治下,安息王国(帕提亚)达到鼎盛,势力扩展到东方(今阿富汗一带)。《汉书·西域传》载,匈奴使者曾传书从乌孙到安息的中亚诸国,但是这发生在匈奴强盛时期(西汉初期公元前 206 至公元前 127 年),而这一期间(公元前 171 至公元前 139 年)安息仅仅是夺取了巴克特里亚的若干属地。元狩二年(公元前 121 年)霍去病从陇西进击匈奴,大获全胜。自此,从金城(兰州西北)以西至盐泽(罗布淖尔),匈奴绝迹。于是,在公元前 171 至公元前 121 年间,要么是匈奴使者主动借用巴拉昧字母,要么是

①叶蜚声、徐通锵:《语言学纲要》,北京:北京大学出版社,1991 年,第 180 页。

②[俄]B. A. 伊斯特林:《文字的产生和发展》,左少兴译,北京:北京大学出版社,2002 年,第 9 页。

③[德]N. 伊什詹茨:《古代突厥如尼文的起源》,杨艳丽译,《民族语文情报资料集》1987 年第 5 期,第 34~35 页。

④林幹:《中国古代北方民族通论》,呼和浩特:内蒙古人民出版社,1998 年,第 172 页。

安息人在扩张时将其传播到蒙古高原。实际上,这两种可能性都不大。

由此,笔者认为牛汝极、阿力肯否认突厥如尼文的阿拉美–粟特起源说是有理由的。① 既然如此,那么突厥如尼文肯定产自蒙古高原,是在图画文字基础上产生的音素–音节文字。其中的象形和刻契符号显然是匈奴人图画记事的遗存,或是被赋予意义的印记。不可否认,突厥如尼文中还是有一些字母在形式上受到粟特字母的影响,是时当为 3 世纪后期。因为摩尼派其弟子阿莫到中亚传教,而阿莫使用帕提亚语、帕提亚文。也正是阿莫才将这种语言作为中亚摩尼教的正式用语。② 最迟 6 世纪,突厥人就应该懂得或借用粟特语,比如呼尼河流域布谷特碑,其三面粟特文就是记录突厥陀钵可汗的武功。《北齐书·斛律羡举传》载:"后主命世清作突厥语翻《涅盘经》以遗突厥可汗,敕中书侍郎李德林为其序。"因此,突厥如尼文很有可能是在6 世纪最后定型的。③ 至于布谷特碑为何不用突厥如尼文,比较合理的解释就是碑文作者步伽达官是精通粟特语的在突厥为官的粟特侨民,他并不会使用刚刚成形的突厥如尼文。反过来,这也说明突厥如尼文在外形上应与粟特字母有较大出入,否则步伽达官不可能不识突厥如尼文。同样,婆罗米文那面的作者 Jinagupta 因为不懂突厥如尼文,只得用梵文(sanskrit)写下送给陀钵可汗的献词。④

①之所以重申二氏的观点,主要因为其是中国学者的创举,它在一定程度上打破了西方学者对突厥如尼文起源的话语权,特别是对拉德洛夫和李夫斯基的观点形成冲击。

②[德]克林凯特:《古代摩尼教艺术》,林悟殊译,广州:中山大学出版社,1989 年,第28 页。

③石滨纯太郎认为,到 6 世纪末,突厥语已用于书写。至于刘世清用何种文字,冯佳班认为最可能是粟特文字或多少已适应突厥语的回鹘文字。参见石滨纯太郎:《西域古代语之佛典——研究之回顾与展望》,《西域文化研究》1961 年第 4 期,第 17~23 页。目前这一争议尚无定论。

④谢弗在《撒玛尔罕的金桃》中提到一本供正经学者使用的《突厥语—汉语词典》,见谢弗:《撒玛尔罕的金桃》,吴玉贵译,北京:中华书局,1995 年,第 48 页。谢弗援引刘茂才的说法:这本叫"突厥语"的书在日本一直保存到 9 世纪末年,该书录著于藤原佑世《日本国见在书目》(890—891)。因笔者无缘窥见刘氏的原著,故不敢肯定此书编撰时间,亦无法确定突厥语产生的上限。

二、古代突厥文语法纲要

(一)语音

古代突厥如尼文共有 40 个字母,对应 27 个音素,其中 8 个元音、19 个辅音。基本元音为 a、ä、o、ö、u、ü、i、ɪ,辅音为 p、b、t、d、s、š、z、y、č、m、n、ñ、ŋ、l、r、k、g、q、γ。在音位组合中有严格的前后元音和谐规律,即词语首音节为前元音时,它后面所有的音节也必须为前元音;反之则为后元音。同时,部分元音也遵守圆唇和谐,即 o、ö 出现在词的第一音节中,后面的圆唇元音只能是 u、ü。辅音和谐只限于一部分辅音。除此之外,辅音 b、d、l、n、r、s、t、y 用两套符号表示,分别用在前、后元音词中。假若这两套符号不是代表独立的辅音音位,那么这些辅音还应存在与前后元音保持一致的和谐规律。关于古突厥文中是否存在长元音,一直是一个颇具争议的话题。N. 鲍培认为:雅库特语在长短音方面保留了较多的原始突厥语特点。[1] 从古代突厥文碑铭的正字法中可以推测出第一性长元音,即 8 对长短对立的元音音位。此外,关于元音 e 的出现时间,目前并无定论。至少在碑铭符号中,尚未见到能够区别于 i 的 e。

古代突厥文的书写方向一般从右向左横写,实行分词连写,即词与词之间通常用两点(：)分开。有时词组(主要是修饰词组)也写成一个词,即词中间没有分隔符号。个别情况下有用 a/ä 的古代突厥如尼文来做分离词的符号。在叶尼塞文献中偶见从左到右书写的,个别也见有所谓"牛耕式",即前一行从右到左,下一行从左到右书写。

(二)词汇

从古代突厥文文献来看,古代突厥语的词汇由固有词和借词两部分组

---

① [美]N. 鲍培:《阿尔泰语言学导论》,周建奇译,呼和浩特:内蒙古教育出版社,2004 年,第219 页。

成。固有词中一部分来自阿尔泰共同语①，还有一部分是突厥人在社会生产中创造的。如兰斯铁（Ramstedt）、巴赞（Bazin）、冯佳班（A. Von. Gabain）、铁肯（Talat. Tekin）等人对《晋书》卷九十五《佛图澄传》中匈奴语"秀支替戾冈，濮谷够吐当"的构拟 süg talyq qan bögüg toqtaŋ（军队出动，捉住刘曜）中，talyq、bögü、toq 就是古代突厥文中的 tashyq（出）、bögü（睿智）、tut（抓）。其借词主要来自汉语，如 sü（军队）、säŋün（将军）、qunčuy（公主）、sanč（刺）、tinsin（天子）等。叶列梅耶夫认为：鄂尔浑—叶尼塞碑铭是突厥人借用粟特——伊朗语部族的字母刻成的，因此包含不少印欧语词汇，其中包括伊朗语词汇。②

　　阿尔泰共同语的理论基础就是语言上的共同点不是接触，而是同源造成的，但是同构必同源这一理论并没有得到证实。因此，阿尔泰共同语假说仍然需要从同源同构、异源同构、同源异构、异源异构四个角度深入研究。赵相如认为："维语与汉语的关系已不是一般的相互影响、相互借用词语的关系，二者可能在来源上有某种一致性。"③从上古时期汉语中的部分关系词和基本语法结构来看，两者确实存在同构关系，要么是同源同构，要么是异源同构。因此，古代突厥语的固有词还有一部分是传承于原始祖语或同构语言。同构语言可能是阿尔泰共同语与汉语接触后形成的，其后又逐步分化，进而形成现代突厥语族诸语言。④

　　古代突厥语的词语按照构造可以分为根词、派生词和合成词。根词是产生派生词和合成词的基础，多是核心词汇，数量虽然不多，但是能产性较高，如 ač（饿）、ič（内）、aw（狩猎）、bar（有）、bil（知道）。派生词以根词为基础，后面加一个或几个构词附加成分构成，如 ačsïq（饿的）、ičgär（内属）、awla

　　①耿世民：《维吾尔与哈萨克语文学论集》，北京：中央民族大学出版社，2007 年，第 4 页。
　　②［苏］ДМ·叶列梅耶夫：《匈奴人、突厥人和土耳其人》，张云译，《民族译丛》1991 年第 4 期，第 53 页。
　　③王远新：《中国民族语言学史》，北京：中央民族学院出版社，1993 年，第 284 页。
　　④就目前的研究来看，笔者认为同源—分化—接触—同构更有可能，即汉语和古代突厥语起源于同一个语言，后来发生分化，经过接触后，同构成分增加。这些同构一是因为同源所产生，二是因为接触所产生。

（狩猎）、barïm（财富）、bilig（智慧）。合成词是以两个实词或一个实词一个谐音词按各种句法关系结成以后,表示一个新概念的词。勒内（René Giraud）认为:古代突厥文的合成词主要利用重言法,即使用两个近乎同义的词,或者表示两种相近概念的词,既指唯一的一件东西或一种概念,同时也指属于同一主人的全部东西,有时还指某一概念中的全部观点。①如 at kü（名人）、qut ülüg（命运）、öl yit（死亡）、et yarat（成立）。

古代突厥语存在四种方言:s 方言和 š 方言,n 方言和 y 方言,b 方言和 m 方言,a 方言和 ï 方言。②

（三）语法

按照词语的性质和语法功能,古代突厥语共有 9 类词:名词、形容词、代词、数词（序数词）、动词、后置词、连接词、小品词、感叹词。此外还有形动词、副动词。名词有性、数、格的变化,后两者主要通过在词尾增添附加字来实现,而前者是通过词汇或句法手段来表示,如 ärkäk bars（雄虎）、tiši bars（雌虎）。此外,名词前如有数词作修饰语使用时,该名词仍可加多数附加字。同时,尚有表示双数的附加字 -z 和表示多数的附加字 -t,如 omuz（肩）、köz（眼睛）、tigit（特勒们）。名词变格有主格、所有格、与格、客体格、位格、从格、工具格、方向格等。同样,体词后加谓语性人称附加字时在句中用作谓语。形容词分为性质形容词和关系形容词,其中性质形容词可以构成四级:原级、比较级、强化级、最高级。代词分为人称代词、指示代词、疑问代词、反身代词。数词在表示数目时,十位数的构成由个位数字 + 较原数大一的十位数字构成,即个位数字 + 10 × 十位数字。比如:19 译作 toquz yigirmi,85 译

---

①[法]勒内·吉罗:《东突厥汗国碑铭考释》,耿昇译,乌鲁木齐:新疆社会科学院历史研究所,1984 年,第 176 页。笔者按:勒内的观点为我们区别古突厥文中的借词和同源词提供了一定的借鉴。

②耿世民、阿不都热西提·亚库甫:《鄂尔浑—叶尼塞碑铭语言研究》,乌鲁木齐:新疆大学出版社,1999 年,第 27 页。

作 biš toquz on。序数词中,除第一、第二外,都是在基数词后加附加字-nč、-inč/-ïnč构成,如 ilki(头一个)、ikinti(第二个)、yitinč(第七)。动词具有时、态、式的变化。语态有强制态、被动态、反身态、交互态,其中被动态和反身态在意义上的界限并不十分明显。式有叙述式、命令式、愿望式、条件式,此外还有否定形式。后置词通常要求其前面的名词有格的变化,部分方位名词加上一定的格附加字也起后置词的作用,如 al(下面)、asra(下面)、ara(中间)、ič(里面)、ortu(中间)、üst(上面)、öŋ(前面)、taš(外面)。连接词非常少,仅有 ulatï(和、及),ulayu(及),ymä(也)。小品词相当于现代语言中的语气词和语助词,但是位置一般位于所强调成分之后。① 感叹词有 ay(喂)、ya(安静)。现代突厥语中的感叹词 a/ä,在古代往往附着在其他词后,表示情感。形动词和副动词能否算作单独的词类仍值得探讨,因为它们都是以动词词干为基础,通过添加附加字的形式构成,与严格意义上的词类定义尚有距离。②

古代突厥语的词组根据两个实词之间句法关系的不同可分为主谓词组、偏正词组、宾动词组、并列词组。主谓词组主要有名词+动词、名词+数词;偏正词组主要有形容词+名词、形动词+名词、数词+名词、名词+名词、代词+名词、副词+动词、形容词+动词、副词+形容词;宾动词组主要有名词+动词、代词+动词;并列词组主要有名词+名词、形容词+形容词等形式。至于实词+虚词是否能称得上是词组,目前还存在较大的异议。

古代突厥语的句子可以分为单句和复句两类,其中单句又分为陈述句、祈使句、疑问句、感叹句。③ 复句分为并列复句和主从复句,后者又分为条件

---

① 耿世民:《古代突厥文碑铭研究》,北京:中央民族大学出版社,2005 年,第 90 页。
② 在现代突厥语中,这两类词与僵化词(或曰语法词)的区别仍然很模糊,是否独立存在尚有争议。有关僵化词研究见马德元:《汉维对比词汇学》,乌鲁木齐:新疆大学出版社,2004 年,第 132 页。另注:语法词本身属于语法化现象的范畴,后者是语言接触影响的产物。
③ 这一划分标准是参照说话人的语气,并非动词的变化。在此,我们需注意中国传统语法中的语气与西方语言学中的式并不相同。

从句、时间从句。条件从句是通过在动词词干上增加后缀 -sär/-sar，其主句谓语常用 miš、däši/täši 表示可能性。比如：qaγanlïγ bodunqa böntägi bar ärsär，nä buŋï bar ärtäši ärmiš.（如果一个民族有一个不称职的可汗的话，那该会为他带来多大灾难啊！）此外，古代突厥语中还有 ti 引导的间接引语。比如：altun yïšda oluruŋ tidi.（你们就住在阿尔金山吧。）但对此类引语属原因从句还是目的从句，目前尚无定论。古代突厥语像现代诸突厥语一样，句子的一般词序为主语—宾语—谓语，修饰语位于被修饰语之前。

关于古代突厥语相比较其他语言的特点，铁肯（T. Tekin）认为主要有 9 个特征：词间和词末存在 b；词间和词末存在 d；腭鼻音 n′ 的存在；ŋ 与 γ/g 的交替；用 -ïŋ/-iŋ 来构成领属格；用 -da/-dä 构成从格；现在时形动词形式 -γma/-gmä 的存在；将来时形动词形式 -dacï/-däci 的存在；将来时–必须式形动词形式 -sïq/-sik 的存在。[①]

第三节　唐代柯尔克孜文献集释

唐代柯尔克孜文献，即黠戛斯文献总计 145 件，大多位于叶尼塞河流域的山谷或崖壁，由于风吹雨淋，多数如尼文字母已经漫漶不清，无法辨认。再者，因为叶尼塞黠戛斯文献字母书写不甚标准，加之语法也不是很规范，因此转写和释读都较为困难。特别是文献中前后句之间联系不太紧密，而汉文中有关黠戛斯的记载非常稀少，内容较为简练，是故意义很难确定，臆断成分较多。以下是依据古代突厥语语法和瓦西里耶夫所做的初步转写和释读，并参见汉文史籍和史料记载所做的转写和简单翻译，以供参考。[②]

---

①T. Tekin，*A Grammar of Orkhon Turkic*，Bloomington：Indiana University，1968，p. 7.

②［俄］瓦西里耶夫：《叶尼塞流域突厥鲁尼文献全集》，彼得格勒：苏联科学出版社，1983 年。多数情况下，文中的 u 实际是 o；ü 实际是 ö；nč 是合在一起的一个符号，相当于 ŋ；e 实际是 ä。但是有可能在黠戛斯文献中，它们还表示其原来形式。因此除 e 直接换为 ä（因为 e 的出现时间比较晚）以外，其他均未替换。特此说明。

一、宗教文献

E108

1. ärdimim üsükijuq ärdinim < … > lgr < … > juq ärdim < … > uqïnč < … >
jasmas < … >

我是,上面是没有的,没有,是,明白,没有藏起

2. älimkä qïzγqa < … > ardïmïm bes jigrmir ülürmsim < … >

对我的国家、我的女儿,我十五岁时,死了

3. jasïmïn bägimis juqen algan < … > ögükjuq en < … > γuj < … >
rüneč jmü < … >

在我……岁数时,我并没有自认为是官员,我没有爱子,就这样

4. män altïjuγlï bügü tïm täŋri g < … > bäŋkü ög < … > lmin män
我在六河成为智者(懂巫术者),上天,永远,我被赞美

E110

1. utuz türt < … > m usγïm r
二十四,我自己

2. < … > s < … > ŋu < … > atïŋ irizd < … > rsm r bin at
骑,骑马,成为仙人,一千匹马

3. ärrdimim uqïm uγsum älm sizmä
我是,我的箭(指部落),我的部落,我的汗国,我不怀疑

4. siz umaj atajïs j < … > m b < … > ičim sizmä
我们把您称为女神(umaj),我内心不怀疑

E5

1. ärrdim tim uzt < … > izrd migunča
我是,有技巧的,大的,仙人,就这样

2. üz jigän alpturn altïuɣ < … > budundač jigrim < … > izdt

我侄子,英勇的六个儿子,在群众中,二十,寻找

3. bägräkim sizmä adrldïm

我不怀疑我的官员,我离开了

E10

1. qujda qunčjïma sizmä jïta üzdä uɣlïm sizmä adrïltïm jïta

我不怀疑我的羔羊般的公主,我不怀疑我的能干的儿子,我完全离开了

2. jüzär qadasïm ujrïn üčün jüzärin älig ükzin täkdä

为了我的近百名亲族和他们的家庭,我只给汗国增加了百名勇士

3. küük täŋridä künjazdïm jïta sizmä adrïltïm

我毫不怀疑蓝天之上我的太阳神(jazd,波斯语,神),我离开了

4. qanïm älimä sizmä jïta…bükmädim qanïm älmiz jïta adrïltïm

我毫不怀疑我的可汗、我的汗国,我不厌倦,我彻底离开了我的可汗、我的汗国

5. kürtalqan uqurnu altunlïɣ küsgnnj nlm bildäjrm tuquz säkiz jasïmda

骨力达干是明智的,具有金子般的希望和智慧,在我八九岁的时候

6. urunu külüg tutuq bügü tarqan qanïm bäg ärdim üčün bänräki birdim

想做有名的都督,智者(懂巫术者)般的达干,我是可汗的旬,给了我官名

7. qara budunïm qatïɣlanŋ eltürsü ïdmïn jïta sizlim qanïm

我派我的黑民努力去那边,我的可汗毫不怀疑我

8. älim uɣarnta sübulp aralrïmdükim juq üčbligdä börtigmid säkiz arrdïmïm

我的汗国在天、水之间发展,没有在灌木,在我八岁时,我的汗国延伸到乌西布(地名)

9. älim utsaŋa zip qïlïn adïrlunn b < … > sj ïltar < … > qajïn

我的汗国战胜了,离开了,旬、颉利发、哪个

10. bun buna bün turmïs üldim jïta sizmä jïlqajïn

就这样如此地生活,我死了,我毫不怀疑,我哪一年

11. türt adaq jïlqïm säkiz adaqlɣ barïmïm bunïm juuq ardïm

我没有四足马, 八足财富这般基础

12. qadasïma känma adaq atma jïta qara budunma adrïltïm jïta män

我的亲族, 我的可汗, 我的有脚的马, 我的七部黑民, 我完全离开了你们

E70

1. külüg čigsi urnu čigsi ilmkä

光荣的刺史, 智慧的刺史为我的汗国

2. tü < … > uɣlm qujdančjm bükmä < … >

我不厌倦我的儿子、我的公主

3. r < … > auɣdïmdïm tuquz

我成为宝贝 (梵文), 九

4. jigrmi jasda ilmqa

在我十九岁时, 对我的汗国

5. jükmčirüldïm

我致敬了

E11

1. üč uɣlïm adrïldïm jïta bükmädim aq tuɣlnɣl

我离开了三个儿子, 我完全不厌倦, 白色的旗帜

2. türpa ičräki bän bis jigrimi jasda alnïmsïm qunčjïma bun adrldma sizmä kün jazdïma

包括吐蕃, 在十五岁时, 我没有离开花一般的公主, 对我的太阳神, 我不怀疑

3. säkiz adaqlïɣ barïm üčün jïlqï tükti birdim ana bükmädim jïta ürüŋmga qaramɣa azdïm

为了我的八足财富, 我把牲畜全部奉献, 我减少了我的白民和黑民

4. jirmä jïta subïm adrïldïm bän sizmä jïta

我离开了我的土地和七层之水, 我不怀疑

5. budunma künma qadasma adrldïm bükmädim

我离开了我的百姓、我的太阳、我的亲族,我不厌倦

6. älmä qanma bükmädim jasïm jitijitmis azdïm

对我的汗国、我的可汗,我不厌倦,在我七十岁时,我减少了

7. jïtda tüŋrmä adrldïm

我离开了我的七代姻亲

8. anlïɣydan man sizmä ädgüsmä adrldïm

从那里我不怀疑,我离开了我的善行

9. bis jigirmi jasïmda tabɣčqanɣa birdim arrdïmm üčün alpan altun kümüsig gritba eldä küči qïzɣandïm

在我十五岁时,因为是我,给了桃花石汗黄金、白银般的星星,在汗国里,我努力了

10. jiti büri ülirdim äbrsïɣ kükmkä gül armadïma

我杀死了七个卫士,围绕着我的蓝天,我不欺骗鲜花

E28

1. unaj iltädä ügimä kälürti ilimkä arïdïm üčün < … >

乌玛依在汗国里,他带来了我的母亲,为了我的汗国、我的品德

2. ilim ükün čaŋa qalïn joɣqa qajïmtïn tägpän adrïldïma jïta

对我的汗国,张大将军带领众多的吊唁者到来了,对我的离开,七代

3. iniŋzkä ičiŋzkä ingün jüki ild tüsürtiŋz

族弟、内族、弟弟们都屈膝跪拜

4. jirdäki bars tägimä ardïmlïgmä bükmä

地方虎官对我的到达、道德不厌倦

5. tosz alp ärtŋzi tutsar küč ärtiŋzä anlïg bürtučabrs adrïlïm jïtu

如果抓住,您是最英勇的,你是最有力的,就这样给了,侍从官对于我的离开,完全

6. butmïz umaj bägmiz biz ujalpur üzin oltï qï < ... > mdŋ üzlük tüz üč qglmdŋ jïta üzin üčüma küzn üčüma adrïlïma sačlïnmu ügürdim

我们是佛（？）、乌玛依匐官,我们没有把羞愧的他自己杀死,把坏的变平直,三个（无法解释）为了他自己、为了他的眼睛,他的头发,我把它们歌颂

7. altun sunaj säkij kirü tuɣ altuɣ iltidi ič una barsïm adrïlu bardï jïta

他派出黄金般的八个人向后竖起旗帜,很有可能,我离开了我的属部、虎官

8. türt inälgü ärtimiz bizni ärklig adïrtï jïta arsdïma

我们是四个王子的手下,他把我们派到有人居住的地方,完全超越了

9. ärrm ičin inim ičim ujrïn üčün bäŋgümän tikä birti

为了我的品德、内属族人、弟弟和房屋,我成为永恒,达到了

E88

1. rs < ... > j

（略）

2. ŋsjs

（无法解释）

3. ur bäguɣ

男性匐官的

4. l umaj < ... >

乌玛依……

5. nčrps

（无法解释）

6. jip üktluj

集中起来

7. um < ... >

不能

8. alq rŋlq

英勇的

二、文学作品

E3

1. qujda qunčujïm szdä uγlïm jïta sizmä jïta bükmdm adrïltïm künim qadašïm jïta adrïltïm

我称心如意的公主、我天天提起的儿子,我毫不怀疑,毫不厌倦,我离开了,我的太阳(指可汗),我的亲族,我完全离开了

2. altunlïg kišig bilimtä buntïm täŋriälimkä bükmädim sizmä jïta

我身上金子般的、永久的智慧已奠定基础,对我的天国,我不知厌倦,毫不怀疑

3. üčin külüg tirig bän täŋri elimtä ajamlïg bän sizmä jïta

为了荣誉和生存,我在我的天国受到尊敬,我毫不怀疑

4. üč jätim < … >d jašma adrltïm gükqatun jigrimkä adrltïm

我十三岁时,我离开了,二十岁时,我离开了智慧的可敦

5. täŋri älmkä qïzγqïm uγlïm ütuz uγlm altïbïŋ juntïm

为了我的天国,我的女儿,我的三十个儿子,我带领六千军队

6. qanïm tülbri qara budun kül < … > qadšm sizmä älsimär üküsr uγlïnr küdägülärim qïz kälinlärim bükmädim

我的可汗,我的英勇的卫士,黑民,智慧的,我的亲族们,我不怀疑你们,如果有国家,再多的儿子,女婿,女儿,儿媳,我都不厌倦

E6

1. künitirig üč jasïmda qansïz bulïdïm

在南方我三岁的时候,我成了没有可汗的人(指国家灭亡了)

2. külüg tutuq ičim kisi qïldï

光荣的都督成了内属于我的人

3. bunusuz ärdä bän ärdim

我成了没有基础的男人

4. qujd < … > qï qunčjmγa adrldm < … >

我离开了我羊羔般的公主

E7

1. bajčasïnun uγlï külüg čur

富余著名的青年,光荣的啜

2. bunusuz ulγatïm bunburms

没有基础的我长大了,我们有了基础

3. täŋridäki künki jirdäki älmkä bükmädim

天上的太阳,地上的汗国,我对你们不厌倦

4. qujda qunčjïmγaqa üzdä uγlïmqa adrïldïm

我离开了我羊羔般的公主,能巧的儿子

E8

(1) qanïmqa älimkä bükmädim

我不厌倦我的可汗、汗国

(2) qujda qunčjïmqa adrïldïm

我离开了我羊羔般的公主

(3) qansïz qïldïm

我成了没有可汗的人

1. < … > üčün bükmädim

为了,我不厌倦

2. < … > da qunčjïmγa < … >

在,公主

3. < … > qansizä < … >

没有可汗

E9

（1）< … > uɣlïnma sizmä adrïldïm

对我的儿子，我不怀疑，我离开了

（2）< … > tuɣdïm bän

我出生了

（3）< … > m < … > arda bäŋü sü juqïrmïs jolïn jüzlägdi

是，我们没有永恒的军队，我们有百条道路

（4）< … > ätim < … > üzä

我的身体，通过

（5）< … > arm < … > a < … >

是

3. < … > m < … > < … > dï bäŋü sü juq armïs jolïn jüz < … >

我们没有永远的军队，道路有一百条

4. < … > mq < … > s < … >

mq（略）

5. < … > s < … > d < … >

s（略）

E13

1. um uɣdïs elmkä tapdïm bilgä ügim tapdïm qadasïm tapdïm ärrdämim

我的能干的部下，我找到了我的汗国，我找到了我的河流，我找到了我的亲人，我的品德

2. qadasïm adrïldïm ijü qujda qunčujïm adrïldïm säkizurm adrïldïm iju

我离开了亲人，我离开了珍珠般纯洁的公主，我离开了八足财富，珍珠

3. äsrrdimim elimkä tapdïm täŋri elimkä edgü qadasïm adrïldïm

我找到了有名的汗国，我离开了我的天汗国，我的善良的亲人

4. qanïm üčün bilgä čigsi qanïna tapdïm budunïm sizmä

为了我的可汗，智慧的刺史，我找到了可汗，我不怀疑我的百姓

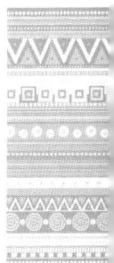

5. buna čigisin bän bäŋüm ärmis

我把这样的刺史，我成为永恒

E14

1. elč čur küč bars

国之啜，有力的虎官

2. qujda qunčjmqa sizmä uɣlïmqa bükmädim

我不怀疑我的纯洁的公主，我不厌倦我的儿子

3. täŋri elimkä bärdïm sizmä bükmä < … >

我给了天汗国，我不怀疑，不厌倦

E16

1. alp urnu tutuq bän qujda qunčjm ki uɣlïnma sizmä janus qïzma

我是英勇的乌伦奴都督，我不怀疑我的纯洁的公主，有力的儿子，亲爱的女儿

2. jis čisiz qadaslarïm adrïlu bïrdïma qïzŋrmä bükmädim

山林刺史、我的亲人们，我不愿离开，对我的姑娘们，我不厌倦

3. täŋri elimkä basda bägimkä bükmädim sizmä qïrq jasmïda qan

对我的天汗国，在我的头脑中，我不厌倦也不怀疑我的匐官，在我四十岁时，可汗

E17

1. tüzbäj küčbarïs külüg

公正的匐，有力的虎官，光荣的

2. ujr qadïnïm üčün üldim jïta ičim jurčmqa j < … >

为了我府里的可汗，我死了，我的七代亲属，我的内地……

3. ujr bgimkä adrïltïm ujr qadasïmqa adrïltïm

我离开了府里的匐官，我离开了府里的亲人

E12

1. čučuq büri snun

都督，卫士（附离），你们让我孤独

2. < … >un qatun atrïlγïm

我的可汗、可敦，我离开了

3. < … >mtrlγ j< … >r< … >

伤心？

4. < … >km qatïm j< … >jrg< … >

努力的

E18

1. < … >t čur pasïbrur

幸运的啜帕斯布伦

2. inim ïčïm jïta adrïlu birdimiz jïta

我的弟弟，我的七代宗亲，我离开了

3. qujda kismä jïta adrïlu birdmiz

我的七代之内纯洁的人，我离开了

4. bän asïm qadasïm jïta uγ< … >t ma

我的食物，我的七代宗亲，我的儿子

5. buna uγlïnïm jïta

就这样，我的七个儿子们

E19

1. qutlγ čigisibän qadïrjγïda

我是幸运的刺史，在大兴安岭

2. qara budunma jïta sizmä

对我的黑民，我毫不怀疑

3. elmä sizmä

对我的汗国，我不怀疑

E22

1. güjda qunčujm qïzuɣlïm

我的鲜花般的公主、女儿

2. bägimkä qadasïmqa bükmä < ... >

对我的匐官、亲人,我不厌倦

3. üč äligä jasïm adrïldïm bän

在我四十三岁时,我离开了

4. ïnanɣrač bän

我是伊难珠(官名)

E25

1. qunčjïm qadasïm adrïltïm buna jaɣïqa kirdim

我的公主、亲人,我离开了,就这样,我冲入敌群

2. üküč kül tutuq sizmä adrïldïm

于库西阙都督,我不怀疑您,我离开了

3. elim qanïm sizmä adrïldïm altun kes adrïldïm

我的汗国、可汗,我毫不怀疑地离开了,我离开了黄金、白银

4. bes qïrqr jasrtïm

我三十五岁了

5. elïnnčï elin

成为汗国的守卫者

6. qannïz juqljur qadaslïpnïz qazɣanur ünŋ < ... >

我不能成为没有可汗、没有亲属,我努力起来

7. jaɣïm anča ärmis adrïldïm

我们就这样成为敌人,我离开了

E26

1. < … > il ügsi ïnnaču bilgä irg ülgin < … >

国之乌介,伊难珠,智慧的矣斤,大的

2. < … > uγlï tï küčuri uγlïn tuγ < … >

……儿子增加气力,把儿子旗帜

3. < … > rn < … > r siz tïŋzur bäg siz

……(略)……您是,您是大家都听从的匐

4. < … > a iliŋz üčün qazγanu rzquj jïta siz

……为了您的汗国,努力了,七代的您

5. jiti jagrmi ärdmi jasïnta ärdim ülti

在我十七岁时,我死了

6. jirdäki tamaqlïγ jïlqï buŋs < … >

北方塔马克(地名)今年的忧愁……

7. < … > q baqïrï buŋsiz ärti qrasčïntg

……他们是幸福的,无忧的

8. < … > tagmis sütŋi jiti biŋ uγlïn ärti

……像一样,您的军队有七千名勇士

9. < … > üzr jüzi bäglär büŋzi bäglik qas < … >

……自己,一百名匐官,忧伤的、匐的亲属

10. altmïsr ödüsiŋiz iligr ädgüsiŋiz üzŋinčiŋiz i < … >

有六十人,你们整天都为汗王行善,你们自己真正……

11. siz baγïr küziŋ unqra kürmizirtiŋz sčγ < … >

对您的财富,您的眼睛再也不能看见

12. ükizmädiŋz j < … > kürmädiŋz bütmäd < … >

不能增加……不能看见,不能到达

13. sizŋr turlŋü < … >

你们站立着

E32

1. ärrdämi üčün ičima jita juqïldï qulï as tutsar küč üč ičimä

为了道德,我的家人完全消失了,如果抓住努力,我们三个人的力量就会增强

2. bäg ärigčä sab qabïsar ičimiz

如果匐官循声而来,就可以和我的族人汇合

3. joγda < … > qup budun tiŋin bilir ärti

在葬礼上,所有的百姓、特勤都在一起

4. < … > gän tuquz

(略)……九个

5. üzä täŋri jïrlïqdï q < … >

在天上的(略)

6. qara budun < … > budunïm üč uγlïma bükmädim

黑民(略)我的百姓、三个儿子,我不厌倦

7. tarqan suŋun män < … > kg bükmädi budunïŋa

我是达干将军(略),对您的百姓不厌倦

8. ilčur iliŋä qazγandïm män < … > ärrdämin üčün juqïldï

为了国之啜、汗国,我努力了(略),为了我的道德,我不存在了

9. juqïlmïz bïzm ilin < … > bükmädim iltä almïs altï bilgä bäg uγulïŋa

我们不存在了,对汗国(略)我不厌倦,在汗国五十六个智慧的匐官对您的儿子

10. bädzin üčün türk qan balbalï alra toquz ärig udsar uγlïn ügürp üdürltï ärdämn bägimä

为了画像,我们取来了突厥可汗的杀人石,跟随者来到九个有人居住的地方,跟着歌颂他的儿子,对我的有道德的匐官

11. < … > tuquz < … > täzig initin äriglig < … >

(略)九个(略)台兹的子弟来到有人的地方

12. utuz ärig bäs lju tutuγqa bardï rnč < … >

三十个有人的地方,五人向刘都督走去

13. < … > üč ičimä adïrndïm

对三个我的内属者,我让他们离开

14. < … > birimta tačïndma adïrïndma tuquz bäg r < … > ma

(略)在我的一个上,对我的咄悉匐,我不愿离开,九个匐官不(略)

15. < … > rn bäsï ärtim ïnančï ärtim

我是(略)的头领,我是伊难珠

16. altï jasïmta qan adrïdïm bilinmädim üč ičimä jïta adrïdïm beč ï < … > üč ičimä qanïmïn ärdämn atïm ärti birlä < … >

在我(略)六岁时,我不知情地离开了可汗,对我的三个内属部落,我完全离开了,对五个(弟弟?)、三个内属部落,我把可汗和我的道德声誉一起(略)

17. ilimkä qanïmqa bükmädim < … > uɣlïnma inimä i č imä män müküm ükürä bükmädim

对我的汗国、可汗,我不厌倦(略)对我的儿子、弟弟、内属部落,我可能会高兴,不厌倦

E27

1. bïŋ čüsi < … >

一千楚斯(地名)

2. qujda qunčuj < … >

纯洁的公主

3. adrïltïm sizmä < … >

我离开了,不怀疑

4. kisi qazɣantïm b < … >

人,我努力了

5. ilimkä bükmädim sizilim < … >

对我的汗国,我不厌倦,对我的您

6. qadïr jaɣïda utuz r ü < … >

在大兴安岭敌人处,三十……

7. baɣïm budunïmqa adïrlt < ... >

我离开了财富、黑民

8. ärm bäŋküsi burmis < ... >

我们让勇士成为永恒

9. jïta kü < ... >

七代有力的

E37

1. qara qunič ärmgi bän ozgänä

我冲出了名叫黑沙的有人居住的地方

2. altutz jasïm ärti

那时我二十六岁？

3. bän ültim türgis bän čanbïg bän bičig

我死了,我是突骑施,我是侍从官毕启阁(或曰锋利的)

E41

1. ärmrdmim qalur äsim buŋrmïm sizmä bïlïm tuɣïm sizmä

如果留下我的品德,我的忧愁对您、知识、旗帜

2. ta jolrïm ortu juq üčün jatisïnu qïsïm tisru itlti

还有我的道路,为了没有中间道路,七个人渡过了冬天

3. ärtïm jula bän ärrdämim uqïz sizm ilgän qaydasïm sizm

我掠夺了,我的道德、您的部落、您、汗国、我的亲人、我的您

4. sïnuqï tilrim sïntïm baɣa bänrü altï jüz tamaqt

我磨破了我的舌头,小的、幸福的六百顿饭

5. as jitig äsrig altunïm ögrim g < ... >m ɣïjdar tünim

吃饭的人们,我的黄金、高兴(略)集中起来,我的夜晚

6. ärmrdämimdaqï ögmä ana ögimčigit jorltïm

我的道德的、母亲,我带领小伙子们出征

7. besča barïm jasča julqï sizmä boda ög jaŋtïm qan ärig j < ... >

大约五种财物,在……岁时,道路上的您、身体、母亲,我犯错误了,可汗、有人居住的地方

8. il čätrigŋä ögdim isim arïn juq asïm saŋrïm qanta arsjm qan ärigj

汗国的军队,我高兴了,在热的地方没有人,我的食物、我的你,在可汗那里,我敬重的可汗,在有人居住的地方

9. säkiz jatïmïs jasïm ültim sizmä aɣmɣa altïmïstïmïntïm

我在六十八岁时死了,我为您取得了宝座

10. az uzl urɣan qubj urɣan urtïmɣa ültim

集中少量的工匠为我打造墓碑,我死了

11. aɣïsɣa tonïm

对我的财物、衣服

E43

1. budunïma uɣlïma jutuzma

对我的百姓、儿子、妻子

2. adïrmïltïm sačlïntïm jïta buna

我离开了,我在这里完全被刺杀了

3. arrdïmïmčïn sügr < ... > ur adïrïltïm

我的品德、真正的军队,我离开了

4. qulïm alp čïn bir ärig uq birlä sünim

我的奴仆是勇敢的,同一个真正的有人的地方在一起,我的军队

5. birlig

一起的

6. bu qan iki älig jasï sizimä

我不怀疑这个可汗的年龄是四十二岁

E44

1. alp qulïm ärmdim kürkim sizä jïta

我是勇敢的奴仆,我的蓝天,对您完全

2. q < … >γïn jaγïčï bän tizig kejikdä alp bän täŋri elimä tusum tuquzar ül ärtim

把他的努力,我是传令官,我在有膝的野兽中是勇敢的,我的天汗国和利益,我九次死了

3. < … >m qanïmn sizä bükmädim künj siz jïta

我的? 我的可汗,我对您不厌倦,您就像太阳

4. qadasïm kinimä jïta adïrïltïm sizimä jüz kümil budunïm jïta adïrïltïm

我的亲人、可汗,我完全离开了,我的可汗、一百名哈密的百姓,我完全离开了

5. arrïdämi < … >ndä ögsükim juq qïrq jasïmda adïrïldïm

我的品德(略),我没有母亲,在我四十岁时,我离开了

6. arslan külig tirig uγlïmïn külig tuγan bän

让我的儿子像狮子一样有力活着,我是威武的吐艳

E42

1. üz jarïm ïduq jarïm sizä üz elim qanïm künj qizil ïnal sütägü < … >jarïm anï bäg < … >

我的天上之地、我的幸福之地、我的您、天上之国,我的可汗、太阳、红色的王子军队的(略)我的地方,把他那匐官

2. jüzär qadasïm sizmä bäŋür bodunma sizm qïqtln bodunïm ädgü qaŋ

我的将近百名亲属、对我的您、幸运的百姓、众多的(?)百姓、善良的父亲

3. < … >it < … >jïtïmïs jasïm < … >n m < … > < … >msr ülirdim b < … >n < … >ts

(无法解释)我七十岁(无法解释)我杀死了(无法解释)

4. üč ïnïɣu jortïm sizmä adïrtïma bükmädim azïmtïm

我为三个弟弟出征，对您、我的离开，我不厌倦，我减少了

5. qadasïm uruŋ kirü juɣïldïŋïz g <…> s kim ügüz bäŋü jïŋ indimä t <…>

我的亲人，乌伦您向后涉过（河？），任何没有母亲的人都不会永远地（消沉下去？）

6. sanɣu <…> d bitdim biz säkiz adaqlïɣ bizmim baɣïsma ötrüg bükmädim

我为你（略）写下，我们八足财富，对我的财富，此后我不厌倦

7. ärdäm üčün unanïn ünümä sizä äük jig ärdämnim jasï üčün älin <…>

为了道德，不能为了中意的而出来，对您只有好的品德，为了他的年岁，把他的汗国（略）

8. ärtim üz tuɣdï uɣlïnïm siza bečim adrïltïm

我建立了，他竖立了坏的旗帜，我的儿子、您、我的封地，我离开了

9. jiti jitmis

六十七

E50

1. täŋrmim sizmä d <…>

我的天，对我的您（略）

2. kükms tutuqïm üčün asradïm

为了我的库克摩斯都督，我在下面

3. türt qadasïmäze adïrïldïm

对我的四个亲人而言，我离开了

4. buɣ artïkükdäki <…>

经过这儿，蓝天上的（略）

5. etrüki banqa

向我自己的身体

E55

1. üč jüz budrq juntïmqa bükmdm

三百头公牛，对我的住处，我不厌倦

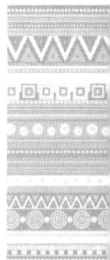

2. qujda qunčujma adrïltïm sizmä

我离开了纯洁的公主,不怀疑

3. qončɣr tüls tirg

完全复活了

E59

1. üč uɣlanïmïn ulɣatuzu umadïma

我不能把我的三个儿子抚养大

2. <…>ïszmä bunma qujda qunčjma bükismädim

在这里不能做? 对我纯洁的公主,我们互不厌倦

3. ärtim külüg jigän qanïm budun bägïŋlüg <…>

乙干可汗是我的有名的可汗,百姓、匐官的……

4. jati utoz jasïmda elim üčün tuqïztt <…>

在我三十七岁时,我为了我的汗国献身?

5. elri üčün üč sïɣa atdïɣ <…>

为了他的汗国,三个吊唁者骑着马(……)

6. elim qanïma täŋrme tägim jïta bükmä <…>

为了我的汗国、可汗,我飞上了天,我完全不厌倦

7. urï qadasïm üč künïm qïz qadasïm üč jurnčï

我的男性亲属、三个太阳(可能指一类亲属)、女性亲属、三个内弟

8. qalïn qadasïmqa bükmädim jeta kenim ečim adr <…>

对我的众多亲人,我不厌倦,我离开了七代亲属、族人

9. <…>ögümkä äbimdim

河流围绕着我的毡房

E68

(1) <…>täŋrmi <…>dmz a <…>bis jigrmi

(略)天(略)(无法解释)十五

(2) <…>ɣ jasïmda adrïltïm jïtï <…>sizmä

(略)在我(?)岁时离开了,我对七代的您

（3）< … > qa qara ïnänču < … > bän < … > ït siz

向（略），我是黑民的伊难珠，您

（4）< … > joɣr uɣlï bän

我是吊唁者的儿子

1. < … > zin bäŋkü min etč birdi

（略）给了永恒的、一千个身体

2. < … > gr bälgü küč sän

（略）记号的、有力的您

3. julnuz uɣl < … >

我们掠夺的男子……

4. türdim qara tinsi b < … > d e < … > ü < … > ä

进行，黑民天子（无法解释）

5. < … > dɣ tinisiq türmis

（略）我们呼吸

6. tuɣdïm üzd < … >

我竖起旗帜，我折断了

7. < … > rms j < … > l umdïm

（略）……我不能

8. türt uɣlïm üzär azdïm

我的四个儿子夭折了，我少了他们

9. az tutuɣ nčsdnɣa q < … >

阿热都督（无法解释）……

10. < … > sïm ge trze ülm r

我的（略）再次活过来

11. ästel qïzï ärdim alp ärd < … >

我是丝绸般的姑娘，我是勇敢的……

12. < … > dasïm üčün

为了我的亲人

13. julnuz juqnčp ta etiging

没有掠夺品,你的身体

14. tuɣdaqï qara dïɣïɣ ülgäntim

旗帜的,黑色的(？)我死了

15. ärmdimim inäl daqï

有道德的王子的

16. julnuz jüz ärig qu < … >

一百件劫掠品放在有人的地方

17. elig sjs julïn < … >

汗国,弟子和我的劫掠品

18. jasïmta adrïltïm ükünčä

在(？)岁时,我离开了,因为

19. sizim julnuz türt jitim < … >

我的您,我得到四件劫掠品

20. siz < … >

您

i. elig täb buzdïm üč s < … >

我们像狐狸一样破坏了汗国,三个……

ii. biŋ juntïm un sür

我抢得一千件物品,可能驱赶

iii. nqzr jasïm jüzärm

我的年龄将近一百

sizlig n alp aŋ < … > lü < … > sizm jüzj < … > du < … > budunïma qadasïma adrïldïm < … >

您的勇敢向他(略)……我的您,一百(略)……对我的百姓、亲人,我离开了……

< … >m qujda qunčjma qt < … >

(略)我的纯洁的公主(略)

柯尔克孜文献与文化研究

E97

1. < … >nč jamqa adrïl < … >m

第……中？我离开了

2. isim

我的同伴

3. < … >l adrïldïm bükmädim

（略）我离开了，我不厌倦

E120

1. < … >stm ïɣarrmä sun ms bükmädim sizä nmsjɣ m < … >ï < … >

我不愿离开室点密和我的威武的军队

2. qlïn qadasïmqa bükmädim äsizä uɣlmqa

对我众多的亲人们，我不厌倦，对我的儿子，我不怀疑

三、社会文书

E56

1. < … >ɣdas sizmä s < … >

我不怀疑同伴

2. artï aɣut < … >rt mse < … >m

我是，我中毒了

E1

1. siz älmä qunčujma uɣlïnma bodunma siz amaltmïš jašïm

为了我的汗国、我的公主、我的儿子、我的百姓，您安静了（婉语，死亡），我流下了眼泪

2. tïm ältuɣn tutuq bän täŋri älmkä älčisi artïm altï baɣ budunta bäg artïm.

我艾力吐汗都督，是天国的艾力刺史，是六旗百姓的匐

E2

1. äšm arïmïz äšdïm

我们是伙伴

2. älmäŋdim

我们为汗国

3. artdïmïm äbim uquz

我们超越了,我的家、我的部落

4. ačdaγan ötdimim anqanč

我们战胜了饥饿,就这样

5. artïm jašaq bän

我漫游了,我老了

E109

1. miŋ jük < … > nnčj < … > r < … > m

我得到了一千次的尊敬

2. adaqïldï ulrmïm

我迈开步伐,我继续前进

3. ärtimbän < … > z < … > saŋunqa < … > d julïq süküt < … > sizmä

我是,对将军,道路的,骨头的,我不怀疑

4. ärändim < … > tunmaz uγlmdmn älig täŋri db < … > mdm ärĵ

我是壮士,我没有堵塞,我是青年,汗国的天空,我派,是

5. < … > asmäzim < … > unatïm < … >

我没有变少,我愿意

E4

küčqï jaγïn ičräki

使强大的敌人屈服

E64

jüküŋtirig

尊敬的

E54

ilčinip ubnulïn

成为使臣，把乌布奴

E52

1. kürtlä äsänunmïn ičim qanïm

我美好的内心平静，我内属于我的可汗

2. bägü tarkan ärrdimimdä

我是永远的达干

3. čača barsïγ ïrasïnun

查查虎官被赶走了

E53

1. bäg tarqan ügä targän sizlimä qanma bükmädim

我不怀疑匐达干、乌介达干，我不厌倦我的可汗

2. älmdä basa qata tägzin < … > m arrdïmïm üčün

在我的汗国，我是一次又一次转，为了

3. kük täŋridä bulut qarlïq nur türmïs

在蓝天之上，有云朵、白雪、阳光

E72

1. čučus qatun atrïlγïm

我离开了čučus可敦

2. qïrïγ jurtïm

正在进行

E15

1. budunra bulur änig üčün elig ujimγa adrïltïm siznin

让他们成为百姓，为了阿尼格（人名），我离开了汗国的房屋，让他们相信

2. kitmü köble tizdima ïrdï buγlï bän ämgügdimizmädim size

也到达，许多人追随我，我成为布拉（官号），对您我们没有忧愁

3. ïrtïm jïruq tigin bän bitig utoz jasïmda sizme

我们追随您，我是北方的特勤，在我三十岁时，我为您写下

E35

1. r < ... > üěn jïγïqa

为了，集中的

2. künč tutuq

太阳般的都督

E36

1. jüz jas jïna

百岁左右

2. täŋrim čükbizkä

我的天，对我们的楚克（部落名）

3. idil jirmä bäŋgu balbalï

竖立了二十块永久的杀人石

E142

1. < ... > qanïmn su < ... >

我的可汗，军队

2. < ... >

（略）

E144

1. si suspnlɣï pabdɣ asŋrina kem qatun qabaspaj egsiɣ qaplurbiz tjirbz

军队的,(无法解释)在食物上缺少,可敦,亲人们,我们高兴地到达了铁
门关

2. baj barïqïm

财富,我的财产

E20

1. türt uɣlum bar üčün bän kümn tikti

我有四个儿子,他们为我立起墓碑(?)

2. kül ögpa bän

我是有力的岳格巴(人名)

E21

1. qadasïmqa bükmädim

对我的亲人,我不厌倦

2. külüg sü < … > küsdim

有力的军队……我获得了名声

3. < … > sizmä bükmä < … >

我不怀疑,我不厌倦

E23

1. tuquzqïrq jasïmda elim üčün

在我三十九岁时,为了我的汗国

2. < … > erčin

  焉耆?

3. < … > üldim

  我杀了

4. < ... > isgij elmä < ... > baγ < ... >

为了我热爱的汗国……财富……

E104

（1）aγïl isis

畜圈、同伴

（2）r

（略）

1. uzatpïm

爬上

2. tir < ... >

集起

3. jüz < ... >

百

4. uŋïtïŋsiz kü < ... >

没有努力？

5. joq < ... >

没有

E29

1. unaj ilti ügim uγulïn tuγdïm ärin uluγatïm

我中意的汗国、母亲,我让儿子们竖起了旗帜,我扩大了人口

2. ilmdä tört tägizindim ärdämim üčün inančuk < ... >

在我的汗国,我使其边界达到四方,为了我的品德,伊难珠（略）

3. ärdäm b < ... > sr budunγ ärk budnγtïm ärin uluγardïm ägib turms

我把有品德的虎官、百姓变成有力的,我扩大的人口,过上了幸福的生活

4. ärdäml < ... > bulsar budun isräki jürmd irän ičim ikzmä

如果成为有道德的,里面的四畜？ 人口、属部都是我的

5. qujda qadasïma qunčjma adrïlu birdim män uɣulïmqa <...> bodunmqa bükmädim

我离开纯洁的(或者善良、羊羔般)亲人、公主,对我的儿子(略)、百姓不厌倦

6. säkiz qïrq jasima

我三十八岁时

7. ärrdäm üčün tüpüt qanqa jolbač birdim kälmädim

为了我的品德,我去了吐蕃可汗尧勒巴斯那里,回不去了

8. ärrdäm bulsar undïɣ ärmis sizimin altun qïr <...> tïm

如果有道德,我们会满意的,我用黄金为您镶边

E30

1. ärdäm qaŋ altuɣa barïmsi

有道德的父亲是黄金般的财富

2. un ininsi tuquz uɣlï bir üčün

为了十个弟子、九个儿子、一个

3. čabïs tun bäŋüsi tikä birtim

侍从官,我达到了永恒

4. ärdämin annlndä qara qanqa birpin

把我的道德就在那里先给了黑民可汗

5. jolbač birpin kälmädiŋiz bägmiz

尧勒巴斯给了后,我们的匐官,你们没有回来啊

E31

1. uz bilgäčaŋsi uzat <...>

匠心的、智慧的长史乌扎特

2. <...> ïn üčün alpïn üčün ärdämin üčün

为了(略),为了英勇,为了道德

3. < … > tükdi türt bulŋqa tükdi

达到,达到四方的角落

4. < … > pdi üč qata tägzinti

(略)三个努力地达到

5. < … > tasizr iki uɣlïn birlä ülti

(略)我的磐石般的两个儿子一起死了

E33

1. < … > ns

(略)

2. < … > ukuz alpn < … >

九,英勇的

3. bäŋgürti

使他们成为永恒的

E34

itigniŋ järzä qasuqts bl < … > j < … > j < … >

作者是卡苏克……

E98

1. r unjun qazɣandïnïz bükmädiniz bögüräkim bäg

我们努力了,不厌倦,我的智慧的匐

2. inäl ïdïqïldiniz čïɣa qïrqrïg qansïz qal < … >

我们使王子成为奇阿(官名),四十个没有可汗的人……

3. urqan jarnä ïduqda azïɣlïɣ tunztïg türgbäg siz

在圣神的地方制作纪念碑,您是威武的、勇猛的吐茹可(地名)匐

4. aŋčï barïstrg bägim jasïrdïmïm sizä

我的猎人般的虎官,我的亲人,对您

5. alči < ... > rtm < ... > sk ü < ... > qïz i bkä

抓住者……（略）……（略）姑娘,始波罗

6. ülrtim küükbüri qrmbɤn ülrtm

我杀死了他,我杀死了蓝突厥的卫士卡尔姆巴安（人名）

E38

1. altï usna kälip

六个工匠来了?

2. ilim qanïm tursn bunta

我的汗国、可汗在这里立足

3. urïm

我的男儿

4. burtïm ügdïnlp

变得高兴?

5. baɤ kälip sininp ŋlnp

财富来到,破的向他?

E39

1. bäŋkü qoja

永恒的、幸运的

2. ič süb sonliɤ ül < ... >

最后的心里话,我不愿死去?

3. s < ... > sit < ... >

（无法解释）

4. äsdim känč barap ičra

越过了,年轻人去到了里面

5. mäŋkü qoja

永恒的、幸运的

6. unč aγïs tapa baj apamŋ jir julïnčïγ ük jaslïpγu < … >

向着可能的宝物、富有的祖先,路过此地的行人高兴地流下眼泪

E138

kizil qoja bam qoja qa bitdim julïm qoja bitigi t < … >

我是红色的、光荣的,我写下了荣耀,我的掠夺品、荣耀的文字

E40

ärdim nr t dükü elgätγï barlïγ tunuq

是(无法解释)的,五十个人的所有的图努克?

E49

1. szimä jüz qadasïma altï bodunma sizmä adrïltïm

对我的您、一百名亲人、六部百姓,我离开了

2. ärtim quti ïnal ügä bän jitimis jasïmda

我是幸福的伊难珠乌介,在我七十岁时

3. ärrim eki elig tuqïm joγda utuz ärig ülrdim ärsini

当我满四十二岁时,在葬礼上我杀死了三十个人,把焉耆

4. altï baγ bodunïm küč elig čïn arqa altïsïn bän at eti

我的六个富有的部落,我从真正的背后取得了有力的五十个人和他们的身体

E45

1. uγlïntïm čub uč ïnäl < … > qa tam kümül ügä

我生了儿子,州里的三个王子(略),像铜墙一样的哈密乌介

2. bes jasïmta qaŋsïz qïlïp tuquz jegirmi jasmγa ügsüz

在我五岁时,我成为没有可汗的人,在我十九岁时,我成为没有母亲的人

3. bulup qatïγïlnïp utuz jasïmγ ügä bultum qïrq jïl

我努力地找,在我三十岁时,我找到了乌介,四十岁时

4. el tutum budun basïŋdïm tas jaγïγ jïγïldïm eldim

建立了汗国,使他成为头领,我把强敌集中起来,建立汗国

5. bir jetmis jasïmγa kük täŋridä küngä azdïm sizmä

在我六十一岁时,在蓝天之下,我减少了女婢,对我的您

6. kürsi jamda elim sizmä jerim subum sizmä qujda qunčujum tulus jïta sizim

在库尔思佳木,我的汗国、您、一半的水、您、纯洁的公主、所有的七代的您

7. künim qadasïm sizimä uγlïnïm qïzïma ürüŋüm qaram siz jüz eligrmä sizmä

我的太阳、亲人、您、儿子、女儿、乌伦(官名)、黑民、一百五十人

8. bïŋ budrq junt sizmä

一千名布达拉克人的住地,对我的您

9. elim sizrij jüz kümül budunum siz r < … > nčlj kümlüg rüküs bultï

我的汗国、您、一百名哈密百姓,您(略)白银一样多

10. jabïzmïγ küm ülimin bädük qïltïm sizim bükmä < … >

我用损坏的部分白银作画,对我的您不厌倦

E46

1. elim sizimä qujda qunčjum sizimä

我的汗国、我的您、我的纯洁的公主、我的您

2. güne tutuq ärrdïmi üčün ilimä < … >dm

为了骨涅都督、我的道德,我离开了我的汗国

3. ilde kisim ägri täbem türt butïlïmïm jïlïqm

在汗国,我的人、弯曲的骆驼、四头公牛、马匹

4. bunum juq

在这里没有

E48

1. lŋ < … > lnčŋz br < … > ns tikä birtimz kis < … > dä jeg tikärbiz

（无法解释）（略）我们达到，在人们中，好好地站立

2. ärdämi bar üčün qanïn tam ïttuq taqa tägmis bägim siz rbsï < … > ata čin na

为了有道德，我们使可汗到达了神圣的处所，您（无法解释，人名）在那里最真挚的？

3. tuquz älig jasïda tuquz altmïsar ülürmis rbsï süŋün ülrti bilgäm jïta

如果在四十九岁、在五十九岁，我们被杀死，那么让毕将军也会死掉，我的匐官，七代

4. ič jirilki irtzun atčï alp tutuq juuq juq qadas ilki sizim taγ ükzt juuq jïta

内属部落的人赶来了，骑马的、英勇的都督不在了，走到最前面的亲人不在了，许多山不在

5. tuγdï tur jazïŋ artzun qusïldäčï bälgä tutuq joq artzun < … > alp küg bän ulru qïltï

举起旗帜，经过了平地，在哥舒里的智慧的都督已经失去了（略），我是英勇、著名的，对男儿进行

6. jati uruγulïŋzqa bükmädük qaŋ ičim alp qusča bula tüsürmäk ärtiŋiz buŋqa atsïŋ bäŋkü tükilmis jïta

对我的七个善战的儿子，我不厌倦，我的父亲、族内之人英勇的、如同飞鸟一般的梅禄，我们都落下了，您的勇士对忧愁、名气永远地完结了

7. tülüs bilgätim bän altï jigrmi jasïma almïs qončjmïz bilmädi bäglim

我是聪明的、智慧的，在我长到十六岁时，他不知道我们的公主、我的匐官

8. ärdi ämlg ilintä bükmädim < … > sqa tutuq ïsïŋa bükmädi jig tarkan siz jïtaččïγïs < … >

他是痛苦的，在他的汗国，我不厌倦（略），都督对你的同盟不厌倦，好的达干，您对七代的东方（？）

9. jirdä artuq ärdämi bar üčün bäŋkü tikä birtim jati urï < ... > γlï üčün tikä birtimiz

在北方,为了有多余的品德,我永远地达到,为了七个勇士(略)儿子,我达到了

10. < ... > mädim alp qïzärdim

(略)我不……勇敢地生气了

11. < ... > üčŋ ïta

(无法解释),派

E60

1. siz ükinčn bükmädim

为了您,我不知厌倦

2. tuquz jasda tuγlγïqa tuγdïmrdïm

九岁时,我举起了部落的旗帜

3. bilmädim bunïm unarmïs

我不知道,我们愿意如此

E61

1. älimqanima sizmä

对我的可汗,我不怀疑

2. qojdakïsïm sizmä

我不怀疑我的胸怀

3. küŋik tutuq bän

我是坤义克都督

E62

< ... > juq čuq orunu jüz jïγ qanïm sizmä

……没有,我的楚克乌伦奴居兹伊尔可汗(人名?),对您

E63

1. bič < ... > γnü el bat q < ... > nrmmzïqïm < ... >

五个(……),国家糟糕(……无法解释)

2. aγznču < ... > jsl < ... > uγïq < ... >

宝物?(无法解释)

E65

1. ärmtïm jadaq ulu qončujma rd < ... >

我是,我的四足(富有的)、伟大的公主

2. sizim jüz ïnäl qadasïm < ... >

我的您、一百名王子、我的亲属

3. sizimki joqïlïγ tač jaza ür < ... >

您的消失的石碑又被打造

E51

1. ärtim kük tirig bän sizmä qadasïma sizä uγlïnma ečim adrïlïma

我在蓝天上复活,对我的您、亲人、儿子们、部落里的人,我没有离开

2. elim qanïma sizmä arradmi tuquz uγdmdma jarïm sizä

对我的汗国、可汗和您,中间的九个氏族,我不怀疑

3. jati česmä sizä esmä sizä

对我的七个侍从官我不怀疑,对我的盟友,我不怀疑

4. ismγrnä altür bol barïm

对我的六个同伴而言,他们成为我的财产

E66

1. bičim sizä

我的五,对您?

2. ärrdmi tuŋ < ... >

品德？打结？

3. ärtim baɣarïn < ... >

我是，把他的财富

4. jüz < ... >

百

E69

1. alp jür käŋä tam pürŋä čačama

我的勇敢的、善战的、坚如铜墙的查查（人名或官名？）

2. < ... >ta täŋri uq uli ïdïr aŋtïmza sizmä

在（……）天上，派出了大量的人，向他、向我的您？

3. uj < ... >

房屋？

4. rn < ... >t < ... >m

（无法解释）

E71

1. < ... >čïn täbis alqusï artuq bägims

像兔子一样精疲力竭，多余的匐官

2. < ... >türki ädgü bägmä

对我的突厥的、好的匐官

3. < ... >qara sïnï qura

把黑民的你们组织起来

4. < ... >ɣlï bujruqlïp saŋun

……的，成为梅禄的将军

5. < ... >ɣča bilgälip siz bäg

您像……成为智慧的匐官

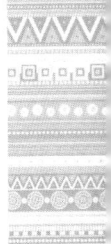

6. < ... > ükimdi sisimä

我高兴地向我的军队

7. < ... > md < ... >

（无法解释）

E73

1. < ... >čit < ... > lpn < ... >

······界碑······英勇的······

2. < ... >u < ... >j < ... >

（无法解释）

3. bük < ... >s < ... >

不厌倦······

4. sqpï < ... > pjsd apïm qensnčjm

（无法解释）我的母亲、公主

5. täŋri eltirm < ... >lmdä sü trkm qal

我建成了天汗国,在上留下了军中的达干

6. < ... >mɣs bunŋ bitigim eki baɣlïɣqa bägmä ïju < ... >

（略）忧伤的文字对两个富人、匐,珍珠

7. täŋri elimkä urrdïm müčn ujɣur qanda birü kel < ... >

我建造了天汗国,就这样,在回鹘可汗那儿,给了

E77

artïŋs tükmis künkim üzk

你们是,我们到达了,我的太阳在天上

E92

1. bäg sanun ärtim

我是匐官桑奴(人名,或将军?)

柯尔克孜文献与文化研究

2. snun tutuq bän närěn < … > bäŋü bäŋü ětke birdim

我是桑奴都督，什么人？我做了墓碑？

3. kük täŋride künj sizme

在蓝天上，对您嫉妒

E96

1. < … > s rm bükmädim säkiznč jas < … > rmv birtü < … > m

（略）不厌倦，第八岁（……）给（……）

2. < … > i jigirmi jasïmda bäŋüldim elmki bü < … > m

（略）在我二十岁时，我永恒了，对我的汗国，我不厌倦

3. jig e < … > j nčuq rsi bükma miulɣmqa bägimkä b < … > d < … >

好的，……不厌倦，对我的匐官，我不厌倦

4. nlt

（无法解释）

E94

1. ïslïp ärtiŋ jn < … > pjssč bän ŋtdm < … > b < … > künj

你是同盟？（略）我（无法解释）天

2. < … > jis buŋ

（略）忧愁

（1）< … > ts äs bän čz < … > ssŋbi < … >

（略）我吃过了饭？

（2）irb < … >

（始波罗）

E100

1. bäŋkü tas

纪念碑

2. elim öltiz mü ükün čig bükmdm

我们为了汗国而死,对强大的军队我不厌倦

3. amuɣ arna tüzim qazɣïm anï qanïm ünïm qazɣïm üzinlip quntïmdïm

现在在其中我的坦率,我的努力,把他,我的可汗出来,我的努力被折断,我抢掠

E135

1. qabpa üzrknä

集合起来?

2. < … >ŋ uq jasi bitdi ntgbt < … >

只有……年岁,写下了?

3. < … >ŋu til köbtidin bitig

用永恒的语言和众多的文字

E136

1. bäŋ bükdä ndl kündmiz kemüg < … >

我们使智慧的伊难珠成为太阳,缺乏

2. kulug bitdi

有力地写下

四、其他文献

E122

bü < … > < … >s < … >nč < … >j gbü < … >

(无法解释)

E74

rsüsn < … >ln

(无法解释)

E75

< … > lmk < … > d < … >člqa < … > ül < … >

（无法解释）

E76

E84

1. särï songjγ zjr g

黄色的双胞胎中的一个

2. tsi

弟子

E85

1. < … > bïččï zaŋsi

第五个张思(？)

2. < … >

（略）

E127

surqač

驱赶者

E128

< … > ss

（略）

E129

ükünliŋč

大量的

E130

1. tunčŋü

连夜的

2. ＜…＞d

（略）

3. ärig

有人的地方

E143

alpïn ＜…＞

英勇的

E78

buŋ čĭk il baqča

忧伤的奇克王国的国王？

E79

baqïr biŋi büki čig urqa

大约一千名莫离（部落名）打造

E86

E137

barïm ŋurn

我的财产，乌伦

E139

t＜…＞ičbarms＜…＞

……始波罗……

柯尔克孜文献与文化研究

E140

1. ilrs juq ükünïm tarran bün čïsrïm

没有汗国的,我的伟大的达干、智慧的刺史

2. esl

事?

E141

E67

< ... > mrü < ... >

向?

E87

E95

qat

努力的

E89

E115

< ... > täŋridä qutluγ tabïsj täŋri

天,幸运的兔子(官名?),天

E116

tabïsj küčig sizs čorlätïŋ ärmäčükä jarïm

聪明的、有力的您,成为啜快半年了

E117

qut

幸福的

E123

ög joklüg azar basä

没有母亲的较少的人

E124

sizer

你们

E125

j < … > tuγ sijŋsi

洁白无瑕的妹妹

E126

üzpa ujsï asinurŋu slm a lsr üč jüz bitigiŋ

爬上天上的房屋(……)三百个字

E118

1. tamračï urŋ jïγčur kčgi

掌印官乌伦,前敌官柯西格

2. ïsbara bäŋlig

始波罗是永恒的

E119

1. aln

拿?

2. < … >l täŋrim

我的天可汗

3. < … >n < … >z < … >

（无法解释）

E90

siznrs

你们？

E80

čur

啜

E81

bäglük kümüsin birtmiz

我们给了匈的银子

E82

< … >altun sïɣïčiŋ

你们如同黄金般的吊唁者

E133

E101

siz äq qja jurts ädgü üd

只有您的住地是好的

E105

E106

1. qujdap tuɣlma ü < … >

对我的纯洁的旗帜（略）

2. < … > stŋ ögri < … >

（略）高兴（略）

E107

1. q

（无法解释）

2. k

（无法解释）

E111

äbdizlig qaja

围绕的？

E112

trsjkčg

（无法解释）

E113

čigči

刺史

E114

1. r

（无法解释）

2. tabïsj kičig qutlïɣ kičig

像兔子般一样小，幸运的、小的

E90

E91

1. qatïs

联系

2. rt

（无法解释）

3. < … >

（略）

E24

E57

1. bäŋü čur

永远的啜

2. sü

军队

E83

E121

E131

ilimd

我的汗国

E134

üzr < … > bän ärdim bäŋülä bäŋkü

上面的，我是永恒的、永久的

E93

är

勇士？

E132

E102

salɣa

装

E103

ülüs

部分

E58

1. < … > rtï qr < … >

三十四？

2. < … > rzrm < … >

人们？

3. < … > ɣ < … > tün < … > dün < … > sr < … > n < … > m

夜晚……？……？

E145

第四节　唐代与柯尔克孜相关文献集释

唐代与柯尔克孜相关文献其实属于一种历史文献的分类法,其特点就是以时间为限,不考虑记录文献的语种和区域,仅仅考虑其记载内容。

一、唐代与柯尔克孜相关文献概说

唐代作为我国各民族大融合的一个重要时期,为我们保留了大量的有关柯尔克孜的文献。这些相关文献主要有两种文字记载,一是汉文,一是古代突厥文。令人遗憾的是,在唐朝灭亡不久即 945 年(后晋开运二年)完成的《旧唐书》中没有相关记载。但是从《新唐书》相关记载来看,我们认为在唐朝的汉文文献中,肯定存在对柯尔克孜的相关记载。此外,诸如这一时期的古藏文、拉丁文对此也可能有所记述。但是囿于资料以及文献释读,上述两种文字的相关文献鲜有报道。至于 982 年(辽乾亨四年)创作的波斯文《世界境域志》则有对柯尔克孜的记载。比如该书第 14 章"关于黠戛斯国"。

二、部分古代突厥文文献解读

(一)AK-YUS

Altu sanda kälip. älim qanïm törüsin banta. bu…är atïm ög in alp. b… kälip säninip aŋlanïp.

Altu 向你走来,我的国家、可汗把他的法制置于我手。这……我的名声是神圣的、英勇的,我想和他一起来。

(二)KARA-YUS

bäŋkü qaya. č sü bas andalïɣ öl. ……äsidmäkinč barap ač ra. mäŋkü qaya.

ančaɣ äsitip bay apam l yarayu äl ančaɣ öküs s alpaɣu.

永恒的 qaya。军队的头领就在那里。我要去听祖先的命令。永恒的 qaya。就那样听。我的富有的祖先适合汗国,就这样成为汗国的英雄。

(三) ULU-KEM-KARASU

…oɣlanïma sizimä adïrïldïm. …toɣdïm bän. …m…rda bäŋüsü yoq ärmis yïlïnd yüz äligdä. …q m…üzä. …r m…a

我离开了我的儿子、我的可汗您……我饱了……我没有永恒,没有生活到一百五十岁……上……

(四) TUBA Ⅰ

r. üčün yaɣïqa. künč tutuq

因为…r,向敌人。künč都督

(五) TUBA Ⅱ

Yüz yas yänä. täŋrim čök bizkä. Idil yärimä bäŋgü balbal

一百岁又。我的天可汗 čök 对我们。在我的 Idil 地方立起了永恒的杀人石

(六) TASEBA

Ärdäm anar at ädükü älgä taɣï bar altun

因为有品德,人民给他好名声,在他的汗国山上有黄金

(七) OYA

A

Binčü si…quyda qončuy. adïrïltïm sizimä. kisi qazɣantïm b…

猴年……纯洁的公主,我离开了您,我为您尽力了……

B

Iimkä bükmädim siz ilim…qadïr yaγïda otuz är ölürtim. baγïm budunïmqa adïrïltïm. är bäŋküsi bu ärmis. …yïta kül

我没有离开我的汗国,您和我的汗国……在大兴安岭我杀死了敌人 30 名勇士。我离开了我的财富、百姓。我们将永远英勇……七个阙

(八) OZNACENNAYA

A

Qončuyïm qadasïm adïrïltïm buŋa yaγïqa kirdim. ökü čäkül tutuq sizimä adïrïldïm. älim qanïn sizimä adïrïldïm altun käs adïrïltïm.

我离开了我的公主、我的亲属,我使敌人陷入了忧虑。ökü čäkül 都督, 我离开了您。我离开了我的汗国,我的可汗,我的您,我离开了黄金、白银。

B

bäs qïrq är yas ärtim

我是三十五岁的男人

C

Äl ïnančï älin qanïŋïz yoqlayur qadas alpïŋïz qarγanur ünüŋüz. yaγïm anča ärmis adïrïldïm.

汗国伊难珠把他的汗国。您的可汗没有亲属,您的英勇声名远扬。就 这样,我离开了我的敌人。

(九) ULU-KEM OTTOK TAS

Küč qïyaγan ičräki

有力的 qïyaγan 内属的

(十) ULU-KEM KULIKEM

čočuq böri saŋun. …un qatun tarlaγïm…m tarlaγ y…r…öküm qatunïm…y rd čočuq böri.

将军。……我的可敦 tarlaγ……tarlaγ……我的母亲，我的可敦。

（十一）ULUG-KEM

Budunïma olïma yotuzïma. adïrïltïm č č l n äsim ayïta buŋa. är ärdämimčin sü ägirur adïrïltïm. tolmïs üčün bir ärig o t bir l birniüm.

我的百姓，我的他，我的繁星。我离开了我的食物、月亮和忧愁。我高兴把我英勇的品德给了军队，我离开了。我们满足了。为了一个有人的地方，我们在一起。

（十二）ELEGES

Qadasïma käsimä adaq atïma yïta qara budunïma adïrïltïm yïta. tört adaqlïγ yïlqïm säkiz adaqlïγ barïmïm buŋïm yoq ärtim. buŋ baŋa b bat ärmis öldim yïta sizimä yoluqayïn. …lmu bäriyä…qïlïnu adïrïlayïn…b…s yïlta är. älim uγrïnta sü bolïp ärlärim ädüküm yoq ač bildigdä bir bärtigimä säkiz är ärdim. qara budunïm qatïγlanïŋ äl törü sü ïdmaŋ yïta siz älim qanïm. uruŋu külüg toq bögü tärkiŋä qaŋïm bäg ärdim üčün bän är. kürt äl qan alp uruŋu altunlïγ käsigin baŋtïm bäldä älim toquz qïrq yasïm. qanïm älimä sizimä yïta bükmädim qanïm älimä yïta adïrïltïm. kök täŋridä kün ay azdïm yïta sizimä adïrïltïm. yüz är qadasïm uyarïn üčün yüz ärän älig öküzin täkdük üčün. quyda qončuyïma sizimä yïta özdä oγlïm sizimä adïrïltïm.

我离开了我的亲属、我的女人、我的脚马和我的七个黑民。我失去了七匹四足马，八足财富和我的忧愁。忧愁对我来说是糟糕的。我死了，我为我的七位先人上路。……给……被做，离开的……在这一年人们。我的汗国把他的氏族变成了军队，我的勇士们，如果没有我的贡献，你们会处于饥饿之途，我拥有了一笔财富和八个勇士。我的黑民，你们为国家、法制、军队所做的努力，没有白费。我的七八个汗国的可汗，我的洁白的、有名的、丰足的、智慧的天可汗，因为我是匈，我成为勇士。在我三十九岁时，kürt äl 可汗把英勇的、洁白的、黄金般的渡口给了我，把我葬在河流汇合处，我永久为我的

柯尔克孜文献与文化研究

汗国努力。我不愿同我的汗、我的汗国、我的您、我的七代祖先分离，我离开了我的汗、我的汗国和七代祖先。在蓝天上，我少了太阳和月亮。我离开七代我的您。因为耻辱，我周围一百名勇士羞愧，因为后悔，一百人中有五十后悔。我离开了我的纯洁的公主、我的七代祖先、他们自己、我的儿子和我的您。

（十三）UYBAT Ⅴ

…čit yab näŋ yärdä qasuq tas balbal

……划定界限，什么也不坏，把 qasuq（哥舒）做成杀人石

（十四）MINUSINSK MUZESINDEKI

（1）

öz yärim ïduq yärim sizä öz älim qanïm küŋ ay täzil ana ärtägü är ärim q b r. yüz är qadasïm sizimä biŋ är budunïma sizim qatlan budunïm ädgü qan.

我自己的地方、我幸运的地方、为您、我自己的汗国、如同太阳和月亮般的 täzil 可汗，在那里我获得了男子汉英勇的名声。我的一百名英勇的身边人为了我的您，我的一千名英勇的百姓为了我的您，努力了。我的百姓，好的可汗。

（2）

Yätmis yasïma öntim yätmis är ölürdim b…l ti t. üčün g uyar äsim sizimä adïrïltïm bükmädim ana älim s z y.

我们到达了我的死亡年纪，我死了。我们到达了，我使人们死了。为了b…l ti t，我离开了我的丰盛的饭食、我的您，我不愿和我的在那的母亲汗国分离。

（3）

Qadasïm ärän äskäyü yuɣladïn ögüs äs äki mügüz bäŋü y n nd ma g t. soɣur bitidim biŋ säkiz adaqlïɣ barïmïm baɣ äsimä tärdi bükmädim.

我的身边人掠夺了敌人的财物，越过了两条河流，mügüz 永远……我用粟特文写下了，我不愿离开我的一千个八足的财富、丰富的饭食和

我的可汗。

（4）

ärdämn üčün naŋïn ünüm sizä äküyig ärdämim yasï üčün l r d. är atïm özüt oγdï oγlanïm sizä bičim adïrïltïmïz.

为了有品德,我对您没什么抱怨的声音,为了我的优良品德和年龄……为了我的英雄的名声,我个人的儿子们和您,我们五个人离开了。

（十五）ACURA

A

…il ügäsi ïnanču bilgä irig ölüg. …oγlï atï küč urïoγlan toγ……rn…r siz ataŋïz ur bäg siz…a iliŋiz üčün qazγanu öz quy yïta siz.

国之乌介·伊难珠·毗伽·俟斤的尸体。他的养子,他的马,儿子们丰衣足食。您是您的父亲的儿子,您是匐。为了您的汗国,您自己努力了。您为有福禄的七代努力了。

B

Yäti yägirmi ärdämi yasïnta ärdim ölti. qab qï äti buŋsïz ärti qara sačïn täg. Yärdäki tamqalïγ yïlqï buŋsïz ärti. yaγ…tägmis sü täŋi yäti biŋ oγlan ärti.

在我十七岁时,在他品德和年龄上,他死了。Qab qï 的侄子是无忧无虑的,他用他那黑色的长矛袭击了。身上有地方印章的马是无忧无虑的……敌人……我们到达了,军队来了差不多有七千男儿。

C

… yüz är yüzi bäglär bäŋzi bäglik ts (＝ž)… t …… ökinmädiŋiz ay … körmädiŋiz…t mädi. …altmïs är adasïŋïz ilig är ädgü äsiŋiz özüŋin äčiŋiz i… säkiz baγïr küzäŋüsi on qara küzäŋüsi ärt…č g.

他把幸福给了一百名勇士、他的一百名匐。匐的……你们不要后悔,你们没有看见月亮、太阳,没有……六十个勇士是您身边的人,五十个勇士享受您的精美的饭食,你自己祖先……我拥有八足的财富的守护物,十个神圣的守护物。

D

...siziŋ är at ur äliŋ ö.

你为了你的您、人们、马、儿子和你的汗国而死了。

（十六）BARLIQ

1

är ärdämi atïm tabdïm ärdämi…üčün. öz yigän alp turan altï oγuz budunda üč yägirmi yasïmqa adïrïldïm. bäg ärikimä sizimä adïrïldïm.

我找到了我的英勇的、有品德的名声,为了获得有品德的名声。我的侄子、勇敢的 turan 在六姓乌古斯百姓中,当我十三岁时,我离开了。我离开了我的匐、我的力量和我的您。

2

Köni tirig üč yasïmda qaŋsïz boldïm. külüg tutuq ičim kisi qïlïd. buŋusuz ärdä bän ärdim. quydaqï qončuyïmγa adïrïldïm apama.

他的心活着,在我三岁时,我成为无父的人。Külüg 都督成为内属于我的人。当我无忧无虑时,我成长了。我同我纯洁的公主、我的母亲分离了。

3

Bayna saŋun oγlï külüg čur. buŋusuz ulγatïm buŋ bu ärmis. täŋridäki künkä yärdäki älimkä bükmädim. quyda qončuyïmγaqa özdä oγlïmqa adïrïldïm.

Bayna 将军的儿子 külüg 啜。我无忧无虑地长大,我们忧虑了。我不愿离开天上的太阳,地上我的汗国。我离开了我纯洁的公主、我自己的儿子。

4

...älimkä bükmädim. quyda qončuyïmqa adïrïldïm. qaŋsïz qaldïm.

我不愿离开我的汗国。我离开了我纯洁的公主。你是父亲,我留下了。

（十七）KEMCIK KAYA BASI

Ädgüŋiz. Ol qanïm älimin bäŋgüsi qara säŋir. nï bitigli n ŋin ärti. kisi arasï isid qara säŋir älčig. ïnanču külüg čigsi bäg är ärdämim üčün rŋ sarqd

ülkäni altï baγ käsdimdä bän. yäg ärdükim ol ärinč qara säŋirig yärlädim udur
čigsi säkiz qïrk yasda. yig on bilgä saŋun böd b n tutuq bäg arqï yäri. qïr qïzqanï
bitimisin.……

您的好。我的那位可汗把我的汗国中永恒者中一对黑民孪生子中的一
个书写下来。人民中间的拾遗使一对黑民孪生子中的一个成为汗国的。伊
难珠、有力的刺史和匐。为了我的英勇的品德，我与黄色的大汗、我的六个
富有的周围人，据说是我具有那种好品德。我引领了一对黑民孪生子中的
一个，追随刺史。在三十八岁时，十个好的毗伽将军亲自使我成为都督和
匐。在后面的地方，點戞斯可汗把我书写在此……

（十八）CAKUL

1

A

Qadasïm adïrïldïm ïyu quyda qončuyïm adïrïldïm säkiz oγlï adïrïldïm ïyu. …
m…qanïm älimkä tapdïm älgä ögüm tapdïm qadasïm tapdï ärdämim.

我离开了我的身边人，我离开了追随我的纯洁的公主，我离开了追随我
的八个儿子。我找到了我的可汗和汗国，我找到了我的部落和我的母亲，我
找到了周围人和我的品德。

B

qaŋïm üčün bilgä čiksin qanïŋa tapdïm budunïm. är ärdämim älimkä tapdäm
täŋrig…ädgü qadasïm adïrïldïm.

为了我的父亲，我找到毗伽刺史为可汗。为我的汗国，我找到了我的英
勇的品行。我和我上天的……以及好的周围人分离了。

C

Buŋa čiksin bän bäŋgüm ärmis.

我使 čik 人忧伤，我得以永恒。

2

äl č čur küč bars. Quyda qončuyïmqa sizim oγlïmqa bükmädim. täŋri älim

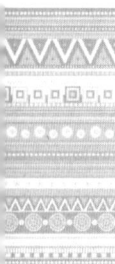

uluŋ sada ärimkä adïrïldïm.

汗国有力的啜,有力的虎官。我不愿和我纯洁的公主、我的您、我的儿子分离。我离开了我的天汗国、伟大的设和勇士们。

3

är atïm yaruq tägin bän bir otuz yasïmda sizimä. ki mük bilä toγma ärdi oγlï bän ädgügä bükmädim sizä. budun ara bol...n üčün älig uyamγa adïrïldïm ä s ni.

我英勇的名声直达太阳,在我二十一岁时,我的您。他的儿子是聪明、智慧和丰衣足食的,我为了好不愿与您分离。我是群众中间的……为了……我离开了汗国的耻辱。

4

Alp uruŋu tutuq bän quyda qončuyïm äki oγlanïma sizimä yalïŋus qïzïma. Yïs äči asim qadaslarïm adïrïlu bardïm qïzïn ärimä bükmädim. täŋrmi älimkä basda bägimkä bükmädim sizimä tïrt = (qïrq) yasïmda qačtïm.

我是勇敢的预龙都督。与纯洁的公主、两个儿子、我的您、唯一的姑娘。山林叔父、我的饭食和我的周围人,我离去了。我不愿同姑娘、我的勇士分离。我不愿和天汗国、头领、我的匐分离。在我四十岁时,对我的您,我逃跑了。

5

Tüz bay küč bars külüg. uyar qadïnïmčïn ökdim yïta ičim ayup ačamqa ay. uyar bägimkä adïrïltïm uyar qadasïmqa adïrïltïm.

Tüz 巴依是充满力量的虎官,是有权力的。我羞愧地后悔了我的怜悯。七个内属于我的爱护我的祖先说。我羞愧地离开了匐,我羞愧地离开了周围的人。

6

...t čur apasï barur. inim äčim yïta adïrïlu bardïmïz yïta. quyda kisimä yïta adïrïlu bardïmïz. buŋï äsim qadasïm yïta...uγ...t ma. buŋda oγlanïm yïta.

...t 啜的父亲去了,我的兄弟、我的祖先、我的七代先人,我们离去了。七代,我纯洁的人儿,七代先祖,我们离去了。我忧心我的食物、我的周围人和七代祖先,我忧心我的儿子和七代先人。

7

Qutluγ čigsi bän qadïr yaŋïda. qara budunïma yïta sizimä. älimä sizimä.

幸福的刺史,我在大兴安岭上,我的黑民、七代先祖、我的您,我的汗国我的您。

8

Tört oγlum bar üčün bäŋkümin tikti. Külüg apa bän.

因为我有四个儿子,所以我得以永恒树立。我是 Külüg apa。

9

Qadasïmqa bükmädim. …m l äki älig yasïm bükmädim. …sizimä bükmädim.

我不愿和我的周围人分离,…m,在我十五岁时,我不愿分离,我不愿和我的您分离。

10

Quyda qončuyïm qïzoγlïm. bägimkä qadasïmqa bükmädim. Üč älig yasïm adïrïldïm bän. …uγrač bän.

我的纯洁的公主、姑娘、儿子,我的诸匐、我周围的人,我不愿分离。在我四十三岁时,我离开了。我是…uγrač。

11

Toquz qïrq yasïmda älim ü č ün. …lär …čin. …öldim. …isigi ay ičimkä qadasïmda bükmädim.

在我三十九岁时,为了我的汗国,…lär…čin,我死了。……我的同盟、追随并内属于我的人、我的周围人,我不愿分离。

(十九)IHI-HANIN-NOR 碑文

…siz äkäyin bädizinizin bunča qazγanu bärtiŋiz.

你们把两幅画这样努力地工作了。

(二十)TALAS

1

Atïzïm itip är atïm udun sizä. qatun …tulï qalmïs. iniläri qara bars oγul bars. özintä isinkä.

做我的族人，追随我英勇的名声，我的您，可敦……我们伫立停留。他的兄弟们黑民虎官、养子虎官，为他自己，他的事情。

2

Otuz oγlan saγdičlar pičin yäti igirmi. altïm qaračur yaγïtï qara yazïmïz. altï obasï…bir kiz a sinil…qalmis. qaračur atum qula qara yazïmïz. qar čur…n…özgä uyalarïn adïrïlmïs. oγlï atï tučayan ogli atï qarčur. oγlï atï saγu. oγurtï.

在三十儿子和侍卫们协助下，猴年十七岁时，我取了黑民嗳的称号。我们平定敌人，使其成为黑民。我们留下了六个儿子、一个姑娘和妹妹。我获得了黑民嗳的称号，我们平定了他们，使奴隶成为黑民。作为黑民嗳，我们为自己离开了那些耻辱。我的儿子、侄子 tučayan，儿子、侄子黑民嗳，儿子、侄子 saγu，坐下了。

3

γï. bäg čur oγul asuγm oγlïn bäs tulï qalmïs. qara tulï qalmis. tasïn usïn olïtï badïm.

……γï。我的匄、嗳、儿子、食物、养子，我们全部留下了。我们把黑民全部留下了。我把石匠捆绑起来。

4

Atï čur otuz oγlan saγ čik adïrïlmïs sizä talčïγ ärän sizä oγlan čur ulayu qalmïs qatunï tulï qalmïs.

我们离开了侄子、嗳、三十个儿子、saγ čik 人。如潮般的勇士为您、儿子们嗳为您而来，我们跟随留下了。他的可敦，我们都留下了。

5

Oγramïs qatun aγlayurčï sizä. umč oγlï it bärt örün kümüs…ldïγï it bärt γum t iniläri qul bärt.

我们坐下了，可敦为您成为登上位置的人。三个儿子创造财富，用银子做成王座。

（二十一）BEGRE

A

Üč oγlïm adïrïldïm ayïta bükmädim qatïγlanγïl. tör apa ičräki bän bäs

yägirmi yasda inim äčim qončuyïm buŋa adïrïldïm sizimä kün ay azdïm.

我离开了我的三个儿子，我努力地不愿说分离。四位祖先内属于我。在十五岁时，我离开了我的弟弟、我的叔叔、我的公主和我的忧伤。对我的您，我缺少了太阳和月亮。

B

säkiz adaqlïɣ barïmïɣ üčün yïlqï tükäti bardïm anda bükmädim ayïta örüŋmäg qaramïɣ azdïm.

为了我的八足财富，我全部地拥有了马群。在那，我不愿说分离。我全部地减少了我的王座的装饰物。

C

Yärimä ayïta subïma adïrïldïm buŋa sizimä ayïta. budunïma künimä qadasïma adïrïldïm bükmädim. älimä qanïma bükmädim bäŋgüg tiktim azdïm. yatda tüŋürimä adïrïldïm. anda lïɣ dïnïm anda sizmä ädgü äsimä adïrïldïm.

我不愿同我的土地、我的水源说告别，对我的您说忧虑。我离开了我的百姓、我的太阳和我的周围人，我不愿和他们分离。我不愿同我的汗国、我的可汗分离。我永远地竖立了，我减少了。我离开了，到达了天上。从那以后，我离开了我的您、精美的饭食。

D

Bäs yägirmi yasïmda tabɣač qanɣa bardïm är ärdämim üčün alp on altun kümüsig ägritäb äldä küči qazɣandïm. yäti böri ölürdim barsïɣ yükmäkig ölürmädim.

在我十五岁时，我去朝拜唐朝皇帝。为了我的英勇的名声，我英勇地把十块黄金和白银弄弯，我为我的部落尽力了。我杀死了七名卫士，我没有杀死虎官的手下。

（二十二）KEMCIK CIRGAK

A

är ärdämim qalïr äsim biŋ ärim sizimä balïqtaɣïm sizimä. taylarïm är toyuqčïn yäti asnuqï ärim tasaru tiläti. är atïm yula bän är ärdämim quz sizim

柯尔克孜文献与文化研究

älgin qadasïm sizim. asnuqï atlarïm säntim abɣa binärm altï yüz atïm aq at. säytig särig altunïm ögr č g…m aɣï yädär tonïm.

英雄的品德、我的丰厚食物、我的一千名勇士对我的您，我的城市对我的您。我的大量的勇士骑着栗色马，希望得到七个先人先前的名声。我取得了英勇的名声。英勇的品德、姑娘、我的您、把汗国、周围的人、我的您。我先前的名声、我的你骑着马奔向毡房。六百马中白色的马、我的黄灿灿的金子、王座、宝物和小野山羊皮的外套。

B

är ärdämim adaqï ägičimä ana ägmič ägit yärältim. bas čalarïm yasïča yïlïqï sizimä abda ägäyin atïm aq n r g y. lč r g n s ägdim älim är sin ayï asïm suŋurïm qan ta är sayïm aq n r g y. sŋz yätmis yasïm öltim sizimä aɣïmɣa altmïs at bintim. ädiz äl uruɣïn qabay uruɣïn öt amɣa altïm. aɣïsɣa tonïm.

我英勇的品德，在那里，我保护我的八足宝物。我的军队头领骑着背部平滑的马，对我的您，把织毡房的姊妹、诸马中的白色马进贡。我折服了军队，我的英雄的部落把你、月亮、我的饭食、我的将军献给可汗。我的英勇的每一匹白色骏马。我们到达 Sŋz，我死了，我们为您取得了宝物，我骑着马。我向阿跌部落预龙 qabay 请求，取得了 amɣa 地方。把我的外套作为宝物给他。

（二十三）IHE ASHETE

A

Täkäs kül tudun inisi…yükünir kün bädizmis. azɣanaz är aɣar bädismis.

太开思·阙·吐屯的弟弟……我们画了太阳，使他敬拜。我们上去画下了辛勤的勇士。

B

Kül tudun inisi altun tamɣan tarqan yuɣïn umaduq üčün adïrïldïmïz qalalïm ölüg uyarlïɣ ärmis qalsïm q…oɣul larï turɣul yälgäk laqzïn yïl. bardïnïz sïz l… adïrïlmïsča saqïnur ärtimiz adïrïl……

为了达干不能没有阙吐屯的弟弟的黄金大印，我们离开了。用我的重

礼换回尸体,这是我的耻辱。我的重礼……猪年,儿子们站立着冲锋。你们去了,您……当我们离开时,我们是思念的,离开……

C

üzä täŋri ärklig m … q mïs. adïrïlmïs ölügmä … tr … yïɣlayu bärtim. činär bädizmis.

蓝天之上,我们是有力的、光荣的。我们离开了我的尸体……集合起来,我去了。我们真心地画了。

(二十四)ELYAZMA(论述宗教教义或道德)

A

Zinin ölmäz. tanuqluɣ sab tamɣalïɣ. bitig isidmistä koru. körmis yig min kisi yüzin biliginčä bir kisi atï bilig o azmazun tip. yirči yaratï yanïlmazun tip. bilgäg urtï azmaz. yirči yaŋïlmaz bilgä unïtmmaz. böylädir ötügči yaŋïlmaz. bitkä či bilgälig yaŋïlmaz. yirčilig azmaz yaŋïlmasar. bilgä bolɣay azmasar yirči bolɣay yaŋïlma.

我们自己死了。当我们制作 Tanuq 的水印文字时,看见了。我们看见了。当二十个人相当于一百人的智慧时,据说一个人的名声不会减少。本地人造出了路,据说,他们没有走错路。他们没有失去智慧。当地人没有走错路,没有失去智慧。请求成为波依拉的人没有走错路。书写者是智慧的,他们没有走错路。当地人如果没有走错路,他们就不会减少。拥有智慧,当地人就不会减少;拥有智慧,当地人就不会走错路。

B

rči bolmaz …b. itkäči yoq a…yoq 1 tütüncs…ni köni ökm……m arta väyä ï yoq.

不是当地人……没有作者,就没有宝物。被抓住的人……心情后悔……破坏……没有 väyä。

C. D

…nïlïn tut…gü tutmaz…ïr subïŋrï…glär arɣa bolu…lïɣu ärsär aldï väyä a.

……把……抓住……没有抓住……成为勇士……如果是勇士,他会拿到……

E

(二十五) UYUG-TARLIQ

Siz älimä qončuyma oɣlanïma budunïma sizimä altmïs yasïmda. atïm äl toɣan tutuq bän täŋri älimkä älčisi ärtim altï baɣ budunqa bäg ärtim.

您向我的部落、我的公主、我的儿子、我的百姓、我的您,在我六十岁时。我的称号是艾利·土兰·都督,我是天汗国的艾利此时,我是六个富有的百姓部落的匐。

(二十六) UYUG-ARHAN

äsim…imiz sadïm. älim äčindim adïrïldïm. är ärdämin äbimiz. ačdän är ärdämimä oqun. är atïm yasaq bän.

我的饭食……我们的……我的设,我的部落,我被打开了,我离开了。用英雄的品德打开我们的毡房,击中了我英勇的品德。我英勇的称号是 yasaq。

(二十七) UYUG-TURAN

A

Quyda qončuyïm yazïda oɣlïm ayïta sizimä ayïta bükmädim adïrïltïm künim qadasïm ayïta adïrïltïm. altunlïɣ käsig bälimtä bantïm täŋri älimkä bükmädim sizimä ayïta. üčin külgü tirig bän täŋri älimät yämlig bän.

我的在平地上的纯洁的公主、我的儿子、我的您,我不愿说分离。我的太阳、我的周围人,我说离开。我站在黄金般的渡口汇合处,我不愿和我的天汗国、我的您说分离。我把三个阙集中起来,我是天汗国的先锋。

B

Üč yätmis yasïmqa adïrïltïm ägük qatun yärimäk adïrïltïm. täŋrin älimkä
qïẓγaqïm oγlïm öuz oγlïm altï bin yontïm. qanïm tülbäri qara budun külüg
qadasïm sizimä lsim är öküs är oγlan är küdägülärim qïzkälinlärim bükmädim.

在我六十三岁时,我离开了。我离开了我的地方上的 ägük 可敦。对我
的天汗国,我的努力、我的儿子、我的三十个养子、我的六千匹马、我的可汗
都去了。我的黑民的有名的周围人,我的您、我的部落、英雄的河流、英勇的
儿子、英勇的名声、我的姑娘、我的儿媳们,我不愿和你们分离。

(二十八)ELYAZMA(*藏经洞文书——官员宣泄篇*)

Yämä bisinč ay säkiz yigirmigä bilig köŋül saŋun baslap kälti. yabas tutuq
buzač tutuq örä bört tutuq altun tay saŋun yartïmlïq ärür atï. öz apa tutuq ulatï
qamïγ atlïγ yüzülüg otuz är. kältimiz bir kün bir qoy. iki küp bägni bitgäči. isiz
yabïz qul bitidim. atïm baγaturčigsi.

又,五月十八日,以聪明的 köŋül 为首的将军来了。亚巴斯都督、布扎西
都督、悦来波提都督、金山将军都是全副武装的。于兹阿帕都督以及所有的
骑马的一百三十名勇士。我们使他们来到了。一天一只羊,两天为匋做书
写人。事情弄糟了,我来做书写奴隶。我的称号是巴阿秃尔刺史。

(二十九)UYBAT Ⅲ

A

är ärdämi üčün äčimä yïta yoqladï qulï aš tutsar küč üč äčimä. bäg ärigčä
sab qabsar äčimiz. yaγïda…qop budun tiŋin bilir ärti. …gin toquz. üzä täŋri
yarlïqadï q…qara budun…budunïm üč oγlïm bükmädim. tarqan saŋun män…

因为勇敢、有德行,我的祖先七代先人没有灭亡。如果抓住奴隶,获得
粮食,我的三代祖先和诸匋将充满力量。如果匋发现有人饮用的水源,我们
的祖先将会击败敌人……所有的百姓都听到、知晓这些。……九……上苍
命令……黑民…我不愿和我的黑民,我的三个儿子分离。达干将军,我……

B

käg bükmädi budunïŋa. il čur iliŋä qazɣandïm män…är ärdämin üčün yoqladï. yoqlamaz biz älin…bükmädim iltä qalmïs altï bilgä bäg oɣlïŋa. bädizin üčün türk qan balbal äl ara toquz ärig udïs är oɣlïn ögürip ödür altï ärdäm bägimä.

不愿离开您的百姓。作为 ilčur,我为你的汗国努力工作……因为他的勇敢和德行,我们没有灭亡。我们没有使他的汗国灭亡……我不愿离开,在他的汗国为你的儿子留下六个智慧的匐。因为他的画,把突厥可汗作为杀人石立在汗国中间,在九个有人的地方住,想使他的儿子高兴,成为六个有德行的匐。

C

…toquz…täzginip atïn ärglig. otuz ärig baslayu tutuɣqa badï ärinč. …üč ačïmä adïrïndïm…bir mta tačamqa adïrïndïm toquz bäg är…ma adïrïndïm…uruŋ basï ärtim ïnančï ärtim.

九(姓回鹘)逃走了,把他的名字留在有人的地方。据说是他把三十个有人的地方的首领都督捆缚住。……我将离开我的三代祖先……我离开了一位智慧的咄悉匐,我离开了九位英勇的匐……我是 uruŋ 的头领,我是伊难珠。

D

altï yasïmta qan adïrdïm bilinmädim üč ičimä yïta adïrdïm abčï…üč ačïmä qan män ärdim atïm ärti birlä. ilimkä qanïmqa bükmädim oɣlanïma inimä ičimä män ämkim körä bükmädim.

在我六岁的时候,我不知道离开了可汗。我同我的三位内属、七位先人分离。毡房织工……三代祖先、可汗,我离开了,我和我的名气一起离开。我不愿离开我的汗国、我的可汗、我的儿子、我的内属,我不愿离开让你们看见我的痛苦。

(三十)UYBAT I

Ärdäm qan altuɣa bärmisi. on ini inisi toquz oɣlï bar üčün. čab šat on tarqan bäŋüsi tikä bärtim. ärdämin üčün il arada qara qanqa barïpan. yalabač barïpan kälmädiŋiz bägimiz.

我们给有品德的可汗进贡黄金,也为了他的十个兄弟,九个儿子。我恭立着给čab šat、十个达干以幸福。为了有道德的可汗,在国与国之间,去见黑汗。使者去了,我们的诸匐,你们没有回来。

(三十一)TUBA Ⅲ

Qara qan ičrägi bän äzgänä. altï otuz yasïma ärti. bän öltim türgis äl ičindä bäg bän bitig.

我来到黑汗国内的 äzgänä,那时我二十六岁。我死了,突骑施汗国国内的诸匐为我写了墓志铭。

(三十二)UYBAT Ⅱ

Uz bilgä čaŋsï uz t……ïn üčün alpïn üčün ärdämin üčün…tökdi tört buluŋqa tökdi…

乌斯·毗伽·长史……因为他的……、因为他的勇敢、因为他的品德……他到达……他到达世界的每个角落……

(三十三)UYBAT Ⅳ

…pdi üč qata tägzinti…ta siz är iki oγlïn birlä ölti. …n…o k uz alpïn bäŋgü ärti.

他往返三次……您和他的两个儿子一起死去。乌斯是英勇的,他是永恒的。

(三十四)霍伊士-塔米尔碑文

1

In öz inänčü yïl in öz inänčü tardus kül čur bäs balïqa barïrbiz. anda qutluγ …bolzun

这一年,我 In öz 伊难珠和 in öz 伊难珠·达头·阙·啜去了别失八里。在那里我们是幸运的。

2

Bičin yïlqa toqïzïnč ay. sqa bardïmïz p. bäs balïqa qutluγ alp yü. sü. r z u l k l…k bolzun. anda qutluγ ir.

猴年九月。我们去了。去别失八里的是幸运的、勇敢的一百人的军队。
r z u l k l…k 是……在那里是幸运的。

3

Yüz alp türgis äl yor. täŋri…q az…sü ü bolzun.

一百人英勇的突骑施汗国的部队出发了。天汗国的阿热部落的军队是
幸运的、顺利的。

4

Irim ara qut irt alp är.

山麓之间,幸运来到英勇的勇士身边。

5

Qutu yolï yitinč ay ärim. ara…ilimdä käglinč tarqut biz. türgis sü kisrä
toγuzïnč ayqa är.

我是七月幸运的行人。在我的天汗国之间,我们是康里达干。之后九
月,突骑施军队来了。

6

…t a. z. g. d birinä yalsaqa bäg.

…t a. z. g. d 向南是 yalsaqa 匐。

7

Yïlan yïl onunč ayqa in öz inänčü bäs balïqa barïrmän. t. g älp qut bolzun
alï bar.

蛇年十月,我 in öz 伊难珠去了别失八里。我拿上了它,这是幸运的。拿
上它走吧。

8

…arqasïqa täŋrim.

……向他的后背,我的上天。

9

b…t n q bir otuz. gkä anda täŋrin. nč äl däbäri bilgä bäg tačam b. taγ yirkä.

二十一岁时,我上了天。姊妹在那上了天。那样,在汗国里给了毗伽·匐咄悉匐的称号。向山、地出发。

10

Pičin yïl yät. inč ay yikä…tabčaγqa bartïyïlqa toqusïnč ay qošuy basïγ bastïm. küztä tab öltim ädgü. anča…yorïmazïn.

猴年七月二号……他们去了唐朝。这一年九月我袭击了以哥舒为首的军队。我闭上眼睛,完美地死了。就这样……他们没有出征。

(三十五)感谢信(雅尔和屯出土的崖刻)

…l bar…l ašidip…barïγ… l…a…γ

……有……越过……财物……

A

…tin yaratïp p…din ma…adïnïŋ täŋri mar n uluγ törün yayïp…ün yämä qul bata adïn at ärgintä in birlä uluγ ki ögrän i qamaγ di anta rañ.

造……值得骄傲的奇异物品,我们击溃了天摩尼僧的大法制……并且奴隶把弄坏的奇珍、马,在 ärgin 拿走,两个大的圣物一起、全部在那里。

B

kisrä uγi qamaγ ir ilin qul nuγur r ärigmä i äkidä yig ilgärü kün toγusuqa isdip yaŋïlyu uluγ kirü kün batïsïqa lik dä y din baranč y m.

之后全部的养子成为汗国的奴隶。向有人居住的地方、两个好的地方前进。向东方犯错误地做了。向大的后面、西方的 dä y 出征。

C

maqa ïdγysïz qïn qanyu yämä biz on küčlüg boltu miz oluruγsïz bilig mïzqa qorqunu yanu ïnančlïγ bir äkidä ämgäksizin t ramaq qonusmaq tartïsmaq ö sin gün ŋ.

为我占领无主的土地而流血。并且,我们是十个有力的人。对智慧的我们来说,我们担心回来后,没有可以坐下(即居住)的地方。伊难珠在一两个地方没有痛苦,他要向外走,他要住下,他要拉出来,使他成为我的将军。

D

lams küŋli r köztä il özüm äšig küčüg.

在有太阳的天上，我自己更加有力量。

E

n igd učï bol ili i

虚假的有三次，汗国……

（三十六）米兰戍堡文书

A

Törtünč ay toquz otuzqa unaɣan čur yarïqï urunu tudunčigsi kä yarlïɣ boltï. alanï ičiräki yarqï čik bilgä čigsikä yarlïɣ boltï. otqa könmis. qïlïč özikä yarlïɣ boltï. külüɣ urunuqa bir yarlïɣ boltï. küpä yarïq üčün bir yarïq yarlïɣ boltï. alam ičräki südä kälürmis. üč yarïq da ügäkä bir yarlïɣ boltï. kädim urunuqa 1. ädčü sanun tiräkä 1 suɣču balqï da kirmis. yarïq da bayïrqular qa. altï yarïq tiginkä 1. bars qan sanunqa 1. qutuz urunu qa 1. kül čigsi inisinä 1. sarïɣčïrqa 1. känsig k – böylädir a 1. tänlig apa qa 1. qutluɣ qa 1. süčürkä 1. urunu sanun qa 1. bäčä apa ičräk ikä bir yarïq yosuq birlä.

四月二十九日，unaɣan 啜接到命令，给 urunu 吐屯·刺史一副甲冑。收到的命令是为 čik 毗伽·刺史取里面穿的甲冑。我们靠着火住着。命令是给他自己一把刀剑。命令是给有名的 urunuqa 一把剑。因为有很多甲冑，所以命令是给一副甲冑。我们要使拿到的物品（库房里的物品）分配到内属的军队。一条命令是也给乌介三副甲冑。给 urunu 一套衣服。我们要送 ädčü 将军·柱国进入 suɣču 城。也要给拔曳固一副甲冑，给特勤六套甲冑。给虎汗将军、给 qutuz urunu、给阙·刺史、给黄姓啜每人一把剑。给 tänlig 阿帕、给骨力、给 süčür、给 urunu 将军、给 bäčä 阿帕的内属部下每人一副甲冑、连同马。

B

Ïnal urunu yarïq mas qa yarlïɣ boltï. yurta at üčün böylädir kälmis. yarïq

yaɣmïs tutuqqa yarlïɣ boltï. bindir kä yarïq yarlïɣ boltï. yolta at kögürmis ärkä 1 yarïq yarlïɣ boltï. külüg sanun qa 1 yosuq yarlïɣ boltï. küräbir urunu sanunqa 1 qïlïč 1 barduq yarlïɣ boltï. qoču balïq da kälmis qïlïč küč qara qa yarlïɣ boltï.

命令是给夷男 urunu 一副甲胄。在住地，对于马，我们来分配。命令是给 yaɣmïs 都督一副甲胄。命令是给 bindir 一副甲胄。命令是给即将骑马上路的 kögürmis äm 一副甲胄。命令是给 külüg sanun 一匹马和一副甲胄。命令是给 küräbir urunu sanun 一把剑和一批财物。命令是我们要给 küč qara 一把剑，使其来到高昌城。

B ARKASI

1…ki…qdï yülük yahud a urunu yar yïru kä urunu qa yarlïɣ boltï. lač bayluq yahud as yarïqï bars urunu qa yarlïɣ boltï. rkin sanun tir yarïqïn ïnal urunuqa yarlïɣ boltï. ut sanun yarïqïn kïyaɣan urunu qa bärdi.

命令是给 yar yïru 和 urunu 两人 yülük 叶护的称号。命令是给 yahud 一批财富、给 bars urunu 一副敞开的甲胄。命令是把 rkin sanun tir 的甲胄给 ïnal urunu。把 ut sanun 的甲胄给 kïyaɣan urunu。

C（不知为何，可能是上文的补充部分）

Bučurqa yarïq bir ügäkä bir yarïq bardï. Tüzmis kä 1 yarïq qïyaɣan qa bir yarïq qulapa urunuqa 1 yarïq. qoyčï lärkä böylädir yarïq. tay ügäkä bir köküzmäk yarïq yarlïɣ boltï. äläkül yarïq ïnanču ür.

给布啜一副甲胄、给乌介一副甲胄。命令是给 Tüzmis 一副甲胄、给 qïyaɣan 一副甲胄、给 qulapa urunu 一副甲胄，给牧羊人每人分一副甲胄，给大乌介一副蓝色的甲胄。Äläkül 一副甲胄，伊难珠打造……

（三十七）ALTIN KOL 1

A

Yärdäki bar ärtigimä ärdämligimä bükmä at asar alp ärtiŋiz. it ut asar küč ärtiŋiz. inilig böri uča bars adïrïlmay itü. bu atïmïz umay bäg biz. biz uya. alp är özin äläti qïlmadïn özlük at özin üč ärig almadïn. yitä äzinčümä közünčümä adïrïlma. ič älinmü iyü ärdämin.

不愿离开有人居住的我的地方、我的德行。如果骑上马,您将充满勇气。如果迎着面骑上马,您将充满力量。不愿离开他弟弟的卫士 uča bars。我们的名声是乌玛依和匈。我们惭愧。英勇的男儿不愿他自己的汗国被人夺走,不愿自己的坐骑和自己的三个有人居住的地方被人占有。不愿离开自己的七代祖先和眼睛。跟随内属的汗国,把我的品德。

B

är ärdämčin inim äčim uyarïn üčün bäŋgümin tikä bärti. tört inilgü ärtimiz bizni ärklig adïrtï yïta. altun suŋa yas käyiki artïɣlat. oɣul tad äčiŋä barsïm adïrïlu bardï yïta.

把我的英名,为了我弟弟、我祖先的荣辱,把我的永恒竖立。当我们兄弟四人成为我们自己时,我们离开了。金山将军诱捕了壮年野兽。我离开了养子 tad 的叔父、我的虎官。

C

On ay ilätdi. ögümä kälürti. ilimkä ärdäm üčün män yärlädim. ilim ökünč iŋä qalïn yaɣïqa qïymatïn tägipän adïrïldïm yïta. iniŋizkä ičiŋizkä in gin yüki iŋiz tüsürtiŋiz.

十月派去了。他们使我的母亲到来。为了我的汗国、我的品德,我住下来。我达到了年龄,离开了我的汗国和对你的后悔以及大量的敌人。对您的弟弟、您的内属部下,您把您的弟弟擢升的职位降下了。

(三十八) ALTIN KOL 2

A

Quyda qadasïma qončuyï ma adïrïlu bardïm. män oɣlïmqa budunïmqa bükmädim. säkiz qïrq yasïma ärdäm bolsar budunïɣ ärk budunïɣ är. atïm ärän uluɣ ärdämig batur. män ärdämlig bolsar budun isräk yörümädi. ärinčim ikizimä.

我离开了我纯洁的公主、我的身边人。我不愿与我的儿子、我的百姓分离。在我三十八岁时,如果有道德的话,就能把百姓变成有力量,把百姓变成勇士。我的名气、我的人民、我的伟大的品德离去了。我如果有品德,百姓和盟友就不用出征。据说是对我的两个……

B

On ay iläti. ögüm oɣlan toɣdïm. ärin ulɣatïm. ilimdä tört tägzindim. ärdämim üčün inänču alp.

十月派来了。我的母亲、我的儿子们,我饱了。我使人民数量增加。在我的汗国,我到达了四方。因为我的品德,伊难珠是勇敢的。

C

är ärdäm bolsar andaɣ ärmis. äsin män altun qïrqa kirtim. är ärdäm üčün tüpüt qanqa yalabač bardïm kälürtim.

如果我有英名的话,我们就会是那样。我使他的话进入到金山四十个人里去。为了我的英名,我向吐蕃可汗派出使者,并使他返回。

第四章

唐代柯尔克孜研究杂论

第一节　所谓黠戛斯文献《苏吉碑》语史质疑

《苏吉碑》是芬兰学者兰司铁首次在蒙古考察期间于苏吉大坂附近发现的回鹘如尼文碑文。兰氏于1909年再次对碑文进行充分的调查并且仔细地拍照,其研究成果发表在《卡斯特连纪念专集》里,题为《Zwei Uigurische Runeninschriften in der Nord-Mongolei》。因其是黠戛斯汗国的主要碑铭[①],又是用黠戛斯文献语言记录下来的最长史料[②],故颇受学界重视,并给予极高评价[③]。然而,由于汉文对黠戛斯大破回鹘汗国和改宗摩尼教记载较少,加之对《苏吉碑》转写意见不一,故其是否属于黠戛斯碑铭令人怀疑。因此,本文拟以转写翻译和史料分析为着眼点,探讨该文献的创作时间、作者身份及其宗教信仰。

一、文献的内容和年代

《苏吉碑》现存文字共11行,除10~11行有若干字脱落以外,其余皆清晰可辨。文献内容分为两部分:1~7行叙述碑铭主人的生平和财富;8~11行是碑铭主人的临终遗言。从文献的行文上看,其与叶尼塞河流域的黠戛斯文献有一定的相似性。

关于文献年代,目前为止,多数国内外的学者都认为是在840年以后。[④]该观点主要依据碑铭的发现地和第二行 qïrqz oγlï mn 的译文。笔者认为:这一时间有些模糊,且证据略显不足,其原因主要为碑铭第一行所述内容。此

---

①［苏］C. Г. 克利亚什托尔内:《古代突厥鲁尼文碑铭——中亚细亚史原始文献》,李佩娟译,哈尔滨:黑龙江教育出版社,1991年,第55页。

②胡振华:《黠戛斯文献语言的特点》,《民族语文》1992年第6期,第40~46页。

③［苏］A. 伯恩什达姆:《6至8世纪鄂尔浑叶尼塞突厥社会经济制度》,杨讷译,乌鲁木齐:新疆人民出版社,1997年,第72页。

④［苏］C. Г. 克利亚什托尔内:《苏札碑的历史和文化意义》,《东方学问题》1959年第2期,第62~65页。

行换写为 uyɣur yirntä yɣlqr qn ta/ä kltm，其中 yirntä、ta/ä 的翻译多有不同。
yirntä 中的 tä 是位——从格，既可以译作"在……"，也可译作"从……"。
H. N. Orkun(奥尔昆)同意前者①，耿世民、李经纬则同意后者②。Louis Bazin
(路易·巴赞)则认为：tä 不再是纯位置格，而成为一种位置格——夺格词，
译作"离开……"。③ 笔者认为 tä 为与格，译作"到……"。古代突厥文中有
与格附加字"a/ä"，如：ögä(向母亲)，因此 tä 应当是处于与格、位格之间的附
加字。在碑铭图版中，ta/ä 与前后词语都是分离的。由此可见，ta/ä 是一个
独立的词或词首元音略写的词。Louis Bazin 认为：ta/ä + kl(käl)构成一个合
成词，即 ta/ä 是 a/ä 形式的副动词。依据古代突厥文词首元音 a/ä 省略，他
将该词转写为 at(追逐)。Bazin 的转写改变传统的 qanta kältim(我从药罗葛
汗而来)，进而译作"为追逐药罗葛汗而来"。尽管 Bazin 无法解释 qan 的后
面为何没有格附加字，但是目前还没有更为恰当的转写。④ 至于 yɣlqr，是指
回鹘九姓部落之一。《旧唐书·回鹘传》："本九姓部落，一曰药罗葛，即可汗
之姓……"⑤尽管从回鹘第七代怀信可汗开始，可汗出自阿跌氏族，但是始终
以 yaɣlaqar(药罗葛)自居。⑥ 根据第二句的译文"我是黠戛斯(人或部族?)"
可知："我"是征服回鹘的黠戛斯部族之一，并非是药罗葛氏。因此，第一句
较为合理的译文是"我为追赶药罗葛汗而来到回鹘之地"。

细查文献，黠戛斯部族追击回鹘药罗葛氏应在 844 年(唐会昌四年)3

---

①H. N. Orkun, *Eski Turk Yazitlari*, Ankara, 1994, p. 156.

②耿世民:《古代突厥文碑铭研究》，北京:中央民族大学出版社，2005 年，第 226 页；
李经纬:《突厥如尼文〈苏吉碑〉译释》，《新疆大学学报》(哲学·人文社会科学版)1982
年第 2 期，第 113 ~ 117 页。

③Louis Bazin, *Documents et Archives provenant de l' Asie Centrale*, Kyoto, 1990, p. 135.

④A. 伯恩什达姆译作"父亲药罗葛汗来到回鹘的土地上"；克利亚什托尔内译作"中
箭，在药罗葛汗的土地上，我这里来"；Orkun 译作"在回鹘的土地上，我药罗葛汗阿达来
了"；马洛夫译作"我，雅各拉尔·汗·阿塔来到了回鹘之地"；李经纬译作"我来自药罗
葛汗之回鹘地方"；Bazin 译作"我从回鹘之地，为追逐药罗葛汗而来"。

⑤刘美崧:《两唐书回纥传回鹘传疏证》，北京:中央民族学院出版社，1989 年，第 171 页。

⑥吉谢夫等苏联学者认为 yaɣlaqar 为击败回鹘的黠戛斯君长，此说缺乏历史根据。
见[苏]吉谢列夫:《南西伯利亚古代史》(下册)，莫润先译，乌鲁木齐:新疆社会科学院民
族研究所，1985 年，第 119 页。

月,黠戛斯遣将军谛德伊斯难珠等入贡,言欲徙居回鹘牙帐,请发兵之期,集会之地。上赐诏,谕以今秋可汗击回鹘、黑车子之时……[1]同年 9 月,唐武宗亦敦促黠戛斯可汗追击回鹘"又闻合罗川回鹘牙帐未尽毁除,想其怀土之心,必有思归之志,速要平其区落,无使孑遗,既表成功,彼当绝望"[2]。at 一词的基本义是"投、掷",引申义为"打破、抛弃"。Bazin 依此将其译作"追逐"是可信的。840 年(唐开成五年),黠戛斯与句录莫贺合骑十万攻破回鹘都城,可汗自尽。841 年,乌希特勤率众至错子山,自立为汗,即乌介可汗。因此,是时追击的回鹘可汗应为乌介。

关于 uyɣur yir(回鹘之地),主要见于《资治通鉴》卷 247"会昌二年十月,黠戛斯遣将军踏布合祖等至天德军,……又言将徙就合罗川,居回鹘故国"[3]。合罗川,即 uyɣur yir 就是鄂尔浑河谷地。而《苏吉碑》的发现地——中蒙古独乐水和鄂尔浑河的汇合处之南,即突厥汗大墓葬群和回鹘人都城的东北,也在鄂尔浑河谷地。碑铭主人在此立碑安葬,这表明黠戛斯部族已经在此立足。是时应在 844 年后。

再考虑到驻牧于回鹘牙帐附近的乌介部众在 843 年即被刘沔打败,东投室韦的乌介可汗于 846 年为逸隐啜所杀,故可推测该文献的创作时间为 845 年前后。

二、文献的作者及其身份

关于文献的作者,主要见于第二行末尾换写的 boyla qutlɣ yrɣn（mn）。

---

① 司马光:《资治通鉴·唐纪六三》,北京:中华书局,1963 年,第 7999~8000 页。
② 李德裕:《李卫公会昌一品集》(卷六),北京:中华书局,1980 年,第 39~40 页。
③ 杨圣敏:《资治通鉴——突厥回纥史料校注》,天津:天津古籍出版社,1992 年,第 290 页。按:杨氏认为合罗川即张掖之北的弱水,非回鹘故国之地。见上引书同页。林幹认为合罗川即鄂尔浑河谷地。见林幹、高自厚:《回纥史》,呼和浩特:内蒙古人民出版社,1994 年,第 100 页。哈密顿认为合罗川即黑水河,今额济纳河。见 [法] J. R. 哈密顿:《五代回鹘史料》,耿昇、穆根来译,乌鲁木齐:新疆人民出版社,1986 年,第 150~168 页。王延德在《西州行程》中曰:"有合罗川,唐回鹘公主所居之地。"上述诸说,难辨真伪。故笔者认为要么有两个合罗川,一在鄂尔浑河,一在额济纳河;要么就是汉文史料记载不准确。

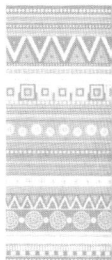

其中 boyla、qutlɣ 是两个常见的称号,前者汉文史料中音译作"裴罗",意为"领导者";后者汉文史料中译作"骨咄禄",意为"有福的"。尤其是后者,不仅为回鹘可汗使用,如:奉诚可汗的尊号为 qutuɣ bilgä qaɣan;也为回鹘将军使用,如:护都毗伽将军 qut bilgä säŋün。[①] 目前争议的焦点是 yrɣn(yarɣan)是人名还是官职。马洛夫、Bazin 认为是"法官"或"军纪官"这类的官号,冯佳班、H. N. Orkun、克利亚什托尔内、耿世民、李经纬认为是人名,伯恩什达姆则认为其为尊号,与 qutlɣ 一起修饰 yrɣn,译作"幸福安宁的裴罗"[②]。

对于"官职说",笔者认为缺乏说服力。因为黠戛斯汗国的官职体系是阿热(君主)、宰相、都督、职(刺)史、长史、达干,而 yrɣn 这一官职未见于汉文史料。[③] 根据文献内容,碑铭主人应是一位富有的、有权势的将军或者贵族。《李卫公会昌一品集》中所录黠戛斯将军中亦未见 yrɣn 一词,仅见"以难支"(inäl)。这一官职在叶尼塞河流域的黠戛斯碑铭中多次出现,而且多附着在一些高级官吏上。此外,在《阙特勤碑》西面也见到 yrɣn(ïnanču apa yarɣan tarqan)。ïnanču、apa、tarqan 是为人所知的官职,yarɣan 一词要么为官职,要么为尊号。在其他古代突厥文碑铭中未拣出这一官职,但在帕提亚文《摩尼赞美诗》题记中,出现一位佚斤-达干的名字:yar ġan anžirki,故 Bazin 认为该词的意思是"英武的"。

至于"称号说"是有一定的语言学基础的,即 yrɣn 和 boyla qutlɣ 构成一个联合词组,共同表示尊号。再从 yrɣn 转写形式的构成来看,yar 为词根,ɣan 为构词词尾,表示尊号。同时,yar 也是河名,位于东经 107°、北纬 41° 以东地区,即今内蒙古临河附近。[④] 地名 + xan 或 qan(ɣan),kän 构成的专有名词在古代突厥语中较普遍,如 qadïrqan(兴安岭)、ötükän(乌德健山)。[⑤] 因

①[日]山田信夫:《九姓回鹘可汗的谱系》,《东洋学报》1951 年第 4 期,第 27~31 页。

②目前学界存在的一个误区:将本名、尊号、官号混为一体,给研究带来困难。笔者主张,应当有所区分。

③江应梁:《中国民族史》(中),北京:民族出版社,1990 年,第 98 页。

④Louis Bazin, Notes de toponymie turque ancienne, Acta Orient, Hung. T. XXXVI, 1982, pp. 1~3.

⑤[德]A. 冯·加班:《古代突厥语语法》,耿世民译,呼和浩特:内蒙古教育出版社,2004 年,第 52 页。

此，yaryan 一名的意思也可以解释为"亚尔河之王"。它是用作人名的尊号，并非是官职。

对于 yaryan 的族源，学者们根据文献第二行将其确定为"黠戛斯之子"。对此，笔者并不苟同。因为 oγlï 一词并不是只有一个义项"儿子"，还有"后代"或"仆人、守卫者"。[①] 如果以后两个义项来解释，yaryan 可能只是隶属于黠戛斯部族或部落联盟，不一定就是黠戛斯人。从 yaryan 的名字来看，他应当来自阴山一带。而从黠戛斯三大部落的居住地（色愣格河以西地区、东萨彦岭森林一带、萨彦岭以北地区）来看，yaryan 肯定不属于黠戛斯的内三族。在黠戛斯五部联盟中，室韦、奚、契丹皆属东部部落，鞑靼属北方部落。[②]《磨延啜碑》中曾记录回纥葛勒可汗征讨九姓鞑靼一事，如：ol ay bis yigirmigä käyrä bašï üč birküdä tatar birlä qatï toqïdïm.（我与鞑靼人在河源乌什布库激战了一场。）而居住在亚尔河一带的三旗突厥人，在 743 年为回纥人所征服并内属。《铁尔痕碑》中记载磨延啜进攻并消灭三旗突厥人的经过，如：qara qum ašmïš kögürdä kömür taγda yar ögüzdä tuγluγ türk bodunqa…我在寇古尔越过黑沙，并在煤山和亚尔河（攻击）三旗突厥人。[③] 从 820 年开始，黠戛斯及其所控部族就与回鹘不懈的斗争，直至 840 年，率五族联盟击败回鹘汗国，并持续对乌介可汗进行追击。可以想象，在这一历史时期内，一些被回鹘奴役的部族势必会乘势而起，或投靠黠戛斯人，共同打击日趋衰弱的漠北回鹘汗国。据此可见，yaryan 应是后突厥政权核心部族三旗突厥人或鞑靼人[④]，该族也参与以黠戛斯为中心的联盟或加入黠戛斯部族。

yaryan 的身份主要见于文献第三行换写 qutlγ bγa trqn ügä buyrqï mn 和第九行末尾换写 qnqa tp qtγln，即 yaryan 为一个大臣。对于文献第三行的解

①Sir Gerard Clauson, *An Etymological Dictionary of Pre-Thirteenth-Century Turkish*, Oxford University Press, 1972, p. 84.

②薛宗正：《黠戛斯的崛兴》，《民族研究》1996 年第 1 期，第 84～93 页。

③中央民族学院少数民族语文系：《古代突厥文献选读》（第一分册），油印本的内部出版物，1977 年。

④三旗突厥似为三突厥，见王静如：《王静如民族研究文集》，北京：民族出版社，1998 年，第 69 页。

读,各家也有所不同。马洛夫、耿世民、李经纬将该句译为"我是有福的莫贺·达干之掌令官";Bazin、伯恩什达姆译为"我是骨咄禄·莫贺·达干(高贵的梅禄)";H.N.Orkun 译为"我是骨咄禄·莫贺·达干梅禄中的乌介"。吾人固知,trqn、buyrqï 是官职,qutlγ 是尊号,依据修饰语 + 中心语这一原则,bγa、ügä 应是尊号。哈密顿认为:bγa(莫贺)、ügä(乌介)均为官职①。笔者认为此看法具有一定片面性,因为尊号不等于官职。bγa 作为官职未见于史料,而 ügä 作为官职仅见于西州回鹘师子王之舅"阿多于越"。bγa 意为"小的",ügä 意为"贤明的",表示尊号。根据 buyrqï 后的 ï 可知:qutlγ bγa trqn 是 ügä buyrqï 的领有者。qutlγ bγa trqn 指人抑或部族,是确定 yarγan 身份的关键。可惜的是,无论是在汉文史料中还是在叶尼塞黠戛斯碑铭中,都没有关于 qutly bγa trqn 的记载。同期回鹘汗国的叛将倒是叫 qutlγ bγa,但是可以肯定的是 yarγan 不是 qutlγ bγa 的传令官。

王延德在《西州行程》的记载,为今人研究 bγa trqn ügä 提供一种新解。其曰:"次历屋地因族,盖达干于越王子之子。次至达干于越王子族。"②"达干于越"即 trqn ügä 的对音,和《辽史》中提到的回纥"达剌于"是指同一部族。该族居住在额济纳河附近,与曾居住在临河的三旗突厥人肯定存在一定联系。可以设想:742 年 7 月,回纥在击败三旗突厥人之后,即将其迁至回纥公主居住地额济纳监视居住,并列为内附部落达剌于。该部族在参与黠戛斯联盟推翻回鹘的军事行动后,于 857 年因黠戛斯退出漠北而迁回额济纳河,其后再次内属于西迁的甘州回鹘可汗(或随同河西地区的回鹘人依附于张义潮的归义军)。因此,文献中该句应当解释为"我是莫贺·达干于越的传令官,即 yarγan 是三旗突厥或达干于越的传令官"。

此外,文献第九行末尾换写 qnqa tp qtγln(敬重汗、努力)中,qn(qan)之前没有 qïrqz(qïrqïz),也从一个侧面反证 yarγan 不是黠戛斯的官员。尽管在叶尼塞黠戛斯碑铭中较少见到 qïrqz qn,但那是因为可汗的威信不足以震慑

①[法]J. R. 哈密顿:《五代回鹘史料》,耿昇、穆根来译,乌鲁木齐:新疆人民出版社,1986 年,第 150 ~ 168 页。

②[元]脱脱等:《宋史·高昌传》,北京:中华书局,1985 年,第 14110 页。

匐(bäg)。通常仅见 qn，而未见 qaɣan，伯恩什达姆猜测盖因其指突厥可汗、乌护可汗。845 年前后是大黠戛斯汗国最强盛的时期，也是黠戛斯阿热最具威信的时期。文献作者罕见地提出 qïrqz oɣlï，却出人意料地在 qn 之前未加 qïrqz，只能说明他不是 qïrqz qn 的传令官，而是 qïrqz 的追随者或保护者。其所指的 qn 就是三旗突厥可汗或达干于越王子族的可汗。

三、文献作者的宗教信仰和家族及其财富

能够体现 yarɣan 宗教信仰的内容主要是文献的第 7 行、第 9 行的后半句上，其中核心就是 mrma、mrmnča。两词中后 m 是第一人称领属附加字，前者 a 是与格，表示"向……"；后者 ča 是似格，表示"像……"（双辅音 nč 中的 n 只是发音的需要）。根据上下文，词根 mr 显然是一个名词。依据古突厥文的书写规则，mr 转写为 mar。传统上认为，源自叙利亚语 mār（先生）的 mar 的意思是"经师、师傅"，通常指摩尼教的传播者。Bazin 根据马苏迪的"高昌回鹘是突厥诸族中唯一崇拜摩尼教者"这一说法，认为此时黠戛斯尚未信仰摩尼教，因而将 mr 转写为 amïrm（活着的）。

笔者认为，传统的转写和翻译是正确的。首先在《摩尼教赞美诗》中，Mānī（摩尼）前往往有 Mār 或 Mārī，后者作为修饰语，译作"经师或传教士"[1]。其次是 yarɣan 所属的三旗突厥人在 742 年后就内属回纥，而回纥在 763 年改宗摩尼教，就对其进行大力推广。[2] 再次就是三旗突厥人所追随的黠戛斯人早在 7 世纪后半期就已经接触摩尼教。赫尔芬指出：叶尼塞岩画的发现证明了摩尼教在南西伯利亚的存在。[3] 因此，耳濡目染使得 yarɣan 皈依摩尼教。

同时，在以 yarɣan 为代表的三旗突厥上层统治者中，摩尼教经师具有

---

①F. W. K. Müller, *Ein Doppelblatt aus einem manichäischen Hymnenbuch*(*Mahrnamag*), Abhandlungen der Preussischen Akademie der Wissenschaften, 1912, p. 38.

②张国杰：《摩尼教与回鹘》，《世界宗教研究》2000 年第 3 期，第 67～75 页。

③[德]赫尔芬：《西伯利亚岩刻所见黠戛斯摩尼教》，杨富学译，《甘肃民族研究》1998 年第 3 期，第 65～74 页。

极高的社会地位,也是汗的重要辅佐力量。以文献的第 7、9 行换写为例:mrma yüz r turuɣ birtm(我给了摩尼师 100 个人立足之处),mrmnča bol qnqa tp qtyln(成为摩尼师那样,敬重、效力于汗)。yarɣan 送给摩尼师的不是奴隶(qul),而是勇士(är),不是帐篷(äb),而是住房(turuɣ),赏赐之重,即可略见一斑。yarɣan 的临终遗言和嘱托说明:摩尼师在三旗突厥社会中已经起到举足轻重的作用。这一做法显然是沿袭回鹘汗国的惯例,如:是岁(806),回鹘入贡,始以摩尼教偕来,于中国置寺处之,可汗或与议国事。①

尽管在南西伯利亚岩画中出现摩尼教徒,但却没有任何有关摩尼教在黠戛斯汗国社会地位的记载。839 年,回鹘相粟特人安允合与柴革篡权被诛,导致汗国覆灭。844 年,唐朝下诏铲除境内回鹘和摩尼僧侣。以汉李陵后裔自居的黠戛斯人一向与唐关系密切,肯定会附和唐朝的举措,借鉴回鹘灭亡的经验,疏远摩尼师。yarɣan 的摩尼教信仰也印证其身份肯定不是黠戛斯汗国的大臣,而是加盟或附属大黠戛斯汗国的部族大臣。

文献的第 4、5、6、7 行主要描绘 yarɣan 的财富及其家族成员,借以炫耀自己的声名。yarɣan 有畜圈 10 个(aɣïlïm on)、马匹无数(yïlqïm sansïz)。在这里,yarɣan 使用 yïlqï,而不是 at,意在说明其财富源于汗的赏赐。因为 yïlqï 除译作“群居家畜、群居马”以外,还可译作“官马”。yarɣan 家族人丁兴旺,他有 7 个弟弟(inim yiti)、3 个儿子(urïč üč)、3 个女儿(qïzïm üč)以及若干子嗣(yägän atï)。此处 yarɣan 用 ur 表示“儿子”,而不是用 oɣlï,说明后者在文献中的意思不可能是“儿子”。同时,他使用 qïz 表示“女儿”,而不是黠戛斯碑铭中通常所用的 qïzoɣlï。为了显示富有(by br rtm),他为后代修建了帐篷(äblädim oɣlïmïn),不要任何彩礼地嫁出了女儿(qïzïmïn qalïŋsïz birtim)。其中 äb 在古代突厥语中,主要指可汗的牙帐、高级官吏的家或者财富。正因如此,yarɣan 才会名声远播四方(küm soruɣm kün tuɣsuqa btsïqa tgdi)。伯恩什达姆指出:财富、世袭名门和贵族身份——这就是所有的黠戛斯墓碑竭力强调的三个高贵的特点。而在《苏吉碑》中,yarɣan 借用 by br rtm、qïrqz oɣlï

① [宋]司马光:《资治通鉴·唐纪五三》,北京:中华书局,1963 年,第 7638 页。

柯尔克孜文献与文化研究

mn 和 qutlγ bγa trqn ügä buyrqï mn 来表现自己的社会地位。但是在 uyγur yirntä γγlqr qn ta/ä kltm 中，并未说明 yarγan 是否统领军队，只是说 yarγan 是 buyrqï，不是 bäg。这与叶尼塞河流域的黠戛斯碑铭存在差异，后者中墓碑主人多是领导军队、派遣使臣的蔔。这种陈述亦暗示 yarγan 与黠戛斯关系密切，但不是其权贵。

四、文献的写作特点和语言特色

《苏吉碑》的写作体系与叶尼塞河流域的黠戛斯碑铭有所不同。前者分为三部分：自我介绍、列举财富、临终遗嘱。后者分为两部分：列举所离开的尘世的一切和列举失去的一切。《苏吉碑》属于墓志铭类的铭文，这与回鹘汗国古突厥文记功类碑铭也不一样。全文采用交叉韵形式，即 1、7、8 押 m，2、3、6、9 押 n，5、10 押 i，其中中断或语气停顿处亦采用上述三韵。这一用韵形式曾在《暾欲谷碑》和《阙特勤碑》中反复出现。① 此外，从碑文的书写特点、语法规则以及长度来看，创作者和书写者都是非常了解古代突厥语的。这与叶尼塞河流域碑铭雕刻粗糙、多使用异体字、正字法不确定、书写不工整、语言错误较多形成鲜明对比。②

第二节　黠戛斯属部 Čik 族属刍议

关于古突厥文碑铭中 Čik 的译名，王静如曾说："此译名于汉文史书颇不显明，故亦为中外治突厥、回鹘史者所苦心焦虑之事。"③诚如王氏所言，中外突厥学界对于 Čik 译名往往各执一词、自相矛盾。Thomsen、Radloff、Malov、Orkun、Takin 等均已正确指出 Čik 是住在或住近贪漫山（唐努山）之部族，但

---

①李国香：《维吾尔文学史》，兰州：兰州大学出版社，1987 年，第 33 页。

②W. W. Radloff, *Die Alttürkischen Inschriften der Mongolei*, Dritte Lieferung (St. Petersburg, 1985), S. 300.

③王静如：《突厥文回纥英武威远毗伽可汗碑译释》，《辅仁学志》1938 年第七卷，第一、二合期，第 19 页。

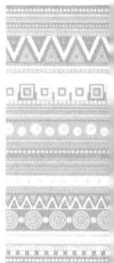

具体为哪一部族,则莫衷一是。① 如:Bazin、Barthold 认为 Čik 是绰人②,Pelliot、Бернштам 认为 Čik 就是 Čikil③,薛宗正认为 Čik 是黠戛斯的外围部落,即乌斯。④ 尽管汉文史书中有关 Čik 的记载不甚明了,但其在古代突厥文、和阗塞文、中古波斯文文献中,也有零星记录。客观地说,查明 Čik 族属和来源,对于了解叶尼塞河流域部族分布、发展以及黠戛斯社会是大有裨益的。是故 Бернштам 很早指出:总的来说,突厥汗国是在乌护、葛逻禄、黠戛斯、达头、铁勒、突骑施、Čik、回鹘和其他更小的部落如同罗、拔悉密等的基础上产生的,这些部落是鄂尔浑叶尼塞突厥汗国和突厥民族的组成部分。⑤ 为此,笔者在分析前人结论的基础上,试图提出一些不成熟的看法,以求教方家。

一、Čik 不是 Čikil

根据《毗伽可汗碑》东面 25 行:altï otuz yašïma čik bodun, qïrqïzbirlä yaγï boltï. käm käčäčik tapa sülädim(当我二十六岁时,Čik 人民和黠戛斯一起成为我们的敌人。我渡过剑河,向 Čik 进军),Čik 应居住在剑河流域(叶尼塞河上游的一条支流),是黠戛斯的同盟。

①Thomsen, *Gammel-tyrkiske indskrifter fra Mpngoliet, ioversaettelse og med indlening*, Samledde afhandlinger Ⅲ, 1922, p. 46; W. W. Radloff, *Die Alttüerkischen Inschriften der Mongolei*, Petersburg Ⅰ, 1884 ~ 1885, p.79; Malov, *Pamyatniki drevnetyurkskoy pis'mennosti Mongolii I Kirgizii*, Moskva-Leningrad, 1951, p.85; Orkun, *Eski Turk Yazitlari* Ⅰ–Ⅳ, Istanbul, 1936 ~ 1941, p.103; Tekin, *Orhon Yazitlari*, Ankara, 1988, p.75.

②[法]路易·巴赞:《突厥历法研究》,耿昇译,北京:中华书局,1998 年,第 130 页;[苏]威廉·巴托尔德:《中亚突厥史十二讲》,罗致平译,北京:中国社会科学出版社,1984 年,第 34 页。

③冯承钧译:《西域南海史地考证译丛》(第一卷第五编),北京:商务印书馆,1962 年,第 132 页;[苏]A.伯恩什达姆:《6 至 8 世纪鄂尔浑叶尼塞突厥社会经济制度》,杨讷译,乌鲁木齐:新疆人民出版社,1997 年,第 259 页。

④薛宗正:《中亚内陆——大唐帝国》,乌鲁木齐:新疆人民出版社,2005 年,第 165 页。

⑤[苏]A.伯恩什达姆:《6 至 8 世纪鄂尔浑叶尼塞突厥社会经济制度》,杨讷译,乌鲁木齐:新疆人民出版社,1997 年,第 113 页。

Čikil 经黄盛璋、王小甫考证,乃为炽俟。①《新唐书·回鹘传下》卷二一七下载:"(葛逻禄)有三族:一谋落,或为谋剌;二炽俟,或为婆匐;三踏实力。"《世界境域志》第十六章载:"该国(Čikil)本来隶属葛逻禄,但它仍然是一个有众多居民的国家。"②《动物之自然属性》载:"葛逻禄分为九部,其中三部叫作炽俟(Čikil),又有三部叫作 B. gh. sk. l,B. laq,Kuk. rkin 和突骑施(Tukhsi)。"③《新唐书·回鹘传下》亦载:"黠戛斯,古坚昆国也。地当伊吾之西、焉耆北、白山之旁。……东至木马突厥三部落曰都播、弥烈哥、饿支……夜钞盗,昼伏匿,坚昆之人得以役属之。"都播(Tuva)、弥烈哥(Bälig)、饿支(Atsch)与Čikil、Čik读音都不符。另《李卫公会昌一品集》卷五载:"今又知坚昆等五族,深入凌虐,可汗被害,公主及新可汗播越他所。"④这里提到的坚昆五族,应指黠戛斯(Qïrqïz)、鞑靼(Tatar)、契丹(Qïtañ)、奚(Tatabï)、室韦(Cimmériens)⑤,后四族的读音与Čikil、Čik亦不同。

　　根据《磨延啜碑》东面 19 行:ančïp bars yïlqačïk tapa yorïdïm. ekinti ay tört yigirmikä kämdä toqïdïm(这以后,在虎年我出兵攻打Čik人。二月十四日,我们作战于剑河),Čik人 750 年尚在剑河驻牧。同碑南面 35、36 行:…bir yi-girminč ay yigirmikä qara buluq öŋdin soqaq yulï antačigil tutuq……toɣurɣuɣ kä čürü… sančdïm(十一月二十日,在 qara buluq 东面的冷泉那里,čigil都督……渡过 toɣurɣuɣ……我刺杀了),čigil 部族在 753 年居住在 soqaq yulï(冷泉)一带。依据后句 qarluq basmïl…tirilip…(葛逻禄、拔悉密……集合起来……)以及葛逻禄人尚黑,衣服和旗帜都是黑色,可以断定 qara buluq 是指葛逻禄三姓之一的谋落,而 soqaq yulï(冷泉)在河西地区。依同碑南面 26 行:anta

　　①黄盛璋:《炽俟考——Chigil 的族名对音、分布地域及其和喀喇汗朝的关系》,《新疆社会科学》1990 年第 5 期,第 93 页;王小甫:《唐、吐蕃、大食政治关系史》,北京:北京大学出版社,1992 年,第 250 页。

　　②王治来、周锡娟译:《世界境域志》,乌鲁木齐:新疆社会科学院中亚研究所,1983 年铅印本,第 67 页。

　　③Minorsky. V, *Sharaf al-Zaman Tahir Marvazi on China*, *The Turks and India. Arabic text* (circa A. D. 1120), Cambridge University Publisher, 1942, p. 46.

　　④李德裕:《李卫公会昌一品集》,北京:中华书局,1977 年,第 68 页。

　　⑤薛宗正:《黠戛斯的崛兴》,《民族研究》1996 年第 1 期,第 91 页。

yana tüšdim.čik bodunïɣ bïŋïm sürä kälti…čik bodunqa tutuq birtim（当我从那里返回时，我的一千人把 Čik 人赶来了……我给 Čik 人民委派了都督）可知:752年 Čik 部分已被迁至漠北，并内附回纥。显然，Čik 与 Čigil 不是同一部族。

炽俟作为葛逻禄三姓之一，原居住在金山（阿尔泰山）之西，跨仆固振水（乌伦古河），南为准噶尔大沙漠。650 年后以炽俟部为大漠都督府，金山为其旧居。后分出左、右厢移牧于乌德勒山，臣于回纥。在金山者稍向南徙，自立叶护。《阙特勤碑》北面 1、2 行: kül tigin yiti otuz yašïŋa, qarluq bodun ärür barür ärikli yaɣï boltï. tamaɣ ïduq bašda süŋüšdimiz. kül tigin ol süŋüšdä otuz yašayur ärti. alp šälčï aqïn binip oplayu tägdi. äki ärig udïšru sančdï. qarluquɣ öltürtimiz, altïmïz. az bodun yaɣï boltï, qara költä süŋüšdimiz.（当阙特勤二十七岁时，葛逻禄独立自主并成为我们的敌人。我们战于 tamaɣ 圣峰。阙特勤在那次战役时三十岁。他骑英雄 šälčï 的白马冲击。他连续刺杀二人。我们杀死、征服了葛逻禄。Az 人民成为敌人了，我们战于哈喇湖。）按照这一记载，711 年阿尔泰山之西南的葛逻禄开始与后突厥争斗，715 年葛逻禄落败。与此同时，Az 人民也在哈喇湖与后突厥争斗。哈喇湖位于伊塞克湖东端的普则瓦斯科城[1]，这表明葛逻禄是时主要居住在西突厥故地。而《毗伽可汗碑》已明确指出:710 年后突厥征讨剑河流域的 Čik 人。据此，隶属于葛逻禄的 Čikil 当在 Čik 的西南方向，并非在唐努山附近。

二、Čik 不是 Kiuk

王静如曾提出假设:Čik 可能是鞠（Kiuk）。[2]然而《新唐书·回鹘传下》相互矛盾的记载，令人不得不怀疑这一观点。前者曰:"又有鞠，或曰裓，居拔野古东北，有木无草，地多苔，无羊马，人豢鹿若牛马，惟食苔，俗以驾车。……大汉者，处鞠之北……与鞠俱邻于黠戛斯剑海之濒。"后者曰:"又北六

① 芮传明:《古突厥碑铭研究》，上海:上海古籍出版社，1998 年，第 258 页。
② 王静如:《突厥文回纥英武威远毗伽可汗碑译释》，《辅仁学志》1938 年第七卷，第一、二合期，第 20 页。

七日至坚昆部落,有牢山、剑水。又自衙帐东北渡仙俄河,二千里至室韦。骨利干之东、室韦之西有鞠部落,亦曰袯厥部落。"后者同一记录亦见于《贾耽道里记》。

据 Chavannes 的分析,拔野古人当居于碛北。① Gabain 亦认为:拔野古是住在突厥汗国以北或东北的一个突厥部族。② Grousset 又把拔野古的地理位置定于克鲁连河的上游。③ 这一结论可见于《阙特勤碑》东面 34 行:anta kisrä yïr bayïrmqu uluɣ irkin yaɣï boltï. anï yañïp türgi yarɣun költä buzdïmïz. uluɣ irkin azqïña ärin täzip bardï.(这之后,北方之地拔野古的大俟斤成为敌人。我们击溃了他,并在 türgi yarɣun 湖破之。大俟斤带领少数人逃走了。)拔野古居住在后突厥的北方,并在 706 年为其所破。Giraud 认为:türgi yarɣun 湖可能就是连接今克鲁连河与额尔古纳河的呼伦河。④ 此外,《新唐书·回鹘传下》云:"拔野古一曰拔野固,或曰拔曳固,漫散碛北,地千里,直仆骨东,邻于靺鞨,帐户六万,兵万人。"白鸟库吉更是认为:拔野古位于回鹘诸族中的最东边。⑤

《新唐书·回鹘传下》载:"骨利干处瀚海北,胜兵五千,草多百合。"刘美崧认为:骨利干应在贝加尔湖的南面。⑥《阙特勤碑》东面 14 行:biriyä tabɣač bodun yaɣï ärmiš, yïraya baz qaɣan, toquz oɣuz bodun yaɣï ärmiš, qïrqïz, qurïqan, otuz tatar, qïtañ tatabï qop yaɣï ärmiš.(在南方唐人是敌人,在北方巴兹可汗及九姓乌古斯是敌人,黠戛斯、骨利干、三十姓鞑靼、契丹、奚,都是敌人。)由此,三姓骨利干确实居住在黠戛斯以东的区域。再据《暾欲谷碑》(东面 25~28 行),并未有骨利干居住在黠戛斯附近区域的记载。因为倘若骨利干居住在黠戛斯附近,必然会遭到后突厥的攻袭。故而可以断定,二者居住的区域应当相距较远。

①Chavannes, *Documents sur les Tou-Kiue Occidentaux*, Paris, 1903, p. 249.

②[德]A. 冯·加班:《古代突厥语语法》,耿世民译,呼和浩特:内蒙古教育出版社,2004 年,第 265 页。

③[法]勒内·格鲁塞:《草原帝国》,蓝琪译,北京:商务印书馆,1998 年,第 146 页。

④[法]勒内·吉罗:《东突厥汗国碑铭考释》,耿昇译,乌鲁木齐:新疆社会科学院历史研究所,1984 年,第 253 页。

⑤[日]白鸟库吉:《东胡民族考》,方壮猷译,上海:商务印书馆,1934 年,第 6 页。

⑥刘美崧:《两唐书回纥传回鹘传疏证》,北京:中央民族学院出版社,1989 年,第 151 页。

综上，可以肯定鞠部族是居住在漠北蒙古，而非剑海之濒；而 Čik 与驯鹿部落或言鄂温克人之祖先的鞠部落绝非同种。

三、Čik 不是 tȿʻĭak

王静如还提出一种假设，即 Čik 是绰，此说亦得到部分西方学者的认同。[1] 有关绰部族的记录，不见于他传。仅《新唐书·地理志》卷七及《唐会要》卷七十三曰："隶云中五州者为舍利州、阿史那州、绰州、思辟州、白登州，而云中都督府又隶属于单于都护府。"前书羁縻州单于都护府内有绰州，注云"以绰部置"。650 年夏六月，高侃率精骑追车鼻至金山，擒之以归，其众皆降。秋九月，高宗封车鼻为左武卫将军，其余众被安置在于都斤山。"于是突厥尽为唐所统一。唐在漠北地区分别置单于、瀚海二都护府。"[2] 679 年冬十月，大漠以南归单于都护府管辖的突厥阿史德温傅、奉职二部反唐，立阿史那泥熟匐为可汗，二十四州酋长皆叛应之。次年，礼部尚书裴行俭在黑山大破叛军，擒其酋长奉职。泥熟被部下所杀，其余党败走保狼山。[3] 682 年，云中都督府舍利元英部首领阿史那骨咄禄纠合七百人开始叛唐。《资治通鉴》卷二〇三载："是岁（682 年），突厥余党阿史那骨咄禄、阿史那元珍等召集亡散，据黑沙城反。"

《新唐书·突厥传》载："初，景云中，默啜西灭娑葛，遂役属契丹、奚，因虐用其下。既年老，愈昏暴，部落怨畔，十姓左五咄陆、右五弩失毕俟斤皆请降，葛逻禄、胡屋、鼠尼施三姓，大漠都督特进朱斯，阴山都督谋落匐鸡，玄池都督塌实力胡鼻率众内附，诏处其众于金山。"显然，绰部族不在西迁之列，至少在 712 年前其仍是居住在漠南，隶属于突厥的属部。再据《暾欲谷碑》（东面 25 ~ 28 行）也未见到绰部族。

绰，中古音 [tȿʻĭak]，为塞音韵尾入声字。[tȿʻ] 为舌面前、送气、清、塞

①王静如:《突厥文回纥英武威远毗伽可汗碑译释》,《辅仁学志》1938 年第七卷,第一、二合期,第 20 页。

②林幹:《突厥史》,呼和浩特:内蒙古人民出版社,1988 年,第 91 页。

③刘义棠:《突回研究》,台北:经世书局,1990 年,第 605 页。

擦音。①Čik中Č[tɕʻ]为舌尖后、送气、清、塞擦音。[tɕʻ]、[tsʻ]发音方法虽相同，但发音部位相差较大。中古汉语辅音[tsʻ]、[ʈ]、[tɕ]在古代突厥语中均可用č表示，如刺[tsʻǐe]—čig、张[ʈǐaŋ]—čaŋ、州[tɕǐəu]—čub。绰[tɕʻǐak]≠Čik，故漠南突厥属部绰部族非身临剑河之濒、与突厥为敌的Čik。

四、Čik不是 Kirkut

由于中古汉语辅音[k]往往与古突厥语č对应，如：介[kɐi]—čit，加之黠戛斯族名为 Kirkut，二者均居住在剑河，故使人认为Čik就是 Kirkut。《资治通鉴》卷二四六开成五年九月条：有黠戛斯部落，即古之坚昆，唐初结骨也，后更号黠戛斯。Pulleyblank 认为：对该民族（黠戛斯）名称的古代汉文对音是"坚昆"和"结骨"，它们分别代表着 Kirkun 及其以 -t 结尾的古代突厥文复数形式 Kirkut，这些形式的存在要早于另一种以 -z 结尾的复数后缀 Kirkiz。②是故Čik在读音上与 Kirkut 并不相同。此外，《磨延啜碑》北面 22 行：… bäglärm kälti … yaγdu ärmiš, öngün bägig qara buluqïγ anï olurmïš, qïrqïztapa är ïdmïs. siz tašqïŋ čikig tašïyïrïŋ timis.（……官员来了……成为敌人，住在婆匐和谋落处，并往黠戛斯派人说："你们出征吧！你们也叫Čik人出征吧！"）很明显，Čik并非 Qïrqïz，只是其属部或同盟。

按《元史》记载，黠戛斯有三部：吉利吉斯、乌斯、撼合纳。薛宗正既认为乌斯即 Az，又认为 Čik即乌斯，即 Az＝Čik。③ Giraud 也说："在我们的文献中，有时候也把诃至人同叶尼塞河以外的奇克人相提并论，有时又与黠戛斯人混为一谈，偶尔又与突骑施人或西突厥人同时出现。"④《毗伽可汗碑》东

①[瑞典]高本汉：《中上古汉语音韵纲要》，聂鸿音译，济南：齐鲁书社，1987 年；[加拿大]蒲立本：《上古汉语的辅音系统》，潘悟云、徐文堪译，北京：中华书局，1999 年；郭锡良：《汉字古音手册》，北京：北京大学出版社，1986 年；丁声树：《古今字音对照手册》，李荣参订，北京：中华书局，1981 年。

②E. G. Pulleyblank, *The Name of the Kirghiz*, Central Asian Journal, 1990（1～2）.

③薛宗正：《黠戛斯的崛兴》，《民族研究》1996 年第 1 期，第 88 页。

④[法]勒内·吉罗：《东突厥汗国碑铭考释》，耿昇译，乌鲁木齐：新疆社会科学院历史研究所，1984 年，第 265 页。

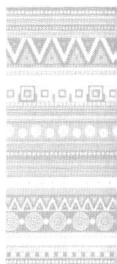

面 26 行：käm käčä čik tapa sülädim, örpäntä süŋüšdüm. süsin sančdïm. az bodunuγ altïm…ičgärtim.（我渡过剑河，向 Čik 人进军，在 örpän 我和他们交战了。我杀了他的军队。我取得了 Az 人民，我使他们内属了。）依此看出：Čik 和 Az 并非同一部族，只是邻居而已。《阙特勤碑》东面 19 行：on oq bodun ämgäk körti. äčümiz apamïz tutmïš yir sub idisiz bolmazun tiyin, az bodunuγ itip yaratïp……（十箭百姓遭受痛苦。我们的祖先统治的土地和水源据说没有主人，于是我们重整 Az 人民……）显然，Az 主要居住在西突厥故地，与居住在贪漫山的 Čik 并非一家。

克利亚什托尔内认为：Čik 是臣服于黠戛斯的叶尼塞河上游的居民，它是图瓦诸小部落之一。[1] 其结论中前半部分是正确无疑的，至于后半部分则值得商榷。Čik 读音与都波（图瓦）不符。根据《唐会要》卷一百都波国条，都波（播）位于黠戛斯东面。森安孝夫将 P. T. 1283 中的 Gud 比定为都播，其在八世纪上半叶占据以库苏古尔泊西南为中心的地区。[2] 库苏古尔泊即库苏泊，在唐努山的东边，剑河的右岸。Čik 作为黠戛斯的附庸，其当在剑河左岸的米奴辛斯克地区。前揭《毗伽可汗碑》东面 26，后突厥是渡过剑河攻击 Čik 的，显然 Čik 不是 Gud。P. T. 1283 提及：葛逻禄与突骑施、大食征战；回纥与葛逻禄合谋杀拔悉密可汗。因此，该文献的写作年代当为 751 年之后。然而早在 750 年，Čik 就被回纥击败溃散。

五、Čik 指 Käm Čik，即欠欠州

岑仲勉认为：考叶尼塞河，土人今称其河之一为 Kemchik，kem 谓河，chik 此云小也。Chik 与 Čik 正相对，此 Čik 人又恰住在剑河，族以"小"为名，意犹

① ［苏］C. Γ. 克利亚什托尔内：《古代突厥鲁尼文碑铭——中亚细亚史原始文献》，李佩娟译，哈尔滨：黑龙江教育出版社，1991 年，第 156 页。

② ［日］森安孝夫：《敦煌藏语史料中出现的北方民族——DRU-GU 与 HOR》，陈俊谋译，《西北史地》1983 年第 2 期，第 103～108 页；王尧、陈践：《敦煌吐蕃文献选》，成都：四川民族出版社，1983 年，第 159 页。

我国之“大房”“小房”耳。Kemchik之得名，或即因Čik族旧居其地。① 阿布尔–哈奇–把阿秃儿汗认为：乞儿吉斯人的居住地与凯姆–凯姆术人的居住地相接。他们居地的一侧是色楞格，另一侧上昂可剌–沐涟——这是两条大河的名字。② 森安孝夫也认为：黠戛斯居住地区为克穆河–克穆契克河流域（käm-kämčik）。③ 据此，Čik最早是指Käm Čik，即剑河Čik人。至于岑仲勉认为“kem谓河、chik谓小”当需修正。Kem应为Käm，即剑河；Čik并非kičig，后者为小。《突厥语大词典》载：“čik的一般意思为‘召唤’，čik意为‘未成年的’‘年青的’。”④

在东西方文献中，欠（谦）河、欠（谦）州、欠欠（谦谦）州屡次出现。《句容郡王世绩碑》载：“［至元］二十九年（1292年）……有诏进取乞里吉斯。明年（1293）春，次欠河，冰行数日，尽收其众，留军镇之……海都闻之，领兵至欠河，又败之，擒其将军孛罗察。”⑤《史集·部族志》载：“在乞儿吉思和欠州地面，在许多树林和驻冬之地，其地以属于克烈的蒙古斯单（即蒙古之地）闻名。”同书亦载：“乞儿吉思和谦谦州为相邻的两个地区；这两个地区构成一个区域mamlakat。谦谦州是一条大河，这个地区一方面与蒙古斯坦相接，它的一条边界与秦亦赤兀惕诸部所在的薛灵哥流域相接；另一方面与一条称为昂可剌–沐涟的大河流域相接，直抵亦必儿–失必儿地区边境。谦谦州另一方面与乃蛮诸部所在地区和群山相连。”⑥ 欠（谦）河，即剑河（kam河），故欠（谦）州即kam州，欠欠（谦谦）州即kam-kam州。

上述专名中的“州”，是指行政区划还是地名，抑或部族名，颇为耐人寻

①岑仲勉：《突厥集史》（上册），北京：中华书局，1958年，第480页。

②阿布尔–哈奇–把阿秃儿汗：《突厥世系》，罗贤佑译，北京：中华书局，2005年，第40页。

③［日］森安孝夫：《敦煌藏语史料中出现的北方民族——DRU–GU与HOR》，陈俊谋译，《西北史地》1983年第2期，第103~118页。

④Mehmut Qeshqeri Yazghan, *Turki Tillar Diwani 1-Tom*, Urmuqi: Shinjang Xelq Neshriyati, 1983, p. 55.

⑤［元］虞集：《道园学古录》，北京：中华书局，1982年，第87页。

⑥［波斯］拉施特：《史集》（第二卷·第一分册），余大钧、周建奇译，北京：商务印书馆，1983年，第245页。

味。如《长春真人西游记》卷下载："西北千余里，俭俭州出良铁，多青鼠，亦收禾麦。汉匠千百人居之，织绫罗锦绮。"①而前揭上文，谦谦州则是一条大河。《元史·地理志》记载欠州"地沃衍宜稼，夏种秋成，不烦耘籽"。又据《元史译文证补》《元史语汇集成》记载，元代阿里不哥漠北的封地是欠欠州吉尔吉思。1264 年阿里不哥降。1268 年海都又叛。西北叛王在短期内一度占据欠欠州。1270 年忽必烈遣保定路完州刘好礼任吉尔吉思、撼合纳、谦州、益兰州等五部之地断事官。②显然，以上记载中的"州"是自相抵触、含混不清的。

"州"的中古音为［tɕǐəu］，Karlgren 将其归入中古尤韵。Karlgren 同时指出：我们这里的第二十八部（中古尤韵是其一）存在着 g 韵尾，正好与第二十七部（中古屋韵是其一）的 k 韵尾相对应。③依此即"州"或读作*［tɕǐug］—［tɕǐuk］，后者亦可能是古代突厥语čik在中古汉语中的音译形式。突厥官职čor，中古汉语音译为"啜"［tɕʻǐwɛt］，所以č可用［tɕʻ］音译。因古代突厥语没有复元音，故中古汉语可用复韵母音译。如：Kül tigin 音译为"阙特勤"［kʻǐwɛtdək gǐən］。至于 Кляшторныйй 将 altï čub soɣdaq 同定为"六州胡"，即 čub ＝ 州，则是突厥人将"州"音译为 čub。④

元人将 čik 音译为"州"，意在表明此为 Čik 人的驻牧地或聚集地。《世界境域志》第十四章《关于黠戛斯国》载："Furi 部的这一边有一 K.M.JKATH 镇，黠戛斯可汗住在这里。"⑤K.M.JKATH 当为 kamjikath，是中古汉语"欠州"的换写形式，即 kamji（k）＋ kath。kath 实为粟特语 kat（城市），kamjikath 即为欠州城或凯姆术城。吉谢列夫指出：目前考古学家还没有找到这些城市，但它们的名字保存在中国史书中（如谦州、盖兰州等）。⑥根据《磨延啜

柯尔克孜文献与文化研究

①杨建新：《古西行记选注》，银川：宁夏人民出版社，1996 年，第 224 页。

②洪钧：《元史译文证补》（卷十四），北京：中华书局，1985 年，第 206 页。

③［瑞典］高本汉：《中上古汉语音韵纲要》，聂鸿音译，济南：齐鲁书社，1987 年，第 102 页。

④［苏］C.Г.克利亚什托尔内：《古代突厥鲁尼文碑铭——中亚细亚史原始文献》，李佩娟译，哈尔滨：黑龙江教育出版社，1991 年，第 88 页。

⑤王治来、周锡娟译：《世界境域志》，乌鲁木齐：新疆社会科学院中亚研究所，1983 年铅印本，第 67 页。

⑥［苏］吉谢列夫：《南西伯利亚古代史》（下册），莫润先译，乌鲁木齐：新疆社会科学院民族研究所，1985 年，第 125 页。

碑》西面 44 行：…soɣdaq tabɣačqa säläŋädä bay balïq yapïtï bertim（……我让粟特人和中国人在色楞格河处建立了富贵城），直至 757 年漠北回纥才在草原上建立起一座真正意义上的城市。黠戛斯人在 751 年尚未有建筑城市的迹象，更何况其附属 Čik 人呢？因此，Čik 原指部族，至于元人、阿拉伯人认为是"州"或"城市"，仅仅是臆断而已。

六、Čik 的来源和发展

Čik 一名最早出现在《毗伽可汗碑》中，是时 710 年。在《阙特勤碑》所列部族中，尚未见到 Čik，彼时 682 年。但在反映 8 世纪中叶的北方部族分布状况的 P. T. 1283《北方若干国君之王统叙记》文书中，Čik 一名消失。① 这一时间与《磨延啜碑》东面 20 行所载 750 年回纥征服 Čik 主体相吻合，即 ol ay（čik）ičikdi（同月 Čik 内属了）。根据已知的东西方文献，682—750 年间出现在同一地望上的主要有科特人、乌儿芒古特人、单于突厥、姄厥律等。可以推测：其中必有一部族与 Čik 有关。

Barthold 曾说："汤姆森称阿热（az）为来源不明之民族。在叶尼塞河流域的下游，发现有这一民族的最后残余。"俄国人错误地称之为"叶尼塞的奥斯恰克"人。可是事实上这一民族既与居住在鄂必河沿岸的属于芬兰部落的奥斯恰克人无关，也与乌拉尔阿尔泰系民族无关。这一叶尼塞河的奥斯恰克人自称科特（kott）或阿散。② 故此，az 就是 kott。

《史集·部族志》载："乌儿芒古特部落居住在森林深处，正是因为这个原因，他们被称作乌儿芒古特。他们与乞儿吉思人为邻。"③ 马卫集说："在黠戛斯的这一边，也就是朝着中国城（chinanjkath）的方向上，布满茂密的灌木和森林，地势复杂而难以通过。这片森林中居住着一支野蛮民族，他们既

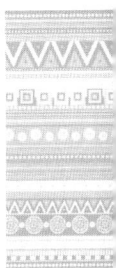

---

① 王尧、陈践：《敦煌吐蕃文献选》，成都：四川民族出版社，1983 年，第 159 页。

②［苏］威廉·巴托尔德：《中亚突厥史十二讲》，罗致平译，北京：中国社会科学出版社，1984 年，第 34 页。

③［波斯］拉施特：《史集》（第二卷·第一分册），余大钧、周建奇译，北京：商务印书馆，1983 年，第 245 页。

不与别人来往,也不懂得别人的语言,就同野兽一样(仅仅)与同类为伍。"①显然,这支森林民族就是乌儿芒古特,但其与Čik毫无相同之处。

Sinor 提道:再向西,在黠戛斯以北,胡峤说有一种"单于突厥"(可能指单于的突厥,单于是古代匈奴统治者所使用的称号),他们的生活方式与黠戛斯和妪厥律相似。②《磨延啜碑》北面9、10行载:ozmïs tigin qan bolmïs, qoñ yïlqa yorïdïm. ikinti süŋüs altïnč ay altï yaŋïqa toqïdïm…ozmïs tiginig…tutdïm. qatunïn anta altïm. türk bodun anta ïnaγaru yoq biltï.(ozmïs tigin做了汗。羊年,我出征了。我打第二仗于六月初六……把 ozmïs tigin……我俘虏了,并在那里获取其可敦。突厥人从那以后就灭亡了。)因此745年后突厥政权就已覆灭,突厥核心部族四散而逃。《西州使程记》载:"(高昌)所统有南突厥、北突厥、大众熨、小众熨、样磨、割录、黠戛斯、末蛮、格哆族、预龙族之名甚众。"③单于突厥抑或是北突厥,抑或是匈奴残部与突厥残部的混合体。后者盖因在米奴辛斯克和阿尔泰地区发现很多匈奴人的遗物,和河西一带有浑人居住以及浑人隶属于铁勒诸部。④

Sinor 还曾提道:胡峤,一个效力于契丹的中国人,947—953年间代表契丹人出游了一趟。他记录在达赍诺尔以西的某个地方,居住着妪厥律,明显是一个森林渔猎民族。⑤森安孝夫亦认为:在完成于10世纪的胡峤的陷虏记(《契丹国志》卷二十五,《新五代史》卷七十三)中也有叫作妪厥律的巨人族居住在黠戛斯东方的传说。⑥古藏文《北方若干国君之王统叙记文书》载:(巨人部落)遂系彼(俟斤)于耳畔而问之曰:"吾部落之牧羊人名为'哈喇杭

①Minorsky. V, *Sharaf al-Zaman Tahir Marvazi on China, the Turks and India*. Arabic text (circa A. D. 1120), Combridge University Publisher, 1942, p. 62.

②[美]丹尼斯·塞诺:《丹尼斯·塞诺内亚研究文选》,北京大学历史系民族史教研室译,北京:中华书局,2006年,第94页。

③杨建新:《古西行记选注》,银川:宁夏人民出版社,1996年,第160页。

④[法]J. R. 哈密顿:《九姓乌古斯和十姓回鹘考》,耿昇译,《敦煌学辑刊》1983年第10期,第130~140页。

⑤[美]丹尼斯·塞诺:《丹尼斯·塞诺内亚研究文选》,北京大学历史系民族史教研室译,北京:中华书局,2006年,第94页。

⑥[日]森安孝夫:《敦煌藏语史料中出现的北方民族——DRU-GU 与 HOR》,陈俊谋译,《西北史地》1983年第2期,第107~118页。

力'（Ga-ra-gang-lig）者,曾见之否？今已遣往何处？"此巨人部落以上,未闻有人居住也。① Ga-ra-gang-lig 即为 Qara Kanglig,Qara 本义为黑,引申义为普通的、等级低的、出身卑微的。Kanglig 见于《史集》:就在乌古斯同他的父亲、叔父、兄弟、侄儿们作战,侵袭和掠夺他们的国土时,在全民族中,他的亲族中归附于他并与他一条心的一些人,私自造了一些车子,将虏获物载在车上,别的人们则用牲畜驮载战利品。（突厥语称车子为"康里"）,由此,他们便被称为康里。康里各支（都）出自他们的后裔。②可见,巨人部落妪厥律为 Kanglig 的同宗后裔或两部族关系密切。

《突厥世系》载:"乃蛮是一个拥有众多牲畜的古老部落。"对于他们在成吉思汗以前的历史,我们几乎一无所知。仅仅知道他们曾经有过一个名叫哈儿吉赤的国王,此人死后,由其子亦那特即位。在成吉思汗时代,乃蛮国王是太阳汗,他的儿子名叫屈出律。他们的驻营地在蒙古地区的一处名叫哈剌-忽木的地方。他们不从事农田耕作。③ "哈儿吉赤"的汉语中古音为［γa ǔə kǐĕt tɕˈǐɛk］,可以用古突厥语换写为 qa rï kät čǐk。qa rï 即 qarï（老）,kät 或为 käm（剑河）的误写,čǐk 即为部落名。"屈出律"的汉语中古音为［kˈǐwït tɕˈǐuĕt lǐuĕt］,"妪厥律"的汉语中古音为［jǐu kǐwɐt lǐuĕt］,其读音对应关系为屈—厥、出—妪、律—律。二者的对音,除音节换位外,其他都近似。至于音节换位构词,这是古代突厥语中音素交替法构词的延伸,它们往往构成同义词。如 qonšï—qošnï（邻居）、yaltïr—yaltrï（发光）。

迪牙阔夫认为:12 世纪末,居住在阿尔泰北部的柯尔克斯的各个部落中,产生了乃忙（蛮）部落。④《多桑蒙古史》称:此种鞑靼民族过去曾称藩于全国者,形貌语言风俗习惯迷信大致相同,其间部众最伙者,为乃蛮

---

①王尧、陈践:《敦煌吐蕃文献选》,成都:四川民族出版社,1983 年,第 164 页。

②［波斯］拉施特:《史集》（第二卷·第一分册）,余大钧、周建奇译,北京:商务印书馆,1983 年,第 137 页。

③阿布尔－哈奇－把阿秃儿汗:《突厥世系》,罗贤佑译,北京:中华书局,2005 年,第 44 页。

④该氏认为公元 1220 年左右,成吉思汗围攻花剌子模的国都古尔钢治时的军队数目,大约总在十万人以上,这些军队仅少部分是蒙古族和鞑靼,而大部分则为成吉思汗所征服的其他民族,如奇恰克、乃忙等族。是时是否还有奇恰克一名,令人怀疑。

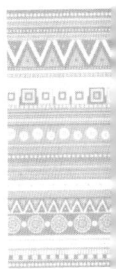

（Naimans）部落，居也儿的石河上游，及大金山（Altai）山脉连亘之地。西隔一沙漠，与畏吾儿相接。北界小金山（Altai），与乞儿吉思谦谦州（kem-kem djoutes）两部之地相邻。东界哈喇和林诸山，与克烈部连界。①《世界境域志》载："乃蛮部的冬营地在额尔齐斯河上游、阿勒泰钦吉山、哈喇和林和阿克额尔齐斯河、阔克额尔齐斯和哈拉额尔齐斯流域。"②另外，对于通常认为乃蛮是蒙古部族，贾合甫·米尔扎汗认为：将乃蛮部看作是蒙古部族是没有根据的。③

因此可以认为：Čik源自康里，在漠北回鹘汗国时，其部分改为姤厥律。在姤厥律的基础上，产生了乃蛮部落。

七、Čik余部在回鹘中的遗留

Barthold 又说："除阿热人外，在鄂尔浑碑文里还记载有和吉利吉思人一起的绰人（Čik），但是后来似乎就没有记载他们的资料了。"④诚如巴氏所言，在750年回纥征服Čik之后，无论是古代突厥文还是回鹘文中，都不见其足迹。这是因为其部分仍然居住在剑河，并逐步成为乃蛮部落的族源。此外，在中古波斯文、和阗塞文文献中，有若干专名与čik相吻合，这或许有助于捕捉其余部踪迹。

中古波斯文《摩尼教赞美诗》（Maḥrnamâg）跋文第 25、26 行载：

---

①［瑞典］多桑：《多桑蒙古史》（上册），冯承钧译，上海：上海书店出版社，2006 年，第 26 页。

②王治来、周锡娟译：《世界境域志》，乌鲁木齐：新疆社会科学院中亚研究所，1983 年铅印本，第 68 页。森安孝夫也认为乃蛮部居住在克穆河流域，参见［日］森安孝夫：《敦煌藏语史料中出现的北方民族——DRU-GU 与 HOR》，陈俊谋译，《西北史地》1983 年第 2 期，第 103～117 页。至于李盖提认为 Gud 是乃蛮的一部，前田直典认为八姓乌古斯就是以后的乃蛮，理由均较牵强。

③贾合甫·米尔扎汗：《哈萨克族历史与民俗》，乌鲁木齐：新疆人民出版社，1999 年，第 141 页。

④［苏］威廉·巴托尔德：《中亚突厥史十二讲》，罗致平译，北京：中国社会科学出版社，1984 年，第 35 页。

ḷam χvadâyân padχšrvd sβγ tûtûγ číq tûtûγ（还要给我的主人、有影响力的 sβγ 都督，此外还给číq 都督），其中 číq（即 Čikï）都督或是传教士 Yazd-āmad 所居城市焉耆的一个统治者。① 王媛媛对此加注：cyyg（číq）突厥人名（Durkin-Meisterernst，Dictionary，p. 133）。② Baily 认为古突厥人名结构有三类：1. 集团名 + 称号；2. 集团名 + 个人特征；3. 称号 + 集团名。③ 因此，9 世纪初的 čïk tutuq 可能就是内附于回鹘的 Čïk 余部的首领。正如安部健夫所言："东回鹘国的政治体势，可以说从这时（怀信可汗的阿跌王朝时代）开始，一看就知道失去了平衡，逐渐加强了向西方的倾斜。"④ 回鹘国势的西倾，使得其将一些内属的西天山和阿尔泰山部族南迁至高昌、焉耆等地。

和阗塞文文献 Ch. 00269 第 24 行载：aurrāsä haṣḍä bīsä chikä gūlai u dūṃ saṃ galakā［ha］khu vā ña（给在甘州的使臣头领 Chikä Gūlai 和 Dūṃ Saṃ galakā 发出命令，令其由haṣḍä出发）。第 116 行亦载：u nä cīvarä na ra jsāṃ ma chīkä prramāṃ īdä stuṛa ū naḍū pūhaːyaˌ khu pā（Chikä 不再履行权力索要牲畜，Ḍū 也不再向仆射索取），其中 Chikä Cūlai 一名令人关注。⑤ 该名还出现在和阗塞文文献 P. T. 2896 中。Baily 认为 Chikä、Chiki 就是鄂尔浑碑铭中的Čïk，Maḥrnamâg 中的Číq。⑥ Chikä Gūlai 是在 886 年代表和阗王庭出使甘州的，因而是时其当居住在和阗。进而可以得出，以 Chikä Gūlai 为首的一部分 Čïk 人隶属于和阗王庭。从 Chikä Gūlai 位于 Dūṃ Saṃgalakā 之前可以看

①F. W. K. Müller, *Ein Doppelblatt aus einem manichäischen Hymnenbuch*（*Mahr-namay*）, A bhandlungen der Preussischen Akademic der Wissenschaften, 1912, pp. 3 ~ 39.

②王媛媛：《中古波斯文〈摩尼教赞美诗集〉跋文译注》，见朱玉麒：《西域文史》（第二辑），北京：科学出版社，2007 年，第 134 页。该氏提及 A. 冯·加班、黄盛璋对 cyyg 的看法，本文对二氏的观点表示怀疑。

③Bailey, *Turkish Proper Names in Khotanese*//*Z. V. Togan's Armagan*, Istanbul：1954, pp. 200 ~ 203.

④［日］安部健夫：《西回鹘国史的研究》，宋肃瀛、刘美崧、徐伯夫译，乌鲁木齐：新疆人民出版社，1985 年，第 164 页。

⑤H. W. Bailey, *Saka Documents*, *Text Volume*, London, 1968, p. 107.

⑥Bailey, *The Study of Kt H*42 ~ 48 *Plates*, Jras, 1912, p. 186；Bailey, *The Study of Kt H*42 ~ 48 *Plates*, Jras, 1939, p. 87.

出，Čik 人的地位似乎高于焉耆龙家遗部。此外，也可推测，Čik 余部也可能与龙家遗部共处，同住焉耆。[①]

第三节　古突厥文有关黠戛斯文献选注

一、唐朝、十箭和黠戛斯在金山结盟

（一）史料摘录

Tabɣač qaɣan yaɣïmïz ärtï. On oq qaɣanï yaɣïmïz ärti. Artuq qïrqïz küčlüg qaɣan yaɣïmïz boltï. Ol üč qaɣan öglašip altun yïš üzä qabïšalïm timiš. Anča öglämiš：öŋrä türk qaɣanɣaru sülälim timiš. Aŋaru sülämäsär, qačan naŋ ärsärm, ol bizni qaɣanï alp ärmiš, ayɣučïsï bilgä ärmiš. Qač naŋ ärsär, ölürtäči kük. Üčägün qabïšïp sülälim. Idi yoq qïsalïm timiš. Türkäš qaɣan anča timiš：bäniŋ bodunum anta ärür timiš. Türk bodun yämä bulɣanč ol,-tämiš, oɣuzï yämä tarqanč ol,-timiš. [唐朝皇帝是我们的敌人。十箭可汗是我们的敌人。此外，黠戛斯强大的可汗也是我们的敌人。那三家可汗商议在阿尔泰山林之上会合。他们这样商议道：我们要向东面的突厥可汗出兵。如果我们不向他进兵，终究我们会不复存在，对我们来说，突厥可汗是英勇的，他的爱护赤（谋臣）是智慧的。我们无处可走，必须杀死他们。让我们三家联合进军吧。我们将让他们灭亡。突骑施可汗这样说：我们的人民到达那里。突厥人民也将混乱，乌古斯人也将涣散。]——摘自东面 20、21、22 行。

（二）史料分析

1. 会盟原因

649 年（贞观二十三年），唐朝委任右骁卫郎将高侃出师阿息山，并发回

---

① 洪勇明：《胡语文献涉"龙"诸名考辨》，《新疆师范大学学报》（哲学社会科学版）2010 年第 2 期，第 95~102 页。

绝、仆骨、同罗等部分道并进。突厥可汗乙注车鼻长子羯漫陀背弃父亲,入唐朝纳贡。650年(永徽元年),唐朝进攻乙注车鼻可汗,其部众陆续降唐。6月,乙注车鼻带领爱妾和几百从人逃遁,至金山被高侃所俘获。至此,突厥汗国覆灭。随之而来的是唐朝在大漠南北建立羁縻机构,进行有效管辖。

679年(调露元年),单于大都护治下二十四州东突厥降部发动了大规模的反唐武装暴动。这种民族分离主义运动受到唐朝的沉重打击,并于调露初、永隆中两次遭到惨败。682年(永淳元年),突厥阿史那骨咄禄逃出云中府,纠合700人,占领了黑沙城,并自立为颉跌利施可汗,是为后突厥政权。骨咄禄背叛朝廷的分裂活动,使大漠南北重新陷于与中原、中央脱离的状态,使突厥与汉人的关系再次处于对立之中。

由于唐王朝正处于高宗、武后易代之际,阿史那骨咄禄利用这一时机巩固和发展了后突厥政权。684—692年(文明元年至天授三年),颉跌利施已经稳定了自身在漠南的统治地位,开始东征西讨。为此,他不断地侵犯唐朝的边境,侵吞唐朝的势力范围。684年(光宅元年)7月,阿史那骨咄禄、暾欲谷率军骚扰朔州。685年(垂拱元年)2月,暾欲谷等入侵朔州、代州等地。686年(垂拱二年),后突厥再次犯边。687年(垂拱三年),后突厥又来扰边。尽管屡次犯边均未讨到便宜,但是后突厥政权却乐此不疲,而唐朝也无力彻底消灭前者,双方相互僵持的局面持续了多年。

692年(天授三年),阿史那骨咄禄去世,其弟默啜继承汗位。默啜即位不久,就开始进攻并瓦解安北都护府。693年(长寿二年),后突厥复犯边塞。694年(长寿三年)3月,默啜又遣兵攻打投降唐朝的回纥属部。698年(圣历元年),武则天与默啜达成和亲约定,并派淮南王武廷秀迎娶后突厥公主。8月,默啜突然反目,撕毁和亲协定,向唐朝各边州发动突然袭击,并取得胜利。默啜的胜利,再次暴露了武周王朝的虚弱和军事实力的迅速下降。

十箭即十箭两厢制,是西突厥的特殊政治体系。《旧唐书》卷一九四下《突厥传》中对"十箭两厢"制的情况有过如下介绍:"沙钵罗咥利失可汗以贞观九年(公元635年)上表求婚,献马五百匹,朝廷唯厚加抚慰,未许其请。俄而其国分为十部,每部令一人统之,号为十设。每设赐以一箭,故称十箭焉。又分十箭为左右厢,一厢各置五箭。其左厢号五咄六部落,置五大啜,

一啜管一箭;其右厢号为五弩失毕,置五大俟斤,一俟斤管一箭,都号为十箭。其后或称一箭为一部落,大箭头为大首领。五咄六部落居于碎叶已东,五弩失毕部落居于碎叶已西,自是都号为十姓部落。"

此前,583 年(隋开皇三年),突厥伊利可汗之弟室点密的儿子自行继位为可汗。他在西部宣布独立,使突厥正式分裂为东西二部。东西突厥自此相互倾轧、彼此互攻。599 年(隋开皇十九年),西突厥达头可汗曾占领漠北地区,但却于 603 年(仁寿三年)被迫降于东突厥启民可汗。627 年(贞观元年),西突厥遣使迎娶唐朝公主,但为东突厥颉利可汗所阻挠。657 年(显庆二年),唐将苏定方领大军出击西突厥沙钵罗可汗。沙钵罗大败,西突厥政权灭亡。666—667 年(乾封年间),西突厥贵族阿史那都支收聚十箭余众,附于吐蕃。685 年(垂拱元年),武后擢阿史那元庆为左玉衿卫将军兼昆陵都护,管领五咄陆部落;686 年(垂拱二年),又擢斛瑟罗为右玉衿卫将军兼濛池都护,管领五弩失毕部落。但是时后突厥国势正强,十箭部落屡遭侵掠,陆续散亡殆尽。700 年(久视元年),西突厥别种突骑施首领乌质勒率领诸部反抗斛瑟罗,并尽并其地。

703 年(长安三年)春正月,武后拜斛瑟罗之子阿史那怀道为十姓可汗。706 年(神龙二年)冬十二月,乌质勒死,其子娑葛继承怀德郡王爵位。乌质勒旧将忠节不服,相互攻击。忠节辅助阿史那献为十姓可汗,后者得到唐朝册封。708 年(景龙二年)冬十一月,娑葛自立为可汗,并生擒忠节。娑葛致书郭元振,陈述与唐争斗的原因。唐中宗赦免娑葛,封其为十四姓可汗(西突厥十姓、葛逻禄、咽麪、莫贺达干、都摩支)。709 年(景龙三年)秋七月,娑葛遣使入唐朝见,中宗拜他为归化可汗,赐名守忠。

黠戛斯,古坚昆国也。地当伊吾之西、焉耆北,白山之旁。黠戛斯开始被突厥征服。此后,随着突厥势力的不断分裂、消长,黠戛斯又几度受到突厥的瓜分。但他们并没有屈从强族的征服,始终都在伺机摆脱突厥的统治,这种反抗征服的斗争直到 8 世纪中叶突厥势力被彻底消灭才结束。[1]

603 年(仁寿三年),东、西突厥分裂之后,黠戛斯又臣于西突厥。630 年

①王洁:《黠戛斯历史研究》,博士学位论文,内蒙古大学蒙古学学院,2009 年。

（贞观四年），薛延陀取代东突厥的地位，黠戛斯转而投之。648 年（贞观二十二年），黠戛斯失钵屈阿栈入朝，受到唐太宗隆重礼待。唐朝在黠戛斯部设置坚昆都护府，直至 693 年（长寿二年）才告罢。

由于黠戛斯是亲唐部落，因此，成为后突厥政权攻掠的目标。同时，因黠戛斯在后突厥时期，不再只是被突厥征服的弱小民族，他们已经建立了汗国，并成为令后突厥不能藐视的北方强族。

正是由于对后突厥政权的仇恨和对唐朝的友好，十箭、黠戛斯才和唐朝建立战略联盟，共同征讨后突厥政权。

2. 会盟人物

依据上述史料，参加会盟的是唐朝皇帝、十箭可汗和黠戛斯可汗。查检《两唐书》《通典》《资治通鉴》等汉文史籍，未见武周、唐皇进入西域的记载。因此，代表唐朝皇帝进行会盟的极有可能是安西大都护府郭元振，而安西都护府治就在龟兹。据《旧唐书·郭元振传》，706 年（神龙二年）以后唐以元振为金山道行军大总管，负责处置西部铁勒诸部事。因此，作为主管西域政权的官员，郭元振肯定是参加会盟的最佳人选。

《通典》卷一九九载："自垂拱以后，十姓部落，频被后突厥默啜侵掠，死散殆尽，乃随斛瑟罗统六七万人，徙居内地，西突厥阿史那氏于是遂绝。"700 年（久视元年），唐朝任命斛瑟罗为平西军大总管，镇守碎叶。《资治通鉴》卷二〇七载："长安四年（704 年）春，正月，丙申，册拜右武卫将军阿史那怀道为西突厥十姓可汗。怀道，斛瑟罗之子也。"岑仲勉推测：怀道继承汗位是因为斛瑟罗已亡。[1] 景龙二年（708 年），楚客举荐阿史那献为十姓可汗，但阿史那献究竟是被封为十姓可汗抑或是安抚招慰十姓大使，史书记载则颇为矛盾。但是从郭元振未被周以悌所替代来看，楚客的这一奏折可能没有发挥作用。根据《暾欲谷碑》中将"十姓可汗"和"突骑施可汗"分别称呼来看，十姓可汗当指阿史那怀道。

黠戛斯可汗称为阿热，但是参加会盟的是哪位阿热，汉文、古代民族文献均未记载。

---

①岑仲勉：《突厥集史》（上册），北京：中华书局，2004 年，第 359 页。

3. 会盟时间

此次会盟发生在暾欲谷主导的西征之前,这次西征的结果是突骑施可汗被杀。依据史料,708 年(景龙二年)3 月,后突厥默啜可汗率众西击突骑施。11 月,怀德郡王娑葛自立为汗。同年年底,突骑施娑葛可汗被封为十四姓可汗,709 年还遣使入唐。因此,被杀的突骑施可汗绝非娑葛,也绝非其父乌质勒。可以推测,在乌质勒病亡和娑葛自立可汗之间,或许还存在一个突骑施可汗或者只是其部落内的小可汗。该突骑施可汗大概在秋季为暾欲谷所杀。因此,本次会盟的时间应当在 707 年(景龙元年)秋冬季。

4. 会盟地点

这次会盟的地点是在阿尔泰山林(altun yïš,即金山山林),但是否是指今天的阿尔泰山,颇令人怀疑。会盟人物主要是郭元振、黠戛斯阿热和阿史那怀道。郭元振原镇守凉州,神龙中,迁左骁卫将军兼检校安西大都护。安西大都护府治在龟兹,即今塔里木盆地北缘的库车。但是郭元振是否长期驻守龟兹并任安西都护,史籍并无明确交代。如《御史台记》载:"嘉实为中丞,神龙中起复,持节甘、凉。时郭元振都督凉州,奏中书令宗楚客受娑葛(实为忠节)金两石,请绍封为可汗。"就在此前的反叛中,郭元振还在戍守疏勒抵御娑葛。特别是他担任金山道行军大总管时,其驻地肯定不是在安西都护府府治,而是在庭州。

阿史那怀道继承其父汗位时,乌质勒已经尽并其地。关于乌质勒的统辖范围,《新唐书》卷二一五载:"稍攻得碎叶,即徙其牙居之,谓碎叶川为大牙,弓月城、伊丽水为小牙,其地东邻北突厥,西诸胡,东直西、庭州,尽并斛瑟罗地。"因此,阿史那怀道的辖制只可能是在西州、庭州及其以东区域。

关于黠戛斯的地理位置,王洁认为:以上文献记载表明,黠戛斯的地理位置自汉至唐逐渐明晰,其间也经历了地域变迁的过程。两汉时期,大致在今鄂毕河流域。南北朝时期,从鄂毕河一带逐渐东移至叶尼塞河流域,生活在阿巴坎河与克穆齐克河之间。直至击破回鹘以前,居住地还在叶尼塞河上游地区,分布在今萨彦岭以北的南西伯利亚地区。有一小部分散居在天山南麓的高昌、焉耆一带。之后南迁曲漫山南麓,其疆域东邻骨利干(在贝加尔湖附近,今安加拉河一带),东南与都播(贪漫山南、唐努乌梁山北)接壤,西南与葛逻禄为邻(阿尔泰山以西)。① 可以补充的是,《新唐书·黠戛斯传》记载:地当伊吾之西,焉耆北,白山之旁。因此,高昌、庭州以东、今阿尔泰山以南的区域应当是唐朝、十箭、黠戛斯会盟的最佳场所。

李树辉认为:唐代金山其实是指东天山一带。② 从会盟时三者的地位来看,安西大都护郭元振代表着唐朝皇帝,阿史那怀道则是唐朝所封的十姓可汗,黠戛斯自失钵屈阿栈入朝后,一直奉唐为宗主,会盟地点当在庭州附近。因此,作为三家会盟地的金山应当是庭州,即今吉木萨尔以南附近的天山。

二、后突厥暾欲谷突袭黠戛斯

(一)史料摘录

Anta saqïntïm ilk qïrqïzqa süläsär yig ärmiš. Anï subqa bardïmïz. Ol sub qodï bardïmïz. Asanγalï tüšürtimiz. Atïγ ïqa bayur ärtimiz. Kün yämä tün yämä yälü bardïmïz. Qïrqïzïγ uqa basdïmïz. Usïn süŋügün ačdïmïz. Qanï süsi tirilmiš. Süŋüšdimiz. Sančdïmïz. Qanïn ölürtimiz. Qaγanqa qïrγïz bodunï ičikdi, yükünti. Yantïmïz.(那时我想:若首先出兵黠戛斯为好。我们到达 Anï 河。我们顺着那条河走。我们下马吃饭。我们把马拴在树上。我们日夜不停地疾驰。在酣睡之际,我们袭击了黠戛斯可汗。我们用长矛打开了他们的梦乡。黠戛斯可汗和他的军队被集合起来。我们交战了。我们刺杀了。我们杀死了黠戛斯可汗。黠戛斯人民背离可汗,内属于我们,敬拜于我们。我们返回了。)——摘自东面 23 行,北面 27、28 行。

①王洁:《黠戛斯历史研究》,博士学位论文,内蒙古大学蒙古学学院,2009 年。
②李树辉:《突厥原居地"金山"考辨》,《中国边疆史地研究》2009 年第 3 期,第 48 ~ 56 页。

（二）史料分析

1.战争路线

关于后突厥暾欲谷袭击黠戛斯的路线,该碑记录得较为详细。其行军线路:向西北渡过 Aq Tarman 河,穿越曲曼山,到达 Anï 河。曲曼山的大致位置是在今唐努山的东段,即库苏古勒省境内。Anï 河是阿巴干河右翼的一个分支,而阿巴干河又是叶尼塞河的分支,它在米努辛斯克附近才注入叶尼塞河。它横穿北纬52°的地方,向西流经东经90°的地方。Anï 河的位置基本是在叶尼塞河左岸的阿巴根一带。关于 Aq Tarman 河,岑仲勉认为是白曲曼山,而曲曼山则是今唐努乌梁山之东南峰。① 依据该碑,Aq Tarman 当指河流,而非山脉。勒内·吉罗认为:在我们所涉及的范围内,也就是在北纬49°和东经97°左右的地方,在那里发现了一个相当大的湖,它现在的名字就叫特勒敏湖(Telmen-Nor)。无论是形容词"aq"的消失,还是从"Telmal"演变成"Telmen",从语言学观点来看,并不会有任何困难。② 芮传明则否认上述看法,进而认为 Aq Tarman 应是塔米尔河。③ 后突厥的统治中心在于都斤山,该地通常是指杭爱山的一段,即鄂尔浑河流域,今前杭爱省境内。以前杭爱省哈拉和林为出发点,一直向西北走,就可以到达唐努山东段。根据该文献,渡过 Aq Tarman 河之后,暾欲谷就进入雪山,并翻越山顶。在下山后,暾欲谷率领军队绕行山边,最终到达 Anï 河。根据 Anï 河的位置可知,后突厥军队绕行的山脉当为曲曼山。因此,Aq Tarman 河的位置应当在曲曼山的东南面,即今车车尔勒格附近。

2.战争时间

关于后突厥突袭黠戛斯的时间,勒内·吉罗根据该碑认为有两次,分别是

---

①岑仲勉:《突厥集史》(下册),北京:中华书局,2004 年,第 872 页。

②[法]勒内·吉罗:《东突厥汗国碑铭考释》,耿昇译,乌鲁木齐:新疆社会科学院历史研究所,1984 年,第 240 页。

③芮传明:《古突厥碑铭研究》,上海:上海古籍出版社,1998 年,第 83 页。

696—697 年、709—710 年①；芮传明基本赞同，并补充认为时间当为 709 年冬季或 710 年春季②；岑仲勉认为是 708 年（景龙二年）③。从该碑内容和汉文史籍来看，岑仲勉的看法应当是近乎合理的。首先，袭击黠戛斯是在唐朝、十箭和黠戛斯会盟不久之后就开始的。三者结盟时间是在 707 年（景龙元年）秋冬季，因此，这次突袭黠戛斯当在 707 年年末至 708 年年初。其次，碑文明确说明曲曼山已被大雪覆盖，后突厥军队骑马渡河，这表明突袭时间一定是在隆冬河流干枯之际。再次，汉文史籍记录 708 年（景龙二年）默啜西征和唐朝祭奠黠戛斯丧事。吕温的《三受降城碑铭序》载："景龙二年，默啜强暴，渎邻构怨，扫境西伐，漠南空虚。朔方大总管韩国公张仁愿蹑机而谋，请筑三城，夺据其地，跨大河以北向，制胡马之南牧。"《旧唐书·本纪第七》载："（景龙二年）三月，丙子，朔方道大总管张仁亶筑受降城于河上。"根据《资治通鉴》，此处张仁亶作张仁愿。据此可见，默啜西征的时间应在 708 年 3 月前。《册府元龟》卷九七四载："景龙二年，十二月，丙申，宴坚昆使于两仪殿，就其家吊焉。"所谓吊，是指祭奠死者或对遭到丧事的人家、团体给予慰问。唐朝吊坚昆，主要是因为坚昆首领已亡。诚如该碑所言，后突厥打败了黠戛斯，并杀死了其可汗。

3. 战术特点

暾欲谷率领下的后突厥军队，其运用的战法就是内亚骑马"游牧人"的战术④，主要包括精心策划、轻装骑乘、长途跋涉、急速行军、突然袭击、速战速决。根据该碑所提供的资料，暾欲谷在得知唐朝、十箭和黠戛斯结盟后，立即考虑到严重后果。在仔细推敲后，决定攻打孤悬北方的黠戛斯。为此，他打听曲曼山的气候，并确定行军路线，寻找向导。后突厥军队主要以骑兵为主，轻装简从，意在以迅雷不及掩耳之势给予敌人突然攻击。为了避免惊

---

① [法] 勒内·吉罗：《东突厥汗国碑铭考释》，耿昇译，乌鲁木齐：新疆社会科学院历史研究所，1984 年，第 240 页。

② 芮传明：《古突厥碑铭研究》，上海：上海古籍出版社，1998 年，第 60 页。

③ 岑仲勉：《突厥集史》（下册），北京：中华书局，2004 年，第 873 页。

④ [美] 丹尼斯·塞诺：《丹尼斯·塞诺内亚研究文选》，北京大学历史系民族史研究室译，北京：中华书局，2006 年，第 104 页。

动西域都护府和十箭,后突厥舍近求远,进行长途跋涉,攻袭黠戛斯。从哈拉和林到阿巴根的直线距离为 1 050 千米左右,加上绕行唐努山,沿 Anï 河下行,后突厥行军的总距离至少在 2 000 千米。而这一行军线路上有一望无际的草原、冰凉彻骨的河流和深不可测的雪山,其艰险可想而知。为迅速接近打击目标,后突厥行军迅速,遇水架桥,逢山开路。在这场急行军中,后突厥军队几乎不舍昼夜地行军。特别是由于向导带错路,后突厥军队白白浪费了一些时间后,默啜立即下令骑快些。到达战场后,后突厥军队马上用饭。吃饱喝足之后,后突厥军队即趁黠戛斯人酣睡之际发动突然袭击。遭遇突然打击的黠戛斯慌忙应战,但很快落败。必须承认的是,这一闪击战术需要有坚强的执行者:一是第一流的骑兵部队,即后突厥骑兵;二是第一流的优良战马,即突厥马;三是第一流的战斗武器,即长矛和弓箭。

4. 战争结果

由于后突厥军队的突袭,叶尼塞河流域的黠戛斯人惨遭失败。依据该碑,叶尼塞河流域的黠戛斯人内属于后突厥,其可汗被袭杀。王洁、杨富学认为:值得注意的是,在西伯利亚西部叶尼塞河流域黠戛斯的领土范围内,没有这种石人①分布。古代黠戛斯人一般不在墓前竖立雕像,只是竖立起高大而垂直的石头,石头上刻有印记(tamya)、死者的名字和遗言。墓前的建筑应该是区别民族归属的特殊标志。从这一现象的存在大体可以确定,尽管黠戛斯人不止一次地惨败于突厥铁骑之下,但其居地并未入于突厥汗国的疆域范围。②从上引《册府元龟》卷九七四来看,二氏的说法是正确的。因此,此次袭击只是导致黠戛斯部族短时间的内属和臣服。此外,黠戛斯民风骁勇,人皆劲勇,并不轻易臣服。③况且,黠戛斯的军事水平较后突厥应更加

柯尔克孜文献与文化研究

①原文载:"在突厥汗国(包括东突厥汗国)时期,以突厥方式制造的站立在石头围墙跟前的石人,均竖立在突厥人居住过的地方,广泛分布于新疆、蒙古高原、南西伯利亚和中亚地区"。转引自王博、祁小山:《丝绸之路草原石人研究》,乌鲁木齐:新疆人民出版社,1995 年,第 96 ~ 100 页。

②王洁、杨富学:《突厥碑铭所见黠戛斯与突厥、回鹘关系考》,《内蒙古社会科学》(汉文版)2009 年第 1 期,第 48 ~ 52 页。

③薛宗正:《中亚内陆——大唐帝国》,乌鲁木齐:新疆人民出版社,2005 年,第 157 页。

发达。关于其冶铁技术,《太平寰宇记》载:"天每雨铁,收而用之,号曰迦沙,以为刀剑,甚铦利。"贾耽的《古今四夷述》亦载:"俗出好铁,好曰迦沙,每输之于突厥。"至于黠戛斯可汗被杀是完全有可能的。但是黠戛斯可汗并不是权力的中心,其有无并不影响黠戛斯社会。伯恩什达姆认为:与突厥相反,在任何情况下,在黠戛斯社会占首要地位的不是可汗,而是匐。[①]

三、后突厥扶植 Az 可汗

(一)史料摘录

On oq bodun ämgäk körti. Äčümiz apamïz tutmïš yir sub idisiz bolmazun tiyin, az bodunuɣ itip yaratïp…Bars bäg ärti, qaɣan at bunta biz birtimiz. Siŋilim qunčuyuɣ birtimiz. Özi yaŋïltï, qaɣanï ölti, bodunö küŋ qul boltï. Kökmän yir sub idisiz qalmazun tiyin, az qïrqïz bodunïɣ yaratïp kältimiz, süŋüšdimiz, ilin yana birtimiz. Ilgärü qadïrqan yïšïɣ aša bodunïɣ anča qonturtïmïz, anča itdimiz. Qurïɣaru käŋü tarmanqa tägi türk bodunïɣ anča qonturtïmïz, anča itdimiz. (十箭人民遭受痛苦。为了不让我们祖先所拥有的土地没有主人,我将 Az 人民组织起来……他是虎官,在这里我们给了他可汗的称号。我把我的公主妹妹嫁给了他。他们自己犯了错误,他们的可汗死了,他们的百姓成为奴隶。为了不使曲曼地方没有主人,我们来整顿 Az 和黠戛斯人,我们交战了,又把国家交给他们。东面,越过大兴安岭,我们让人民这样居住下来,这样组织起来。直到西面康居贪漫山,我们让突厥人民这样居住下来,这样组织起来。)——摘自东面 19、20、21 行。

①[苏]A.伯恩什达姆:《6 至 8 世纪鄂尔浑叶尼塞突厥社会经济制度》,杨讷译,乌鲁木齐:新疆人民出版社,1997 年,第 215 页。从叶尼塞碑铭来看,这一说法是能够站得住脚的。

(二)史料分析

1.整饬背景

西突厥主要部分为五咄陆和五弩失毕两大部,两大部又各分为五个小部,共十部。因为每部"令一人统之,号为十设,每设赐以一箭,故称十箭焉"①。其中,五咄陆部主要居住在新疆(碎叶以东),五弩失毕部主要居住在中亚楚河流域(碎叶以西)。属于左厢五咄陆部落的有处木昆率部(今塔城一带)、胡禄屋阙部(今玛纳斯河以西)、摄舍提暾部(今博尔塔拉河流域)、突骑施贺逻施部(今伊犁河中下游)、鼠尼施处半部(于勒都斯河流域)。曲曼山即今唐努山,其向西一直延伸至阿尔泰山。居住在这一区域内的西突厥十姓主要是摄舍提暾部。长安四年(704年),突骑施酋长乌质勒与西突厥诸部互攻,并取得胜利,尽得斛瑟罗故地。是时,突骑施的领土已经扩张到后突厥汗国的西部边界。根据曲曼山还有十箭部落,可以说明:这些十箭部落并非真正内属于突骑施,可能只是名义上而已。

黠戛斯的居住位置自汉至唐经历地域变迁的过程。两汉时期,大致在今鄂毕河流域。南北朝时期,从鄂毕河一带逐渐东移至叶尼塞河流域,生活在阿巴坎河与克穆齐克河之间。直至击破回鹘以前,居住地还在叶尼塞河上游地区,分布在今萨彦岭以北的南西伯利亚地区。有一小部分散居在天山南麓的高昌、焉耆一带。汉文史料记载,早在6世纪中叶,突厥崛起朔漠时,与黠戛斯的敌对关系就已经产生了。后突厥汗国建立之时,黠戛斯的势力不断发展,已可与之相抗衡,其地域与后突厥汗国大致相当,且资源丰富,与突厥因利益冲突而导致的战争主要发生在这一时期。②

出于对西突厥和黠戛斯的世代仇恨,708年默啜亲率大军西征黠戛斯和十箭摄舍提暾部,取得大胜。此次西征,后突厥杀死了黠戛斯可汗,并通过绕行曲曼山,降服了摄舍提暾部,杀死其部落首领。因此,曲曼山(也是萨彦

---

① [后晋]刘昫:《旧唐书·突厥传》(下),北京:中华书局,1977年,第1124页。
② 王洁、杨富学:《突厥碑铭所见黠戛斯与突厥、回鹘关系考》,《内蒙古社会科学》(汉文版)2009年第1期,第48~52页。

岭的一段)区域内的黠戛斯人、十箭人群龙无首。

2. 阿热部落

关于阿热(az)部落的族属,学界一般认为其是说乌古尔-芬语或萨摩耶德语的部族,它曾被俄国人误称为"叶尼塞的奥斯恰克人"。[①] 根据汉文史籍,笔者认为该说法值得商榷。《新唐书·回鹘传下》载:"(黠戛斯)其君曰'阿热',遂姓阿热氏,建一纛(即旗帜),下皆尚赤,余以部落为之号。"显然,阿热是黠戛斯君主的音译形式,其王家部落姓阿热氏,即阿热部。同书亦载:"阿热驻牙青山,周栅代垣,联毡为帐,号'密的支',它首领居小帐。……诸部食肉及马酪,惟阿热设饼饵。"这里的阿热很明显是指部落。《新唐书·回鹘传下》载:"(坚昆)其酋长三人,曰讫悉辈、曰居沙波辈、曰阿米辈,共治其国,未始与中国通。"贞观二十二年(648年),闻铁勒等已入臣,即遣使者献方物,其酋长俟利发失钵屈阿栈身入朝。此处俟利发失钵屈阿栈的古代突厥语形式为 ältäbär šädapit az,ältäbär、šädapit 均指官名。Baily 认为古突厥人名结构有三类:集团名+称号;集团名+个人特征;称号+集团名。[②] 因此,该专名中的 az 应为集团名称,即部落名称。

此外,az 部落的这位首领原为虎官(bars bäg),而关于虎(bars)多见于黠戛斯碑铭。如恰库尔碑铭中有人名 älčičur küč bars、tuz bay küč bars,阿尔滕库尔碑铭(即阿尔屯湖)中有氏族名 yirdäki bars。据此伯恩什达姆认为:许多黠戛斯氏族的图腾是虎。[③] 由于这些碑铭的主人多为黠戛斯贵族权贵,所以上述与虎有关的人名也应该是王公权臣。于是可知:这位虎官也是黠戛斯的权贵。综上所述,az 是黠戛斯的王家部落,bars bäg 是黠戛斯的贵族。

3. 整饬结果

由于十箭摄舍提暾部和黠戛斯部的可汗被杀,而后突厥又无力直接统

---

①[苏]威廉·巴托尔德:《中亚突厥史十二讲》,北京:中国社会科学出版社,1984年,第34~35页。

②Baily,Turkish Proper Names in Khotanese // Z. V. Togan's Armagan, Istanbul:1954, S. 200~203.

③[苏]A. 伯恩什达姆:《6至8世纪鄂尔浑叶尼塞突厥社会经济制度》,杨讷译,乌鲁木齐:新疆人民出版社,1997年,第222页。

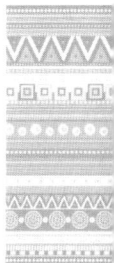

辖萨彦岭一带,所以只得任命黠戛斯阿热部的虎官为可汗。对于内属的十箭和黠戛斯,后突厥并没有采用派遣监使的形式,而是通过政治联姻的形式加强同阿热虎官的联系,并立其为可汗。在确定阿热虎官的可汗地位的同时,后突厥还协助其建立了汗国政治和法律制度。通过这种整饬,后突厥将十箭摄舍提暾部和黠戛斯纳入自己的属部。成为后突厥的属部之后,黠戛斯人的居住范围可能有所扩大,进而向东进入叶尼塞河上游。十箭摄舍提暾部的内属,可能极大地震动和影响了处木昆律部、胡禄屋阙部、突骑施贺逻施部,乃至影响到十箭五弩失毕部。

克利亚什托尔内认为:Käŋü tarman(康居贪漫山)位于楚河和怛罗斯河流域偏西的地方("十箭人民"地区)和药杀水(今乌兹别克斯坦阿姆河,亦称乌浒水)偏东的地方(粟特疆界)。[①] 这次整饬的一个结果就是使突厥人从大兴安岭直到康居贪漫山之间广泛分布。在楚河和怛罗斯(今楚河西五六百里)之间居住的主要是五弩失毕部(其建牙在怛罗斯城,今江布尔城)。

其间的千泉(距怛罗斯 50 千米～100 千米)曾是西突厥统治全区的政治中心。但是对于后突厥自诩的整饬结果,令人怀疑。其一是阿热虎官担任傀偪可汗的时间并不长。大概在同年 12 月,坚昆就派出使者赴长安,这位使者应当是新立可汗所派,唐朝还对其进行吊唁。这说明此时阿热可汗已被新立可汗所代替。其二是后突厥的突袭,并未真正动摇十箭五弩失毕部和突骑施的统治。实际上,后突厥在闪击中亚的时候,并未和五弩失毕部、突骑施娑葛部进行交战,二部也未臣服。甚至是伊犁河流域的突骑施部,也未臣服于后突厥。同年(景龙二年)11 月,娑葛就发五千骑出安西,五千骑出拨换,五千骑出焉耆,五千骑出疏勒,入寇并陷安西,断四镇路。杨圣敏认为:娑葛所率突骑施当自碎叶川出发,另一支可能自伊犁地区的弓月城出发,经今新源等地越天山,沿山谷分别到达龟兹、焉耆。[②]

①[苏]C.Г.克利亚什托尔内:《古代突厥鲁尼文碑铭——中亚细亚史原始文献》,李佩娟译,哈尔滨:黑龙江教育出版社,1991 年,第 174 页。

②杨圣敏:《突厥回纥史料校注》,天津:天津古籍出版社,1992 年,第 183 页。

柯尔克孜文献与文化研究

四、后突厥袭杀黠戛斯和突骑施

（一）史料摘录

Kül tigin altï otuz yašïŋa qïrqïz tapa süladimiz. Süŋüg batïmï qarïɣ sökipän, kögmän yïšïɣ toɣa yorïp, qïrqïzbodunuɣ uda basdïmïz. qaɣanïn birlä suŋa yïšda sŋüšdimiz. kül tigin bayïrqunïŋ aq adɣïrïɣ binip oplayu tägdi. bir ärig oqun urdï, äki ärig udïšru sančdï. ol tägdükdä bayïrqunuŋ aq adɣïrïɣ udlïqïn sïyu urtï. qïrqïz qaɣanïn öltürtümüz, ilin altïmïz. ol yïlqa türgiš tapa altun yïšïɣ toɣa ärtiš ügüzig käčä yorïdïmïz. türgiš bodunuɣ uda basdïmïz. türgiš qaɣan süsi bolčuda otča borč a kälti. suŋüšdimiz. kül tigin bašɣu boz at binip tägdi. bašɣu boz…tutuztï, äkisin özi altïzdï. anta yana kirip türgiš qaɣan buyruqï, az tutuquɣ äligin tutdï. qaɣanïn anta öltürtimiz, ilin altïmïz. qara türigš bodun qop ičikdi. ol bodunuɣ tabarda qonturtumïz…soydaq bodun itäyin tiyin, yinčü ügüzüg käčä tämir qapïɣqa tägi süladimiz. anta kisrä qara türigč bodun yaɣï bolmïš, käŋäräs tapa bardï. bizïŋ sü atï toruɣ, azuqï yoq ärti. yablaq kiši är…alp är biziŋä tägmiš ärti. anta ödkä ökünüp, kül tiginig az ärin irtürü ïttïmïz. uluɣ süŋüš süŋüšmiš. alp šalčï aq atïn binip tägmiš. qara türgiš bodunuɣ anta ölürmiš, almïš.（当阙特勤二十六岁时，我们出征黠戛斯。从和矛一样深的雪中开道，越过曲曼山，我们袭击黠戛斯人于睡梦中。我们与其可汗战于suŋa山林。阙特勤骑拔野古的白马冲击。他用箭射死一人，追杀两人。当他进攻时，折断了拔野古白马的大腿。我们杀死了黠戛斯的可汗，取得了他的国家。那年为征讨突骑施，我们越过阿尔泰山，渡过额尔齐斯河，袭击突骑施人于睡梦中。突骑施可汗的军队如火似飙地从勃勒奇而来，我们交了战。阙特勤骑bašɣu灰马……让捉住了……他自己俘获了其中的两个，然后又攻入敌阵，亲手俘获了突骑施可汗的梅禄、阿热都督。在那里我们杀死了他们的可汗，取得了他们的国家。普通的突骑施人民全部归顺了。我们让那些人民住在tabar。为了整顿粟

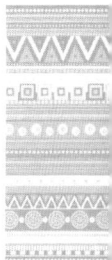

特人民,我们渡过珍珠河,一直出征到铁门关。普通的突骑施人成为我们的敌人。我们到达了康居。当时我们的军马瘦弱,没有粮食,坏人……袭击我们的是勇敢的人。当时我们后悔只派了少数人随同阙特勤,他打了一个大仗。他骑英雄 šalčï 的白马进攻,在那里杀死和俘获了普通的突骑施人。)——摘自东面 34、35、36、37、38、40 行。

(二)史料分析

该碑东面 30 行载:qaŋïm qaɣan učduqta, inim kül tigin yiti yačda qaltï… altï yägirmi yašïŋa äčim qaɣan ilin törüsin anča qazɣantï. altïčub soɣdaq tapa süládimiz, buzdïmïz.(我父可汗去世时,我弟阙特勤仅七岁……十六岁时,阙特勤为我叔可汗的国家和法制如此努力。我们向六州粟特进军,消灭他们。)另外,《资治通鉴》卷二〇五载:"(延载元年即 694 年正月)突厥可汗骨笃禄卒,其子幼,弟默啜自立为可汗。"据此可知,阙特勤出生于 685 或 686 年。之所以不能确定,主要是因为骨咄禄去世的时间无法确定。根据阙特勤进军六州胡,并大破王都督军(701 年年底或 702 年年初),可以推出阙特勤出生于 685 或 686 年。

这场由阙特勤充当前锋,对黠戛斯的西征发生在其 26 岁时,即 711 或 712 年。关于这次西征和暾欲谷的西征,很多学者认为是同一事件。从战争发生的时间和地点来看,这种说法显然是站不住脚的。换而言之,这是针对黠戛斯的不同时间的征伐。

这次西征黠戛斯的背景是:708 年(景龙二年)唐朝修建三受降城,加强和防范后突厥的南侵;唐朝继续采用利用黠戛斯、突骑施牵制后突厥的策略;黠戛斯试图再次建立三方联盟;后突厥向西扩张的雄心倍增等。武后之后,唐朝逐渐开始了中兴,国力日益增强。特别是三受降城的建立,极大地遏制了后突厥骑兵对唐朝的侵扰。同时,通过政治联姻和使者来往,感化和约束后突厥的侵掠行径。《资治通鉴》卷二一〇载:"景云二年(711 年)春,正月,癸丑,突厥可汗默啜遣使请和。许之。"黠戛斯、突骑施与后突厥历来不合,双方仇怨甚深。唐朝对突骑施和黠戛斯采取拉拢和支持的政策,企图以此来削弱后突厥的力量。《资治通鉴》卷二○九载："景龙三年（709 年）秋,七月,突骑施娑葛遣使请降;庚辰,拜钦化可汗,赐名守忠。"在经历 708年的打击之后,黠戛斯对后突厥的仇恨更加强烈。囿于自身实力的不足,黠戛斯只得重拾三方联盟的策略。710 年（景云元年）文臣上奏曰,黠戛斯"并累献封章,请屠（突厥）巢穴"[①],试图三方再次联合唐朝消灭突厥。后突厥默啜可汗在南侵无望的情况下,也进一步西进,以期掠夺更多的财富和奴隶。

于是,唐朝部署坚昆在右,犄角而东,黠戛斯负责北面的进攻。唐中宗决定全力歼灭后突厥,并任命突骑施守忠统率蕃军与诸路唐军共同行动。至此,唐朝与黠戛斯、突骑施等再次结成消灭后突厥汗国的联盟。并制定了从南、北、西三个方向围攻后突厥汗国的计划,但此次计划因唐中宗暴亡（710 年）而夭折。

在这一背景下,后突厥开始了报复性闪击黠戛斯的西征。711 年（景云二年）冬,后突厥军队在默啜和阙特勤的率领下,从哈拉和林出发,在一人深的积雪中行军,越过曲曼山,趁黠戛斯人尚在睡梦中突然袭击。双方在黑夜中进行交战,战场就是曲曼山的 suŋa 山林。战争的结果是后突厥军队杀死了黠戛斯的可汗,并再次短暂地征服了黠戛斯部落。

五、后突厥征讨阿热

（一）史料摘录

Az bodun yaɣï boltï. qara költä süŋüšdimiz. kül tigin bir qïrq yašayur ärti. alp šalqï aqïn binip oplayu tägdi. az ältäbärig tutdï. az bodun anta yoq boltï. （阿热人成为我们的敌人。我们和他们在黑湖交战。阙特勤那时三十一岁。他骑着英雄 šalqï 的白马出击。他抓住了阿热颉利发。阿热人在那里不存在

---

①王洁:《黠戛斯历史研究》,博士学位论文,内蒙古大学蒙古学学院,2009 年。

了。)——摘自北面2、3行。

(二)史料分析

1.战争背景

阿热(az)是黠戛斯的王家部落,曾于708年默啜亲率大军西征黠戛斯和十箭摄舍提暾部之时被臣服。由于黠戛斯可汗被杀,为有效统治,后突厥以阿热虎官为黠戛斯可汗。由于黠戛斯诸部的反抗,阿热虎官的傀儡统治在当年晚些时候就已宣告结束。随着王家部落的更换,黠戛斯内部发生了一定的分裂。其主体部分北上叶尼塞河,到达以今米努辛斯克为中心的区域。阿热部落则向东翻越阿尔泰山,进入后突厥的西部领地——阿尔泰山东麓(今科布多一带)。

阿热部落之所以这样选择,主要是基于其与后突厥默啜的政治关系。前文提到,对于内属的阿热部落,后突厥默啜并没有采用派遣监使的形式,而是通过政治联姻的形式加强同阿热虎官的联系,并立其为可汗。在确定阿热虎官可汗地位的同时,后突厥还协助其建立了汗国政治和法律制度。因此,阿热部落对后突厥默啜可汗是十分效忠的,也可能就是其西部边疆的守卫者。

716年(开元四年),默啜可汗被拔曳固逃兵颉质略在柳林所袭杀。默啜之子小可汗继承汗位不久,就被阙特勤所击杀。此事涉及默啜诸子、亲信,也可能连累到紧随默啜的阿热部落。默啜死后,拔曳固、回纥、同罗、霫、仆固五部都来降唐。这在一定程度上也大大损害了后突厥的利益。趁着后突厥毗伽可汗新立不久,实力较弱之际,阿热部落也起兵反对后突厥,但是其矛头应当指向击垮默啜部落势力的毗伽可汗。这种反叛是忠君护主的表现,也是相互倾轧的表现。

2.战争地点

此次战争的发生地点 qara köl,即喀喇湖或黑湖。qara köl 当为今蒙古的哈腊湖或哈腊乌斯湖。二湖在阿尔泰山东侧,扎布汗河西面。确定这一地理区域,主要是因为:一是二湖位于后突厥势力范围的西部,距离北庭都护府较远,距离后突厥的统治中心哈拉和林也比较远;二是二湖在阿尔泰山和杭爱山之间,戈壁阿尔泰山的北面,是适合游牧民族居住的草原;三是 qara 和 hala 读音非常接近。从地理位置上看,这里距离黠戛斯部族的传统驻牧地并不远。

3. 战争过程

716 年(开元四年)6 月,阙特勤击杀默啜之子小可汗和诸子、亲信。这大大刺激了阿热部落,他们进而起来反抗毗伽可汗。同年 8 月,毗伽可汗以暾欲谷为谋主,主持国政。《资治通鉴》卷二一一载:"突厥默啜既死,奚、契丹、拔曳固等诸部皆内附,突骑施苏禄复自立为可汗。突厥部落多离散,毗伽可汗患之,乃诏默啜时牙官暾欲谷,以为谋主。暾欲谷年七十余,多智略,国人信服之。突厥降户处河曲者,闻毗伽立,多复叛归之。"之后,降户颉跌思泰、阿悉烂等也背叛唐朝,回归后突厥。这种复叛,也使得阙特勤再次有能力西征叛乱部众。

717 年(开元五年),阙特勤率兵征讨阿热部落。他骑着英雄 šalqï 的白马出击并抓住了阿热颉利发。伴随着阿热颉利发的被俘,反叛的阿热人再次被征服,并沦为其附属部落,不再拥有较大的自治权力。此后,阿热部落彻底断绝了与黠戛斯的联系,成为后突厥的内属部落。比如在《铁尔痕碑》中就提道:täŋri qaγanïm atlïγï toquz tatar yiti yigirmi az buyruq toŋrada šaŋüt hïŋa uyγur bodunï tigitimin bu bitidükdä.(当我让我的回纥人民的特勤们写这个文字的时候,我的天可汗、高贵的九姓鞑靼、十七阿热的梅禄、同罗将军千户长出席了。)同文还载:atlïγ isig yir atlïγï…bayarqu bodunï az ašpa tay sägün bodunï toŋrada baš qaybaš üč qarluq bunča bodun yabγu bodunï.(高贵的 isig yir 人 atlïγï……拔野古人的 az ašpa 大将军、同罗人的 baš qaybaš üč、三姓葛逻禄这样的人、这样的叶护也来了。或者译为:草原贵人……拔曳固人民,阿热·阿斯帕大将军和其人民,同罗部的巴什·哈衣巴什,三姓葛逻禄等这许多人民。)若依据第一种翻译,则阿热部落已经融入同罗部。718 年(开元六年)横野军召集拔曳固、同罗、霫、回纥、仆固等五部征讨后突厥毗伽可汗。自此之后,同罗部与后突厥毗伽可汗的关系就以敌对为主流。大概就是在此期间,阿热部落向北迁徙至色楞格河上游,融入同罗部。当然,若依据第

二种翻译,则也可以证明阿热部落成为回纥反对后突厥统治的一个帮手。换而言之,阿热部落已经和黠戛斯人在地理、政治上完全撇清关系。

六、后突厥征战剑河Čik

(一)史料摘录

altï otuz yašïmačik bodun, qïrqïz birlä yaγï boltï. käm käčäčik tapa süladim. Örpäntä süŋüšdüm. süsin sančdïm. az bodunuγ altïm…ičgärtim.(当我二十六岁时,Čik人同黠戛斯人一起与我们为敌。我渡过剑河出征Čik。我战于örpän,败其军队。我获取了阿热人……并使其臣属。)——摘自东面26行。

(二)史料分析

1. 战争背景

元时的康里部即两汉之康居部。康居国是古代中亚锡尔河中游北部一游牧政权,位居中亚游牧民向河中迁徙的必经之地。公元前2世纪康居势力弱小,分别隶属于河中的大月氏和东部草原上的匈奴。公元前后两个世纪康居国成为中亚一大国,公元3世纪开始走向衰落。4世纪时康居国不复存在,其部众或迁入河中与当地大月氏人混居,或留在草原上继续游牧,先后隶属于其他民族游牧政权。大概在4世纪后,Čik部落就开始向东北方向迁徙。Čik部落沿着天山山脉的北麓,穿越准噶尔盆地,并翻越阿尔泰山到达唐努山一带(似乎应在唐努山西段—阿尔泰山北端的西面)进行游牧。由于这里距离黠戛斯的发源地剑河(叶尼塞河上游的一条支流)不远,况且黠戛斯势力强盛,足以与其他部族抗衡,因此Čik部落就依附于黠戛斯,并成为其属部或坚定的盟友。

由于黠戛斯、突骑施和唐朝计划围攻后突厥,因此,后突厥提前下手,于707年(景龙元年)末至708年(景龙二年)初突然袭击黠戛斯。这次袭击的结果是黠戛斯及其属部被击败,可汗被杀。黠戛斯与后突厥仇怨甚深,加之此次惨败,其对后突厥的反抗愈来愈激烈。作为黠戛斯的属部和政治同盟,Čik 必然会竭尽全力抗击后突厥。708 年(景龙二年),唐朝修建三受降城,防范和阻止了后突厥的犯边。无法继续南侵的后突厥,只得向西、向东扩张。为有力地反击后突厥,黠戛斯试图再次建立三方联盟。为响应黠戛斯的倡导,Čik 部落必定会积极行动。是故,后突厥也将 Čik 部落视为眼中钉、肉中刺。

2. 战争地点

710 年(景云元年),由于唐中宗的暴亡,黠戛斯联合突骑施、唐朝合围后突厥的计划泡汤。后突厥趁势突袭 Čik 部落,旨在削弱黠戛斯的势力,为以后的西征奠定基础。因此,本次战役的发生地应当是唐努山西段—阿尔泰山北端的剑河左侧的 örpän。关于这一地点的确定,主要取决于后突厥的西至(即唐努山西段—阿尔泰山北端一线)。该碑东面 17、18 行记载:kökmän yir sub idisiz qalmazun tiyin, az qïrqïz bodunïɣ yaratïp kältimiz, süŋüšdimiz … yana birtimiz. ilgärü qadïrqan yïšïɣ ača bodunïɣ anča qonturtïmïz, anča itdimiz. qurïɣaru käŋü tarmanqa tägi türk bodunïɣ anča qonturtïmïz, anča itdimiz. (为了不让曲曼山没有主人,我们来整顿阿热、黠戛斯人民,我们交战了……我们又把国家交给了他们。东面,越过大兴安岭,我们让人民这样住下了,这样组织了。向西,直到康居贪漫山,我们让突厥人民这样住下了,这样组织了。)关于后突厥的西至 käŋü tarman,帕克认为是指黠戛斯南部边界的山脉贪漫①,夏德认为是铁门关的第二种称呼②,克利亚什托尔内认为其位于楚河与怛罗斯河流域偏西的地方和药杀水偏东的地方③。实际上,在暾欲谷碑、阙特勤碑、毗伽可汗碑中,都只是说布民可汗和室点密可汗时,其西至铁门关。这是因为室点密是西突厥的可汗,而西突厥的统治范围主要在碎叶周遭。上述诸碑提到自身武功时,只是说其率领突厥到达铁门关。因此,将后突厥西至

---

① 帕克尔:《评汤姆森著鄂尔浑碑铭考释》,皇家亚洲学会中国分会杂志,1896～1897(第 31 卷)。

② 夏德:《暾欲谷碑文跋》。

③ [苏] C. Г. 克利亚什托尔内:《古代突厥鲁尼文碑铭——中亚细亚史原始文献》,李佩娟译,哈尔滨:黑龙江教育出版社,1991 年,第 173 页。

定为铁门关显然是不合理的。而事实上,此时(8世纪前后)的中亚主要是由西突厥十箭余部、突骑施、吐蕃、阿拉伯和唐朝在上演争夺统治权的大戏。对于后突厥而言,仅仅是对中亚进行突袭侵扰而已,绝没有占据的可能。

从Čik部落的起源来看,其源自康居,因此,居住地极有可能被称作康居贪漫,即唐努山西段—阿尔泰山北端的西面(大概是萨彦岭的西端)。在该次战役的记载中,并未提到黠戛斯的援助。据此可以推测:Čik部落居住在黠戛斯的南部,他们都在剑河的左侧。因为中间相隔着萨彦岭,所以后突厥对Čik部落的征讨,并未惊动黠戛斯。进而也可以推出,此次战役的发生地——剑河左岸的örpän是在康居贪漫的西面,即今特埃利地区。

3. 战争结果

710年(景云元年),后突厥借口Čik部落不派贡使而进行征讨。由于本次征讨是在漠北草原上进行的,因而未被汉文史书所记载。后突厥军队渡过剑河,在örpän击败了Čik人。在返回于都斤山的途中,后突厥军队在今科布多一带打败了阿热人,并臣服他们。但从之后的文献来看,Čik人、阿热人并没有真正屈服。Čik人更加死心塌地地追随黠戛斯,并成为漠北回鹘汗国的心腹大患。开成四年(839年),Čik人更是帮助黠戛斯人推翻了漠北回鹘汗国的统治(不可否认,也有部分Čik人很早就投靠了回鹘)。阿热人由于自己的反复无常,走上了与黠戛斯分裂的道路。但是融入同罗部的阿热人,仍然继续反抗后突厥。[1]

七、阙立啜领兵征服阿热

(一)史料摘录

…saɣïr čoluɣan yaɣïttuqda küli čor oplayu tägip sančïp öltürüp oɣlïn kisisin

---

[1]关于剑河的地理位置,参见郑炳林:《法国西域史学精粹》,耿昇译,兰州:甘肃人民出版社,2011年,第482页。

bulnadïp…bolup az älig tutdï az…ärti. (当 saɣïr čoluɣan 成为我们的敌人时,阙立啜击杀了……并俘获他的儿子、妻子……他征服了阿热人民。)——摘自西面 5、6 行。

(二)史料分析

1. 征伐对象

此次征伐的对象是 saɣïr čoluɣan,他是阿热部的头领。单从其名字来看,因为 saɣïr 义为黄色的,所以他可能是黄色坚昆部的首领。盖嘉运《西域记》载:"坚昆国,人皆赤发绿睛,其有黑发、黑睛者,则李陵之后,故其人称是都尉苗裔,亦有由然。"薛宗正认为:据汉文史料推测坚昆初本白色人种占统治地位,故视黄色人种为不祥,但后来王位却为"李陵苗裔"取得,故唐朝得以引黠戛斯为同宗。① 依此可以断定:saɣïr čoluɣan 所率领的 az 部,实际隶属于黠戛斯中的李陵后裔。这些阿热人被征服后,与黠戛斯本部渐行渐远,逐步独立起来。

2. 征伐过程

默啜时期,后突厥曾征服并整饬阿热部落。此支阿热亦成为默啜的亲属部落(他们有联姻关系)。716 年(开元四年),默啜可汗被袭杀。其子小可汗继承汗位不久,就被阙特勤所击杀。阙特勤为消灭默啜亲信部落,开始不断征伐。讨伐阿热人的时间大致是 716 年,主导者应为默棘连和阙特勤兄弟。在默棘连二兄弟的率领下,先锋官阙立啜在哈拉湖与阿热人交战。他们俘获了阿热的颉利发,进而降服了阿热人。

八、回纥西征Čik人

(一)史料摘录

Ančïp bars yïlqačik tapa yorïdïm. ikinti ay tört yigirmikä kämdä toqïdïm. ol

---

① 薛宗正:《中亚内陆——大唐帝国》,乌鲁木齐:新疆人民出版社,2005 年,第 154 页。

ay…ičikdi…(就那样，虎年我向 Čik 人征战了。二月十四日我在剑河攻击他们。当月，他们内属了……）——摘自东面 19、20 行。

（二）史料分析

1. 战争背景

Čik 源自康居，大概在 4 世纪后，Čik 部落就已经迁至阿尔泰山到达唐努山一带进行游牧。由于这里是黠戛斯的发源地，加之后者是此地的强族。因此，Čik 部落就依附于黠戛斯，并成为其属部或坚定的盟友。黠戛斯，古坚昆国也。《新唐书·回鹘传下》亦载："（黠戛斯）众数十万，胜兵八万，直回鹘西北三千里，南依贪漫山，地夏沮洳（低湿），冬积雪。"由于坚昆也是强国，因此不断与于都斤的统治者进行战争。

尽管黠戛斯、Čik、回纥等都是后突厥的坚定反对者，但是面对不同的利益，很快就产生了尖锐的矛盾。《资治通鉴》卷二一五载："[天宝四载（745）正月]回纥斥地愈广，东际室韦，西抵金山，南跨大漠，尽有突厥故地。"完全继承后突厥衣钵的漠北回纥汗国，势必无法容忍其西部边境盘踞着强大的黠戛斯。为此，回纥汗国首先将讨伐的目标放在 Čik 上，企图削弱黠戛斯的军事实力。

2. 战争地点

750 年（天宝九载），磨延啜对 tay bilgä tutuquy、牟羽进行分封之后，即开始对 Čik 的征战。这次战争的爆发地为剑河（叶尼塞河上游的一条支流），即今唐努山北麓，特埃利—沙戈纳尔一线。由于受到袭击的 Čik 并没有得到黠戛斯的援助，于是可知二者驻地之间尚有一定的距离。可能是时黠戛斯人驻牧于萨彦岭，或靠近阿巴根的地方。

3. 战争过程

750 年的征讨战争很快就结束了。但是这次战斗的成果并不显著，只有部分 Čik 内属。752 年后，磨延啜借口 Čik 人帮助黠戛斯人，再次派人征讨 Čik。此役征服 Čik 人，并委派监督 Čik 人的始波罗、达干实施行政。

柯尔克孜文献与文化研究

4. Čik 人的结局

被征服的 Čik 人中的一部分不久以后就被迁至漠北,融入回纥人当中,并成为其组成部分。留在剑河的其他 Čik 人则逐步成为乃蛮部落的族源。在反映 8 世纪中叶的北方部族分布状况的古藏文文献 P. T. 1283《北方若干国君之王统叙记文书》中,Čik 一名已经消失。

中古波斯文《摩尼教赞美诗》(Maḥrnamâg)跋文 25、26 行载:ham χvadâyân padχšrvd sβγ tûtûγ číq tûtûγ(还要给我的主人、有影响力的 sβγ 都督,此外还给 číq 都督),其中 číq(即 čik)都督或是传教士 Yazd-āmad 是所居城市焉耆的一个统治者,他是内附于回纥的 Čik 余部的首领。怀信可汗之后,回鹘国势开始西倾。一些内属的西天山和阿尔泰山部族逐步南迁至高昌、焉耆等地,而 Čik 余部也位列其中。和阗塞文文献 Ch. 0026924 行载:aurrāsä haṣḍä bīsä chikä gūlai u dūṃ saṃ galakā [ha] khu vā ña(给在甘州的使臣头领 Chikä Gūlai 和 Dūṃ Saṃgalakā 发出命令,令其由 haṣḍä 出发)。116 行亦载:u nä cīvarä na ra jsūṃ ma chīkä prramāṃ īdä stⱬra ū naṇḍū pūhaṇ yaṇ khu pā(Chikä 不再履行权力索要牲畜,Dū 也不再向仆射索取)。Baily 认为 Chikä、Chiki 就是鄂尔浑碑铭中的 Čik,Maḥrnamâg 中的 Čiq。Chikä Gūlai 是在 886 年代表和阗王庭出使甘州的,因而是时其当居住在和阗。进而可以得出,以 Chika Gūlai 为首的一部分 Čik 人隶属于和阗王庭。从 Chikä Gūlai 位于 Dūṃ Saṃgalakā 之前可以看出,Čik 人的地位似乎高于焉耆龙家遗部。此外,也可推测,Čik 余部也可能与龙家遗部共处,同住焉耆。

九、回纥汗国征战剑河

(一)史料摘录

…yaɣïdu ärmiš,öngün bägig qara buluqïɣ anï olurmïš,qïrqïz tapa är ïdmïs. siz tašqïŋ čikig tašïɣïrïŋ timis. män tašïqayïn timis. kör bod qal,ïda qabïšalïm!

timis. ötükän…timis…toquz yaŋïqa sü yorïdïm…tutuq bašïn čik tapa bïŋa ïtïm. isi yär tapa az är ïtdïm. kör tidim. qïrqïz qanï kögmän ičintä, äb barqïnta ärmis. yälmäsin is yäriŋärü ïdmïš. yälmäsin miniŋ är anta basmïš, tïl tutmïs. qanïŋa isiŋä är kälti. qarluq isiŋä kälmädük tidi, irin sü qarluq tapa qarlyqïγ käm qarγu udï. ärtis ügüzüg arqar bašï tošï anta är qamïš altïn yanta sallap käčdim. bir yigirminč ay säkiz yigirmikä yoluqdïm. bolču ügüzdä üč qarlyqïγ anta toqïdïm. anta yana tüšdim. čik bodunïγ bïŋïm sürä kälti…tez baščïtïmïn yayladïm. yaqa anta yaqaladïm. č ik bodunqa tutuq birtim. ïšbara tarqat anta an č uladïm … anta är…kisrä kälti. [逃到十箭的葛逻禄不安分,他们成为敌人,öngün bäg 和 qara buluq 的人住在那里,他们向黠戛斯部落派出人员。他们说:“你们出征吧。你们也让 Čik 出征吧。”黠戛斯汗说:“我将出兵。”“注意,保存体力。让我们在林中会合。”他说。“让我们在于都斤会合。”他说。八月初九,我出征了。我向 Čik 族派出以都督为首的千人。我向其同盟处派出少数人。我说:“注意。黠戛斯汗在曲曼山内。”他在牙帐里。他把前锋派到同盟处。我的人在那里袭击了他的前锋,并抓住一个舌头(探子)。他说有人来到他的可汗及其同盟处,葛逻禄没有到其同盟处。追击葛逻禄的军队都能看见剑河了。就在那里,额尔齐斯河 arqar 的源头的冰丘处,我在 är qamïš 的下游返回乘筏渡过了。11 月 18 日,我遇到了。在 bolču 河,我在那里攻打三姓葛逻禄。我又从那里返回。我的千人军队把 Čik 人带来了。我在铁兹河源头的汗庭过夏。我在那里祭天。我给 Čik 人委派都督,在那里献给始波罗、达干。此后,人民就来了。]——摘自东面 22、23、24 行,南面 25、26 行。

(二)史料分析

1. 战争背景

回纥、葛逻禄、拔悉密原隶属后突厥,后联合推翻了后突厥政权。744年,回纥、葛逻禄袭击拔悉密,并杀其可汗颉跌伊施。《资治通鉴》卷二一五载:“[天宝元年(742 年)八月]突厥拔悉密、回纥、葛逻禄三部共攻骨咄叶护,杀之,推拔悉密酋长为颉跌伊施可汗,回纥、葛逻禄自为左、右叶护。”《唐历》载:"天宝三载,突厥拔悉密颉跌伊施可汗又为回纥、葛逻禄等部击杀之,立回纥首领骨力裴罗为主,是为骨咄禄毗伽阙可汗,唐遣使立为奉义王,又加怀仁可汗。"至此,回纥统有药罗葛等九姓,其后又并拔悉密、葛逻禄,凡十一部,各置都督,每战则以二客部为先。在反抗后突厥的斗争中曾浴血奋战,现在却被曾经的同盟所驱使,未分享任何胜利的果实,甚至还被充当战争的炮灰,这使得葛逻禄异常不满。天宝四载(745 年),葛逻禄就心怀不满地离开回纥部落联盟,移居西突厥十箭之地。由于此时西突厥十箭主要居住在北庭,所以葛逻禄可能移居北庭至金山一线的草原上,与十箭毗邻。但是,一部分葛逻禄人仍然留在于都斤山,臣服于回纥。而逃至金山、北庭者,则归附于唐朝。《新唐书·回鹘传下》载:"于是葛禄之处乌德犍山者臣回纥,在金山、北庭者自立叶护,岁来朝。"

拔悉密在失败之后,部分留在漠北的部落就内附于回纥,其他部分则撤至北庭。《文献通考·四裔》载:"(拔悉密)为葛逻禄、回纥所破,奔北庭。后朝京师,拜左武卫将军,地与众归回纥。"但是驻牧于北庭的拔悉密,此时是否完全归附于回纥,这是很难确定的。比如安部健夫就认为:此后的拔悉密仍有一部分留居在准噶尔盆地的故土,同时派使者入唐,想摆脱回纥的控制。[①]

黠戛斯部一直盘踞在剑河一带,虎视眈眈地盯着蒙古高原,时刻准备着推翻漠北政权。后突厥倒台之后,黠戛斯再次成为漠北回纥的劲敌。葛勒可汗时期的漠北回纥,其首要任务就是铲除后突厥势力,平息内属部落的叛乱,削弱周边强族的势力,进而扩大领土范围。

共同的敌对目标使得葛逻禄、拔悉密和黠戛斯三方结成战略同盟,以此来一同抗击漠北回纥汗国。同时,三方均与唐朝有良好的关系,深知唐朝也希望打击回纥,避免其一枝独大,进而侵扰唐朝的北方边境。于是,先期离开于都斤山的葛逻禄部在 751 年请求黠戛斯出兵回纥,黠戛斯汗与葛逻禄约定在于都斤会师。同年,原来留在于都斤山的拔悉密亦脱离回纥联盟,联合葛逻禄,共同反抗回纥。这里比较费解的是:内附于回纥的葛逻禄余部和逃

---

① [日]安部健夫:《西回鹘国史的研究》,宋肃瀛、刘美崧、徐伯夫译,乌鲁木齐:新疆人民出版社,1985 年,第 114 页。

至北庭的拔悉密余部是否也参与联盟不得而知。从理论上说,上述两部应当参与反抗回纥的战争,只是人数较少,影响不太大而已。

2. 战争过程

751 年,逃到北庭—金山之间的葛逻禄公开反抗回纥,其主要属部 öngün bäg 和 qara buluq 的人也驻牧于此。他们向黠戛斯部落派出人员,请求联合发兵,亦恳请黠戛斯派出 Čik 人。黠戛斯人爽快地接受了建议,并约定汇合地点。为了避免与三股敌人同时作战,回纥汗国主动出击,其策略就是不宣而战、各个击破。八月初九,磨延啜率兵出征。由于先前一年,Čik 人已经被击败,并部分内属。所以,磨延啜只是向剑河流域的 Čik 人派出千余人的部队,用以镇压不愿内属的 Čik 人。对于黠戛斯,磨延啜并没有直接进攻,而是派出极少的人隔断其与 Čik 人、葛逻禄人之间的联络。身在曲曼山中的黠戛斯汗将前锋派往葛逻禄处,但是却被磨延啜的人所捕获。由于信息的隔绝,葛逻禄没有得到黠戛斯的支援,被迫向剑河流域撤退。磨延啜率领军队来到额尔齐斯河 arqar 的源头的冰丘处,并在 är qamïš 的下游乘筏渡过了额尔齐斯河。11 月 18 日,磨延啜率领回纥军队遇到了葛逻禄人。在 bolču 河,两军开始交战。

此次剑河之役时间比较明确,只是交战地点不甚明晰。文献中的 arqar 当在今额尔齐斯河中游(布尔津至北屯一带),为其支流。之所以这样同定,主要是因为回纥军队是从剑河之滨南下的,即沿唐努山向西南方向进军,阻止葛逻禄军队向黠戛斯靠拢。är qamïš 当为 arqar 的一条小支流名称,应在布尔津至北屯之间。bolču 河从名称上看,与布尔津河非常接近。接前文,bolču 应当在今和什托洛盖—克拉玛依—奎屯一线。据此,bolču 河应当指布尔津河。

3. 战争结局

这次战争是以回纥军队的胜利而告终。但是,三姓葛逻禄似乎也没有遭受多大的损失,反而比较牢固地占据了金山。752 年,葛逻禄还遣使来唐。《旧唐书·程千里传》载:"天宝十二载(753 年)十一月,千里兵至碛西,以书喻葛禄,令其相应。"《册府元龟》卷九六五载:"是月,葛逻禄叶护顿毗伽生擒阿布思,制曰:……可开府仪同三司,封金山王,依旧充叶护,禄俸于北庭给。"很明显,此时的葛逻禄依旧在北庭—金山之间驻牧。内属的 Čik 人则被迁至于都斤

山,成为回纥的一部分。为有效统治Čik人,磨延啜委派了监使都督,同时也任命Čik人的首领担任始波罗和达干。由于回纥的怀柔政策,其他一些尚未内属的Čik人也来到于都斤山。此后,部分Čik人就逐步融入回纥人中。

十、回纥派兵保卫西部疆界

(一)史料摘录

yaylaγïm ötükän quzï kidin uči täz bašï öŋdüni qonar köčür bän … čalγïötükän yir onγï atlandï sü iy yïγ bodun…tidim. birigärü uči altun yïš kidin uči kögmän ilgärü uči yölät. (我的夏牧场在于都斤北坡的西面、铁兹河源的东面,我在此居住和游牧……按照我的意愿,onγï 从于都斤地区出征了。"跟随军队,召集人民。"我说。保卫从……的南边到金山树林的西边,从曲漫山的东端到北端的地区。)——摘自西面 20 行。

(二)史料分析

1. 战争背景

750 年之后,安禄山出于邀功请赏和扩充实力的目的,不断对南方、北方、东方、西方的少数民族部族进行征伐。[1]《资治通鉴》卷二一六载:"[天宝十一载(752 年)]三月,安禄山发蕃、汉步骑二十万击契丹,欲以雪去秋之耻。初,突厥阿布思来降,上厚礼之,赐姓名李献忠,累迁朔方节度副使,赐爵奉信王。献忠有才略,不为安禄山下,禄山恨之;至是,奏请献忠帅同罗数万骑,与俱击契丹。献忠恐为禄山所害,白留后张晙,请奏留不行,晙不许。献忠乃帅所部大掠仓库,叛归漠北,禄山遂顿兵不进。"同书同卷亦载:"[天宝十二载(753 年)五月]阿布思为回纥所破,安禄山诱其部落而降之,由是

---

①[英]崔瑞德:《剑桥中国隋唐史(589—906 年)》,中国社会科学院历史研究所西方汉学研究课题组译,北京:中国社会科学出版社,1990 年,第 440～444 页。

禄山精兵,天下莫及。"《资治通鉴》卷二一七载:"[天宝十三载(754年)二月]己丑,安禄山奏:'臣所部将士讨奚、契丹、九姓、同罗等,勋效甚多……'"天宝十四载(755年)十一月,安禄山率本部兵马和同罗、奚、契丹、室韦等仆从部族15万人,号称20万,反于范阳,史称"安史之乱"。由于安禄山的纵容,这些仆从部落开始袭扰与唐朝关系一向较好的漠北回纥政权。与此同时,一些与回纥关系敌对的部族也趁其不暇四顾之际,开始了侵扰。在西面,主要是黠戛斯和葛逻禄试图挑战回纥。

2. 战争时间

关于这次战争的时间,应当是在回纥汗庭完全建设好之后,即752年夏季后。而从750年之后,安禄山就不断进攻漠南诸部和契丹、奚等部。754年10月11日,回纥汗国攻打葛逻禄炽俟部落和阿跌部,并取得胜利。但是那次战争的指挥者是磨延啜,而非onɣï。据此,这次战争应当在葛逻禄送还阿布思并被赐爵金山王之后。753年(天宝十二载)9月,唐朝加封葛逻禄叶护顿毗伽开府仪同三司,赐爵金山王。被封为金山王的葛逻禄叶护可能受到鼓励,力图独霸金山。754年(天宝十三载)2月,安禄山奏称在讨伐回纥九姓游牧地及漠南东部取得胜利。这些部众原先是在回纥的羁縻范围内,现在摆脱了回纥的束缚,又受到安禄山的怂恿,定会联合起来向回纥发难。因此,这次战争的时间应当在753年(天宝十二载)年底到754年(天宝十三载)夏之间。

751年,回纥曾征战剑河并降服黠戛斯的附庸Čik人。王洁、杨富学认为:此战之后,为了防御黠戛斯人的报复,磨延啜下令自阿尔泰山的西端直到曲漫山的东端,全都派军队进行守卫。上引文献(铁尔痕碑)中反复出现的曲漫,乃突厥文Kögmän的音译,应指今天的西萨彦山岭,明显可以看出是突厥与黠戛斯之间的主要屏障之一。唐人段成式著《酉阳杂俎》卷四记载,黠戛斯先人"所生之窟,在曲漫山北",正与突厥碑铭所载黠戛斯位置一致。①依据文献解读,这一说法是客观的。可以补充的是,这时黠戛斯和葛逻禄联合起来向回纥在漠北草原的统治地位发动冲击。

①王洁、杨富学:《突厥碑铭所见黠戛斯与突厥、回鹘关系考》,《内蒙古社会科学》(汉文版)2009年第1期,第48~52页。

3. 战争结果

面对来自四周的威胁，回纥还是将武力投向西部，在金山和萨彦岭之间展开了征伐活动。受磨延啜之命，回纥 onγï 很快就解除了黠戛斯和葛逻禄的威胁。

十一、黠戛斯部南下杭爱山

(一) 史料摘录

Yüz alp türgis äl yor. täŋri…q az…sü ü bolzun. (一百人英勇的突骑施汗国的部队出发了。天汗国的阿热部落的军队是幸运的、顺利的。) ——摘自霍伊士–塔米尔第 3 碑。

Irim ara qut irt alp är. (山麓之间，幸运来到英勇的勇士身边。) ——摘自霍伊士–塔米尔第 4 碑。

Qutu yolï yitinč ay ärim. ara…ilimdä köglinč tarqut biz. türgis sü kisrä toγuzïnč ayqa äm. (我是七月幸运的行人。在我的天汗国之间，我们是康里达干。之后九月，突骑施军队来了。) ——摘自霍伊士–塔米尔第 5 碑。

…t a. z. g. d birinä yalsaqa bäg. (…t a. z. g. d 向南是 yalsaqa 匐。) ——摘自霍伊士–塔米尔第 6 碑。

…arqasïqa täŋrim. (……向他的后背，我的上天。) ——摘自霍伊士–塔米尔第 8 碑。

b…t n q bir otuz. gkä anda täŋri. nč äl däbäri bilgä bäg tačam b. taγ yirkä. (二十一岁时，我上了天。姊妹在那上了天。那样，在汗国里给了毗伽·匐咄悉匐的称号。向山、地出发。) ——摘自霍伊士–塔米尔第 9 碑。

(二) 史料分析

1. 行人来源

根据该文献，途经霍伊士–塔米尔的主要有突骑施部、黠戛斯部和阿热

部,他们可能也居住在杭爱山中段或以北的地区。在第 3、5、9 碑中,提到了 täŋri äl(即天汗国),这表明其作者应为黠戛斯人。这是因为,迄今为止,大部分的黠戛斯碑铭上都有 täŋri äl。如 CAKUL 第 2 碑:äl č čur küč bars. Quyda qončuyïmqa sizim oɣlïmqa bükmädim. täŋri älim uluŋ sada ärimkä adïrïldïm.(汗国有力的啜,有力的虎官。我不愿和我纯洁的公主、我的您、我的儿子分离。我离开了我的天汗国、伟大的设和勇士们。)第 4 碑:Alp uruŋu tutuq bän quyda qončuyïm äki oɣlanïma sizimä yalïŋus qïzïma. Yïs äči äsim qadaslarïm adïrïlu bardïm qïzïn ärimä bükmädim. täŋri älimkä basda bägimkä bükmädim sizimä tïrt =(qïrq)yasïmda qačtïm.(我是勇敢的预龙都督。与纯洁的公主、两个儿子、我的您、唯一的姑娘。山林叔父、我的饭食和我的周围人,我离去了。我不愿同姑娘、我的勇士分离。我不愿和天汗国、头领、我的匋分离。在我四十岁时,对我的您,我逃跑了。)从碑铭的写作特点来看,其应当属于黠戛斯碑铭。而从突骑施钱币铭文来看,其惯用 Kadïr Türgis Qaɣan Pny(强大的突骑施可汗之钱币),钱币背面的符号为弓月纹或蛇形花纹。此外,从突骑施的族徽来看,其多用如尼文字母 ät。而作为北方强族,黠戛斯人信仰的是萨满教。萨满教的巫术可以分为祈求比拟巫术、接触驱赶巫术、诅咒巫术、灵符巫术。其中,祭天仪式就是祈求巫术的集中表现。因此,黠戛斯人常用 täŋri 修饰 äl、qaɣan。是故,在此留下纪念的黠戛斯人应是从剑河流域南下至此的。至于 käglinč tarqut 康里达干(即来自康里),最好的解释可能就是该达干来自于康里,乃粟特人。

此外,还有黠戛斯人的天然同盟阿热人。根据阙立啜碑西面 5、6 行所载:…saɣïrm čoluɣan yaɣïttuqda küličor oplayu tägip sančïp öltürüp oɣlïn kisisin bulnadïp …bolup az älig tutdï az…ärti.(当 saɣïr čoluɣan 成为我们的敌人时,阙立啜击杀了……并俘获他的儿子、妻子……他征服了阿热人民。)这些阿热人应是隶属于黠戛斯中的李陵后裔。这些阿热人被征服后,与黠戛斯本部渐行渐远,逐步独立起来。但是随着后突厥军事力量的减弱,阿热部再次摆脱了羁縻,开始接近并依附黠戛斯。故此才有"天汗国的阿热部落的军队是幸运的、顺利的"。

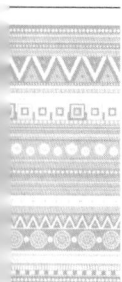

2. 行人组成

趁着后突厥控制力减弱之际,为扩充实力,黠戛斯向蒙古高原派出了自己的军队和官员。《新唐书》卷二一七下载:"其官,宰相、都督、职使、长史、将军、达干六等,宰相七、都督三、职使十,皆典兵;长史十五,将军、达干无员。"此外,郭宏珍认为:回纥汗国在沿用突厥汗国职官制度的同时,又大量采用了中原王朝的一些官职和官衔。在政治权力强化的背景下,回纥汗国的官制逐渐分化为爵位和职官两个系统,部落体制下的职官开始爵位化,叶护、将军、达干、司马、特勤等都成了高级爵位。[①] 从该文献来看,黠戛斯的官制应与回纥汗国的官制类似,即突厥汗国职官 + 中原王朝官制官衔。路过此地的官员有 bilgä bäg tačam、yalsaqa bäg、käglinč tarqut。当然,这些行人里可能还有使者、商旅等。

十二、黠戛斯使者拜访突骑施黑汗

(一)史料摘录

Ärdäm qan altuγa bärmisi. on ini inisi toquz oγlï bar üčün. čab šat on tarqan bäŋüsi tikä bärtim. ärdämin üč ün il arada qara qanqa barïpan. yalabač barïpan kälmädiŋiz bägimiz. (我们给有品德的可汗进贡黄金,也为了他的十个兄弟,九个儿子。我恭立着给čab šat、十个达干以幸福。为了有道德的可汗,在国与国之间,去见黑汗。使者去了,我们的诸匐,你们没有回来。)——摘自 UYBAT I 碑。

Qara qan ičrägi bän äzgänä. altï otuz yasïma ärti. bän öltim türgis äl ičindä bäg bän bitig. (我来到黑汗国内的 äzgänä,那时我二十六岁。我死了,突骑施汗国国内的诸匐为我写了墓志铭。)——摘自 TUBA III 碑。

---

① 郭宏珍:《突厥语诸族社会组织研究》,北京:社会科学文献出版社,2008 年,第 297 页。

（二）史料分析

1. 会见原因

在漠北回纥继承后突厥的政治衣钵之后，黠戛斯就成为其西境的劲敌。乾元初年，回纥大举进攻黠戛斯，并打败后者。《旧唐书》载："乾元元年（758年）九月，甲申，回纥使大首领盖将等谢公主下降、兼奏破坚昆五万人，宴于紫宸殿，赐物有差。"遭到惨败的黠戛斯意识到自身实力的不足，急于寻找盟友，共同抵抗漠北回纥汗国的入侵。

突骑施苏禄晚年时，由于体弱多病，不理政事，其部下大头领莫贺达干、都摩支（即都摩度）开始起二心。突骑施娑葛后人为黄姓（义为王家氏族）、苏禄部后人为黑姓（义为异姓部落）。738年（开元二十六年），苏禄被莫贺达干、都摩支所攻杀。其后，突骑施黑、黄二姓不断内攻，突骑施实力大大削弱。都摩支改宗黑姓，与莫贺达干扶植的黄姓展开斗争。《资治通鉴》卷二一四载："都摩度初与莫贺达干连谋，继而复与之异，立苏禄之子骨啜为吐火仙可汗以收其余众，与莫贺达干相攻。"742年（天宝元年）4月，唐朝转而支持突骑施黑姓。《资治通鉴》卷二一五载："天宝元年四月，上发兵纳十姓可汗阿史那昕于突骑施，至俱兰城，为莫贺达干所杀。突骑施大纛官都摩度来降。六月，乙未，册都摩度为三姓叶护。"受到唐朝支持的突骑施黑姓，自此就与前者保持密切的联系。《新唐书》载："至德后，突骑施衰，黄、黑二姓皆立可汗相攻，中国方多难，不暇治也。乾元中，黑姓可汗阿多裴罗犹能遣使者入贡。"由于突骑施日渐式微，其统辖区域日益受到漠北回纥的窥伺。

共同的敌人使得黠戛斯、突骑施黑姓再次走到一起，试图以盟约的形式来对抗势力日益强盛的回纥。

2. 会见时间

关于黠戛斯使者拜访突骑施的时间，可以从黠戛斯的čab šat 的失败，突骑施黑汗专名的确立，漠北回纥可汗破坚昆三个方面来确定。该文献中的黠戛斯的čab šat，可能就是《铁尔痕碑》中提到的čabïš sägün。他曾被磨延啜所击败,时间大致为756年之前。① 被回纥打败的 čabïä 后来迁至剑河流域,投靠了黠戛斯人。因此,这次会见时间的上限应当为756年左右。

突骑施黑姓在吐火仙被封为十姓可汗后,也分为两支。其中正支尔微特勤居住在怛罗斯,于天宝元年以后入主石国。② 750年(天宝九年),高仙芝率兵征讨石国,俘获其王。尽管此后的怛罗斯之战,唐军惨败,但是至少可以说明,此时的突骑施黑汗应是指居住在碎叶的吐火仙。据此,这次会见的时间也在750年(或751年怛罗斯之战)以后。

从该文献可以看出,似乎黠戛斯可汗的地位并不突出。究其原因,可能是此时的黠戛斯可汗力量衰弱。《新唐书》卷二一七上载:"乾元元年,……乃使王子骨啜特勒、宰相帝德等率骑三千助讨贼,帝因命仆固怀恩总之。又遣大首领盖将军与三女子谢婚,并告破坚昆功。"回纥助唐讨贼发生于乾元元年(758年)八月,其破坚昆当在八月之前。自此之后,坚昆遂与唐朝中断联系。《文献通考・四裔考二五・黠戛斯》载:"乾元中,黠戛斯为回纥所破,自是不能通中国。"综上所述,这次会见应当是在758年(乾元元年)之后。活动于伊丽、碎叶的葛逻禄部在怛罗斯之战以后,就取代了突骑施的政治地位。"安史之乱"以后,其势力日益膨胀。《唐会要》载:"至德(756—757年)后部众渐盛,与回纥为敌国,仍移居十姓可汗故地,今碎叶、怛罗斯诸城尽为所据,然阻回纥,近岁朝贡,不能自通。"《旧唐书・突厥传》又载:"大历(766—779年)后,葛逻禄盛,徙居碎叶川,二姓微,至臣于葛禄。"根据两唐书可以看出,756—766年是突骑施黑姓可汗逐步丧失西域–中亚统治权的时代。因此,本次会见的时间应当是在758年不久之后。

3. 会见结果

至于本次会见的结果,文献中未有表述。由于此时漠北回纥正忙于勤王制叛,且和唐朝关系甚为亲密,所以黠戛斯和突骑施黑姓之间没有取得预期的效果。此时唐与回纥之间密切联系的一个证据就是758年(乾元元年)宁国公主下嫁回纥。因为宁国公主为中原皇帝亲女出嫁北方游牧部族之第

①耿世民:《古代突厥文碑铭研究》,北京:中央民族大学出版社,2005年,第217页。
②薛宗正:《中亚内陆——大唐帝国》,乌鲁木齐:新疆人民出版社,2005年,第106页。

一人。① 受到北庭都护府的掣肘,黠戛斯和突骑施黑姓之间没有能够联合起来共同抵抗漠北回纥,但是这次会见加深了两个部族之间的联系。《新唐书》卷二一七下载:"回鹘稍衰,阿热即自称可汗。其母,突骑施女也,为母可敦。"黠戛斯阿热自称可汗当在回鹘昭礼可汗时期,是时 9 世纪 20 年代。其父应是《九姓回鹘可汗碑》中所载的坚昆可汗。上引碑 13、14 行载:初北方坚昆之国,控弦卅万,彼可汗自幼英勇智武,神武威力,一发便中,坚昆可汗,应弦殂落。坚昆可汗的死亡时间大致在怀信可汗时期(805—808 年)之前,即 9 世纪前后。据此可以推测,阿热母大概就是在 758 年之后嫁到黠戛斯的。

4. 使者身亡

由于某种原因,出使突骑施黑姓的黠戛斯使臣去世了。因为使者的年龄仅有 26 岁,所以病亡的可能性不大。根据使者的受害地点为 äzgänä(从读音上看,似为费尔干纳)可以推测,或许是突骑施黑姓可汗正支尔微特勤对其进行了袭击。由于怛罗斯的突骑施黑姓与西域的突骑施黑姓矛盾尖锐,因此,其极有可能伤害黠戛斯使者。受伤的使者返回西域的突骑施黑姓驻地后身亡,其诸匐书写墓志铭。

十三、黠戛斯派人返回乌巴特

(一)史料摘录

…gin toquz. üzä täŋri yarlïqadï q … qara budun … budunïm üč oɤlïm bükmädim. tarqan saŋun män…kög bükmädi budunïŋa. il čur iliŋä qazɤandïm män…är ärdämin üčün yoqladï. yoqlamaz biz älin…bükmädim iltä qalmïs altï bilgä bäg oɤlïŋa. bädizin üčün türk qan balbal äl ara toquz ärig udïs är oɤlïn ögürip ödür altï ärdäm bägimä. käg bükmädi budunïŋa. il čur iliŋä qazɤandïm män…är ärdämin üčün yoqladï. yoqlamaz biz älin…bükmädim iltä qalmïs altï

①杨圣敏:《突厥回纥史料校注》,天津:天津古籍出版社,1992 年,第 227 页。

bilgä bäg oɣlïŋa. bädizin üčün türk qan balbal äl ara toquz ärig udïs är oɣlïn ögürip ödür altï ärdäm bägimä…toquz…täzginip atïn ärglig. otuz ärig baslayu tutuɣqa badï ärinč. …üč ačïmä adïrïndïm…bir mta tačamqa adïrïndïm toquz bäg ärm…ma adïrïndïm…uruŋ basï ärtim. ïnančï ärtim. (九……上苍命令……黑民……我不愿和我的黑民、我的三个儿子分离。达干将军,我不愿离开您的百姓。作为 ilčur,我为你的汗国努力工作……因为他的勇敢和德行,我们没有灭亡。我们没有使他的汗国灭亡……我不愿离开,在他的汗国为你的儿子留下六个智慧的匐。因为他的画像,把突厥可汗作为杀人石立在汗国中间,在九个有人的地方住,想使他的儿子高兴,成为六个有德行的匐。不愿离开您的百姓。九姓回鹘逃走了,把他的名字留在有人的地方。据说是他把三十个有人的地方的首领都督捆缚住。……我将离开我的三代祖先……我离开了一位智慧的咄悉匐,我离开了九位英勇的匐……我是 uruŋ 的头领,我是伊难珠。)——摘自 UYBAT Ⅲ 碑。

(二)史料分析

1.击溃回纥

从后突厥开始,居住在叶尼塞河流域的黠戛斯就与漠北统治者展开斗争。乾元年间(758—760 年),回纥征服黠戛斯,并将一部分回纥人北迁至叶尼塞河流域。但是黠戛斯并不甘心失败,对回纥的羁縻统治始终不满。为此,黠戛斯进行的外交活动主要有与唐朝结好;与葛逻禄、突骑施进行联姻;与吐蕃、大食结盟。[①] 叶尼塞河的 altïn köl 碑记载:黠戛斯使者前往吐蕃见其可汗。及至贞元五年(789 年),黠戛斯与葛逻禄、吐蕃结盟,在一个短暂时期内,将回鹘驱逐出西域(即别失八里之役)。但是由于力量强大,回鹘很快扭转败局,重新夺回对西域的控制权。如《九姓回鹘可汗碑》汉文部分记载:"初北方坚昆之国,控弦卅万。彼可汗自幼英勇智武,神武威力,一发便中。坚昆可汗,应弦殂落。牛马谷量,器械山积,国业荡尽,地无居人。"821 年(长

---

①杨圣敏:《回纥史》,吉林:吉林教育出版社,1991 年,第 176 页。

庆元年)以后,回鹘渐衰,黠戛斯遂再次反叛。《新唐书·回鹘下》载:"回鹘遣宰相伐之,不胜,挐斗二十年不解。"840年(开成五年),黠戛斯趁蒙古草原天灾和回鹘内乱,联合回鹘别将句录莫贺,大举南下,灭亡了回鹘汗国。

根据该文献记载,这位黠戛斯将领的官职是 ilčur,他率领军队占领了漠北回鹘汗国。因为他的勇敢和德行,黠戛斯汗国没有灭亡,反而日益强盛。他使黠戛斯可汗的儿子获得了六个智慧的訇。同时,他还曾经斩杀突厥可汗,并在黠戛斯树立杀人石。但从汉文史籍来看,并没有突厥可汗被黠戛斯人斩杀的记录。例如《资治通鉴》卷二一五载:"〔天宝三载(744年)〕秋,八月,拔悉密攻斩突厥乌苏可汗,传首京师。国人立其弟鹘陇訇白眉特勒(勤),是为白眉可汗。"同书同卷亦载:"〔天宝四载(745年)正月〕回纥怀仁可汗击突厥白眉可汗,杀之,传首京师。"因此,这里可能言过其实了,抑或是斩杀了某位不知名的小可汗。

该文献还提及:九姓回鹘逃走了,把他的名字留在有人的地方。据说是他把三十个有人的地方的首领都督捆缚住。很明显,这里是指九姓回鹘在逃跑时,曾带走了三十个部落。《旧唐书》载:"又有回鹘相掘罗勿者,拥兵在外,怨诛柴革、安允合,又杀萨特勒可汗,以厖馺特勤为可汗。有将军句录末贺恨掘罗勿,走引黠戛斯领十万骑破回鹘城,杀厖馺,斩掘罗勿,烧荡殆尽,回鹘散奔诸蕃。有回鹘相馺职者,拥外甥庞特勤及男鹿并遏粉等兄弟五人、一十五部西奔葛逻禄,一支投吐蕃,一支投安西。又有近可汗牙十三部,以特勤乌介为可汗,南来附汉。"

2. 返回剑河

回鹘西迁之后,黠戛斯并未就此住手,而是不遗余力地驱使其五部联盟追击尚未西迁的回鹘诸部。由于世代仇恨,黠戛斯对回鹘基本就是赶尽杀绝。《新唐书·回鹘下》载:"室韦七姓析回鹘隶之。黠戛斯怒,与其相阿播将兵七万击室韦,悉收回鹘还碛北。"[①]此碛北可能是指牢山一带,即唐努乌拉山。上引书亦载:"乃悉收其宝赀,并得太和公主,遂徙牙牢山之南。牢山

柯尔克孜文献与文化研究

①关于黠戛斯的历史和文化,见王洁:《黠戛斯历史研究》,博士学位论文,内蒙古大学蒙古学学院,2009年。

亦曰赌满,距回鹘旧牙度马行十五日。"实际上,这一地点距离黠戛斯的旧牙剑河流域(uybat 位于叶尼塞河上游剑河流域的阿巴坎河右岸)更远,更为靠近哈拉和林。

从该文献可以看出,在黠戛斯追讨漠北回鹘余部时,其亦派将领返回剑河流域,旨在维护汗庭的安全;同时,也是为了在西域进行扩张。《通鉴纪事本末》载:"[会昌二年(842 年)]冬,十月,黠戛斯遣将军踏布合祖等至天德军,言'先遣都吕施合等奉(太和)公主归之大唐,至今无声问,不知得达,或为奸人所隔。今出兵求索,上天入地,斯于必得'。又言'将徙就合罗川,居回鹘故国,兼已得安西、北庭、鞑靼五部落'。"关于合罗川,杨圣敏认为是张掖之北的弱水,非回鹘故地也,此处似误。① 据此,贾丛江认为:黠戛斯的确在会昌二年春末夏初之际就已占据了安西、北庭。② 但是黠戛斯对安西、北庭的统治并非十分牢固。因为西迁的回鹘诸部并非丧家之犬,它联合西域旧部时刻伺机反扑。西迁的回鹘诸部大部分前进到安西、北庭地区。森安孝夫认为:这一地区早在八世纪末以来一直处于回鹘的强大影响之下。③

森安氏的论断可从帕提亚语《摩尼赞美诗(Maḥrnâmag)》(写作于 9 世纪初期)的题记看出:Ai tängridä chut bulmïs alp bilgä Uiġur changūn(信徒的保护人,真理、万能的庇护人)。(此诗)还要给他们的子孙和王室、王子和王妃。首先是 Yultuzbai 特勤、Ügä Pērōz 特勤、Chasār 特勤、Vazurgūn 特勤、Tatarapa 特勤、Żirēft 特勤和 Nēv 特勤及他们的王了,还要给我的主人——有影响力的Savaġ都统,此外还给 Tschigschis、Tiräks,接下来给第二代 Ügä Kadosch

①杨圣敏:《突厥回纥史料校注》,天津:天津古籍出版社,1992 年,第 290 页。林幹认为合罗川即鄂尔浑河谷地,见林幹、高自厚:《回纥史》,呼和浩特:内蒙古人民出版社,1994 年,第 100 页。哈密顿认为合罗川即黑水河,今额济纳河。见[法]J. R. 哈密顿:《五代回鹘史料》,耿昇、穆根来译,乌鲁木齐:新疆人民出版社,1986 年,第 150~168 页。王延德在《西州行程》中曰:"有合罗川,唐回鹘公主所居之地。"岑仲勉认为合罗川即 hola 河之旧说,是回鹘故都所在。见岑仲勉:《中外史地考证》,北京:中华书局,1962 年,第 28 页。上述诸说,难辨真伪。故可以认为要么有两个合罗川,一在鄂尔浑河,一在额济纳河;要么就是汉文史料记载不准确。从目前的研究来看,合罗川即黑水河似乎更有理由。

②贾丛江:《回鹘西迁诸事考》,《西域研究》2001 年第 4 期,第 16~17 页。

③[日]森安孝夫:《关于回鹘的西迁》,《东洋学报》1977 年第 59 期,第 19~26 页。

Niyōšāgbēd（法官大人）及诸位光明分子和光明使者，还要给第二代 Ügäsis：
Ötür 阁下、Sawtschi Muġa（＝Buġa？Maġǎ？）达官阁下、智慧仁慈的 Batur 将军
阁下、Tai Muġa 将军阁下、Nīžūk 将军阁下，这些主人和那些有势力的人物，
还有一些名字我没有提到，愿他们永远生活和存在下去，阿门！

　　还要给 Pantschkantī（别失八里）大人、官员日泰将军 Sïrtusch Yägän 阿
波、法官等光明使者、各位阿波、无数先知，此外还有法官 Maschiān
Mahārādsch Ärklig Zāryūt Türk 等。还有 Tschīnāntschkantīd（中国城）大人、
Tapïġlïġ 将军、Vaġschēmāch Tapmïsch 达官、Isik Ingi Itschräki Vanōmāch Ton 达
官、Körtlä 啜、Tusutsch Yaglachar Ïnal Vanōschēr Amal Orungu Yaramïsch
Iznatschu Pūdyān Gāv Pāch Isiġ Iznatschu Indum Taschāpat Yīschō varz Sīmäk
Māchyān Tupa Fuschi、官员和啜 Bändäk Aspastē。还有 Äkütschik Sirtuschi（头
衔？王媛媛认为是龟兹）、Yïttuġ 啜、Niġōschāk（＝听众）达官、Kāschī Chschēt
（＝佉沙大人）。Līfūtūschī Nigōschakpat（法官大人）、Parvāntsch Žawġu
Līūlāng Chūmār 啜、Yīschōvarz Baġērēž 和 Charakul Lā 啜、Mahāyān、Kāvfarn、
Tatschāpat、Frēschtvarz Tapmïsch（官衔？）、Tsū-sī-lāng Schēmgon Gōtam
Nōimāch Chazān Žvānak Waġ ē-žvān、Tēnfrāt-schātak Vaġ schēfarn、Baġ ēbīrat。
还有城堡（焉耆）主人 Itschräki Itmisch Žim-tai-schi 回鹘 Tapmïsch、Lit Wīr 回
鹘 Tapmïsch、Yawġu Taġarmi Tschapïsch、Ulugfuschi、Tangfuschi、Lafuschi、
Ontschur Yīschōyān Āsag Tulïsch Yïnal Tamgan －达官。还要给 Satōyān 法官大
人、Rōchschyān Biāmanvarz 啜、Iznatschu Rēžyān Iltutġ uvāntschīk Liūk Lātā、
Lāžīh、Māchfarn 医生、翻译 Chutpāyan、Pauk Panchuan、Tsu Panchuan、Pārak
Bōġ Lāfarn、Zernvāk Yāhm Yākī Toġarak Tschungui Fatak。这……大人佚斤－达
干 Sinaamġā Nigōschakpat Yarġan Anžirki。[1]

　　上引文中，不仅出现了回鹘可汗，还出现了别失八里、佉沙、龟兹及其官
员，这说明回鹘的势力已经波及西域。因此，尽管其主体部族惨遭失败，但

---

[1] 以上是本人的转写和翻译结果，最新研究成果见王媛媛：《中古波斯文〈摩尼教赞
美诗集〉跋文译注》，见朱玉麒：《西域文史》（第二辑），北京：科学出版社，2007 年，第
74～85 页。此外，对于王氏的研究结果，笔者不敢完全苟同。

是其在西域的部族势必要展开抵抗。此外,Tschīnāntschkantīd(中国城)当在亚尔河(今内蒙古临河)附近,即东经107°、北纬41°以东地区,其城主为漠北回鹘高官英义。[①] 从841年乌介南迁汉地边塞到848年初遏捻亡失,始终未见黠戛斯对南迁回鹘展开军事行动。其中很大一个原因就是临河一带的回鹘人势力较为强大,并且受到Tapïglïg(天平军镇)的支持。因为顾忌到临河一带回鹘人和南迁回鹘乌介部的反击,以及对西域回鹘诸部的征讨,所以uruŋ头领伊难珠被派回乌衣巴特,保卫黠戛斯根据地的安全。其后,由于仆固俊的兴起,黠戛斯退出了西域,亦从漠北撤回剑河流域。

十四、黠戛斯贵族的财富

(一)史料摘录

säkiz adaqlïγ barïmïγ üčün yïlqï tükäti bardïm anda bükmädim ayïta örüŋmäg qaramïγ azdïm. Yärimä ayïta subïma adïrïldïm buŋa sizimä ayïta. budunïma künimä qadasïma adïrïldïm bükmädim. älimä qanïmna bükmädim bäŋgüg tiktim azdïm. yatda tüŋürimä adïrïldïm. anda lïγ dïnïm anda sizmä ädgü äsimä adïrïldïm.(为了我的八足财富,我全部地拥有了马群。在那,我不愿说分离。我全部地减少了我的王座的装饰物。我不愿同我的土地、我的水源说告别,对我的您说忧虑。我离开了我的百姓、我的太阳和我的周围人,我不愿和他们分离。我不愿同我的汗国、我的可汗分离。我永远地竖立了,我减少了。我离开了,到达了天上。从那以后,我离开了我的您、精美的饭食。)——摘自伯克里碑(begre)B、C。

---

①洪勇明:《〈塞福列碑〉语史置疑》,《伊犁师范学院学报》(社会科学版)2010年第3期,第46页。

(二)史料分析

1.八足财富

关于八足财富,护雅夫认为:säkiz adaqlïɣ barïmïɣ 必须解释为"有八只脚的马",这个"有八只脚的马"不仅仅是与萨满教、萨满有着密切的联系,而且是"特殊的萨满马",是"萨满的典型。"①

北方各游牧民族都以自然崇拜为主的信仰萨满教,早期黠戛斯人也崇尚原始萨满教。据载黠戛斯人"祀神惟主水草,祭无时,呼巫为甘"。原始萨满教信仰源于赖以生存的周边环境的敬畏,所以黠戛斯人相信连水草都有灵性。主持祭祀的人黠戛斯语称为"甘"(kam),即萨满巫师,叶尼塞河沿岸和阿尔泰居民至今还用以表示萨满。②其实,黠戛斯人居住的剑河亦称 kam,很明显,他们以萨满巫师的专有名词来命名自己的居住区域。是故,黠戛斯就用"特殊的萨满马"来指代自己的财富。

2.地水饭食

除了以"八足之马"来指代财富外,黠戛斯人还以地、水和饭食来代表财富。以地、水代表财富,显然是萨满教的深刻影响。萨满教是在原始社会条件下形成的世界性宗教,有着广泛的群众性,流布地域广阔,曾为东北亚、北美、北欧等地区众多民族世代信仰、全民尊奉。它以万物有灵论为思想基础,在内容上包括自然崇拜、图腾崇拜和祖先崇拜三个方面。如费尔巴哈所说:"自然是宗教最初的、原始的对象,这一点是一切宗教、一切民族的历史充分证明了的。"萨满教最初的崇拜对象就是自然,即天地天神、日月星辰、山川水火和动物植物等。《新唐书·黠戛斯传》载:"祀神惟水草,祭无时,呼巫为甘。"北方少数民族认为:山即苍天的化身或天神居处所在;水则被视为生命的源泉。毕枬认为:鄂尔浑叶尼塞碑铭文在提到腾格里的时候,往往还

---

①护雅夫:《试论叶尼塞碑铭中的 säkiz adaqlïɣ barïmïɣ》,《日本大学文学所研究纪要》1986 年第 1 期,第 67~79 页。

②[苏]吉谢列夫:《南西伯利亚古代史》(下册),莫润先译,乌鲁木齐:新疆社会科学院民族研究所,1985 年,第 142 页。

经常提起"地—水"神。在古代,人民对自然界一切事物的崇拜大都集中在"地—水"神的名义下。但是作为"地—水"神象征的却是山。① 因此,以地—水来象征财富,其实就是萨满教信仰的外在表现。至于食物,则是民以食为天的朴素思想的体现。

很明显,摩尼教在黠戛斯人的生活中并没有占据特别重要的位置。7 世纪中期,黠戛斯就与泽拉夫善河谷的粟特人建立了直接的联系(前文提到 kaglinč tarqut 即为粟特人)。黠戛斯从曳至河(额尔齐斯河)往西,就可到达锡尔河流域的粟特人居留的地方。9 世纪初,摩尼教寺院已普遍存在于天山以南的高昌、龟兹、焉耆、乌什、阿克苏和天山以北的北庭。这些信奉摩尼教的粟特商人将丝绸等产品转输给了黠戛斯,并将摩尼教一并输入。对此,赫尔芬指出:叶尼塞岩画的发现证明了摩尼教在南西伯利亚的存在。② 尽管在南西伯利亚岩画中出现摩尼教徒,但却没有任何有关摩尼教在黠戛斯汗国社会地位的记载。因此,黠戛斯人以自己极为崇拜的萨满教来指代财富就不足为奇了。

十五、黠戛斯贵族的武功

(一)史料摘录

Bäs yägirmi yasïmda tabγač qaŋγa bardïm är ärdämim üčün alp on altun kümüsig ägritäb äldä küči qazγandïm. yäti böri ölürdim barsïγ yükmäkig ölürmädim.(在我十五岁时,我去朝拜唐朝皇帝。为了我的英勇的名声,我英勇地把十块黄金和白银弄弯,我为我的部落尽力了。我杀死了七名卫士,我没有杀死虎官的手下。)——摘自伯克里碑(begre)D。

---

① 毕桪:《哈萨克民间文学概论》,北京:中央民族学院出版社,1992 年,第 99 页。
② [德]赫尔芬:《西伯利亚岩刻所见黠戛斯摩尼教》,杨富学译,《甘肃民族研究》1998 年第 3 期,第 65~74 页。

(二)史料分析

1. 朝拜唐朝

关于朝拜时间,主要应考虑黠戛斯人所使用的语言及其族属。《册府元龟·外臣部·悖慢》载:"黠戛斯以武宗会昌初破回纥,自称李陵之后,与国同姓……"学界通识,黠戛斯在人类学特征方面是和漠北其他部族有区别的,即黠戛斯人属于"赤发皙面绿瞳"的印欧人种。他们源自公元3世纪以前,在叶尼塞河上游出现的被称为"鬲昆国"的较大的部落联盟。薛宗正认为坚昆是由白、黄两系人种合建之国,黠戛斯人是叶尼塞土著白种人与李陵苗裔多代婚配而成。① 按照伯希和的见解,它表达的是蒙古语单数形式 kyirkun(即音译坚昆)。由此不难看出,在唐代的黠戛斯,其人种主要是黄系。其语言正如俾丘林所述:"在黠戛斯宫庭里与中国使团举行谈判时,大概使用中国人所知的、作为统治民族语言的回纥语,因此使者写道:黠戛斯人说回纥语。实际上,黠戛斯人说的是鞑靼语。"② 在此,可以有保留地认为:此时的鞑靼语,可能就是鲜卑语,即13世纪蒙古语的前身。

俾丘林认为:当时居住在叶尼塞河上游的是黠戛斯人,因而人们就必须把叶尼塞文归属他们。关于叶尼塞碑铭的创作时间,拉德洛夫认为叶尼塞碑铭属于7世纪末到8世纪初,米寥兰斯基认为是6—7世纪,马洛夫认为是5—6世纪。按照巴特曼诺夫和阿曼诺夫的意见,证明"叶尼塞及塔拉斯突厥如尼文字比鄂尔浑突厥如尼文字较晚"尚缺乏足够的证据。从叶尼塞河流

---

① 薛宗正:《黠戛斯的崛兴》,《民族研究》1996 年第 1 期,第 84 ~ 93 页。

② [俄]俾丘林:《古代中亚各族资料汇编》,见[日]内田吟风等:《北方民族史与蒙古史译文集》,余大均译,昆明:云南人民出版社,2003 年,第 327 页。关于叶尼塞河流域古突厥文碑铭的时代,以前学者们都认为比较古老。但是最近西方学者对碑文氏族、部落印记变化进行研究,认为大多数是属于9—10世纪期间的铭文。对于西方学者前后不同的结论,我们不便评价。如果确属9—10世纪的话,那么黠戛斯人在此之前可能并未使用突厥如尼文。反之,则可能使用突厥如尼文。当然,关于黠戛斯人的语言,西方学者的观点也不尽相同。这一切其实还是源于叶尼塞碑铭的创作时代。见[苏]吉谢列夫:《南西伯利亚古代史》(下册),莫润先译,乌鲁木齐:新疆社会科学院民族研究所,1985 年,第 138 ~ 142 页。

域碑铭语言语法不规范、正字法不统一可以推测出：这种语言比较古老，语法规则没能进一步完善，并且语言上肯定还保留古语特点，语音与鄂尔浑碑铭语言存在一定的差距。因此，大致可以推测：黠戛斯使用的可能是鲜卑语，是比后突厥鄂尔浑碑铭还要古老的突厥语。至于克劳森认为这是非职业书写人所致①，可以保留意见。道理显而易见，不可能所有的哈卡斯、叶尼塞碑铭都是非职业书写人所为。并且黠戛斯作为统治叶尼塞河的强大部族，不可能不使用职业书写者，而去使用一些非职业书写者。要知道，尽管叶尼塞碑铭都是比较短的，但是其书写对象多为诸匐、达官等贵族。根据多数黠戛斯碑铭的内容和语言特点来看，其创作时间大致为 7—10 世纪，大多数集中在 8—9 世纪，即最早在 7 世纪上半叶（632 年前后），最晚则在 9 世纪中期（即 840 年前后）。②

黠戛斯虽为李陵后代，但因地理隔绝和突厥阻拦，直至 648 年（贞观二十二年），才入唐朝贡。《新唐书·黠戛斯传》载："贞观二十二年，闻铁勒等已入臣，即遣使者献方物，其酋长俟利发失钵屈阿栈身入朝，太宗劳享之。……景龙中，献方物，中宗引使者劳之曰：'而国与我同宗，非它蕃比。'……乾元中，为回纥所破，自是不能通中国。……会昌中，阿热以使者见杀，无以通于朝，复遣注吾合素上书言状。注吾，虏姓也；合，言猛；素者，左也，谓武猛善左射者。"《资治通鉴》卷二四六载："[会昌二年（842 年）十月]黠戛斯遣将军踏布合祖等至天德军，言'先遣都吕施合等奉公主归之大唐，至今无声问，不知得达，或为奸人所隔。今出兵求索，上天入地，斯于必得'。又言'将徙就合罗川，居回鹘故国，兼已得安西、北庭、鞑靼等五部落'。"同书卷二四七载："[会昌三年六月]黠戛斯可汗遣将军温仵合入贡。"尽管会昌后，黠戛斯与唐朝来往密切，但是都不会在叶尼塞河留下碑铭。这是因为漠北回鹘政权崩溃之后，黠戛斯可汗就将汗庭迁至碛北唐努山一带。后来进一步将汗庭迁徙至合罗川（今额济纳河流域），直到 857 年为止。唐

①克劳森：《突厥如尼文的起源》，杨艳丽译，《突厥语研究通讯》1992 年第 3～4 期。

②需要注意的是，黠戛斯碑铭语言较鄂尔浑碑铭语言古老，并不代表其创作时间一定晚于后者，只能表明其语言产生时间较早。

努山在萨彦岭以南地区,与剑河流域隔山相望。额济纳河则在漠南的南戈壁省,与剑河流域距离甚为遥远。作为黠戛斯可汗的使者,这些使节要么去唐努山一带,要么去额济纳河流域向可汗履职,基本上没有返回叶尼塞河流域的可能(除非该使者不去复命而直接返回部落,这也不可能)。因此,这些留在叶尼塞河 Begiree 的碑铭,不会是会昌年之后所为。根据内容,其应该是指景龙年间朝拜唐朝。这次拜见唐朝的背景:出于对后突厥政权的仇恨和对唐朝的友好,黠戛斯试图和唐朝建立战略联盟,共同征讨后突厥政权。707 年(景龙元年)秋冬季,黠戛斯可汗、十箭阿史那和唐朝代表郭元振在高昌、庭州以东,今阿尔泰山以南的区域进行会盟,商讨攻打后突厥政权的事宜。为了最终落实这项协议,黠戛斯可汗派使者拜谒中宗。

《册府元龟》中记载,开元十年(722 年)九月、十一年(723 年)十一月、十二年(724 年)十二月、天宝六载(747 年)四月,黠戛斯共四次向唐玄宗朝贡。但是自开元九年以来,直至开元二十二年,后突厥更专注于内部稳定,对西北的扩张则停滞下来。因此,前三次朝贡可能就是纯粹的藩属政权与中央政权的正常往来,没有特别的意义,故而汉文史籍没有留下翔实的记载。至于天宝六载的朝贡,似乎也毫无二致。因为漠北回纥直到公元 751 年才开始对黠戛斯的征讨,此前并未与其发生关系。

2. 部落内讧

伯恩什达姆指出:由此可以看出,中央政权在很大程度上还是虚的,匐的势力是主要力量。与突厥相反,在任何情况下,在黠戛斯社会占首要地位的不是可汗,而是匐。[1] 由于匐具有绝对的权力,所以往往不受黠戛斯可汗的节制。同时,诸匐之间因草场、牲畜、奴隶等生产要素分配不均而相互攻击的事情时有发生。该文献主要记述了碑铭作者与黠戛斯虎官之间的斗争,这也直接反映了黠戛斯诸匐之间的相互倾轧。虎是黠戛斯人的图腾,因此虎官大概是黠戛斯下属部落的代表或酋长。如 TALAS 第 1 碑:Atïzïm itip är atïm udun sizä. qatun…tulï qalmïs. iniläri qara bars oγul bars. özintä isinkä.

①[苏]A. 伯恩什达姆:《6 至 8 世纪鄂尔浑叶尼塞突厥社会经济制度》,杨讷译,乌鲁木齐:新疆人民出版社,1997 年,第 230 页。

（做我的族人，追随我英勇的名声，我的您，可敦……我们伫立停留。他的兄弟们黑民虎官、养子虎官，为他自己，他的事情。）汉文史料有"九姓坚昆"的说法，《唐会要》载："天宝六载，九姓坚昆及室韦。献马六十匹，令于西受降城使纳之。"由于部落众多，诸如此类的内讧也就习以为常了。此次内斗的结果是"我杀死了七名卫士，我没有杀死虎官的手下。"

十六、黠戛斯使者去吐蕃

（一）史料摘录

är ärdäm bolsar andaɣ ärmis. äsin män altun qïrqa kirtim. är ärdäm üčün tüpüt qanqa yalabač bardïm kälürtim. （如果我有英名的话，我们就会是那样。我使他的话进入到金山四十个人里去。为了我的英名，我向吐蕃可汗派出使者，并使他返回。）——摘自 ALTIN KOL 2。

（二）史料分析

1. 碑铭作者

对于阿勒腾湖第 2 碑的作者，拉德洛夫等人认为是一个商人。他说："阿尔滕库尔碑讲到同吐蕃可汗的关系，其总的内容使我们有理由推测，死者不外是个商人。"[1]伯恩什达姆、瓦西里耶夫等学者也持同样的观点。但是从文献内容和语法形式来看，这一说法并不合理。比如阿勒腾湖第 2 碑 A 面：Quyda qadasïma qončuyïma adïrïlu bardïm. män oɣlïmqa budunïmqa bükmädim. säkiz qïrq yasïma ärdäm bolsar budunïɣ ärk budunïɣ är. atïm ärän uluɣ ärdämig batur. män ärdämlig bolsar budun isräk yörümädi. ärinčim ikizimä. （我离开了我纯洁的公主、我的身边人。我不愿与我的儿子、我的百姓分离。在我三十八岁时，如果有道德的话，就能把百姓变成有力量，把百

---

[1]Radloff, *Die Alttüerkischen Inschriften der Mongolei*, Petersburg, 1884, p. 263.

姓变成勇士。我的名气、我的人民、我的伟大的品德离去了。我如果有品德，百姓和盟友就不用出征。据说是对我的两个……）B 面：On ay iläti. ögüm oɣlan toɣdïm. ärin ulɣatïm. ilimdä tört tägzindim. ärdämim üčün inänču alp.（十月派来了。我的母亲、我的儿子们，我饱了。我使人民数量增加。在我的汗国，我到达了四方。因为我的品德，伊难珠是勇敢的。）从说话的语气来看，碑铭作者不可能是商人，只可能是匐或汗。从说话的内容来看，他认为如果自己有足够的德行，就可以不用百姓和盟友出征。能够说出上述内容的，显然不会是一个唯利是图的商人，只可能是具有大智慧的政治家。此外，B 中有 ilimdä tört tägzindim. ärdämim üčün inänču alp，这与 UYBAT Ⅱ 中的 Uz bilgäčaŋsï uz t…ïn üčün alpïn üčün ärdämin üčün…tökdi tört buluŋqa tökdi…（乌斯·毗伽·长史……因为他的……因为他的勇敢、因为他的品德……他到达……他到达世界的每个角落……）的说法非常近似。UYBAT Ⅱ 中的乌斯·毗伽·长史就是黠戛斯的一位可汗，据此可以推测：阿勒腾湖第 2 碑的作者应当是黠戛斯可汗。

再从 är ärdäm üčün tüpüt qanqa yalabač bardïm kälürtim 来看，其中 bardïm 意为"我派去了"，kälürtim 意为"我使回来了"。前者 bardïm 并不是"我去了"，而是"我派使者去了"；后者 kälürtim 并不是"我要回来"，而是"我使使者回来了"。换而言之，此处的-ür 不是不定将来时附加字，而是强制态附加字。能够派遣使者并令使者返回的，非黠戛斯可汗莫属。

2. 出使背景

黠戛斯与吐蕃发生关系，当在漠北回纥时期。《新唐书·黠戛斯传下》载："乾元中，为回纥所破，自是不能通中国。后狄语讹为黠戛斯，盖回鹘谓之，若曰黄赤面云，又讹为戛戛斯、然常与大食、吐蕃、葛禄相依仗，吐蕃之往来者畏回鹘剽钞，必住葛禄，以待黠戛斯护送。"很明显，黠戛斯、吐蕃和葛逻禄三者结成战略联盟，共同对付日益强大的漠北回纥。

开元盛世期间，唐朝对吐蕃的战争取得了胜利。哥舒翰于 749 年（天宝八载）攻拔石堡城，753 年（天宝十二载）拔洪济、大漠门等城悉收九曲部落，755 年（天宝十四载）迎苏毗王子来降。高仙芝在 747 年（天宝六载）破小勃律,751 年(天宝十载)则入朝献所擒突骑施可汗、吐蕃酋长等。但是安史之乱破坏了唐朝在西域、中亚的军事部署,并导致吐蕃重新占领了这一地区。古藏文《大事记年》载:"及至猴年,……护密、俱位和识匿等上部地区之使者前来致礼,任命巴郭那东、介·郎赞二人为使前往报聘。"森安孝夫认为:747年高仙芝远征以后进入唐朝势力范围的诸国,据吐蕃史料看,又都臣属了吐蕃。而与本国中断联系的唐朝西域留驻军无法制止这种情况,他们的力量最多只够据守安西四镇等主要城市及其周围地区。于是,幸赖前述状态之中亚形势,结果将其命脉一直保持到了790年左右。① 河陇以西地区亦如此。王尧说:"天宝十四(755 年)'安史之乱'起,河陇以西之地尽失,只有若干孤城在吐蕃包围之下苦战苦撑。"②

葛逻禄原为回纥的同盟,在共同推翻后突厥政权不久,就反目为仇。为此,主体部分葛逻禄离开漠北,返回了金山—北庭一线。是时由于突骑施黄、黑二姓的内斗,使得突骑施势力大为削弱。二姓可汗先后背叛了昔日的宗主国,于是唐朝连续兴兵讨伐二姓可汗,并进一步摧毁了其碎叶牙庭。史载 748 年(天宝七年)北庭都护王正见兴兵破突骑施,毁碎叶城,又载天宝九载安西节度使高仙芝兴兵破突骑施、石国,俘获突骑施黑姓可汗、石国王、羯师王入京献捷。突骑施的没落为葛逻禄的兴起提供了基础,未几,其就成为主导西域的一支重要力量。尽管由于部分葛逻禄部众的叛变导致唐朝在怛罗斯遭到惨败,但是其仍然保持着与唐朝的朝贡关系。史载 753 年(天宝十二载)2 月、11 月葛逻禄曾两次遣使通唐。崛起的葛逻禄在唐朝和大食之间采取双头鹰政策,左右逢源。如《资治通鉴》卷二一六载:"天宝十二载,北庭都护程千里追阿布思至碛西,以书谕葛逻禄,使相应。阿布思穷迫,归葛逻禄,葛逻禄叶护执之,并其妻子、麾下数千人送之。"

黠戛斯在景龙年间还向唐朝献方物,其后被复兴后的后突厥所击败,可汗亦被杀。在此之后,经过卧薪尝胆,黠戛斯的力量有所恢复。唐玄宗718

①[日]森安孝夫:《吐蕃的中亚进出》,《金池大学文学部论集》1984 年第 4 期,第21 ~ 34 页。
②王尧、陈践:《吐蕃简牍综录》,北京:文物出版社,1986 年,第 7 页。

年(开元六年),唐朝召集漠北诸部联合围攻后突厥,坚昆骨笃禄毗伽可汗也率黠戛斯军队参战。721年(开元九年)后,后突厥毗伽可汗(即阙特勤)向唐朝求和,自此后突厥与唐朝相安无大战。在后突厥放弃与唐朝争斗的同时,它也不再对西域的部族继续进攻。借此机会,黠戛斯的实力得以恢复和发展。根据《册府元龟》所载,黠戛斯于开元十年(722年)九月、十一年(723年)十一月、十二年(724年)十二月、天宝六载(747年)四月,共四次向唐玄宗朝贡。王洁认为:其在玄宗朝,黠戛斯能四次朝见,说明黠戛斯正处于最强盛的阶段。黠戛斯以"其人悍勇"而著称,特别是在黠戛斯处于强势之时,"吐蕃、回纥常赂遗之",并且"假以官号",足见其影响的广泛。①

　　但是,漠北回纥汗国的横空出世,打破了这一局面。回纥汗国作为后突厥政权的继承者,在尽有突厥故地之后,很快就开始了东征西讨。鉴于黠戛斯与其属部 Čik 人已结成了反抗回纥的联盟,758年(乾元元年)为了解除北方黠戛斯的威胁,磨延啜曾"破坚昆五万人"。由于漠北回纥阻隔交通,被击败的黠戛斯因此中断了与唐朝之间的联系,进而向吐蕃、葛逻禄伸出了橄榄枝。

　　为加强与唐朝的政治联姻,进而彰显自身的军事实力,回纥、吐蕃先后至唐。《唐会要·回鹘》载:"[天宝十五年丙申(756年)]回纥、吐蕃遣使请和亲,助国讨逆。葛勒可汗太子叶护以精骑三千,随朔方节度使郭子仪讨贼。"对于二藩,唐朝并没有采取一视同仁的态度,而是偏向于回纥。《新唐书·回鹘传上》载:"[至德元年丙申(756年)]肃宗即位,(回纥)使者来请助讨禄山,帝诏敦煌郡王承寀与约,而令仆固怀恩送王,因召其兵。可汗喜,以可敦妹为女,妻承寀,遣渠领来请和亲,帝欲固其心,即封虏女为毗伽公主。于是可汗又将,与朔方节度使郭子仪合讨同罗诸蕃,破之河上。"由此,吐蕃、回纥就产生了龃龉。《新唐书·吐蕃传上》载:"(仆固怀恩诱吐蕃、回纥犯边)会怀恩死,虏谋无主,遂与回纥争长。回纥怒,诣子仪请击吐蕃自效,子仪许之,使白元光合兵攻吐蕃于灵台西,大破之,降仆固名臣,帝乃班师。"

①王洁:《黠戛斯历史研究》,博士学位论文,内蒙古大学蒙古学学院,2009年。

利用"安史之乱",葛逻禄迅速扩大了统治区域。《新唐书·葛逻禄传》载:"至德后,葛逻禄浸盛,与回纥争强,徙十姓可汗故地,尽有碎叶、怛罗斯诸城。然限回纥,故朝会不能自达于朝。"为抵抗漠北回纥,西迁的葛逻禄主体很快就与黠戛斯结盟。黠戛斯君长阿热的可敦就是"妻葛逻禄叶护女"。789年(贞元五年),黠戛斯曾与三姓葛逻禄、吐蕃联盟抗击回鹘,回鹘向西扩张并占据北庭,葛逻禄被迫西移中亚楚河流域。①

综上所述,黠戛斯、吐蕃、葛逻禄均面临同一个对手,这就是实力蒸蒸日上、与唐朝关系密切的漠北回纥汗国。由于彼此实力悬殊,为了应对咄咄逼人的漠北回纥,三者只得联合起来,形成联盟。当然,这一联盟的主导者并非黠戛斯,而是吐蕃。因为"安史之乱"后,吐蕃和回纥两大势力就开始了在天山东部的争霸。为了将回纥势力挤出西域,吐蕃对黠戛斯、葛逻禄"厚赂见诱",终于使二者成为自己坚定而可靠的盟友。

3. 出使时间

对于出使时间,通常认为是在乾元之后。以汉文史籍来看,直至灵台战役之前,吐蕃和回纥还基本上保持着一定的外交关系。因此,黠戛斯派出使者与吐蕃联盟,也应当是在765年(永泰元年)之后。若在此之前,恐怕吐蕃不会接受结盟的建议,更不会放还黠戛斯使者。789年(贞元五年),黠戛斯、葛逻禄和吐蕃就已联合攻打北庭,试图从西进攻回鹘。《资治通鉴》卷二三三载:"[贞元五年(789年)]先是,安西、北庭皆假道于回鹘以奏事,故与之连和。北庭去回鹘尤近,回鹘诛求无厌,又有沙陀六千余帐与北庭相依。及三葛禄、白服突厥皆附于回鹘,回鹘数侵掠之。吐蕃因葛禄、白服之众以攻北庭,回鹘大相颉干迦斯将兵救之。"是故,出使时间当在765年(永泰元年)至789年(贞元五年)之间。建中元年之后,回纥顿莫贺自立可汗,基本修复了大历年间回纥与唐朝之间的诸多不快。《唐会要》载:"[建中元年庚申(780年)]六月,册回纥合骨咄禄毗迦可汗为武义成功可汗,命京兆尹源休持节册立。初,德宗遣中官梁文秀告哀于回纥,且修旧好,可汗移地健不为礼。而九姓胡素属于回纥者,又陈中国便利,以诱其心,其相顿莫贺达干谏,

---

① [法]沙畹:《西突厥史料》,冯承钧译,北京:中华书局,1958年,第256~261页。

不听,因大怒击杀之,并杀其亲信及九姓胡所诱来者,凡三千人。顿莫贺自立,号为合骨咄禄毗伽可汗。使其酋长隶达于随文秀来朝,故命休册拜焉。"既然唐朝与回纥和好如初,那么黠戛斯肯定不会在此时去和吐蕃勾连。因此,比较合适的出使时间是大历年间。因为是时回纥不断骚扰唐朝,并在唐朝境内为非作歹。《旧唐书·回纥传》载:"[大历十年乙卯(775 年)]九月,回纥白昼刺人于东市,市人执之,拘于万年县,其首领赤心闻之,自鸿胪寺驰入县狱,劫囚而出,斫伤狱吏。"《唐会要》载:"[大历十三年戊午(778 年)]正月,回纥寇太原,河东节度留后鲍防出师与回纥战于阳曲,我师败绩,死万余人。"

4. 出使结果

这次出使的结果是正式确定黠戛斯、葛逻禄和吐蕃的政治关系,并为共同抗击回纥奠定了基础。三方联盟建立之后,立即向唐朝控制下的北庭都护府发动进攻,并击败唐军和前来增援的回纥军队。《旧唐书·回纥传》载:"[贞元六年(790 年)]是岁,吐蕃陷北庭都护府。初,北庭、安西既假道于回纥以朝奏,因附庸焉。回纥征求无厌,北庭差近,凡生事之资,必强取之。又有沙陀部落六千余帐,与北庭相依,亦属于回纥,肆行抄夺,尤所厌苦。其先葛禄部落及白服突厥素与回纥通和,亦憾其侵掠。因吐蕃厚赂见诱,遂附之。于是吐蕃率葛禄、白服之众去冬寇北庭,回纥大相颉干迦斯率众援之,频败。吐蕃急攻之,北庭之人既苦回纥,乃举城降焉,沙陀部落亦降。节度使、检校工部尚书杨袭古将麾下二千余众出奔西州,颉干利亦还。"但是一年后,回鹘就收复北庭。《册府元龟》载:"德宗贞元七年九月,回鹘遣使献败吐蕃、葛禄于北庭所捷及其俘畜。先是,吐蕃入侵灵州及为回鹘所败,夜焚攻城之械而退。"其后,公元 808 年回鹘又开始对三方联盟的反击,并取得胜利。《九姓回鹘可汗碑》汉文部分第 20 行:□□□□□攻伐葛禄、吐蕃,搴旗斩馘,追奔逐北,西至拔贺那国,俘获人民及其畜产。

参考文献

一、普通图书

[1]《柯尔克孜族简史》编写组.柯尔克孜族简史[M].乌鲁木齐:新疆人民出版社,1986.

[2]二十五史编委会.二十五史[M].上海:上海古籍出版社,1986.

[3]新疆维吾尔自治区丛刊编辑组.柯尔克孜族风俗习惯[M].乌鲁木齐:新疆人民出版社,1986.

[4]胡振华.柯尔克孜语简志[M].北京:民族出版社,1986.

[5]郎樱.中国少数民族英雄史诗《玛纳斯》[M].杭州:浙江教育出版社,1995.

[6]贺继宏,张光汉.柯尔克孜族风情录[M].成都:四川民族出版社,1998.

[7]贺继宏,张光汉.中国柯尔克孜族百科全书[M].乌鲁木齐:新疆人民出版社,1998.

[8]杜荣坤,安瓦尔.柯尔克孜族[M].北京:民族出版社,2003.

[9]万雪玉,阿斯卡尔·居努斯.柯尔克孜族:历史与现状[M].乌鲁木齐:新疆大学出版社,2005.

[10]马克来克·玉买尔拜·哈尔米什底根.柯尔克孜文学史(柯尔克孜文)[M].乌鲁木齐:新疆人民出版社,2005.

[11]胡振华.柯尔克孜语言文化研究[M].北京:中央民族大学出版社,2006.

[12]买买提朱马,曼拜特·吐尔地.柯尔克孜民间歌曲集[M].乌鲁木齐:新疆科学技术出版社,2006.

[13]《柯尔克孜族简史》编写组,《柯尔克孜族简史》修订本编写组.柯尔克孜族简史[M].北京:民族出版社,2008.

[14]《中国少数民族社会历史调查资料丛刊》修订编辑委员会.柯尔克孜族社会历史调查[M].北京:民族出版社,2009.

[15]贺灵,曼拜特·吐尔地.柯尔克孜族民间信仰与社会研究资料汇编[M].北京:民族出版社,2013.

二、学位论文

[1]古丽巴哈尔·胡吉西.柯尔克孜族巴合西研究[D].乌鲁木齐:新疆大学,2007.

[2]胡沛哲.柯尔克孜语北部方言研究[D].北京:中央民族大学,2008.

[3]王洁.黠戛斯历史研究[D].呼和浩特:内蒙古大学,2009.

[4]阿丽玛·阿布都卡德尔.柯尔克孜谚语研究[D].乌鲁木齐:新疆师范大学,2009.

[5]孔都孜·阿力同巴依.柯尔克孜族传统即兴演唱研究[D].乌鲁木齐:新疆师范大学,2013.